本丛书由澳门基金会策划并资助出版

澳门特别行政区法律丛书

澳门特别行政区法律丛书

澳门特别行政区
基本法新论

A New Study
on the Basic Law of
Macau Special
Administrative Region

骆伟建 / 著

社会科学文献出版社
SOCIAL SCIENCES ACADEMIC PRESS (CHINA)

澳門基金會
FUNDAÇÃO MACAU

总　序

　　自1995年澳门基金会开始编辑出版第一套《澳门法律丛书》至今，整整十七年过去了。在历史的长河中，十七年或许只是昙花一现，但对澳门来说，这十七年却具有非同凡响的时代意义；它不仅跨越了两个世纪，更重要的是，它开创了"一国两制"的新纪元，首创性地成功实践了"澳人治澳、高度自治"的政治理念。如果说，十七年前我们编辑出版《澳门法律丛书》，还仅仅是澳门历史上首次用中文对澳门法律做初步研究的尝试，以配合过渡期澳门法律本地化政策的开展，那么，十七年后我们再组织编写这套更为详细、更有深度的《澳门特别行政区法律丛书》，便是完全受回归后当家作主的使命感所驱使，旨在让广大澳门居民更全面、更准确、更深刻地认识和了解澳门法律，以适应澳门法律改革的需要。

　　目前，在澳门实行的法律包括三个部分，即澳门基本法、被保留下来的澳门原有法律和澳门特别行政区立法机关新制定的法律；其中，澳门基本法在整个澳门本地法律体系中具有宪制性法律的地位，而被保留下来的以刑法典、民法典、刑事诉讼法典、民事诉讼法典和商法典为核心的澳门原有法律，则继续成为澳门现行法律中最主要的组成部分；正因为如此，澳门回归后虽然在政治和经济领域发生了巨大的变化，但法律领域相对来说变化不大。这种法制现状一方面表明澳门法律就其特征而言，仍然保留了回归前受葡萄牙法律影响而形成的大陆法系成文法特色，另一方面也表明澳门法律就其内容而言，"老化"程度比较明显，不少原有法律已经跟不

1

上澳门社会发展的步伐。近几年来，澳门居民要求切实加强法律改革措施的呼声之所以越来越强烈，其道理就在于此。从这一意义上说，组织编写《澳门特别行政区法律丛书》，既是为了向澳门区内外的广大中文读者介绍澳门特别行政区的法律，同时也是为了对澳门法律作更系统、更深入的研究，并通过对澳门法律的全面梳理，激浊扬清，承前启后，以此来推动澳门法律改革的深化与发展。

与回归前出版的《澳门法律丛书》相比，《澳门特别行政区法律丛书》除了具有特殊的政治意义之外，其本身还折射出很多亮点，尤其是在作者阵容、选题范围与内容涵盖方面，更颇具特色。

在作者阵容方面，《澳门特别行政区法律丛书》最显著的特点就是所有的作者都是本地的法律专家、学者及法律实务工作者，其中尤以本地的中、青年法律人才为主。众所周知，由于历史的原因，澳门本地法律人才的培养起步很晚，可以说，在 1992 年之前，澳门基本上还没有本地华人法律人才。今天，这一人才状况得到了极大的改善，由澳门居民组成的本地法律人才队伍已经初步形成并不断扩大，其中多数本地法律人才为澳门本地大学法学院自己培养的毕业生；他们年青，却充满朝气，求知欲旺盛；他们羽翼未丰，却敢于思索，敢于挑起时代的重任。正是有了这样一支本地法律人才队伍，《澳门特别行政区法律丛书》的编辑出版才会今非昔比。特别应当指出的是，参与撰写本套法律丛书的作者分别来自不同的工作部门，他们有的是大学教师，有的是法官或检察官，有的是政府法律顾问，有的是律师工作者；但无论是来自哪一个工作部门，这些作者都对其负责介绍和研究的法律领域具有全面、深刻的认识；通过长期的法律教学或法律实务工作经验的积累，通过自身孜孜不倦地钻研和探索，他们在相应部门法领域中的专业水平得到了公认。无庸置疑，作者阵容的本地化和专业性，不仅充分展示了十多年来澳门本地法律人才的崛起与成熟，而且也使本套法律丛书的权威性得到了切实的保证。

在选题范围方面，《澳门特别行政区法律丛书》最显著的特点就是范围广、分工细。如上所述，澳门法律具有典型的大陆法系成文法特色，各种社会管理活动都必须以法律为依据；然而，由于澳门是一个享有高度自治权的特别行政区，除少数涉及国家主权且列于澳门基本法附件三的全国性法律之外，其他的全国性法律并不在澳门生效和实施；因此，在法律领域，用"麻雀虽小，五脏俱全"来形容澳门法律是再合适不过了。正是考虑到澳门法律的全面性和多样性，我们在组织编写《澳门特别行政区法律丛书》时，采用了比较规范的法律分类法，将所有的法律分为两大类：第一类为重要的部门法领域，包括基本法、刑法、民法、商法、行政法、各种诉讼法、国际公法与私法、法制史等理论界一致公认的部门法；第二类为特定的法律制度，包括与选举、教育、税务、金融、博彩、劳资关系、居留权、个人身份资料保护、环境保护等社会管理制度直接相关的各种专项法律。按此分类，本套法律丛书共计达 34 本（且不排除增加的可能性），将分批出版，其规模之大、选题之全、分类之细、论述之新，实为澳门开埠以来之首创。由此可见，本套法律丛书的出版，必将为世人认识和研究澳门法律，提供一个最权威、最丰富、最完整的资料平台。

在内容涵盖方面，《澳门特别行政区法律丛书》最显著的特点就是既有具体法律条款的解释与介绍，又有作者从理论研究的角度出发所作之评析与批判。在大陆法系国家或地区，法律本身与法学理论是息息相关，不可分割的，法学理论不仅催生了各种法律，而且也是推动法律不断完善、不断发展的源泉。澳门法律同样如此，它所赖以生存的理论基础正是来自大陆法系的各种学说和理念，一言蔽之，要真正懂得并了解澳门法律，就必须全面掌握大陆法系的法学理论。遗憾的是，受制于种种原因，法学理论研究长期以来在澳门受到了不应有的"冷落"；法学理论研究的匮乏，客观上成为澳门法律改革步履维艰、进展缓慢的重要原因之一。基于此，为了营造一个百家争鸣、百花齐放的法学理论研究氛围，进一步深化对澳门法律的认识和研究，提升本套法律丛书的学术价值，我们鼓励每一位作者在介绍、解释现行法律条款的同时，加强理论探索，大胆提出质疑，将大陆法系的法学理论融入对法律条款的解释之中。可以预见，在本套法律丛书的带动下，澳门的法学理论研究一定会逐步得到重视，而由此取得的各种理论研究成果，一定会生生不息，成为推动澳门法律改革发展的强大动力。

编辑出版《澳门特别行政区法律丛书》无疑也是时代赋予我们的重任。在澳门基本法所确立的"一国两制"框架下，澳门法律虽是中国法律的一个组成部分，但又具有相对的独立性，从而在中国境内形成了一个独特的大陆法系法域。我们希望通过本套法律丛书在中国大陆的出版，可以让所有的中国大陆居民都能更深刻、更全面地了解澳门，熟悉澳门，因为澳门也是祖国大家庭的一个成员；我们也希望通过本套法律丛书在中国大陆的出版，为澳门和中国大陆法律界之间的交流架起一道更宽阔、更紧密的桥梁，因为只有沟通，才能在法律领域真正做到相互尊重，相互理解，相互支持。

编辑出版《澳门特别行政区法律丛书》显然还是一项浩瀚的文字工程。值此丛书出版之际，我们谨对中国社会科学文献出版社为此付出的艰辛努力和劳动，表示最诚挚的谢意。

《澳门特别行政区法律丛书》

编委会

目　录

第一章
绪论

　　1982 年，邓小平先生提出"一个国家，两种制度"的伟大构想距今 30 年。1993 年 3 月 31 日，第八届全国人民代表大会第一次会议审议通过《中华人民共和国澳门特别行政区基本法》距今近 20 年。1999 年 12 月 20 日，澳门特别行政区成立，澳门特别行政区基本法正式实施距今 13 年。"一国两制"不仅是正确的理论，更是国家的现实，经过历史的检验是可行的、有生命力的。同时，"一国两制"在实践中也提出了一些新问题，它不仅涉及对"一国两制"理论需要进行深入的研究，而且需要与时俱进地提出解决办法，不断丰富和创新"一国两制"的理论和政策。正是在"一国两制"理论的吸引下，在"一国两制"实践的感召下，激发了笔者对原先的认识进行反思，对现存的争议进行思考。

　　"一国两制"理论是澳门基本法的法理基础和核心，充分地阐明"一国两制"的理论是十分必要的。对"一国两制"理论的产生、内容、意义有许多论述，但是，对"一国两制"理论的内在逻辑论述不够，缺乏逻辑的力量。基本法是"一国两制"理论的法律化，但是，基本法与"一国两制"之间的逻辑关系是怎样的？基本法的逻辑又是什么？这些问题没有受到足够的关注。所以，针对这一不足，笔者试图从"一国两制"和基本法的逻辑论证开始，阐述"一国两制"和基本法的逻辑体系。

第一节 "一国两制"理论的逻辑

一 中华民族的共同心愿是"一国两制"理论的逻辑起点

澳门特别行政区基本法序言第一段指出,"澳门,包括澳门半岛、氹仔岛和路环岛,自古以来就是中国的领土,16世纪中叶以后被葡萄牙逐步占领。1987年4月13日,中葡两国政府签署了关于澳门问题的联合声明,确认中华人民共和国政府于1999年12月20日恢复对澳门行使主权,从而实现了长期以来中国人民收回澳门的共同愿望"。这段表述说出了一个核心思想,就是实现国家统一是中华民族的共同心愿。它是"一国两制"正当性、合理性的来源,是民心和民意的集中体现。

(一) 实现国家统一是中华民族的心愿

1. 中华民族历来有追求国家统一的思想

中华民族"大一统"的思想源远流长。"大一统"就是推崇国家的统一,民族的融合。儒家的孔夫子早在《春秋》中就提倡"大一统"的思想,"管仲相桓公,霸诸侯,一匡天下,民到于今受其赐"(《论语·宪问》)。孟子继承孔子思想,主张天下"定于一"(《孟子·梁惠王上》)。法家的荀子提出了"四海之内皆一家"(《荀子·王制》)。秦始皇统一中国使"大一统"的政治理念变成了政治现实。汉代的董仲舒发挥这一思想,指出"《春秋》大一统者,天地之常经,古今之通谊也"(《汉书·董仲舒传》)。直至近代康有为的"大同世界",孙中山的"天下为公",无不体现和传承了"大一统"的思想[①]。可以说,"大一统"思想是中华民族的政治信仰。

2. 中华民族素有维护国家统一的传统

在"大一统"的思想之下,国家领土和主权的丧失被认为是国人的奇耻大辱,如《礼记·檀弓下》所载:"国亡大县邑,公卿大夫士,皆厌冠哭于大庙三日,君不举,或曰:君举而哭于后土。"近代的梁启超面对亡国危

[①] 朱兆华:《"一国两制"的政治文化渊源》,载《华北水利水电学院学报》(社科版)2002年第3期。

难，大声疾呼："国家之名，立之以应他群者也，故真爱国者，虽有外国之神圣大哲，而必不愿服从其主权之下，宁使全国之人流血粉身靡有孑遗，而必不肯以丝毫之权利让于他族。"表现了中华民族的祖先"宁失千军，不舍寸土"的信念。

中国自 1840 年鸦片战争后，遭受西方列强的侵略，领土被瓜分。中华民族为了争取国家独立、统一，进行了不屈不挠的英勇斗争，前仆后继，抛头颅，洒热血，在所不惜，终于赢得胜利，结束了半殖民地的屈辱历史，成立了中华人民共和国。中国人民站起来了。中国政府始终坚持香港和澳门是中国领土不可分割的一部分，在适当的时候必须使香港和澳门回归祖国，在中国的大地上最终要终结殖民统治。邓小平先生指出，"如果不收回，就意味着中国政府是晚清政府，中国领导人就是李鸿章！……人民没有理由信任我们，任何中国政府都应该下野，自动退出政治舞台，没有别的选择。"[①]

3. 中华民族有统一的民族观和国家观

"大一统"的思想源自各族人民对中华民族的认同感，从而形成一种集体意识和心理定式。民族认同感和集体意识扩展至国家观念上，形成中华民族作为一个整体，国家领土和主权不可分割的"大一统"思想。"大一统"思想是中华民族内聚力的纽带，即使在政治纷乱，国家分裂的时期，这种民族心理和政治趋向也没有发生过根本性的偏离。纵观中国"大一统"的思想观念和政治传统，它的生命力不会随着时代的变迁而退出历史舞台。

所以，"大一统"是中华民族精神之魂，国家统一的基石之一。历史和现实均证明了它的真实性。

（二）"一国两制"能够实现国家的统一

1. "和而不同"、"求同存异"的哲学思想

与"大一统"思想同时存在的是"和而不同"、"求同存异"的哲学思想。民族的统一，国家的统一，并不意味着消除一切的差异，实际上是"和而不同"。

"和而不同"的"和"本义是指不同事物的统一、和谐。在中国西周作

---

① 邓小平：《我们对香港问题的基本立场》，载《中华人民共和国澳门特别行政区宪政法律文献汇编》，澳门理工学院一国两制研究中心，2009，第 220 页。

为哲学概念出现。《国语·郑语》载史伯认为"以他平他谓之和",认为不同事物的统一,才能使事物得以产生和发展。"和"既是多样性的统一,也是对立面的统一。

孔子将"和"的哲学概念运用于社会和政治,强调"和"的社会功能,提出"君子和而不同"(《论语·子路》),并发展以"和"为价值的圣王之道,"礼之用,和为贵",治理国家,处理大大小小之事,以"和"为最高礼节,以"和"为最大美德。孟子提出"天时不如地利,地利不如人和"的思想,指出了"和"在社会发展中的作用[①]。

所以,"和"是中华民族文化之纲。

如何处理"和而不同"之间的矛盾,中国哲学思想主张的是"趋中致和"。就是要求各方一律向"中"即向他们得以存在的共同基础靠拢,并将各方可能导致对抗的活动,限定在一个能够被接受的范围内,以调和矛盾,达到"求同存异"。

"和而不同"本身也体现了"中庸之道"的包容性和多元性文化的特征。

为什么要"和而不同",因为合则利,分则害,和合才能相生。"和"要求和谐、和平、祥和;"合"则要求结合、融合、合作。和合是在承认事物间的差异、"不同"的基础上,把性质各异的事物统一于一个相互依存的和合体中,并在不同事物的和合过程中使各个事物间互相取长补短,始终保持最佳状态的结合,由此促成新事物的产生,推动事物的发展。

在自然界,事物在不断的和合过程中创造出新的生命,生长新的事物。和合不是静态,是一个动态,是不断创造新的和合体的过程。自然界是这样,人类社会也是如此。中华民族发展的历史就是多民族融合,互相包容,共同创造中华文明的历史,无不证明了和合相生的道理。

2. 国家统一,制度不同的治国之道

在"大一统"和"和而不同"的政治思想及哲学思想的指引下,采用了国家必须统一,在统一之下,允许差异制度共存的治国之道。

据司马迁《史记·周本纪》记载,周武王灭商后,鉴于天下尚未安定,对"殷遗民"实行"殷人治殷"的统治策略,以商纣王子武庚领其民,维持其原有家庭制度。到了魏晋南北朝时期,由于少数民族入主中原,不同

---

① 平文艺、刘志明:《一国两制,和合之道》,载《中华文化论坛》1997 年第 3 期。

制度的共存十分明显。先后产生过 30 多个政权，其中一半多为少数民族所建。在采用汉制的同时，少数民族政权也保留了该民族旧有的某些制度，"胡汉杂治"。唐朝为了对边疆地区少数民族加强管理，采取灵活的怀柔政策，在少数民族地区保留原有制度，册封少数民族的首领，担任地方行政长官。在元、明、清三个朝代，西藏地区一直保留农奴制度。在少数民族地区建立的土司制度等，在一定程度上保留了原有的政治制度。中华人民共和国成立以后，1951 年中央人民政府和西藏地方政府达成了《关于和平解放西藏办法的协议》，到 1959 年农奴制度被废除西藏保留封建农奴制长达 8 年之久[①]。

以上简单的列举，说明中华民族的治国之道，允许不同制度的并存，从而有了中国这个统一的多民族国家。

二　中华民族的根本利益是"一国两制"理论的逻辑目的

基本法序言第二段指出，"为了维护国家的统一和领土完整，有利于澳门的社会稳定和经济发展，考虑到澳门的历史和现实情况，国家决定，在对澳门恢复行使主权时，根据中华人民共和国宪法第三十一条的规定，设立澳门特别行政区，并按照'一个国家，两种制度'的方针，不在澳门实行社会主义的制度和政策"。这段话表述了"一国两制"的另一个核心思想，就是实行"一国两制"的目的是要维护国家统一和澳门稳定发展。因为国家统一，有利于实现国家的利益，也有利于促进澳门的稳定和发展。所以，它是"一国两制"理论正当性、合理性的坚实基础，集中体现了中华民族的根本利益。

（一）合能强国，分则积弱

中国历史证明，凡是中华民族融合，建立统一的国家，国家就强盛，凡是民族冲突，国家分裂，国家就衰弱。在近代中国历史上，因为国家积弱，不断受到外国列强的入侵、瓜分，沦为半殖民地国家，到了亡国的边缘。因为国家统一，建立了中华人民共和国，才有中华民族复兴开始，振兴中华才有了基础。对内能维持社会稳定，对外能争取国际和平，才有国家长

---

① 祝国超：《"一国两制"构想产生的理论思考》，载《毛泽东思想研究》2002 年第 3 期。

治久安，才有今日中国的发展成就。走强国之路，就是要走国家统一之路。

（二）强国方可富民，统一是强国的必要条件

中国的古代和近现代历史证明，只有国家强大，才有人民富裕。西汉的"文景之治"、唐朝的"贞观之治"、清朝的"乾隆盛世"，人民是在强国之下安居乐业地生活。而国家动乱，山河破碎，人民则流离失所，民不聊生。今日中国通过改革开放，发展经济，国力增强，人民生活才不断改善。而这一切，离不开一个条件，就是国家的基本统一。所以，国民要想富，就要建立一个强国，而没有国家的统一就谈不上建立一个强国。不是强国，在今日国际社会竞争中，就有可能被淘汰。要立于世界民族之林，就要建立强国。强国是民富的保障。

（三）国家统一，包容多元，共存合作，才能建立强国

中国历史同样证明，统一是强国的条件，但统一不排斥多元包容。中国是多民族的国家，正是在包容的前提下，各民族互相尊重，才有中华民族的存在。中国作为统一的国家，在历朝历代，都允许一些少数民族地区保留自己的文化和社会制度，在共存中互相吸收，互相合作，才有强盛的国家。如果不能包容，不能共存，不能合作，民族之间就会引发冲突，国家就会分裂，强国就是梦想。正是多元共存，包容合作，才有中华民族的凝聚力，才是国家长久统一的保障。

所以，不论是理论分析和求证，还是社会实践的经验，均证明国家统一可以强国，强国可以富民。"一国两制"符合中华民族的根本利益，是中华民族利益的体现和保障。

综上所述，"一国两制"是中华民族民心所向，中华民族利益所在。它们构成了"一国两制"理论逻辑的两个根本点，从而形成了这种逻辑关系：维护了"一国两制"，就是维护了国家统一，也就维护了国家和特别行政区的利益，就是符合中华民族的民心和利益，就是正义的事业。

三 "一国两制"的逻辑体系

（一）"一国两制"的逻辑基础的三个判断

第一，实行"一国两制"是为了国家统一。

第二，实现国家统一，是为了国家兴旺发达，特别行政区稳定发展。

第三，所以，维护了"一国两制"，就是维护了国家统一，也就维护了国家和特别行政区的利益。

"一国两制"理论的逻辑基础的三个判断，不仅是理论的预设，也是社会的现实。

第一，国家正是通过"一国两制"的方针政策，恢复了对香港和澳门行使主权，香港和澳门回归了祖国怀抱，实现了国家的统一，证明"一国两制"行得通。

第二，在香港和澳门特别行政区成立后，国家兴旺发达，特别行政区稳定发展。"国家好，港澳好；港澳好，国家好"是一种现实。证明"一国两制"的优越性，能够更好地解决国家和特别行政区的持续发展问题。

社会的现实与"一国两制"的三个判断是一致的，拥护和认同"一国两制"就要坚持国家统一，促进特别行政区稳定发展。做出不利于国家统一和特别行政区稳定发展的行为就是不符合"一国两制"，不论口头上怎么说，都是口是心非。这就是"一国两制"逻辑的正反两个方面。

这个逻辑基础是具有历史和现实的正当性与合理性，是经得起人民检验的。

（二）"一国两制"的逻辑体系

正是在以上坚实的逻辑基础上构筑了"一国两制"的逻辑体系。它由四个方面构成。

1. 为了"一国"的原则，实现国家领土的完整，构建了国家整体与部分的逻辑关系

①中央设立特别行政区，中央划分特别行政区的行政区域。

②特别行政区是国家不可分离的一部分，绝对不是一个独立的政治实体。

③特别行政区有责任和义务维护国家的统一，禁止分裂国家的行为。

2. 为了"一国"的原则，实现国家主权的统一，构建了中央与特别行政区、主权与自治权的逻辑关系

①依中国宪法制定特别行政区基本法，宪法适用于特别行政区。

②中央领导特别行政区，特别行政区是地方政府，直辖于中央人民政府。

③行政长官对中央人民政府负责。

④中央行使国家主权及管治权。

⑤中央授权特别行政区高度自治。从而决定：

高度自治是地方自治、有限自治。行政管理权、立法权和司法权均有相应的具体限制；

"澳人治澳"必须以爱国爱澳者为主体。效忠国家，拥护国家统一和中国对港澳恢复行使主权；

保留原有制度的原则是不能抵触国家主权原则。符合国家主权原则下的平稳过渡。

⑥特别行政区的制度由中央决定，不是由特别行政区自行决定。特别行政区的制度作为国家的一部分，不能对立和对抗国家的制度，应该是和而不同。

3. 为了"两制"原则，维持特别行政区稳定发展，构建了特别行政区居民与政府之间，行政、立法与司法之间的逻辑关系

①特别行政区实行高度自治。

②特别行政区实行澳人治澳。

③特别行政区保留原有社会制度基本不变。包括社会经济制度，权利和自由制度，行政、立法和司法制度。

④特别行政区居民享有基本权利、自由，履行相应的义务。

⑤特别行政区实行行政主导的政治体制，行政与立法互相分工、制约和配合，司法独立。

4. 为了保障"一国两制"的实施，构建了"一国"与"两制"，中央与特别行政区权力之间的逻辑关系

①"一国"是"两制"的基础，"两制"服务于"一国"。强调制度之间和平共处，互相合作，共同发展。

②国家主权高于特别行政区自治权，自治权服从于主权，中央保障特别行政区高度自治，特别行政区尊重中央权威，维护国家安全。强调权力之间互相尊重，互相配合，和谐发展。

只要我们尊重"一国两制"的逻辑，就能处理好"一国两制"实施过程中的各种关系和问题。

第二节　澳门基本法的法理逻辑

正如以上分析，"一国两制"理论的逻辑有三个基本的因素；第一，"一国两制"政策；第二，国家统一；第三，特别行政区稳定发展。澳门基本法就是要将"一国两制"法律化。所以，"一国两制"是前提；国家统一、特别行政区稳定发展是目的；基本法是桥梁和保障，产生了"一国两制"与基本法的关系，形成了基本法的逻辑。

第一层次，根据"一国两制"理论制定基本法，使基本法的规范符合"一国两制"的要求。

第二层次，根据"一国两制"的理论解读基本法，解释基本法，适用基本法，保障"一国两制"的正确实施。

第三层次，根据"一国两制"的理论解决基本法实践中产生的问题，不断推动"一国两制"事业的发展。

以上三层关系互为条件，相互依存，在现实情况下是融为一体的，不可分割，形成了基本法的内在逻辑。

一　"一国两制"是基市法制定的逻辑起点

基本法是"一国两制"的法律化，必须完整体现"一国两制"的政策。这一逻辑决定了基本法必须受"一国两制"的约束，必须体现"一国两制"的要求，必须符合"一国两制"。

（一）"一国两制"是基本法制定的根本立法原则

1. "一国两制"是基本法的立法指导思想

"一国两制"是基本法的理论基础，也是基本法的精髓。判断一个法律的好坏，首先要看立法的指导思想是否科学，是否符合社会的价值标准，是否公正和正义。因为立法的指导思想是立法的灵魂。任何立法都是人类有意识的活动，受制于人的主观意识的支配，这是人的活动与其他动物活动的最大差别。好的立法指导思想可以产生一部"良法"，不好的立法指导思想就会造出"恶法"。所以，立法指导思想是立法的基础，是法律价值的

核心和集中体现，更是法律实施成败的关键。

"一国两制"是解决澳门问题的最佳选择，因为"一国两制"既保证了国家统一、领土完整、主权独立，又使澳门可根据实际情况继续保留原有的社会制度，实行高度自治。不仅澳门的稳定发展有了国家的强有力支持（这是过去不曾有的条件），而且，澳门内部原有的制度基本不变，并在新的条件下，加以改进，更具活力，有利于持续发展。所以，"一国两制"为澳门提供了较好的发展条件和空间。

稳定发展是澳门居民的最大愿望，也是澳门居民根本利益之所在。社会稳定，经济发展，居民安居乐业，生活水平不断提高，符合时代的要求。基本法不仅将维护澳门的稳定和发展作为立法指导思想，而且作为立法所要实现的目标，为澳门的发展和前途提出了明确的方向，使得澳门居民有一个共识，无论是政府的政策、措施，还是居民的言行，都应该围绕稳定发展这一中心，并且要有利于实现稳定发展。大家对社会的发展可以有不同的见解，但是不能偏离这个中心和目标。

所以，澳门基本法的立法指导思想是科学的，是经得起社会实践的检验，也是为澳门居民接受的。如果立法指导思想有问题，不符合社会发展的要求，不反映广大居民的愿望，无论法律条文写得如何精致，看起来有多么华丽，都将无济于事，结果只能阻碍社会发展，损害居民的利益。

2. "一国两制"立法原则要贯彻到基本法的内容和条文中去，使基本法体现出一切良好法律所应该具有的价值

法律的价值就在于建立正义的秩序，政府、个人在这种秩序下活动和生活。凡是符合秩序要求的行为都将受到保护，凡是破坏秩序的行为都将受到制裁。基本法所建立的法律秩序的价值就在于，第一，建立了中央与特别行政区关系的秩序，如中央授权特别行政区实行高度自治，特别行政区负有维护国家统一的义务；第二，建立了特别行政区与居民关系的秩序，如特别行政区居民依法享有广泛的权利和自由，特别行政区政府在法律上、物质和精神条件上保障居民的权利和自由；第三，建立了特别行政区内部行政、立法、司法之间关系的秩序，三个机构之间不仅各自独立工作、互相制约，而且能够做到互相合作和配合。

基本法在建立这一秩序的过程中，是以一个全新的角度，用一个新的思维来进行立法的，充分体现了"一国两制"。换句话说，不能抱着原有的不适应"一国两制"的观念、思想来立法。举例来说，按照国内的法律规定，一切土地属于国家所有，土地国有是一个基本的法律观念，但是在澳门的土地问题上就要改变这种观念，就要从澳门实际出发，承认原有的私有土地，保护私有土地者的所有权。同样，按照澳门原有的法律规定，居民中并没有永久与非永久居民的区别，就是在永久居民中没有中国公民与非中国公民的区别，但是在中国对澳门恢复行使主权后，澳门居民中的中国公民在享有政治权利方面就应该与其他非中国籍居民有所差别，必须规定行政长官、主要官员、立法会主席和副主席、终审法院院长和检察长等职位由澳门居民中的中国公民担任。既然如此，我们就要用新观念、新思维理解基本法，不能用我们过去了解或熟悉的观念，甚至认为是天经地义的定律来对待基本法的这些变化，否则就会是用旧眼光看新事物，必然作出错误的评价。

基本法在建立新的秩序中，重要的是要确保澳门的稳定发展。为此，对原有的制度既要有选择地延续，更要进一步完善。如基本法规定，原有法律基本不变，但要根据基本法对原有法律进行清理、修改、废除，完善法律制度。原公务员制度基本不变，但得根据社会发展加以改进，保证公共行政的廉洁、勤政与高效。原经济制度要进一步调整，改善经济环境，提供法律保障，促进经济发展。总之，一切保留、延续、完善的工作，均要有利于澳门的稳定发展。所以，评价基本法，也要以此为标准，不能因为对新的制度、新的规定不熟悉不了解而否定它的合理性和积极的意义。

基本法坚持从澳门的实际出发，做到符合澳门的情况，反映澳门的特点。一个法律对社会能否发挥作用，首先取决于它是否处理好了法律与社会的关系，凡是脱离社会的法律是无所作为的。因此，基本法十分注意解决澳门的特殊性问题。从基本法总则中的土地问题和法律本地化问题，中央与特别行政区关系中的驻军问题，居民权利自由中的土生葡人问题，政治体制中的主要官员资格、立法会组成、司法机构重组问题，经济制度中的旅游娱乐博彩业问题，社会与文化事务中的专业人员的专业资格问题等作出的规定中，充分体现了力求解决澳门实际问题的科学精神。

澳门的特殊问题主要有两个方面。

第一，如何解决原有制度中存在的问题，为澳门特别行政区成立后的各项运作创造必不可少的条件。举例说明，在澳门基本法颁布之前，原澳门法律和司法制度的情况是，澳门的重大法典由葡国制定并在澳门适用，法律只有葡文本而没有中文本。澳门没有本地的司法官员编制，法官、检察官均由葡国委派。继续维持这种状况，不适应中国对澳门恢复行使主权，不适应"澳人治澳"。为此，基本法规定，法律制度基本不变，凡抵触中国对澳门恢复行使主权的，由葡国制定的法律，不能成为特别行政区的法律。司法制度要作出改变，凡葡国编制的司法官员不能自然留用。正是基本法的明确规定，推动了澳门过渡时期法律本地化和司法人员本地化的工作进展，在各方的努力下，完成了澳门主要法典的本地化，培养出了本地的司法人员，为特别行政区成立后法律和司法制度的顺利运作创造了良好的条件。

第二，原有制度中的澳门优势，如何能够进一步发扬。举例说明，澳门经济的特点之一，就是旅游娱乐博彩业是经济的重要支柱，不仅不能削弱，还要保持住它的优势。基本法从正面肯定了该行业在澳门经济中的地位和作用，并且为将来的发展预留了空间，规定特别行政区政府可以根据社会的整体利益制定相关的政策。特别行政区政府根据基本法规定，对澳门博彩业有限度地开放后，澳门经济呈现出进一步的发展趋势，取得了正面的效益。

（二）"一国两制"是基本法立法的科学方法

基本法的立法方法也要符合"一国两制"的要求。不仅基本法的内容要充分体现"一国两制"的科学价值观，而且，制定基本法的方法也要符合"一国两制"。

1. 立法与咨询的方式

在制定基本法的过程中，充分考虑到澳门委员和澳门居民的思维方式和工作方式与内地的不同，并予以十分尊重。

①成立专责起草基本法草案的委员会，由内地和澳门居民代表组成。

1987 年 4 月 13 日，中国政府和葡萄牙政府正式签署了《中华人民共和国政府和葡萄牙共和国政府关于澳门问题的联合声明》。中国政府在《联合声明》中声明，在中国对澳门恢复行使主权时，设立特别行政区，并制定特别行政区基本法规定特别行政区实行的制度和政策。一年后的 4 月 13 日，第七届全国人民代表大会第一次会议通过了成立中华人民共和国澳门特别行政区基本法起草委员会的决定。同年的 9 月 5 日，第七届全国人民代表大会常务委员会第三次会议通过了中华人民共和国澳门特别行政区基本法起草委员会名单。起草委员会由来自中国内地和澳门的 48 位委员组成，包括内地有关部门的负责人、法律专家、知名人士，澳门的工商界、法律界、新闻界、教育界、宗教界、劳工界及葡萄牙在澳门的后裔居民等。澳门特别行政区基本法起草委员会的成立，标志着澳门基本法的起草工作正式启动。

②在成立基本法起草委员会的同时，设立了完全由澳门居民组成的基本法咨询委员会。澳门社会各界还组成了澳门基本法关注小组等，协助基本法起草委员会的咨询工作。

③为了让广大澳门居民能及时发表意见和建议，基本法起草委员会的每一次全体会议、基本法专题小组会议结束后，均向新闻媒体介绍情况，及时报道。此外，基本法起草委员会还举行各种类型的座谈会、公听会等，收集意见和建议。

2. 立法的计划与程序

有计划、有程序地进行基本法的起草工作。

1988年10月25日，澳门基本法起草委员会第一次全体会议在北京举行。会议就基本法起草工作的大体规划和步骤、起草工作的方法进行讨论，同意基本法的起草工作分四步进行。

第一步，在调查研究基础上，草拟出基本法结构（草案）。

第二步，拟出基本法（草案）征求意见稿，并公布征求意见。

第三步，经过征求意见和修改，将基本法（草案）提交全国人大常委会予以公布。

第四步，经第二次征求意见和修改，将正式的基本法（草案）提请全国人民代表大会审议通过。

会议认为，起草基本法要做好调查研究工作，深入了解澳门的实际情况，广泛征询和听取各界人士的意见和建议。委员要按照民主协商的原则，充分发扬民主，各抒己见，遇到问题协商解决。会议决定委托在澳门的委员，发起筹组一个民间的有广泛代表性的基本法咨询委员会，以配合基本法的起草工作。

1989年5月9日，澳门基本法起草委员会第二次全体会议通过决定，成立澳门基本法结构（草案）起草小组。小组由基本法起草委员会秘书长、副秘书长一人，内地和澳门委员各三人组成。同年9月，澳门基本法结构小组在澳门进行了为期13天的咨询工作，经过三次会议，拟出了澳门基本法结构（草案）稿。1998年11月20日，澳门基本法起草委员会第三次全体会议通过了澳门基本法结构草案。同时，决定设立中央与澳门特别行政区的关系、居民的基本权利和义务、政治体制、经济、文化与社会事务五个专题小组，分别负责就基本法有关章节的起草进行调查研究，并提出报告和草拟条文。

1990年3月开始，各基本法专题小组分别在澳门进行调查研究，听取各界人士的意见，然后在一年半的时间里，进行条文的起草工作。经过各起草委员的努力，1991年7月13日，澳门基本法起草委员会第七次全体会议通过了《中华人民共和国澳门特别行政区基本法（草案）征求意见稿》，并决定从1991年7月中旬至11月中旬开展为期四个月的公开咨询意见的工作，以便进一步地修改。

1991年12月，澳门基本法起草委员会五个专题小组分别举行会议，对收集到的各界人士的意见进行研究，对基本法条文的内容和文字作了100多处的修改。1992年3月8日，澳门特别行政区基本法起草委员会第八次全体会议，以无记名投票表决方式，逐条逐件地通过了《中华人民共和国澳门特别行政区基本法（草案）》，并决定提请全国人民代表大会常务委员会审议公布，进一步征求意见。3月16日，第七届全国人民代表大会常务委员会第二十五次会议通过了关于公布《中华人民共和国澳门特别行政区基本法（草案）》的决议，自公布之日起至7月底，在澳门和全国其他地区广泛征求意见。9月，澳门基本法起草委员会各专题小组举行会议，对基本法条文再次进行修改。1993年1月15日，澳门特别行政区基本法起草委员会第九次全体会议，以无记名投票方式，以全体委员2/3多数通过了18个修改提案，并决定将修改后的《中华人民共和国澳门特别行政区基本法（草案）》提请全国人民代表大会常务委员会审议，并建议全国人民代表大会常务委员会提请第八届全国人民代表大会第一次会议审议。

1993年3月31日，第八届全国人民代表大会第一次会议通过了《中华人民共和国澳门特别行政区基本法》。中华人民共和国主席江泽民发布第三号主席令，宣布《中华人民共和国澳门特别行政区基本法》（包括附件一《澳门特别行政区行政长官产生办法》、附件二《澳门特别行政区立法会的产生办法》、附件三《在澳门特别行政区实施的全国性法律》以及澳门特别行政区区旗、区徽图案）已由中华人民共和国第八届全国人民代表大会第一次会议于1993年3月31日通过，现予公布，自1999年12月20日起实施。

起草委员会在起草基本法条文时，还进行了澳门特别行政区区旗和区徽图案的征集和评选工作，最后以无记名投票的方式通过了提交全国人民代表大会审议的区旗、区徽的图案。

在4年5个月的基本法起草过程中，起草基本法的工作不是关起门来由起草委员会闭门造车，而是敞开大门，让澳门的广大居民参与其中。澳门基本法咨询委员会和各类基本法关注小组，发表了上百份意见书，提出了上千条意见。可以说，基本法是广泛发扬民主、集思广益的结晶。从确定基本法结构开始，到基本法条文草拟，基本法（草案）征求意见稿征求意见，基本法（草案）征求意见，每一个重要阶段，都在听取民意的基础上，对基本法草拟的条文进行修改，不断完善，精益求精。这在澳门立法史上是绝无仅有的。

3. 立法的协商与共识

基本法条文内容的确定，也是在民主讨论，充分协商，求同存异，方案优化基础上进行的。例如，基本法第145条第三款关于原澳门政府签订的合约是否继续有效的问题，是经过多次修改完善而成的。为了保障澳门特别行政区的利益，防止原澳门政府签订的合约损害公众利益，大家同意对政府签订的合约应该审查。最初条文表述为，原澳门政府签订的合约均需经过特别行政区政府的审查后方为继续有效。但是，这种表述使投资者不放心，不能确定在1999年前签订的合约，在1999年后是否能够得到承认而继续有效，所以，会影响投资。经过听取意见和讨论后，修改为，在1999年前，原澳门政府签订的合约，只要中央政府授权的代表机构不提出异议，在1999年后，特别行政区政府不再审查，将继续有效，既可保障特别行政区利益，又不影响投资者投资，有利于澳门经济平稳发展。

4. 立法的语言和文字

在基本法中既要使用体现"一国"原则的法律语言，在澳门原有法律中没有的法律语言，如"中国公民"、"效忠中华人民共和国"、"中央人民政府"、"国家行为"、"全国性法律"等。同时，在基本法中也要使用体现"两制"的法律语言，如澳门原有法律中的习惯用语"罪刑法定"、"无罪推定"、"人身保护令"等。

法律是通过语言表达的，人们是从语言文字中去了解、理解法律，法官也是从语言文字中去解释和适用法律，所以，法律语言一定要清楚、准确，法律语言的水平高低直接影响法律的实施。对此，基本法也作出了努力。如将最初的"私人财产权"表述改为"私有财产权"，因为"私有"

比较"私人"更广泛、准确。再如，将"特别行政区财政用于自身需要"改为"自由支配"，"自由支配"的表述既保留了特别行政区政府自行制定和管理财政的自治权，中央政府不干预，又赋予了政府可以根据需要支配财政资源，包括特别行政区政府认为需要的对澳门以外地区的援助。

二 "一国两制"是基市法法理的逻辑基础

基本法作为法律需要有法律理论。但是，不论是什么法律理论，在进行选择适用时，都不能违背"一国两制"的理论，它们必须在"一国两制"理论的框架内有条件地运用。虽然，法律化不是原封不动的照抄，有其自身法律的特殊要求，但是，法律化不能违背"一国两制"的原则，必须将"一国两制"政策具体化，具体化本身不能违反"一国两制"。法律化过程中也不能脱离、否定"一国两制"。如果抵触"一国两制"的法律化，其实质是背叛"一国两制"的脱离化。所以，基本法的法理要适应"一国两制"的要求进行采用或创新。

对基本法的法理而言，首先，要证明符合"一国两制"；其次，阐述相关原理，体现"一国"的原则和"两制"的要求这两个方面，构成完整的一体。

在制定基本法的过程中常常会遇到以下的法理问题。

①基本法的立法依据，涉及立法理论。在"一国两制"下，宪法是否还作为基本法的立法依据？宪法与基本法、特别行政区法律是什么关系？宪法是否应该在特别行政区适用？

②特别行政区制度，涉及国家结构和行政区划理论。在"一国两制"下，中国的国家结构形式发生了根本改变，还是有所变化，形成了单一制的一些新特点？特别行政区与普通行政区的差别是什么？

③高度自治、"澳人治澳"涉及权力来源理论。在"一国两制"下，是中央授权特别行政区，不是特别行政区固有权力？是中央享有保留权力，还是特别行政区享有剩余权力？

④中央与特别行政区关系，涉及中央与地方关系理论。在"一国两制"下，国家主权与特别行政区自治权如何划分？中央与特别行政区是否属于领导与监督关系，还是平等关系？中央如何参与？特别行政区如何自治？中央与特别行政区如何在"一国两制"下互相合作？

⑤居民的基本权利和义务，涉及人权理论。在"一国两制"下，为什么公民与居民并存？除了居民在特别行政区范围内的权利与义务外，在国家中的权利和义务是什么？

⑥行政、立法、司法关系，涉及政治制度的理论。在"一国两制"下，行政为什么主导？民主选举发展为什么循序渐进？立法与行政为什么互相分工、制约与合作？公务员为什么要政治中立？司法独立又为什么限制管辖权？

⑦基本法的解释和修改，涉及法律解释和修改的理论。在"一国两制"下，全国人大常委会享有最终解释权，又为什么授权特别行政区法院可以对基本法的有关条款解释？解释权与审判权应该如何处理？

因此，在"一国两制"下，在制定基本法的过程中，面对上述涉及的传统法学理论，应该怎么处理呢？是用传统法学理论否定"一国两制"，还是根据"一国两制"理论既吸收传统法学理论中符合"一国两制"需要的内容，又以"一国两制"原则创新法学理论呢？科学的态度应该坚持基本法的逻辑，以"一国两制"作为逻辑判断的标准，符合"一国两制"的采纳，不符合的抛弃，以"一国两制"创新法学理论。如何构建基本法的法理体系，具体分析将在以下章节中阐明。

因此，基本法的逻辑就是：

基本法是"一国两制"的法律化，所以，以"一国两制"为依据是基本法的逻辑前提。

基本法的规范要符合"一国两制"，所以，体现"一国两制"是基本法逻辑的要求。

基本法的解释和适用要符合"一国两制"，所以，确保"一国两制"的实施是基本法逻辑的目的。

第二章

"一国两制"的理论

"一国两制"既有理论层面的问题，也有实践层面的问题。所以，应该从两个基本层面去分析。它的逻辑体系是：第一，从理论层面说，要原汁原味地掌握"一国两制"理论的精髓，不能随意地解读、曲解"一国两制"，解决什么是"一国两制"的本源性问题。这个本源性问题不弄清楚，实践"一国两制"无从谈起。第二，从实践层面说，要提高"一国两制"实践能力，正确处理"一国"与"两制"的关系。如果仅仅停留在理论层面，光说不行动，"一国两制"再好，也不能实现。第三，当理论与实践能够结合、统一，"一国两制"就能结出硕果，中华民族的心愿，中华民族的利益，民族兴旺、国运昌盛、人民幸福就能实现。

因此，"一国两制"的理论、实践、理论与实践的统一是逻辑体系中三个相互关联的基本问题。

第一节 "一国两制"理论的形成和发展

"一国两制"从提出到成为一种理论，有一个发展的过程，是随着历史发展而逐渐完善的。

一 从历史发展中把握"一国两制"的内涵

(一)第一阶段:"一纲四目"

1956 年 1 月,毛泽东提出准备第三次国共合作,爱国一家。

周恩来总理在第一届全国人民代表大会第三次会议上提出,"我们愿意同台湾当局协商和平解决台湾的具体步骤和条件,并希望台湾当局在他们认为适当的时候,派遣代表到北京或其他地点,同我们开始这种协商"。毛泽东给蒋介石的信中说道,除外交统一于中央政府外,其他台湾人事安排、军政大权,仍由蒋介石管。台湾的社会改革从缓,待条件成熟,尊重蒋介石的意见和台湾各界人民代表进行协商。台湾为中国政府统辖下的自治区,实行高度自治①。

1963 年初,周恩来将国家统一的政策,概括为"一纲四目"。一纲是台湾回归祖国。四目是台湾实行民主改革,视条件而定;台湾武装力量不变;台湾社会制度不变;台湾财政遇有困难,大陆补贴。

在这一政策下,国家要统一,统一在一个中国之下,是十分清楚和明确的。那么如何统一呢?统一的方式应该是什么呢?当时,由武力方式统一改变为和平方式统一,这确实是一个明显的变化。但是,最终仍然是要实现社会制度的统一化,仅仅是统一的过程和条件可以讨论,那时还没有形成统一后可以有不同的社会制度存在设想(重点是解决统一的方式是和平解放,愿与台湾当局商谈具体条件和步骤)。在坚持国家统一的大原则之下,台湾地区的社会制度可以有时间、有条件地维持不变。这一阶段,台湾的社会制度暂时不变,社会制度不是从整体上说,只是某一些制度不变。

(二)第二阶段:对台九条方针政策

1978 年中共中央十一届三中全会的召开,重新确定了"台湾回归祖国怀抱,实现统一大业"的战略方针。

1978 年 7 月 9 日,邓小平接见美国国会代表团时说,中国人面临国家统一的时候,是可以走到一起的,国共有过两次合作,难道第三次不可以

---

① 葛书院:《1950~1965 年国共两党的五次秘密接触》,载《党史文汇》1996 年第 4 期。

谈？我们解决台湾问题将是尊重台湾的现实，可以找到既实现祖国统一，
大家又能处得好的方式。

同年 11 月 4 日，邓小平对缅甸总统吴奈温说，在解决台湾问题时，我
们会尊重台湾的现实。比如，台湾的某些制度不动，但是要统一。

11 月 9 日，邓小平会见美国客人时说，我们是社会主义国家，台湾可
以存在不同的社会制度，还可以保留原来的社会制度、经济制度。这是国
家统一的情况下允许保留的。

1979 年 1 月 1 日，全国人民代表大会常务委员会发表了《告台湾同胞
书》，宣布了和平统一祖国的方针政策。

1981 年 9 月 30 日，全国人民代表大会常务委员会委员长叶剑英代表中
国共产党、全国人大常委会、国务院，进一步阐明关于台湾回归祖国，实
现和平统一的 9 条方针政策。

其要点是：

①国家实现统一后，台湾可作为特别行政区，享有高度的自治权，并
可保留军队。中央政府不干预台湾地方事务。

②台湾现行社会、经济制度不变，生活方式不变，同外国的经济、文
化关系不变。

③台湾当局和各界代表人士，可担任全国性政治机构的领导职务，参
与国家管理。

④台湾地方财政遇有困难时，可由中央政府酌情补助。

1982 年 1 月，邓小平提出"一国两制"的构想。同年 12 月，颁布的
《中华人民共和国宪法》第 31 条规定，国家在必要时可设立特别行政区，
在特别行政区内实行的制度按照具体情况由全国人民代表大会的法律规定。

这一时期，"一国两制"的构想已经具体化了，形成了比较完整的理
论。其核心内容是，在坚持实现国家统一的前提下，在国家的某些地区建
立特别行政区，实行高度自治，保留原有的社会制度和政策不变。

（三）第三阶段：对港澳十二条方针政策

1982 年 9 月，邓小平会见英国首相撒切尔夫人时提到关于香港回归祖
国问题时说，可以用"一个国家，两种制度"的方法解决。将"一国两制"
的国策运用于港澳历史问题的解决。

1982 ~ 1984 年中英关于香港问题的谈判和 1986 ~ 1987 年中葡关于澳门

问题的谈判,形成了具体的方针和政策。

①中国恢复对港澳行使主权时,设立特别行政区,并制定特别行政区的基本法。

②特别行政区直辖于中央人民政府,中央人民政府行使国家的主权。

③特别行政区享有高度自治权,包括行政管理权、立法权和司法权。特别行政区可以自行制定文化、教育、科技政策,经济、金融、财政政策,保留自由港和独立关税地区,负责社会治安,以"中国香港"、"中国澳门"名义同各国、各地区及有关国际组织保持和发展经济、文化关系等。

④特别行政区实行"港人治港"、"澳人治澳"。政府和立法机关由永久性居民组成。

⑤港澳的原有社会、经济制度,居民的权利和自由制度,法律制度基本不变。

这一时期,"一国两制"从理论变成了现实,成功地解决了港澳的历史遗留问题,并形成了一系列的具体政策,为国家的统一,为港澳的稳定、发展、繁荣创造了坚实的基础。

二 在实践中理解"一国两制"的内涵

1984年中英关于香港问题的联合声明,1987年中葡关于澳门问题的联合声明,1991年香港特别行政区基本法,1993年澳门特别行政区基本法,对"一国两制"作出了政策和法律上的阐明,也是我们理解"一国两制"的政策和法律的依据。

"一国两制"由构想到国策和法律,是"一国两制"实践的结果,是现实性的集中体现。"一国两制"是具体的、有形的、实际的,不是抽象的、无形的、虚幻的。

(一)"一国"内容的具体化

通过基本法的制定,"一国"的内容具体化了。基本法在维护国家统一和领土完整方面,从四个基本方面作出了明确和原则的规定。

①从国家整体与部分关系方面规定,特别行政区是中华人民共和国不可分离的一部分。

②从中央与地方关系方面规定，特别行政区是一个地方行政区域和地方政府，直辖于中央人民政府。

③从中央行使国家主权方面规定，明确中央人民政府负责管理的事务，包括外交、国防、任免行政长官和主要官员、对立法会制定的法律是否符合基本法进行监督、决定全国性法律适用特别行政区、决定特别行政区进入战争状态和紧急状态、批准外国在特别行政区设立官方机构，以及就中央负责的事务对特别行政区发出指示等。

④从维持国家安全方面规定，特别行政区应该自行立法禁止任何叛国、分裂国家、煽动叛乱、颠覆中央人民政府及窃取国家机密的行为。

（二）"两制"内容的具体化

通过基本法的制定，"两制"的内容和关系具体化了。基本法在保障"两制"和特别行政区社会稳定和经济发展方面，从两个方面作出了规定。

①从制度方面，规定特别行政区实行资本主义制度，原有的社会制度和生活方式五十年不变。在特别行政区实行的社会、经济制度，有关保障居民基本权利和自由制度，行政管理、立法和司法方面的制度，均以基本法为准。

②从自治权方面，规定特别行政区实行高度自治，"澳人治澳"，享有行政、立法、司法权，自行管理自治范围内的事务，自行制定有关的政策。

以上就是"一国两制"的现实内容。表明"一国两制"在实践中是可行的。

在历史和实践的发展过程中，从"一国两制"的演变中，我们可以看出：

第一，从最初尊重不同的社会制度到现在允许保留不同的社会制度的演变，"一国两制"成为一项国家的长期政策。

第二，它的历史内涵及精神实质是：国家要统一，制度可以不同的原则始终没有改变，而理论更加丰富，内容更加具体，并根据不同的情况而变化。

所以，理解和掌握"一国两制"，关键要把握实质，领会精神，注意变化。

第二节 "一国两制"的主要内容

一 邓小平的"一国两制"思想①

理解"一国两制"理论必须读懂邓小平有关"一国两制"的论述。要原原本本地去理解邓小平的"一国两制"构想，千万不要随意地附加个人的主观意见，曲解"一国两制"的理论，危害国家和特别行政区。为此，有必要介绍邓小平"一国两制"构想的主要内容及要点。

（一）"一国"是核心，是"两制"的基础

具体要点有：

①国家统一是"一国两制"的出发点和归宿点。"一国两制"的核心是祖国的统一。

②关于国家主权问题，中国在这个问题上没有回旋的余地。主权问题不是一个可以讨论的问题。因为实现国家的统一是民族的愿望，一百年不统一，一千年也要统一的。

③不维护国家统一，任何中国政府都应该下野，自动退出政治舞台，没有其他选择。

④国家统一后，特别行政区才可以有自己的独立性。

⑤维护国家安全是中央的义务，也体现中央政府的决心。

（二）"一国"需要国家认同

具体要点有：

①认同"一国"是接受"一国两制"的基础。

②对国家对中央政府没有信任感，其他一切谈不上。

（三）"两制"有主次

具体要点有：

---

① 见《邓小平论"一国两制"》一书，三联书店（香港）有限公司，2004。

①国家的主体是社会主义制度，是"一国两制"的前提，也是不能变的。没有这个主体不行。

②允许某些地区实行资本主义制度，对特别行政区的政策是在坚持主体论的基础上制定的。

③主体的发展不依赖于特别行政区，如果中国把"四化"建设能否实现放在香港是否繁荣上，那么这个决策本身是不正确的。

④特别行政区的繁荣稳定取决于中国主体实行适合特别行政区的政策，这些政策是各方面都能接受的。

（四）"两制"应该和平共处

具体要点有：

①两种制度，谁也不吃掉谁，互相尊重。"一国两制"要讲两个方面，一方面社会主义国家里允许一些地区搞资本主义，另一方面确定整个国家的主体是社会主义，否则怎么能说是"两制"呢？不懂得讲两个方面，"一国两制"，几十年不变就行不通了。

②"两制"共存是符合实际，不是一时的感情冲动，也不是玩弄手法，完全是从实际出发，充分照顾港澳的历史和现实情况。

③"两制"共存有利于局势的稳定，而且是长期稳定，也不伤害哪一方；其中一方面变了，都要影响其他方面，改变了中国特色的社会主义制度，香港的繁荣稳定也难以保持。

（五）高度自治是有限自治

具体要点有：

①不赞成"完全自治"的提法，自治不能没有限度，既有限度就不能"完全"，"完全自治"就是"两个中国"。高度自治的条件是不能损害统一的国家利益。

②高度自治不排除中央适度参与和干预，条件是不损害统一的国家利益。不能笼统地担心干预、反对干预，有些干预是必要的，要看这些干预是有利于香港人的利益，有利于香港的繁荣稳定，还是损害香港人的利益，损害香港的繁荣和稳定。

③如果发生动乱，中央政府就要加以干预；如果变成行动，要把香港变成一个在"民主"的幌子下反对内地的基地，怎么办？那就非干预不行。

（六）"港人治港"（"澳人治澳"）需要爱国爱港（爱国爱澳）

具体要点有：

①爱祖国爱香港（爱澳门）是一个共同的大前提，一个共同的目标。

②要相信中国人能治理好香港（澳门），要有民族自信心。

③爱国爱港（爱国爱澳）的标准是不能损害国家和特别行政区的利益。尊重自己的民族，诚心诚意拥护祖国恢复行使对香港的主权，不妨害香港的繁荣稳定。

④选择好的政治人物来管理香港（澳门），就不怕"变"，就可以防止"乱"。

（七）政制需要因地制宜

具体要点有：

①一定要切合实际，要根据自己的特点来决定自己的制度和管理方式；不能照抄西方的政治制度。香港现在就不是实行英国的制度、美国的制度。

②循序渐进搞普选也要逐步过渡，要一步一步来。

③普选不一定能选出爱祖国爱香港的人。

④香港应该稳定，这是个关键。香港的稳定，除了经济的发展以外，还要有个稳定的政治制度。如果硬要照搬，造成动乱，那是很不利的，这是一个非常实际的严重问题。

（八）稳定与发展兼顾

具体要点有：

①一是"两个不变"，即内地的社会主义制度和港澳的资本主义制度不变。二是越变越好，现行的政治、经济制度，甚至大部分法律都可以保留，有些要加以改革。

②不要笼统地说怕变，问题是变好还是变坏，不要拒绝变，拒绝变化就不能进。

（九）"一国两制"的目的

具体要点有：

①通过"一国两制"和平解决国家统一问题。

25

②实施"一国两制"有利于保持特别行政区繁荣和稳定。

二　"一国两制"理论的阐述

根据邓小平"一国两制"的构想，"一国两制"理论可以概括为以下四个基本方面。

（一）一个国家原则（领土完整原则）

"一国两制"的逻辑基础是："一国"是"两制"的基础，"一国"的核心是国家的统一、领土的完整，任何地方不能从国家分离出去，同时坚持国家主体性。

1. "一国"问题的提出

"一国两制"的提出，就是为了实现国家的统一。香港、澳门自古以来是中国的领土，因为历史的原因，香港、澳门被外国占领，结束外国在中国领土上的占领，实现国家的统一，是中华民族百年来的共同愿望。更重要的是，中国在实现现代化的国家中必须完成国家的统一，它是必不可少的条件，分裂是实现现代化国家的障碍，必须扫清。

2. 实现"一国"的方式

考虑到香港、澳门的具体情况，港澳同胞的意愿，采取保留这些地区原有的社会制度和生活方式不变的方法完成国家的统一。这样，既实现了国家的统一，又维持了特别行政区的稳定发展，符合国家和特别行政区的根本利益。

3. "一国"的主体性

国家统一在什么基础上？国家的统一，是港澳统一到中华人民共和国中来，回归到"一国"。

统一后的"一国"，虽然存在不同的社会制度，但国家的主体性依然存在，即以中华人民共和国的国家制度为国家的主体性。这个主体性，在"一国两制"下是不会改变的，也不会动摇，更不存在重新确立的需要。如果没有国家的主体性，"两制"的关系会颠倒主次。主体性是"一国"的重要内容。

4. 特别行政区是国家不可分割的一部分，是一个地方行政区

不论特别行政区实行什么样的社会制度，享有什么样的自治权，均不

能改变作为国家内一个地方行政区的性质和地位,绝对不可能成为一个独立的政治实体。所谓独立的政治实体,就是可以独立存在,可以立国,自己选择自身的制度,决定内外政策,不依赖于任何国家。特别行政区不是独立的政治实体,也就没有"自决权"。国际人权公约适用于特别行政区时,中、英、葡均同意声明,"民族自决权"的规定不适用于特别行政区,港澳无权从中国分离出去。葡国议会于1992年12月7日通过的关于两个国际人权公约延伸适用于澳门的第41/92号决议规定,"该两公约在澳门生效同样不影响1987年4月13日签订的《葡萄牙共和国与中华人民共和国政府关于澳门问题的联合声明》的规定,特别是其中关于澳门是中国的领土,中华人民共和国政府将于1999年12月20日对澳门恢复行使主权,葡萄牙负责澳门的行政管理至1999年12月19日。"① 所以,港澳作为国家的一部分、一个地方行政区域不能从国家分离出去,必须直辖于中央人民政府。那些试图摆脱国家对特别行政区的领导,甚至抗衡国家的领导,完全不符合"一个国家"的原则。

(二) 国家主权原则 (主权统一原则)

1. 主权就是一个国家对内具有最高的、最终的、排他的权力,对外可以独立自主地决定国家政策的权力

主权是国家不可或缺的权力。主权沦丧,也就是国家失去了独立和自主性。主权被分割就是国家的分裂。既然国家是统一的,国家主权就不可分割。所以,为了国家的独立、统一,必须由中央政府统一行使主权。

2. 中央政府行使国家的主权,而行使主权的具体形式就是行使对特别行政区的治权

认为中央对港澳只有主权,没有治权的看法是错误的。因为主权与治权不能分割,治权是主权的延伸和具体化,是主权行使的形式。有主权必有治权。中国政府反对英国政府提出的主权换治权,原因是这个主张的实质是抽象肯定中国对香港拥有主权,具体否定中国对香港行使主权。

因为中央既有主权,也有治权,所以,在"一国两制"下,授予特别行政区高度自治,但不是完全自治。因而,中央对特别行政区的立法是否符合基本法有审查权,对行政长官有指令权,对法院管辖有限制权等,这

---

① 王西安著《国际条约在中国特别行政区的适用》,广东人民出版社,2008,第131~132页。

些都是治权的具体体现。

3. 主权高于自治权

国家的主权行为不受地方自治权的限制。相反，当主权与自治权发生关系，两者不一致时，自治权要服从于主权，不能挑战主权行为，不能限制主权行为，更不能凌驾于主权行为之上，或管辖主权行为。所以，作为国家主权的权力和事项，如外交、国防等，均由中央政府负责行使和管理，特别行政区政府给予配合。

但是，主权与自治权并不矛盾，主权并不替代自治权，也不否定自治权。属于自治范围的事务，由自治权处理解决，中央政府给予支持和配合。

4. 在国际上代表国家的只能是中华人民共和国，也就是说，在国际法上，中国是国际法的主体

特别行政区不能以国家的身份参与国际事务，只能以"中国香港"、"中国澳门"的名义参与适当领域的国际组织、国际会议、国际公约。

（三）特殊社会制度保留与授权高度自治

在"一国两制"下，特别行政区实行高度自治，"港人治港"、"澳人治澳"，保留原有的社会制度基本不变。对上述政策内容的具体分析将在第四章"特别行政区的基本制度"中详细论述。

但是，在"一国"之下实行"两制"，它们之间是一种什么关系呢？究竟"一国"是"两制"的基础，还是"两制"是"一国"的基础和核心？这是必须阐明清楚的问题。从"一国两制"的逻辑出发，"一国"是"两制"的基础而不是相反。

1. 如果"两制"是基础，"一国"的存在将由"两制"决定

"两制"是基础，"一国"是在"两制"基础之上，那么，以此推理，"两制"有共同需要可以产生"一国"，"两制"没有共同需要也可以分裂"一国"？没有"一国"同样可以有"两制"，"一国"变成了仅仅是"两制"的一个选项，不是必要的条件。

逻辑正好相反，事实上是由"一国"决定是否采用"两制"，所以，我们可以看到世界上有一国一制的一国，也可以有一国两制的一国。究竟采用"一国一制"还是"一国两制"，由"一国"的需要选择。是"一国"选择"两制"，不是"两制"选择"一国"。"一国两制"正是通过保留

"两制"来实现"一国"。

2. 如果"两制"是基础,"一国"将不能限制"两制"

如果"一国"是为"两制"而存在,服务于"两制",不仅由"两制"决定"一国"的命运,而且由"两制"自身决定其界限,不受"一国"的限制,那么高度自治的权力由"一国"的中央授予就成了问题,"港人治港"、"澳人治澳"要以爱国爱港(澳)为主体也成了问题,等等,不一一列举,"一国"存在的实际意义又在哪里呢?

逻辑正好相反,是由"一国"决定"两制"的命运。当"两制"危害"一国"时,"一国"就要改变"两制"。绝对不是由"两制"决定"一国"的命运。

(四)"一国两制"的制度化与法律化

"一国两制"从伟大的构想到国家的政策,并在中华人民共和国宪法中以国家根本大法的形式确定下来,完成了一个重要的阶段。"一国两制"要成功实施,还必须进入第二个阶段,将"一国两制"的国策制度化和法律化。

1. 制度化

就是要设立特别行政区,使"一国两制"实施有一个具体的载体,没有特别行政区这种载体,就没有高度自治和"港人治港"、"澳人治澳"的活动空间。制度化是"一国两制"的重要一环。

2. 法律化

就是要制定特别行政区基本法,将"一国两制"的具体内容用法律的形式规范下来,使"一国两制"的实施有法可依,依法管制特别行政区。基本法的权威性、稳定性,更有利于人们确立对"一国两制"的信心,并以此规范自己的言论和行为。所以,基本法是实施"一国两制"必不可少的条件。

三 "一国两制"理论的精髓

(一)辩证的哲学思辨

1. "一国两制"是有机的整体

中国对港澳恢复行使主权,实现了国家的统一,形成了一个整体。而

"一国"中的"两制",是整体中的两个基本元素。那么,这个整体是一加一的数学等式,还是一加一的化学等式?如果是数学等式,它并没有产生质的变化,只是量的变化。它可以加,也可以减。如果是化学等式,产生了质的变化,形成了一个新的物质。原有的两个元素是不能分开的,否则,新的物质就被破坏了。按照"一国两制",实现的国家统一,"两制"在"一国"之下,构成了一种新型的模式,不是简单的两个个体的相加,而是组成了一个新型的有机体。对"一国"的认识,对"两制"的认识,都要放到有机整体中去认识。"一国两制"是新思维下的产物,它强调的是整体性,从整体看组成整体的个体。

讲"一国"时,就包含国家存在两种不同制度。讲"两制"时,就具体指的是"一国"中的"两制"。不能机械地将"一国"与"两制"分开讲,否则就不是"一国两制"的整体。不能离开"两制"谈"一国",也不能离开"一国"谈"两制"。不能用"一国一制"的观念看待"一国两制",也不能用港澳原有的殖民管制来面对"一国两制"。有机体的理论,就是要求不能停留在合成整体之前的个体来谈论和处理合成后的它们之间的关系。相反,要从整体中谈论和处理两者的关系。

目前对"一国两制"存有的一些片面看法,恰恰是背离了整体性要求。例如,有人说,"一国两制"的精髓是"两制","两制"就有谁胜谁负,你死我活的关系。因为"一国"不能"两制","两制"不能相处,"两制"互相排斥,不能组成一个整体。结果是摆脱中央走向独立是唯一办法和出路。还有主张"两制"自我独立论,互不依赖,是简单的寄生的组合,有条件就可以分离。也有将"两制"视作隔绝,互不交往。"一国"的存在对"两制"没有实际意义。这些论点,归根结底就是没有将"一国两制"视作一个整体看待,相反将整体割裂,失去了全面性,个体变成了没有整体约束的,可以独立于整体存在的东西,势必引起个体之间的冲突、分裂。所以,要用"一国两制"的思维去理解、掌握"一国两制"。千万不能用旧思维看待新事物。

2. "一国两制",矛盾调和

"一国两制"作为有机的整体,存在其中的"两制"是不同的,有着矛盾的一面,并且不可能消除的,否则就成为"一制"。但是,一旦国家统一,"一国"形成,不能因"两制"的不同,分裂国家。所以,维护"一国"的整体,关键是调和两制之间的矛盾,使其互相依存,互相合作,控制在互相接受的范围内，不至于影响国家的统一。作为一个整体，既不抹杀它们之间的差异，应互相尊重和发展，也不挑起它们之间的冲突，不应一方吃掉另一方。

在整体论下，做到和而不同，求同存异，共同发展。

（二）谋求国家发展的战略

1. "一国两制"是国家的战略布局

"一国两制"是为了实现国家的统一，更是为了实现国家现代化而作出的一种战略布局。它服务于中国的和平发展，面向未来的追求，以实现中华民族的理想。正如上述所言，国家统一是国家强盛的必要条件。"一国两制"事关民族兴旺、和平发展、国家富强这个大局。我们要从大局出发，理解和实施"一国两制"。

2. 港澳回归和稳定发展是国家战略的一部分

港澳好，有利于国家建设现代化。港澳乱，则危及、拖累国家的发展。为什么国际上的一些势力总想利用港澳兴风作浪，就是为了达到牵制中国、制约中国的目的。我们不仅要从港澳的局部角度理解"一国两制"，更要从国家的全局角度理解"一国两制"。不能不看这个大局，更不能影响和干扰这个大局。"一国两制"是大视野、大志向、大道理。

因此，港澳问题首先是国家的战略问题，应该在服从全局战略下解决好局部问题。我们处理"一国两制"的关系或遇到的问题，都不能脱离全局去处理。不利于全局的事不做，有利于全局的事就一定要做。第一，特别行政区要保持继续稳定发展，办好自己的事情，才能为国家的和平发展创造内部的和谐的环境，才能防止外部势力的挑拨、渗透，争取国家和平发展的国际环境。第二，特别行政区不仅要自身稳定发展，也要充分发挥自身的优势，为国家的发展作出贡献。只有牢固地树立起服务于国家的这种意识，将港澳与国家的命运紧紧地联系在一起，"一国两制"才会成功。

（三）求真务实的精神

"一国两制"体现从实际出发，顺应历史，反映民意，实现利益的务实精神。

1. "一国两制"的提出是从实际出发的结果

实际是什么呢？就是既要实现国家统一，恢复对港澳行使主权，又要保持港澳的稳定发展，人心回归。如果采取"一国一制"的方式，可以做到国家统一，但可能损害港澳的稳定发展，不能两全其美。所以，要改变以往的思维和过去的模式，找出新的适应新情况的方法，"一国两制"就是符合了这个最大的实际。

2. "一国两制"的提出是顺应了历史的发展

历史发展是什么呢？就是和平解决争端，和平谋求发展。港澳作为历史遗留问题，解决历史上的中英、中葡之间这个问题，可以有两种办法，要么战争，要么和平，和平不仅是历史发展的趋势，而且也是付出代价最小换取最大利益的方法。"一国两制"的和平方式，既解决了中国恢复对港澳行使主权，又争取了与英国和葡萄牙的合作，是双赢的局面。

3. "一国两制"的提出是反映了民意，顺应了民意

民意是什么呢？民意就是希望维持原有的生活方式不变，保持经济发展，社会稳定，安居乐业。"一国两制"确保了社会基本制度的不变，生活方式的不变，满足了港澳居民的愿望，是顺民意、得民心的政策。

4. "一国两制"的提出是为了实现中华民族的最大化利益

中华民族的根本利益是什么呢？就是建设现代化的国家。"一国两制"创造了国家的统一，促进了港澳的稳定发展，为实现国家现代化的目标，争取到了国家发展的良好内部环境。

上述四个方面充分体现了一种务实精神和态度，正是这种精神和态度，将实现国家统一和特别行政区稳定发展、繁荣两个方面有机结合成"一国两制"的终极目标。

所以，提出"一国两制"离不开务实的精神和态度，解决"一国两制"实践中的问题也需要有这种务实的精神和态度。既不能将终极目标的两个部分割裂，只强调一个方面，忽视另一方面。也不要停留在过去的意识形态的旧有思维，因意识形态的不同，将两者之间对立。

总体上说，正确理解"一国两制"，意义重大。虽然不能穷尽"一国两制"理论的所有内容，因为它还会随着"一国两制"实践的发展而丰富，但对实施"一国两制"理论是具有指导意义的。就像我们手中握有地图，虽然不能完全描述全部的实景，但对我们探索而言，具有指导性，是不可缺少的。

第三节 "一国两制"的几个重大问题

"一国两制"在实践中面临了不少的挑战，引起了一些争论，比较突出的，带有根本性的有如下问题，我们应该如何去认识、理解和解决这些问题呢？

一 国家认同是"一国两制"的基础

"一国两制"首先是国家认同，没有国家认同，就没有"一国"。所以，要防止虚化国家的倾向。

（一）什么是国家？

《牛津法律大辞典》从不同角度对国家概念表述了看法。第一，"是指生活在地球表面的确定部分、在法律上组织起来并具有自己政府的人的联合"。"国家一词是指法律上组织起来的并且人格化了的社会"。"国际法上，现代国家最根本的属性是主权，指拥有充分的权力维护对外独立，对内忠诚和秩序以及在其领土内规定、适用和解释法律制度的最高权和独立权"。第二，"国家可以是单一制，也可以是联邦制"，"国家可以根据其政府形式分为独裁制或专制制，寡头统治制，民主制"，"国家可以以附属国或独立国的形式存在"。第三，"'国家'一词也用来表示该国政府，以区别于该国的居民"①。其他的百科全书对国家的定义也大同小异。

在"国家"的概念中，首先，存在一种共性的东西，即一切国家均由领土、人民、主权、政府四个要素构成，缺少任何一个因素，就不成其为国家，这是不可变的。其次，存在另一种特性的东西，即由于国家的主权可以独立存在，也可能被外部势力窃取而丧失独立性，政府的形式也可以有不同的选择，是一个可变的因素。所以，出现了不同的国家类型。因此，从理论上分析，国家既有共性的一面，也有个性的一面。但是，一个实在的国家，总是上述共性和特性的结合体，两者之间虽然可以区别，但不能

---

① 《牛津法律大辞典》，光明日报出版社，1988，第 851～852 页。

分割。"一国两制"中的国家，就是一个实实在在的国家，即中国。

（二）"一个中国"意味着什么？

"一国两制"中的一个国家，是抽象的国家还是具体的国家？是维持统一的国家状态还是维持分裂的国家状态？

1. "一个国家"是指中华人民共和国，它是具体的、现实的，不是抽象的、虚拟的国家

一个国家是由中华人民共和国宪法所确立的国家主权、国家制度所构成，不是意识形态上或理论上虚构出来的或者可以任意捏造的国家。所以，要按照中国宪法来认同一个国家，是中国恢复行使主权。港澳回归中国。"一国"是确定的，不能讨论的。

中国作为具体的、现实的国家，既具备了国家共性的要素，也具备了国家特性的要素，是两者结合的完整的国家。第一，中华人民共和国拥有固有的领土、人口众多的各族人民、独立的主权、合法的政府。第二，中华人民共和国就国家结构而言，是单一制。就国家管理形式而言，是人民代表大会制。代表中国主权的是中央政府。这就是具体的、实在的、活生生的中国。所以，接受"一国两制"，就要接受"一国"的上述两个方面，不能择其一，舍其二。

但是，在"一国"的问题上，有人虚化"一国"，认同中国只是一个民族、历史、文化意义上的国家，但不认同中国的国家制度，不认同一个国家中的中央政府，把国家的共性与特性割裂开来，只在共性上（中国拥有领土、人民、主权）认同中国，把中国只看成是共性意义上的一个抽象的国家，却回避或拒不认同中国作为一个国家所应有的国家制度。实际上是抽象肯定，具体否定。至少在认识和思想上并没有完整地接受"一个国家"，只是部分地接受"一个国家"或者"一个国家"的一部分。按这种认识，中国可以作为国家存在，但是，目前的中国实际上是一个什么样的国家可以不考虑，现实的中国也不能代表或作为"一国两制"中的"一国"，而要以他们认为可以接受的国家形态（他们心目中的应然国家）作为"一国两制"中的国家，结果导致对国家认同的缺失，"一国两制"就失去了前提和基础。这是阉割了"一个国家"，也是对"一国两制"的极大曲解。以这种逻辑推论，结果是：

第一，"一国"可以讨论，所以，港澳就不是回归，而是与内地重构一国的问题。

第二,"一国"可以讨论,所以,就提出所谓的"民主中国"主张对抗中国宪法中的国家。

第三,"一国"可以讨论,"两制"保留的范围就不受"一国"限制了,国家主权原则就没有存在的意义。

但是,"一国"是不可讨论的,回归"一国"也是不能讨论的。所以,对解决港澳问题,中央政府提出了主权原则第一,平衡过渡原则第二,只有不损害主权原则,才有平稳过渡原则。

2. "一个国家"是指统一的国家,不是分裂的国家,是针对中国尚未实现完全的统一而提出的国家任务和目标

首先,坚持一个国家的原则,是要解决民族国家的统一。由于历史的原因,中国被分裂了,有如台湾问题。中国被列强占领过,有如香港和澳门问题。所以,"一个国家"的原则是有特定意义的,就是要解决历史遗留问题,结束中国的内部分裂状态和被外国占领的历史。"一个国家"既是一个需要完成由处于分裂的国家状态走向统一的国家的过程,也是一个在国家统一后需要坚决维护的国家的目标。

其次,在"一个国家"的原则下,实现民族国家统一的形式问题,是一个可以探讨的问题,在中外历史上就有多种的形式,在中国的历史上也有不同的形式。"一国两制"就是适合于当下中国的具体国情的一种形式。但是,一切形式的探讨:

第一,必须以实现和维护国家的统一为目的,必须坚持反对和防止国家分裂。

第二,必须以现实的国家制度为基础,不能完全抛弃现实来探讨民族国家统一的制度问题,即不能从一张白纸开始。这与历史上一些国家的建立不同,如美国的立国过程,它是从一个松散的非国家的联盟发展到建立一个强大的国家过程,建国方案从零开始。相反,中国的统一是在已有的国家基础上,将分离的部分领土回归国家整体的过程,以实现国家统一。它不是从无到有的过程,它是从有到分离再到完整的过程,是如何回归一国,不是如何整合一个新国家。既然是回归,就是回归到一个既有的主体之中,所以,主体性的现存制度是一个基础。相反,如果是整合一个新国家,是可以有选择重新建立一个国家制度。这就是"回归"与"整合"两者之间的差别。

所以，国家认同，第一，必须认同国家统一。第二，必须认同中国宪法确立的国家制度。

二 和平共处互相尊重是"一国两制"的条件

"一国两制"，体现和而不同的理念，"一国"之中有"两制"，"两制"统一于"一国"之下。讲"两制"是"一国"的"两制"，讲"一国"是有"两制"的"一国"。"一国两制"是有机的统一体，"一国"是整体，"两制"是组成部分，是不能分割的。如果分化"一国两制"，势必导致彼此之间对立、对抗，形成"一国一制"或者两个独立的政治实体的局面。所以，和而不同的理念是实施"一国两制"必须具备的思维。

（一）"一国两制"不是依附的关系

"两制"不是依附关系。依附并没有一体的概念，保留了自我，没有大我，依附关系论的危害可以导致分裂论。依附关系既可表现为一种无可奈何的心态，被迫接受"一国"。也可以表现为一种暂时的心态，寄人篱下。更可隐含分离的心态，伺机出走。如果是这样的心态，不可能同心同德搞"一国两制"。

同时，依附关系论也是降低了"两制"在国家中的重要性，内地制度与特别行政区制度在"一国"中有主次之分，但主次之间不是依附关系，是共存关系。"两制"对"一国"而言，都是重要的，没有孰重孰轻的问题，任何"一制"的不存在，就没有了"一国两制"。如果是依附关系，往往会被认为依附者的不重要，随时可以被改变或被消灭。

（二）"一国两制"不是互相排斥的关系

"两制"不是排斥关系。因为"两制"之间已经有了一个共同体，有了一个共同的目标和任务，就是国家的统一、发展和强盛。两制之间虽然有差别，有不同，但是，在一国的共同体中，彼此之间是互相尊重，不是互相排斥和斗争。所以，将"一国两制"看作互相排斥的关系，就是只看"两制"的不同点，没有看到它们有共同点。而鼓吹排斥论，实质就是拆台（"一国"的平台）论，"一国"不能容"两制"，一拍两散，只有各奔东西，最终是"一国"的解体。

"两制"虽然不同,但在"一国"中,正是可以扮演不同的角色和承担不同的作用。因为"两制"各有优势,"一国"又为"两制"优势的发挥创造了一个平台。所以,"一国两制"是要调和"两制"之间的矛盾,利用和发挥"两制"的优势,而不是扩大它们之间的矛盾,加剧冲突。"一国两制"不是为了"两制"冲突而存在,实是为了"两制"发展,互补互利而存在。

(三)"一国两制"不能互相隔绝,互不交往

"两制"不是隔绝关系。"一国"已经将"两制"共处一体之中,不可能割绝交往,人为的隔绝,结果是损害"一国",疏离"一国",让整体的存在没有意义。

有意见认为,既然"两制"不同,为了保持制度的不同或制度的纯洁性,最好的办法就是隔绝交往,以免互相影响。还有意见认为,不交往才能免受内地的影响,保持特别行政区的特色。其实,这些看法是片面的,维持两种制度的存在,关键是要做到互相之间的彼此尊重,而不是消极的隔离。何况,制度之间的交往,是必然的事情,正如世界上不同制度之间都在交往,反而"一国"中的两种制度却不能交往?

"一国两制"作为一个整体,两种制度只有在交往和配合中,才能发挥最大的作用,力量才能最大化。我们不否认"两制"交往中会出现矛盾和冲突,但是,只有在"两制"交往中才能发挥各自的优势,而这种积极的因素要大于矛盾带来的消极因素。

(四)"一国两制"不能互相改变对方,吃掉对方

"两制"不是你死我活关系。作为一个整体,不能抱有一方视对方为威胁,以吃掉对方,保全自己的心态来处理"两制"的关系,这样的结果就是导致整体的瓦解,或者整体的改变。其实,"一国两制"不是斗争的哲学,而是共存的哲学,不是以吃掉对方为目的,而是以共同发展为目的。

"一国两制"下,强调的是制度之间的和平共处,不是制度之间的淘汰,尤其要放下意识形态的思想之争,否则,总以自己的制度优越自居,结果就是一方要吃掉另一方。

"一国两制"下,不是要消除制度之间差异,而是允许差异的存在,并利用差异的优势,来发展自己和整体。只有各自得到发展了,整体也发展

了，"一国两制"的政策才不会改变，才会坚持实施。

（五）"一国两制"不能片面地理解"一国"

把"一国"对"两制"的意义仅仅限于经济层面，排除政治方面，变成经济讲"一国"，政治讲"两制"。国家作为一个整体，对两种制度而言，既是经济上的，也是政治上的，它的意义和影响是全面的，否则，"一国"就是残缺不全的，支离破碎的。"一国"既是国家可以提供统一的经济市场，也要实行国家主权的统一，如中国宪法所规定的国家主权机关的地位，主权机关的职权应该得到尊重，特别行政区要服从国家主权机关的管辖，绝对不能以"两制"不同，而挑战国家的宪政制度。

片面理解"一国两制"，只想从"一国"中得到好处，不要相应地负起对国家的承担，实用主义地理解"一国"的原则，其结果导致"一国"的完整性损害，最终"一国"的好处将消失。

所以，"一国两制"，和而不同，首先要维持一国，保持国家和平统一。其次，在"和"的前提下，制度可以不同，差异可以存在，但以不破坏"和"为界线，相反在"和"的大局下，各尽所能，各自发展，最终国家富强。

三 互相合作、共同发展是"一国两制"的目标

"一国两制"的生命力就在于共同发展。实现共同发展，在"一国两制"下，要求同存异，优化有利因素，发挥各自长处。

（一）充分利用"一国"的优势

"一国"是"两制"的基础，一方面是说明"两制"不能破坏"一国"，另一方面，"一国"也给"两制"发展和合作提供了广阔的平台。一些人将"一国"视为紧箍咒是片面的，我们必须充分发挥"一国"的优势，正是因为有了"一国"，才有中央政府全力支持行政长官和特别行政区政府依法施政、发展经济、改善民生、推进民主、促进和谐。

①为帮助澳门特别行政区应对亚洲金融危机和国际金融危机等造成的影响，中央政府适时推出了《内地与澳门关于建立更紧密经贸关系的安排》（CEPA）及其6个补充协议、开放内地居民赴澳门个人游、允许澳门银行

试办并逐步扩大人民币业务、帮助在内地的澳资中小企业缓解经营困难、推进重大基建设施对接、扩大内地服务业对澳门开放、保障供澳食品的数量和质量安全等一系列政策措施。

②为促进澳门经济适度多元发展,在制订国家"十二五规划"、《珠江三角洲地区改革发展规划纲要》、《横琴总体发展规划》以及确定港珠澳大桥等重大基建项目时,充分考虑到对澳门的影响,着力为澳门提供发展机遇,拓宽发展空间。

③为澳门高等教育的发展,中央决定同意澳门大学迁址珠海横琴岛,全国人大常委会随后作出决定,授权澳门特别行政区对澳门大学新校区实施管辖。这是中央为支持澳门培养人才所作的特殊安排。

(二) 发挥"两制"的优势

特别行政区在保留原有制度,行使高度自治权时,根据澳门具体情况,制定各项政策,促进了澳门社会的全面发展。

1. **经济发展**

- 2000 年,澳门特别行政区扭转回归前连续 4 年经济负增长局面,保持连年增长势头,2000 年至 2008 年本地生产总值(GDP)年均增长率约为 14% 。

- 2008 年,澳门特别行政区人均 GDP 达到 31.3091 万澳门元(约合 39036 美元),是 1999 年的 2.8 倍。人均 GDP 名列亚洲前茅。

- 2000 年至 2008 年财政年度,特别行政区政府财政收支连续 9 年出现盈余。回归十年间,政府财政累计盈余由不足 130 亿澳门元,增至 1000 亿澳门元,财政实力增长近 7 倍。

- 回归两年后,特别行政区 2001 年全年入境旅客首次突破 1000 万人次。自 2003 年 7 月内地城市陆续实施赴澳门"个人游"后,内地客源大幅增加,入境旅客总数呈现跨越式增长。2007 年,入境旅客达到约 2700 万人次。2008 年,由于统计中剔除外地雇员和学生入境人数,澳门全年入境旅客人数 2293 万人次,是当地人口的 42 倍多[①]。

---

① 《澳门回归十周年:数字说话　见证澳门十年发展变化》,http://www.gov.cn/zmyw200912b/content_1486392.htm。

2. 居民安居乐业

- 2000 年，特别行政区政府就将本地"最低维持生计指数"提升至每月 1300 澳门元，2006 年和 2007 年又分别提升至 1600 澳门元和 2000 澳门元。到 2008 年，考虑到金融危机冲击，特别行政区政府两次提升标准，至 2640 澳门元，比回归时高出一倍多。

- 2005 年，特别行政区政府首次发放"敬老金"1200 澳门元给年满 65 岁或以上的老人。这一标准在 2006 年和 2007 年分别升至 1500 澳门元和 1800 澳门元。2008 年特别行政区政府，两次分别发放 1800 澳门元，2009 年一次性提升至 5000 澳门元标准。

- 1996 年至 1999 年，澳门人口出生时平均预期寿命为 77.9 岁，2005 年至 2008 年期间已经提高到 82 岁。

- 2008 年和 2009 年推出"现金分享计划"，2008 年向每名澳门永久性居民发放 5000 澳门元，非永久性居民拨发 3000 澳门元；2009 年向每名永久性居民发放 6000 澳门元及总值 500 澳门元的医疗券，向非永久性居民发放 3600 澳门元。

- 2010 年财政预算，特别行政区政府拨出 33 亿澳门元启动中央储蓄个人账户，落实"双层社保"制度，向每个符合资格开户居民账户注入 1 万澳门元启动资金。

- 10 年来，向社保基金供款的受益人从 1999 年的 11.5 万人增长到 2008 年的 25 万人，增长 1.2 倍。同期，社保基金各项津贴总额由 1999 年的 1.41 亿澳门元增至 2008 年的 4.26 亿澳门元，同比增长 2.1 倍[1]。

3. 对外交往扩大

统计数据显示，10 年来，适用于澳门的国际公约由原来的 156 项增至 231 项，澳门与外国签订了 30 项民用航空、司法协助、投资保护等领域的双边协定；澳门特别行政区作为中国代表团成员参加了 140 多次国际会议，以"中国澳门"名义参加了 240 多次国际会议；有 78 个国家或地区给予澳门特别行政区护照免签证或落地签证待遇。澳门成功举办了东亚运动会和 9 个大型国际会议，国际影响进一步扩大。

---

[1] 《澳门回归十周年：数字说话　见证澳门十年发展变化》，http://www.gov.cn/zmyw200912b/content_1486392.htm。

（三）互相合作，共同发展

独特的历史渊源和中西文化融合的特色，澳门以自身优势为祖国与葡语国家及欧盟国家等联系穿针引线，也为内地的建设及经济发展贡献力量。商贸服务平台已成为澳门在国际贸易往来中的名片，并在区域经济合作中发挥着积极的作用。2003 年 10 月，由商务部发起并主办、澳门特别行政区政府承办的中国与葡语国家经贸合作论坛在澳门成立，澳门的桥梁作用进一步得到巩固。根据中国商务部数据，2003 年，中国与葡语国家贸易额仅有 133 亿美元，到 2008 年已达 770 亿美元，2009 年由于受国际金融危机影响，贸易额同比有所下降，但仍有 624 亿美元，已经超过了中国与印度的贸易额。2010 年 1～8 月，中国与葡语国家贸易额为 585 亿美元，同比增长61%，经贸发展势头良好[1]。

这一切证明了一个道理，"一国两制"有巨大的优势。

四 "一国两制"应是特别行政区的核心价值之一

"一国两制"是澳门特别行政区设立的理论基础，也是澳门特别行政区基本法的灵魂。没有"一国两制"就没有澳门特别行政区，也就没有澳门特别行政区基本法，当然也就没有澳门特别行政区居民所认同的保持原有的社会制度基本不变，以及所享有的高度自治，澳人治澳的权利。所以，"一国两制"自身就是一种客观的价值，它的功能性是能够满足实现国家统一和维护特别行政区稳定、发展和繁荣的需要。事实也证明了这种价值的存在，也是任何人无法否定的。而且，"一国两制"和平解决国与国之间的历史遗留问题，也得到世界范围内的积极评价。对于事关国家和特别行政区根本利益，能够体现包括特别行政区居民在内的中华民族愿望和要求的"一国两制"，当然应该成为一种社会的核心价值。所以，"一国两制"的价值是不证自明的。

（一）"一国两制"价值的独特性

"一国两制"的价值是"自由民主"、"人权法治"、"公平正义"等价

---

① 《创建中国与葡语国家合作多赢新平台》，http：//www.853macau.com/201010/2010105113741a282.htm。

值不能取代的，具有独特性。它的基本功能有：

1. **统一功能**

由于历史原因，香港和澳门曾被外国占领，实现国家的统一，是百多年来中华民族的共同愿望。如何实现统一，可以有武力或和平的方法。和平的方法符合历史发展潮流，符合人民意愿，符合各方利益。"一国两制"就是运用和平方式的创举，史无前例。就是培育出"自由民主"、"人权法治"的西方国家，在解决国与国之间历史上的领土纠纷、冲突时，暴发的是血腥战争，造成的是生灵涂炭，经济破坏，社会动荡。相比之下，"一国两制"既实现中国分别从英国、葡国手中收回香港和澳门，恢复行使主权，又保障香港和澳门社会稳定、经济发展和繁荣，也照顾有关国家在港澳地区的合法利益，这种和平统一功能是何等的了不起。

2. **稳定功能**

"一国两制"，信奉的是和而不同、和平共处、互相尊重的哲学，在"一国"之下，允许不同地区实行不同的社会制度，不受意识形态的操控，不因为信奉的价值观念有所区别，采取你吃掉我，或者我吃掉你的政策，而是和平相处，平衡关系和利益，多元发展，这是最有利于不同社会制度下人民安居乐业，社会稳定的。它完全不同于某些西方主张的模式，讲到文明冲突，就自视自身文明的优越，将自己的价值强加于人，以强势追求战胜其他文明，一统天下。然而，"一国两制"内的不同社会制度，虽然社会主义制度是国家主体，特别行政区的资本主义制度存在于一小部分地区，但不追求服从主体制度的价值观的统一，所以，社会取得的稳定是多元结构下的稳定，是平衡了各方利益的稳定，是不同制度和平共处的一种示范。

3. **发展功能**

"一国两制"，实现了国家统一，维护了社会稳定，保留港澳原有的社会制度，实行高度自治，港澳居民自己管理，不仅没有损害原有发展的社会基础，相反，国家为特别行政区发展提供了新的空间。国家和特别行政区双方发挥各自所长，优势互补，互相得益，共同发展。所以，"一国两制"具有持续发展的功能。以上所述，说明"一国两制"的价值是特别行政区社会中最基础、最根本的价值。

（二）"一国两制"价值的包容性

"一国两制"的价值兼具包容性，与"自由民主"、"人权法治"、"公平正义"等价值的关系，是依存的关系。

我们不能否认，"自由民主"、"人权法治"、"公平正义"等价值，具有普遍意义，但是，普世价值并不能脱离一个社会而存在，它不能成为空中楼阁。它只有立足社会，找到安身立命之所，才有实际的意义和功效。具体地说，这些价值必须以按照"一国两制"价值建立起来的特别行政区为存在的基础，否则，没有"一国两制"，没有特别行政区，它们还能在特别行政区安身立命吗？所以，只认同"自由民主"、"人权法治"、"公平正义"等价值，而不认同"一国两制"的价值，割裂了两者的联系，成了无本之木，表面上看是在捍卫这些价值，实际上是挖走了其所根植的土壤。更有甚者，试图用"自由民主"、"人权法治"、"公平正义"等价值来抗拒"一国两制"价值，将两者对立起来，水火不容，则十分危险。按其观点，因为实行"一国两制"，"自由民主"、"人权法治"、"公平正义"等价值受到威胁，要维护这些价值，最好是放弃"一国两制"，其逻辑就是，在接受"一国两制"，和维护"自由民主"、"人权法治"、"公平正义"等价值之间作出选择，不能两全其美。如果信其逻辑，结果一定是两败俱伤，既损害国家利益，也损害特别行政区的利益。但事实上，"一国两制"与"自由民主"、"人权法治"、"公平正义"等价值是可以并存，互相包容，绝对不是你死我活的关系。

第三章
宪法与基本法和特别行政区的关系

　　"一国两制"的法律化，就是要解决宪法与基本法的关系，宪法与特别行政区的关系。它的逻辑体系是：第一，宪法是设立特别行政区和制定基本法的法律依据，确立宪法是法律依据的地位；第二，宪法作为法律依据，必须在基本法中体现，在特别行政区中适用，明确宪法适用的内容和方式；第三，依据宪法制定的基本法是依法治澳的法律依据，维护基本法的权威。

第一节　宪法是国家法律体系中的根本大法

　　第一，宪法是国家法律体系的基础。

　　国家的法律体系是由不同等级（宪法、基本法律、法律、行政法规、地方性法规）、不同方面（民法、刑法、商法等）的法律规范性文件组成的。法是由国家机关制定，用规定权利义务的方法调整人们社会关系的行为规则的总和。法所调整的对象——社会关系是丰富多样的，有不同的层次和方面。有政治关系、经济关系、文化关系等。同一类的社会关系也有主次之分。社会政治关系中的国家制度、国家机关关系，就要比社会团体的关系更为重要。社会经济关系中财产所有权关系与经济合同关系相比，有首要的地位。所以，社会关系不是杂乱无章的，而是有系统的，这就决定调整社会关系的法律规范也要建立相应的体系，国家的法律体系不是法律规范的堆积，而是有机的统一。

宪法是一个国家的法律体系的基础，是国家的根本法。第一，宪法调整最重要的社会关系。中国宪法调整国家基本政治关系，规定实行人民代表大会制度；调整国家的基本经济关系，规定实行以生产资料公有制为主体的经济制度；调整国家与公民的基本关系，规定公民的基本权利和义务；调整国家机关组织和活动的基本关系，规定各国家机关在国家机构体系中的地位、职权、它们之间的相互关系。第二，宪法调整的社会关系同一般法律调整的社会关系相比，它是基础性的，其他社会关系是在它的基础上产生的。如宪法调整公民的基本权利和义务关系，是公民其他一些权利和义务关系的基础。有宪法保护公民的休息权，才有公民的疗养、休假、各种文娱活动权利。第三，同一种社会关系可以有不同层次的法律规范来调整，而宪法是最高水平的调整。宪法一般规定原则，由其他法律按照宪法的原则具体化。如选举关系由宪法、选举法、选举法实施细则的不同规范共同调整，但宪法规定的公民选举权资格，是选举法和选举法实施细则调整选举关系的基础，必须遵守的原则。因此，宪法调整的社会关系的性质和特点，以及宪法调整社会关系的水平，就是宪法作为国家法律体系基础的客观条件。

第二，宪法是国家法律体系的核心。

宪法是国家法律体系的基础，必然成为整个法律体系的核心，即宪法是国家立法的基础，其他法律规范都是依宪法的原则和规定制定的。宪法给普通立法提出原则、方向、任务。如宪法规定公民的劳动权、休息权等原则，是劳动法的立法基础。

宪法作为立法的基础，主要有三种表现形式。第一，在宪法条文中，明确指出需制定专门的法律。如宪法规定，民族区域自治机关行使宪法、民族区域自治法规定的职权，国家立法机关根据宪法这一规定，制定了民族区域自治法。第二，在宪法条文中，提出依照法律规定，实施宪法规定，因而要求制定有关法律。如宪法规定，依照法律服兵役是公民的光荣义务。根据宪法规定，国家立法机关制定了兵役法。第三，根据宪法有关规定，需要制定法律。如为保证实施宪法关于婚姻、家庭、母亲、儿童受国家保护的规定，国家立法机关制定了婚姻法。所以，从法律意义上说，宪法是

国家法律规范性文件制定的组织者。

第三，宪法是国家法律体系的协调者。

国家的法律体系内部，不仅有横向的联系，要求各个部门法律的配合协调，而且还有纵向的联系，不同法律规范之间的上下从属关系协调。宪法是国家的根本法，具有最高的法律效力，决定它是国家法律体系的协调者，规定其他法律规范性文件在法律体系中的等级及其相互关系。国家宪法规定，全国人民代表大会制定基本法律，全国人民代表大会常务委员会制定法律，国务院制定行政法规，省、自治区、直辖市人民代表大会及其常委会制定地方性法规等。前者高于后者，后者服从于前者。

第二节　宪法是特别行政区设立的法律基础

中国恢复对澳门行使主权，实行"一国两制"，设立特别行政区，是全国人民代表大会依据宪法的规定，行使国家主权，进行行政区划的结果。

《全国人民代表大会关于设立中华人民共和国澳门特别行政区的决定》指出，根据宪法第31条和第62条第13项的规定，决定自1999年12月20日起设立澳门特别行政区。

分析澳门基本法和全国人民代表大会的决定，可以看出：

第一，宪法第31条是设立特别行政区的合宪性依据。

宪法第30条和第31条是国家行政区划的法律依据。宪法第30条规定了中国的行政区划的一般制度，包括普通行政区、民族区域自治区。宪法第31条是中国行政区划制度的特殊规定，根据需要可设立特别行政区。所以，全国人民代表大会根据宪法第31条规定设立了特别行政区。没有宪法第31条的规定，就没有特别行政区制度存在的合法性基础。

第二，宪法第62条是设立特别行政区的权限依据。

正如上述，宪法为特别行政区制度的设立提供了合宪性的基础，然而，中国对澳门恢复行使主权，作为中华人民共和国不可分割的一部分的澳门，怎么能够从一个被殖民管制的地区成为一个特别行政区呢？它由澳门自己决定？还是由中央决定？谁有权设立特别行政区？根据宪法第62条的规定，只有全国人民代表大会才享有设立特别行政区的专属权力。所以，特别行政区的社会制度、高度自治、"澳人治澳"都由全国人民代表大会来决定，而不是由澳门自行做主。

因此，澳门特别行政区及其制度是全国人民代表大会根据宪法第 31 条的规定，行使宪法第 62 条赋予的权力设立和规范的。

第三节　宪法是基本法的立法依据

宪法是基本法的立法依据还是宪法第 31 条是基本法的立法依据？这是需要弄清楚的问题。

宪法学的一般理论告诉我们，宪法是国家一切法律的立法依据。这种说法在"一国一制"下是毫无疑问的常识，从没有受到挑战。但是，在"一国两制"的条件下，有人提出，不能笼统地说宪法是基本法的立法依据，应该具体地说宪法中的第 31 条才是基本法的立法依据。那么，原有的定论是否仍然适用？或者原有的常识是否应该修改？

应该说，原有的法理仍然有效。中华人民共和国宪法是制定基本法的法理依据，这是十分肯定，又非常明确，不容置疑的。

一　规范性文件的明文规定

①中葡联合声明附件一《中华人民共和国政府对澳门的基本政策的具体说明》早已阐明，"中华人民共和国全国人民代表大会将根据中华人民共和国宪法制定并颁布中华人民共和国澳门特别行政区基本法"。

②澳门特别行政区基本法序言第三段规定，"根据中华人民共和国宪法，全国人民代表大会特制定中华人民共和国澳门特别行政区基本法，规定澳门特别行政区实行的制度，以保障国家对澳门的基本方针政策的实施"。

③全国人民代表大会关于《中华人民共和国澳门特别行政区基本法》的决定中指出，"澳门特别行政区基本法是根据《中华人民共和国宪法》按照澳门的具体情况制定的，是符合宪法的"[1]。

---

[1]　参见《全国人民代表大会关于〈中华人民共和国香港特别行政区基本法〉的决定》和《全国人民代表大会关于〈中华人民共和国澳门特别行政区基本法〉的决定》。

二 法律逻辑的证明

宪法是国家一切法律的立法依据，就是在"一国两制"的条件下，"一国"的逻辑决定了宪法与基本法关系的内在逻辑，制定基本法仍然以宪法作为立法依据。

1. 何谓立法依据？

立法依据是指立法合法性的法律根据，具体而言包含立法权的法源、立法内容的合法性获得。按照这一标准，全国人民代表大会制定基本法的权力来源于宪法第 62 条关于全国人民代表大会行使职权中的第三款"制定和修改刑事、民事、国家机构的和其他的基本法律"，第十三款"决定特别行政区的设立及其制度"，以及第 31 条"国家在必要时得设立特别行政区。在特别行政区内实行的制度按照具体情况由全国人民代表大会以法律规定"的条文。宪法第 62 条是全国人大立法权的一般规定，宪法第 31 条是全国人大制定基本法的直接权力的来源。

2. 宪法在整体上是基本法的立法依据

虽然，宪法第 31 条是授权人大制定基本法，为立法权的合宪性提供了依据。从这个意义上说，宪法第 31 条是制定基本法的依据之一。然而，并不等于制定基本法内容是否合宪也仅仅是宪法第 31 条。立法权的合宪性与立法内容的合宪性既有联系，也有区别。特别行政区基本法的内容是否合宪，要以宪法为依据，不是以宪法某一条为依据。所以，不能把立法依据之一变成唯一依据。

①根据宪法制定基本法，就是要根据宪法中的"一国"规范在基本法中作出相应的规定。如基本法规定特别行政区直辖于中央人民政府，其法律依据是宪法关于国务院统一领导全国地方各级政府的规定。基本法在中央与特别行政区关系的条文中体现全国人民代表大会及其常委会的地位与职权、国务院的地位与职权的规定，均源自宪法有关中央国家机关地位、职权的规定。基本法关于本法的解释和修改的规定，也是以宪法关于法律解释和修改的规定为基础。所以，制定基本法并不是以宪法第 31 条为唯一的法律依据。如果认为除宪法第 31 条外，宪法的其他规定对基本法不发生作用，那是不正确的，其后果将把宪法高于基本法变成一个空洞的概念，基本法不受宪法的约束，最终结果是特别行政区可以不受宪法的约束，"一国"的宪制基础就没有了。

②根据宪法第 31 条的规定，从"两制"的逻辑出发，就要根据澳门的具体情况制定基本法，规定特别行政区的制度。因为宪法第 31 条的规定，允许在两种不同制度下，特别行政区可以有不同于宪法的另一制度的规定。换一种说法，有了宪法第 31 条的规定，才有基本法有关特别行政区社会、经济制度，居民基本权利和自由制度，行政、立法和司法制度的规定，才有基本法第 11 条第 1 款"根据中华人民共和国宪法第三十一条，澳门特别行政区的制度和政策，包括社会、经济制度，有关保障居民的基本权利和自由的制度，行政管理、立法和司法的制度，以及有关政策，均以本法的规定为依据"的规定。

所以，宪法第 31 条是宪法有关两种社会制度的特殊条文，基本法规定的特别行政区的社会制度，虽然与宪法的相应条文不同，并不构成违反宪法而无效。而且，宪法第 31 条，也是一个授权条文，授权基本法根据"一国两制"，港澳社会情况，作出特别规定。

正如全国人民代表大会在通过基本法的决定中指出，"澳门特别行政区基本法是根据《中华人民共和国宪法》按照澳门的具体情况制定的，是符合宪法的"。符合宪法的含义，是指符合宪法的整体规定，不是仅仅指符合宪法第 31 条。如果基本法不以宪法为依据，为何需要符合宪法呢？又为何进行合宪性的审查呢？基本法必须符合宪法。

因此，宪法整体上作为基本法的立法依据是完全成立的。

3. 基本法是宪法的具体化

在"一国两制"下，宪法作为基本法的立法依据的内涵有所变化，即在"一国"方面，基本法的规定必须与宪法相应的规定保持一致，但在"两制"方面，基本法可以在宪法的授权下作出不同于宪法的规定。然而，不论是一致，还是不相同，都是宪法整体中不可分割的部分。

基本法对宪法的具体化，需注意两点。

第一，宪法规范必须在特别行政区适用的，基本法不能作出限制。如宪法规定，国务院是中央人民政府，领导全国的行政工作，特别行政区自然也不例外。所以，基本法规定，特别行政区直辖于中央人民政府。

第二，基本法对宪法的具体化有它的特点，不同于一般普通法律对宪法的具体化。因为它是在"一国两制"下对宪法的具体化，并且以宪法的特殊规定为基础的。在宪法特殊规范的授权下，可以规定不同于宪法其他规范的内容。如宪法规定，国家实行人民代表大会制度，但特别行政区可实行不同于人民代表大会制度的政治体制。然而，我国内地的其他普通法律规范性文件，在把宪法规范运用特殊领域时，虽可以考虑具体情况、具体特点，但不能同宪法的其他规范相矛盾。如宪法规定，国家机关制定的行政法规、地方性法规，不得同宪法和法律相矛盾。

基本法的这种特殊性，一方面是宪法规范允许的。基本法从属于宪法，并不意味着基本法要同宪法完全一致。另一方面，基本法的特殊性是由调整的对象决定的。只有采取特殊的法律规范，才能有效地调整这种特殊的法律关系。因此，基本法对宪法的具体化有两重性，既要规定必须实施的宪法规范的内容，又要根据特殊情况，在宪法规范允许的条件下，规定一些特殊的法律规范。

4. 不要把特别行政区设立的法律依据与基本法的立法依据混为一谈

特别行政区设立的法律依据和特别行政区基本法制定的法律根据是有所不同的。特别行政区根据宪法第 31 条规定由国家设立。因为宪法第 30 条规定了中国的行政区划的一般制度，包括普通行政区、民族自治区域。如果没有例外的规定，就不可能设立特别行政区。所以，宪法第 31 条针对中国行政区划制度作出特殊规定，根据需要可设立特别行政区。但基本法的立法依据如上分析是以宪法为依据的。所以，基本法序言对此作了不同表述。澳门特别行政区基本法序言第二段表述为，"根据中华人民共和国宪法第三十一条的规定，设立澳门特别行政区……"。第三段表述为，"根据中华人民共和国宪法，全国人民代表大会特制定中华人民共和国澳门特别行政区基本法……"。

三 联合声明不是基市法的立法依据

"宪法是基本法的唯一立法依据还是联合声明也是立法依据之一"是需要弄清楚的另一个问题。

宪法是基本法的立法依据是无可辩驳的。那么，中英、中葡联合声明这两份国际文件是否也是制定基本法的立法依据呢？宪法、基本法和联合声明之间究竟是一种什么关系？

（一）中英、中葡联合声明不是基本法的立法依据

立法依据的含义之一，是指能够作为立法内容的合法性的判断标准。

如何确定立法内容的合法性依据，应由规范性文件在一国法律体系中的地位来决定。制定法律不能抵触宪法，所以宪法是法律的立法依据。制定行政法规等其他规范性文件不能抵触法律，所以，宪法和法律是其立法的依据。

国际条约或协议要成为国内立法的依据，前提必须是已经成为国内法的一部分并产生了法律的效力。它要成为国内法的一部分，首先，需要经过一定的程序，通常有两种方法，一种是纳入式，另一种是转换式。其次，如果不是采用纳入的程序，需要经过立法转换，在此之前不可能产生效力，当然谈不上它是其他规范性文件的立法依据。

根据以上原理，不论是纳入还是转换，国际条约成为国内法的一部分，是以宪法为基础的，并由宪法规定它在国内法体系中的地位和效力。如《大韩民国宪法》第5条第1款明确规定："按照本宪法正式批准和公布的条约和公认国际法规则应与大韩民国的国内法具有同样的效力。"

中国宪法对国际法在国内法体系中的地位并没有明确的规定。但在具体的法律中有所规范。如在《民法通则》第142条中规定："中华人民共和国缔结或者参加的国际条约同中华人民共和国的民事法律有不同规定的，适用国际条约的规定……"

从逻辑上说，联合声明必须经过国内立法的程序才能成为国内法的一部分，基本法就是通过立法程序将联合声明转换成了国内法。中国政府在联合声明第二条第十二项中说，"上述基本政策和本联合声明附件一所作的具体说明，将由中华人民共和国全国人民代表大会以中华人民共和国（香港、澳门）特别行政区基本法规定之，并在五十年内不变"。基本法将政策变成为法律。

国际法转换为国内法的依据是宪法，联合声明是被转换的对象，基本法是转换的结果，所以，转换的对象不能是转换结果的依据。因为他们处在同一个过程中，是因果关系，一个事物的两个不同阶段。而立法依据关系，在本质上是体现不同规范之间的效力高低的关系，是两个不同规范之间的关系。

（二）中国制定基本法的立法依据与中国履行国际法义务不能混为一谈

中英《关于香港问题的联合声明》、中葡《关于澳门问题的联合声明》

分别由七个条文组成。具体可分为两个部分，一部分是中英、中葡双方共同声明，主要是确认 1997 年 7 月 1 日和 1999 年 12 月 20 日中国对香港和澳门恢复行使主权，以及在中英、中葡联合声明签署后至 1997 年 7 月 1 日和 1999 年 12 月 20 日过渡期间，英国、葡国继续负责香港、澳门的行政管理，中国给予合作。这部分事务是需要双方共同完成的。另一部分是中国政府的单方面声明，主要宣布对香港和澳门执行"一国两制"，高度自治，"港人治港"，"澳人治澳"的基本政策，并承诺由全国人民代表大会将有关的基本政策以基本法规定之。这部分事务应该是由中国自己来完成的，即由全国人民代表大会依据宪法来制定基本法，由于制定基本法是属于中国主权内的事务，不可能由中英、中葡共同制定基本法。但是，全国人民代表大会在制定基本法的时候，要履行中国政府在中英、中葡联合声明中所作的承诺，将有关的政策写入基本法。可以说，联合声明中的中国政府的单方面声明是基本法的立法政策。

落实联合声明是中国应该履行的义务，但履行义务与立法依据是两个不同的概念。立法依据是上位法与下位法的关系，当违反立法依据而制定的规范性文件，其后果是丧失效力。法院不能适用违反立法依据的规范性文件。所以，立法依据是国内法律体系的问题。履行义务是缔约方执行条约的规定，是属于国际法律体系的问题。对缔约方有约束力，需要善意履行。

国内法与国际法，虽然两者之间有联系，但属于两个不同的体系，国际法在一国内适用的理论，不论是一元论，还是二元论，不论孰先孰从，它的指向都是履行义务，缔约方或者直接适用或者通过具体立法适用国际法。由于国际法并不能限制国家的主权机构，如立法机关制定法律的行为，更不能以要求履行国际法为由，缔约一方有权宣布另一方的国内法违反国际法而无效。但是，作为国内法的立法依据就不同了，凡不符合立法依据的规范性文件一定是无效的，能制定作为立法依据法律的主体也一定有权依法宣布违反立法依据的规范性文件无效。因此，立法依据与履行义务是不同的。

如果中英、中葡联合声明是基本法的立法依据，就等于说，联合声明无须经过纳入或转换程序自然就是中国的国内法，它的效力高于法律，所以，能够成为基本法的立法依据。这在逻辑上是违背上述常理的，与中国宪法的规定不符。

如果联合声明是基本法立法依据，有些问题就变得模糊了，基本法的制定和实施是否应该中英、中葡共同负责？特别行政区的事务不仅是中国的内政，还应是国际事务？特别行政区的高度自治权，不是中央政府授予的，是中英、中葡共同授予的，应该共治？因此，当混淆了立法依据与履行义务的概念，就会产生非常有害的后果。

第四节 宪法和基本法是"一国两制"、高度自治的法律基础与保障

根据宪法制定了基本法，是否有了基本法，宪法对特别行政区就不适用了呢？答案应该是否定的。有了基本法不能排除宪法对特别行政区的效力，同样，宪法对特别行政区的适用也不排除基本法的效力，两者是共同发挥作用的。

一 宪法是特别行政区的主要宪制基础

（一）宪法适用特别行政区

1. 宪法适用于特别行政区

宪法是国家的根本大法，是国家主权在法律上的集中体现。因此，宪法适用于一国领土所有范围。那么，在"一国两制"下，宪法适用于特别行政区吗？有人提出，宪法在特别行政区不适用。这是割裂了宪法的整体与部分的关系。宪法作为一个整体，它既是"一国"的体现，也允许"两制"的存在，正如在分析宪法是基本法的立法依据时看到的，"一国"是宪法的一般条款，"两制"是宪法中的特殊条款，两者共存于宪法整体之中。所以，讲宪法适用于特别行政区，就是说宪法中的"一国"要适用特别行政区，宪法中的"两制"也要适用特别行政区。

2. 宪法直接适用于特别行政区

按照基本法第 11 条"特别行政区的制度和政策，包括社会、经济制度，有关居民的基本权利和自由的制度，行政管理、立法和司法方面的制度，以及有关政策，均以本法的规定为依据"，以及全国人大关于"澳门特

别行政区设立后实行的制度、政策和法律，以澳门特别行政区基本法为依据"的规定，凡属于宪法第 31 条规定所指的内容，并由基本法规范了的特别行政区制度和政策，以基本法为准。反之，基本法没有规范的，就应该以宪法的规定为依据。所以，宪法中的"一国"规范是直接可以在特别行政区适用的，在特别行政区内任何违反宪法"一国"原则的抽象性行为或具体行为都是无效的。

3. 宪法中"一国"的规定适用于特别行政区

第一，宪法关于行使主权的国家机关的法律地位的规范，适用于特别行政区。

国家主权是通过国家机关来行使的，我国宪法明确规定行使主权的国家机关以及它们的法律地位，这些国家机关对外有权代表国家，不依赖于任何外国的国家政府和组织，有完全的独立性，对内全权领导国家内政事务，领导下级机关工作，有不可动摇的法律地位。我国宪法第 57 条规定，中华人民共和国全国人民代表大会是最高国家权力机关，它的常设机关是全国人民代表大会常务委员会。第 81 条规定，中华人民共和国主席代表中华人民共和国，接受外交使节，等等。第 85 条规定，中华人民共和国国务院，即中央人民政府，是最高国家权力机关的执行机关，是最高国家行政机关。第 93 条规定，中华人民共和国中央军事委员会领导全国武装力量。上述规定对特别行政区是有约束力的，是不受特别行政区挑战的。只有这样，才能做到统一行使国家主权。相反，如果上述宪法规范不适用于特别行政区，那么就等于要求特别行政区摆脱它们的领导和监督，显然违背"一国两制"的原则。

第二，宪法关于为行使国家主权而赋予中央国家机关相应的职权规范，适用于特别行政区。

中央国家机关依照宪法规定，行使主权，作出一定的行为，特别行政区必须执行，不能拒绝。这是有效地行使国家主权的保障，也是体现国家对特别行政区行使主权。正如我们前面已提到的，如果国家主席根据全国人大常委会的决定，宣布进入紧急状态、发布全国总动员令，那么特别行政区就要执行。要是这类宪法规范不能适用特别行政区，对它没有法律约束力，必然导致中央行使主权流为一句空话。

第三，宪法规定国家主权象征的规范适用于特别行政区。

一国的主权除了体现在它的国家权力内容上外，还通过一定的形式表

54

现出来，作为主权的象征。宪法关于中华人民共和国国旗、国徽的规定适用特别行政区，在澳门特别行政区要悬挂中华人民共和国国旗和国徽。国旗国徽法要在特别行政区适用。

上述已经证明，宪法适用于特别行政区。所以，宪法是特别行政区的宪制基础。

（二）宪法是中央对特别行政区行使管辖权的基础

中央在行使对特别行政区主权时，其法律职能不仅仅是基本法的规定，首先是宪法的规定。如中央政府领导特别行政区政府，向特别行政区政府发出命令和指示；全国人民代表大会常务委员会审查特别行政区的法律，决定部分全国性法律适用于特别行政区，决定特别行政区进入战争状态和紧急状态，解释和修改基本法等，都是有宪法的依据的。

除此之外，理解基本法的有关条文，也离不开所涉及的宪法含义。因为基本法条文中的一些概念和内容是出自宪法，所以不能完全离开宪法解读基本法。如，基本法中的"地方行政区域"、"直辖于中央人民政府"、"外交事务"、对行政长官和主要官员的"任免"、"中国公民"等，绝对不能离开宪法去解释这些概念。

二 基本法也是特别行政区的宪制基础

（一）基本法的概念

澳门特别行政区基本法是由全国人民代表大会根据中国宪法和法定程序制定的，体现"一国两制"基本国策，规范中央与特别行政区关系、特别行政区各项制度，包括特别行政区行政、立法、司法制度及其相互关系，特别行政区与居民关系，并由国家强制力保障实施的一部基本法律。

1. 澳门特别行政区基本法的立法主体

根据《中华人民共和国宪法》第 62 条第 3 项"制定和修改刑事、民事、国家机构的和其他的基本法律"的规定和《中华人民共和国立法法》第 7 条第 2 款相同的规定，只有全国人民代表大会才有权制定国家的基本法律。澳门特别行政区基本法是由全国人民代表大会制定的，所以，从立法的主体性上，决定了澳门特别行政区基本法是国家的一部基本法律。

2. 澳门特别行政区基本法的调整对象

基本法的调整对象是中央与特别行政区的关系，以及特别行政区行政、立法、司法关系和特别行政区与居民的基本权利自由的关系。基本法所调整对象和规范内容的根本性和重要性决定它的宪制性。

（二）基本法是一部全国性的法律，是国家的基本法律

根据中国宪法和立法法的规定，澳门基本法在国家法律体系中，其法律地位仅次于宪法，属于国家的基本法律。宪法第 31 条和立法法第 8 条均明确规定，特别行政区制度只能由法律规范。基本法虽然规定特别行政区的制度，但它是一部全国性的法律，有人把它视作地方法是一种误解。判断一个法律规范性文件是属于全国性法律还是地方性法律，不是看它规定的内容是否有关地方制度，而是看它由哪一个国家机关制定，以及它的法律效力。任何一个法律规范性文件，都是由国家有权机关制定的，作为国家意志的体现。然而，不同的国家机关在国家机构体系中，不仅表现为它们的性质不同，在中国有国家权力机关、国家行政机关、国家司法机关，而且还表现为它们的地位不同。在国家权力机关体系中，有全国人民代表大会和地方人民代表大会。在国家行政机关体系中，有中央人民政府和地方人民政府。在国家法院体系中，有最高人民法院和地方人民法院。它们在国家机构中的地位不同，决定了它们制定的法律规范性文件的效力不同，同级国家权力机关制定的法律规范性文件效力高于同级行政机关制定的法律规范性文件。上级国家机关制定的法律规范性文件的效力要高于下级国家机关制定的法律规范性文件。所以，在中国，中央国家机关制定的法律规范性文件，其内容可以是规范地方问题，但不等于是地方性法规。如我国《地方各级人民代表大会和地方各级人民政府组织法》，它的内容是规范地方的人民代表大会制度，但它是由全国人民代表大会制定的，就属于国家的基本法律。同样的道理，基本法虽然规范特别行政区的制度，但由全国人民代表大会制定，是国家基本法律，不是地方法。什么是地方法，国家宪法第 100 条规定，省、自治区、直辖市的人民代表大会和它的常委会制定的地方性法规才是地方法。

因此，基本法作为全国性法律，不仅特别行政区要遵守，中国其他地区也要遵守。加上基本法不是一般的全国性法律，还是一个特别的全国性法律，特别法优于一般法，所以，其他全国性法律如与基本法不一致，则不可能在特别行政区适用。

（三）基本法是一部特别的全国性法律，属于基本法律中的特别法

在宪法确立的法律体系中，在"一国两制"下，明确了特别法优于一般法的原则。基本法第 18 条规定，"全国性法律除列于本法附件三者外，不在（香港、澳门）特别行政区适用"，"列于附件三的法律应限于有关国防、外交和其他依本法规定不属于（香港、澳门）特别行政区自治范围的法律"。所以，全国性法律如与基本法规定不一致，则不可能在特别行政区适用。

基本法与其他全国性法律的关系，一方面，在特别行政区优先适用基本法。另一方面，基本法的适用有一定的保留范围。除有关国防、外交和其他依基本法规定属于中央管理的事务外，适用基本法，不适用内地法律。

但是，基本法这一条款的优先适用和保留范围本身也有例外的限制，即当全国人民代表大会常务委员会决定特别行政区进入战争状态或紧急状态，"中央人民政府可发布命令将有关全国性法律在特别行政区实施"。在这种条件下，基本法这一条款就暂时失去了优先适用和保留范围的效力。

（四）基本法在特别行政区法律体系中的宪制地位

1. 基本法的地位决定了它是特别行政区的宪制基础

基本法第 11 条第二款规定，"澳门特别行政区的任何法律、法令、行政法规和其他规范性文件均不得同本法相抵触"，从而，确立了基本法的权威性。基本法在特别行政区法律体系内，其地位高于其他法律。具体表现在：第一，基本法是特别行政区立法机关立法的基础和根据。第二，立法机关制定的法律如与基本法抵触则无效。第三，澳门原有法律中，凡与基本法抵触者，或者由立法机关进行修改，或者应予废除。上述三点说明，基本法的法律地位和效力要高于特别行政区其他法律，其他法律与基本法的关系是一种从属关系。

所以，基本法也是特别行政区的宪制基础之一。

2. 基本法作为特别行政区宪制基础的具体体现

特别行政区的行政管理权、立法权、独立的司法和终审权等高度自治权，居民的基本权利和自由，政治体制，经济制度，社会和文化制度，对外事务处理等，均以基本法规定为依据，受到基本法的保护。凡是基本法已经有规范的，则依基本法处理。对于自治范围内的事务，中央人民政府将给予尊重，并保障特别行政区的自治权。

基本法作为特别行政区宪制基础具体表现在：

第一，基本法是特别行政区立法机关制定法律和行政长官制定行政法规的基础和根据。

第二，立法机关制定的法律和行政长官制定的行政法规如与基本法抵触则无效。

第三，澳门原有法律中，凡与基本法抵触者，或者由立法机关或其他有权机关进行修改，或者应予废除。

上述三点说明，基本法的法律地位和效力要高于特别行政区其他法律，其他法律与基本法的关系是一种从属关系。正如基本法第11条第二款规定，"澳门特别行政区的任何法律、法令、行政法规和其他规范性文件均不得同本法相抵触。"

三　宪法与基本法的关系

宪法和基本法构成了特别行政区依法施政和共同的宪制基础。既要依宪法，也要依基本法，缺一不可。

就宪制基础而言，宪法与基本法关系，既要看到它的一般特性。所谓一般性，体现出宪法是国家的最高法，具有最高的效力，是基本法的立法依据。同时，也要认识到它的特殊个性。所谓特殊性，反映出在"一国两制"下，宪法有特殊原则，灵活性地处理特殊问题，基本法在宪法授权下，可以有特殊的规定和制度。

我们应该认识到，基本法是根据中国宪法制定，受宪法的约束。所以，讲基本法是特别行政区的宪制基础是有条件的，是相对于特别行政区的其他法律而言。讲基本法在"一国两制"、高度自治中的作用时，不能排斥宪法的作用，只顾基本法，不看宪法。相反，宪法在国家中的最高地位是无条件的，是绝对的，是凌驾于基本法之上，不能不适当地提高基本法的地位，而贬低宪法在处理"一国两制"和高度自治中的作用。

我们应该坚持的基本立场是：宪法和基本法是特别行政区的宪制基础，因而，应该用宪法和基本法处理"一国两制"、高度自治的问题。原则上，属于宪法调整的"一国"范围应用宪法和基本法的规范来处理，只有在不属于宪法调整，又属于"两制"的范畴才用基本法的规范来处理。

四 澳门基本法的内容

澳门特别行政区基本法由一个序言和九个章节组成，即第一章总则、第二章中央和澳门特别行政区的关系、第三章居民的基本权利和义务、第四章政治体制、第五章经济、第六章文化和社会事务、第七章对外事务、第八章本法的解释和修改、第九章附则，共计 145 个条文，以及三个附件，即附件一澳门特别行政区行政长官的产生办法、附件二澳门特别行政区立法会的产生办法、附件三在澳门特别行政区实施的全国性法律。

澳门基本法的序言，主要规定三方面的内容。第一，阐述中国对澳门恢复行使主权的历史原因和意义，实现中国人民完成统一国家大业的愿望。第二，阐述设立特别行政区的宪法依据和目的，维护国家统一，有利澳门稳定发展。第三，阐述基本法的立法依据和立法目的，将国家对澳门特别行政区的政策法律化、制度化。

澳门基本法的总则，主要规定七方面内容。第一，明确澳门特别行政区的性质，是中华人民共和国的一部分。第二，澳门特别行政区实行高度自治，在全国人民代表大会授权下，享有行政权、立法权、司法权和终审权。第三，澳门特别行政区实行"澳人治澳"，行政机关和立法机关由澳门永久性居民组成。第四，澳门特别行政区保持原有的资本主义制度和生活方式不变，包括社会、经济制度，保障居民基本权利和自由的制度，行政管理、立法和司法方面的制度。第五，澳门特别行政区的行政机关、立法机关、司法机关的正式语文是中文和葡文。第六，澳门特别行政区可以使用区旗和区徽，作为特别行政区的象征。第七，澳门特别行政区基本法的地位和效力。

澳门基本法的中央和澳门特别行政区的关系，主要规定五方面的内容。第一，明确中央与特别行政区关系的性质，是在国家单一制下的中央与地方的关系，是领导与被领导的关系。第二，规范中央对特别行政区行使的权力，包括外交、国防等。第三，规范特别行政区自治权的内容，包括行政管理权、立法权、司法权和对外事务处理权（详见本书第七章的内容）。第四，确立了中央政府保障特别行政区自治权的相应制度。第五，明确了

特别行政区自行立法，维护国家统一和安全的责任。

澳门基本法的居民基本权利和义务，主要规定四方面的内容。第一，规定澳门居民是基本权利和自由的主体，对永久性居民和非永久性居民的资格作出了界定。第二，规定澳门居民的基本权利和自由的具体内容，包括政治权利、经济权利、社会文化权利、法律权利和人身自由权利等。第三，规定澳门居民应遵守法律的义务。第四，规定澳门居民的基本权利和自由的法律依据和保障的体系，由澳门特别行政区基本法、澳门特别行政区的法律和适用特别行政区的国际人权公约构成。

澳门基本法的政治体制，主要由五部分构成，即：行政长官；行政机关及公务人员；立法机关；司法机关；宣誓效忠国家和特别行政区。

关于行政长官部分，第一，规定了行政长官的法律地位和责任。第二，规定了行政长官的资格、产生办法和任期，以及行政长官必须辞职的情况。第三，规定行政长官的职权。第四，规定行政长官与立法会的互相制约的关系。第五，规定行政长官领导行政会，行政会协助行政长官决策的相互关系。第六，规定行政长官与廉政公署的关系。第七，规定行政长官与审计署的关系。

关于行政机关部分，第一，规定了行政机关的性质，行政长官与政府的关系。第二，规定了政府主要官员的资格和政府的组成及其架构。第三，规定了政府的职权。第四，规定了政府与立法会的关系。第五，规定了公务人员的资格、留用、外聘和公务人员制度的改进。

关于立法机关部分，第一，规定立法机关的性质和立法机关的产生、组成、任期。第二，规定立法会的职权。第三，规定立法会主席、副主席的资格、产生和职权。第四，规定立法会议员的权利、豁免权和义务。第五，规定立法会举行会议、通过议案、法案的法定人数。

关于司法机关部分，第一，规定特别行政区法院是审判机关，有行政审判权。第二，确立法院和法官依法独立审判的原则。第三，规定法院的组织，由初级法院、中级法院、终审法院和普通法院、行政法院构成。第四，规定法官、法院院长的资格和产生、任免的办法。第五，规定特别行政区检察院是检察机关，独立行使检察职能。第六，规定检察长和检察官的资格、产生、任免的办法。第七，规定特别行政区与内地的司法协助，以及与外国的司法互助。

关于宣誓效忠部分，针对不同的人士，分别要求效忠中华人民共和国和中华人民共和国澳门特别行政区。

澳门基本法的经济，主要规定三个方面的内容。第一，规定澳门的私有财产制度不变。第二，规定澳门原有制度中行之有效的部分予以保留，并加以改进，主要包括财政金融制度、工商业制度、旅游博彩业制度、建筑房地产业制度。第三，致力于澳门特别行政区的经济发展，为开创发展空间奠定法律基础。

澳门基本法的文化和社会事务，主要规定五方面的内容。第一，规范教育、医疗卫生、科学技术、文化体育、新闻的制度和政策。第二，规范宗教组织的活动。第三，规范特别行政区的专业资格和执业资格的制度。第四，规范社会福利制度、政府资助政策和社会服务团体的活动。第五，规范特别行政区的民间团体、宗教组织与内地和世界其他国家或地区的联系原则。

澳门基本法的解释和修改，主要规定六方面内容。第一，确定基本法解释的主体，享有基本法解释权的全国人民代表大会常务委员会和可以对基本法进行解释的法院。第二，明确全国人民代表大会常务委员会解释权与特别行政区法院解释权的关系。第三，明确了法律解释权与司法审判权的区别。第四，规范了解释基本法的程序。第五，规范了基本法修改的程序。第六，规范了基本法不得修改的原则。

第四章
特别行政区的基本制度

"一国两制"下的特别行政区制度，就是要解决"一国"与"一国"下的地方制度的关系问题。它的逻辑体系是：第一，行政区划是"一国"的基本制度，中央掌握行政区划的权力，特别行政区是中央行使行政区划权力的产物，从而确立"一国"领土完整性，特别行政区是国家的一部分；第二，落实"两制"的要求，构建特别行政区的基本制度。但是，特别行政区的高度自治、"澳人治澳"、保留原有的制度，均不能与"一国"原则抵触。

第一节　行政区划的理论和类型概述

"一国两制"与特别行政区的理论，是对现有行政区划理论和类型的一个突破。为此，有必要对行政区划的理论和类型有一个简要评述，了解它们的一般内容和特点。

一　行政区划的理论

行政区划是指有权限的国家机关，按照一定的原则，把国家的领土划分为等级不同的行政区域，建立相应的国家机关，实现国家的管理。历史经验证明，任何一个国家，它的不同地区在政治、经济、文化发展上总有不平衡，需要它们结合本地区的实际执行国家的政策。而且不论中央政府多么强大，其政令不可能都直接贯彻于全国各地，总是要通过一些它所建立的地方政府负责实施。因此，从古至今，不论是单一制的国家，还是联邦制的国家，除少数的例外，如新加坡，绝大多数国家都划分行政区域，设立地方政府。例如，我国在宪法中将国家划分为三类行政区域：一般行政区域，即省、直辖市、县、市辖区、乡、镇；民族自治地方，即自治区、自治州、自治县等；特别行政区。在行政区域内建立相应的各级国家机关。而面积只有 1.5 平方千米、人口仅 3 万多的摩纳哥，亦在宪法中规定地方政府的体制。可见，行政区划是国家进行管理的重要手段。

①行政区划与国家相联系，是国家行使权力的结果，体现国家的意志。在原始社会并不存在行政区域，氏族是以血缘关系组织起来。而国家不同于氏族组织的第一个特点，就是按照地区来划分它的国民。所以，行政区域不是自发形成的，而是由国家进行划分的。在我国，宪法第 62 条规定，全国人民代表大会批准省、自治区、直辖市的建置；第 89 条规定，国务院批准省、自治区、直辖市的区域划分，批准自治州、县、自治县、市的建置和区域划分；第 107 条规定，省、直辖市的人民政府决定乡、民族乡、镇的建置和区域划分。

②行政区划要求建立的是行政等级不同、范围大小不同的行政区域的有机体系，以达到分级管理。国家从本国实际出发，建立不同的行政区域体系。它们之间相互联系，在行政上有上下从属关系，在空间上有自己的活动范围和相应的管辖权。

③行政区划还要在一定的行政区域内，建立相应的国家机关。行政区域不同于一般的经济区域或军事区域，后者是为了特定的某一方面任务和目的组成的，不是一级行政区域，也就没有一级地方国家机关。而前者是为了全面管理一定区域的各种社会事物，就要相应的地方国家机关来具体负责。它们被统称为地方各级政府，在我国有省人民政府、县人民政府、乡人民政府等。

④为了实现上述的目的，行政区划必须按照一定的原则进行。任何一个国家，它的国家机关并不是随心所欲地对本国的领土进行划分。而目前一般要考虑特有的历史传统、地理环境、经济状况、人口数量、民族关系诸因素。

第一，历史传统，就是要尊重历史的沿革，承袭它的传统，维持以往固有的区域状况，如无理由，不宜变动。在我国，目前的县制就是继承了自秦始皇统一中国以来的一种地方区域建置。

第二，地理环境，指的是自然环境、地形地貌、交通状况对行政区域形成的影响。虽然一山一湖之隔，也可能形成居民的不同生活方式和风俗习惯。而且交通的落后，造成很多的不便，造成很多障碍，也不利于管理。所以，行政区划要注意地理因素造成的事实，维持其自然环境完整，避免不必要的分割。

第三，经济状况，就是在划分行政区域的时候，考虑一定地区生产力的分布情况、经济形成的特点和发展趋势，能使地方利用本地资源，针对地方需要，发展生产力，提高经济水平，保证完成一定的建设任务。例如，我国第六届全国人民代表大会第二次会议关于海南行政区建置的决定，就是注意到了海南的开发建设需要加强统一领导。海南行政公署作为省的派出机构已经不适应形势发展的需要，为了发展海南的经济、文化和其他各项事业，成立海南行政区人民政府。

第四，我国在划分行政区域时，注意解决民族问题，即在建立新的行政区域时，全面关注居民中的民族成分，他们的固有特点，以保证各民族的共同发展。我国建立的民族区域自治，就是为了让少数民族享有自治权，根据本民族的实际情况和特点，发展自己的经济、文化，建立各民族的平等、团结、互助的民族关系。

此外，我国划分行政区域，还注意方便人民参与地方国家机关工作和管理，使地方国家机关接近人民群众，在人民直接监督下进行工作，以发挥人民的主动性和创造性，更有效地进行社会管理。

二　行政区划的类型

根据行政区域建立的法律依据和方法，以及相应国家机关的权限范围，可以把目前行政区域划分为以下两种类型，即普通行政区域和特殊行政区域。

1. 普通行政区域

在一些国家是依据宪法的有关规定设置的，如意大利宪法第114条规定，设省、县、乡。在另一些国家，它是依照立法机关针对全国情况制定的对全国有普遍意义的法律而设置的。如英国地方政府法规定，设置郡、市、区。普通行政区域在一个国家中，一般是行政区域体系中的主体。在普通行政区域中的国家机关，依据宪法或法律行使职权，管理一定范围内的事物，与特殊行政区域的国家机关相比，它们不具有后者所拥有的一些特殊权力。一般来说，国家的法律和政策对普通行政区域都是完全要适用的，后者负责具体实施，没有特殊的情况，不经中央同意，不能灵活性地作出变通的规定，或暂不予以执行。

2. 特殊行政区域

除了宪法的有关规定外，还有国家针对某一特定情况制定的专门法律，规定它们的建置。由于它们的组成原则、基础、方法不同，又可分为三种。

第一种是民族自治区。它是以民族聚居地区为基础，按照民族平等、民族自治原则建立，由国家制定的有关民族区域自治的法律具体规定它的制度。如我国的民族区域自治，就是由全国人民代表大会根据宪法有关规定，制定的民族区域自治法来调整民族区域自治的关系。民族区域自治的国家机关，在法律上具有两重性。一方面，与普通行政区域的国家机关一样，是一级地方政府，享有地方政府应有的职权。另一方面，又有特殊的地位，作为自治机关拥有普通行政区的国家机关所没有的自治权。民族区域自治的国家机关，其自治区、自治州、自治县的人民代表大会常务委员会中应当由实行区域自治的民族的公民担任主任或副主任。自治区主席、自治州州长、自治县县长由实行区域自治的民族的公民担任。在民族自治的原则基础上行使自己的职权，在不违背宪法和法律的原则下，有权采取特殊的政策和灵活的措施。如果上级国家机关的决定、指示不符合民族区域自治地方的实际情况，可以报请上级机关批准，变通执行或停止执行，允许其根据本地方实际情况，贯彻执行国家的法律、政策。民族自治地方的区域界限需要变动时，由上级国家机关的有关部门和民族自治地方的自治机关充分协商拟定，报中央人民政府批准。因此，它是民族自治的行政区域。

第二种是特殊自治区，它是根据宪法的规定，由国家制定的赋予特殊自治条件和自治形成的特别法律设置的。如丹麦的格陵兰，就是根据丹麦政府在1978年通过的《格陵兰自治法案》建立的。在第二次世界大战前，格陵兰是丹麦的殖民地。当丹麦被德国占领时，丹麦驻美国大使代表本国政府声明，把格陵兰置于美国保护之下。在"二战"后，美国参议院有人鼓吹根据军事理由占领格陵兰。丹麦感到这是一种威胁，遂通过对宪法修正，使格陵兰地位改变了，不再是丹麦的一个殖民地，而是丹麦的一个地方行政区。所以，格陵兰由殖民地变为一个地方自治区。它的自治条件的特点是，丹麦中央政府与格陵兰地方政府的权力划分由法律规定。中央政府一般负责外交、国防、金融事务。格陵兰地方政府拥有一些特殊的权力，可以在自治条件下，规定自治政府的行政组织等内容。中央政府同自治政府的关系也有特殊之处：中央政府对格陵兰的立法必须咨询当地政府，方可在国会讨论；格陵兰自治政府可要求中央政府协助其行使某些非政治性的外事权利。中央政府与格陵兰自治政府发生争执，可把问题提交一个专门的仲裁委员会最后决定。所以，格陵兰是具有相当自治权的行政区域。

第三种是行政特区，它是由根据宪法制定的专门法律为了一定的目的而建立的。如美国的"哥伦比亚特区"，它是由国会根据美国宪法第 1 条第 8 项第 17 款"对由于州割让与合众国、经国会承受，充作合众国政府所在地的区域（其面积不得超过 10 平方英里），行使任何一切事项的专有立法权"的规定，于 1878 年 6 月 10 日颁布《组织法》所建立的。该法后经国会在 1890 年、1894 年两次修正，再加上美国总统 1952 年颁布《第五号改组计划》等法令，对哥伦比亚特区又作出了进一步补充规定。它是以马里兰州和弗吉尼亚州划分出一块地区而构成的。作为美国的首都，哥伦比亚特区不属于任何一个州的一部分，由联邦中央政府直接管辖，其立法权和行政权由联邦政府直接负责。立法权由国会内部设有哥伦比亚区委员会行使，行政权由总统任命的三人委员会负责，并需向总统报告工作。所以，这是一种联邦中央政府直接管辖下的行政区域。

但是，现有的行政区划理论和实践，还没有提出用一个国家实行不同社会制度作为行政区划的标准，建立一定的行政区域。所以，不能适应和解决我国用"一国两制"的方针政策建立特别行政区和平实现国家统一的任务。这就需要根据我国的国情，对行政区划理论作出新的发展。

三 特别行政区是中国实行"一国两制"的适宜形式

特别行政区是实行"一国两制"的适宜形式，它充分体现了"一国两制"的方针政策，将原则性和灵活性高度结合。"一国两制"既要求维护国家主权统一和领土完整，又要保证国家内部的某些地区实行资本主义制度，维护它的繁荣稳定。建立特别行政区，一方面坚持了原则性，特别行政区是我国单一制国家行政区域体系中的一部分，由国家建立的一个地方行政区。作为地方政府，没有脱离国家的自决权、与国家闹独立。这就从法律上、制度上明确了特别行政区的行政地位，保障了国家主权和统一。另一方面，建立特别行政区，有利于在坚持原则的前提下，实行灵活的政策。因为特别行政区不同于内地的普通行政区，有特殊的地位。国家可以对它采取特殊的措施和政策，赋予它高度的自治权，允许其实行资本主义制度。这样，为特别行政区的繁荣稳定发展创造了必要的条件。所以，没有特别行政区，也就不可能实行一国内两种不同的社会制度。

第二节　特别行政区的性质和地位

一　特别行政区的性质

根据中国宪法的规定，特别行政区是中国行政区划制度中的一种特殊的形式，从本质上来说，是属于地方行政区，与国内其他行政区没有差别。所以，基本法第 1 条明确规定，"澳门特别行政区是中华人民共和国不可分离的部分"。

根据行政区划的理论，任何一个国家内的行政区均是由国家主权机关运用宪法赋予的权力，对国家领土进行划分的产物。特别行政区同样不例外。

（一）特别行政区是地方行政区

特别行政区与联邦制国家中的成员有本质区别，它过去和将来都不是一个拥有主权的独立的政治实体，是中国的一个地方行政区。

联邦成员单位在加入联邦之前是一个享有主权的独立政治实体，虽然在加入联邦之后，不再有完全独立的主权，它必须服从联邦国家的主权，并受联邦的限制。但是，在联邦宪法规定的范围内，联邦成员的主权仍受到法律保护。在一些联邦制国家，如瑞士宪法第 1 条规定，瑞士联邦由 22 个有主权的结成联盟的各州人民组成。第 3 条规定，各州的主权，未经联邦宪法限制者，都得自主。美国的宪法制定者汉密尔顿等人，就美国宪法中规定的联邦与各州的关系指出，"新提出的宪法非但没有表示要撤销各州政府，而且要使各州政府成为国家主权的构成部分，……让它们拥有某些独有的，非常重要的主权"，"保留他们以前所有的，按照条款并未专门委托给合众国的一切主权"①。

然而与此相反，香港、澳门自古以来就是中国领土的一部分，只是1840年英国发动鸦片战争，迫使清政府在1842年8月29日与英国签订了第一个不平等条约即《南京条约》，割让了香港岛。1856年英国发动第二次鸦片战争，再次强迫清政府于1860年10月24日签订《北京条约》，割去九龙半岛界限街以南的中国领土。1884年，清政府在中日甲午战争中战败，各帝国主义加紧瓜分中国，英国借口法国租借广州湾危及香港安全，强迫清政府于1898年6月9日签订《展拓香港界址专条》，"租借"深圳河以南、九龙半岛界限街以北及附近岛屿的中国领土，即所谓的"新界"，为期99年。这样英国通过三个不平等条约，占去了整个香港地区。澳门是在16世纪中叶后，被葡萄牙逐步占领，1887年12月葡萄牙强迫清政府签订了《中葡北京条约》，规定葡国永驻澳门。中国人民对帝国主义强加的不平等条约是不承认的、不接受的。辛亥革命后的历届中国政府，也都没有承认上述的不平等条约。中华人民共和国成立后，我国政府就宣布，对于历史遗留下来的历届中国政府同外国订立的条约，要分别按其内容，或者承认，或者废除，或者修改，或者重订。主张对一些历史遗留下来悬而未决的问题，例如，香港、澳门问题在条件成熟的时候，经过谈判和平解决，在解决之前维持现状。1964年，在莫斯科召开的"世界青年论坛"大会上，有代表提出，应依联合国宪章使香港、澳门"独立"，与某些殖民地的决议草案一同讨论。我国代表当即反驳，进行抗议，指出：香港和澳门是英国、葡萄牙帝国主义根据不平等条约强占的中国领土，中国人民一定要在适当的时候收回它们，要求给予这两个地方独立，实际上是要求这两个地方脱离中国。中国人民是不能同意的。1972年3月8日，我国常驻联合国代表在致联合国非殖民化特别委员会主席的信中，重申上述的立场，指出："香港和澳门是被英国、葡萄牙当局占领的中国领土一部分，解决香港、澳门问题完全属于中国主权范围内问题，根本不属于通常的所谓'殖民地'的范畴。

---

① 〔美〕汉密尔顿、杰伊、麦迪逊著《联邦党人文集》，程逢如、在汉、舒逊译，商务印书馆，1982，第44、154页。

因此，不应列入反殖民地宣言中适用的殖民地地区的名单之内。"联合国非殖民化特别委员会于同年 6 月 15 日通过决议，向联大建议从上述殖民地名单中删去香港和澳门。1972 年 11 月 8 日，第 27 届联合国大会通过决议，批准了该特别委员会的报告①。

因此，中国政府的一贯立场是，香港和澳门是中国领土的一部分，解决香港和澳门问题就是国家收回香港和澳门，恢复行使主权。香港和澳门不能成为一个独立的政治实体。特别行政区根本就不拥有主权。中葡联合声明明确规定，葡国政府将澳门交还给中华人民共和国，1999 年 12 月 20 日中国对澳门恢复行使主权，特别行政区的设立是中国对澳门行使主权的结果，特别行政区的自治权来源于中央的授予。因此，不论从特别行政区的设立基础，还是从特别行政区的权力来源看均证明一点：特别行政区是国家内的一个地方行政区域。

(二) 特别行政区由国家设立

特别行政区由全国人民代表大会设立，行政区域由国务院划定，与联邦成员的区域划分不同。

联邦国家的成员单位在加入联邦之前有自己的区域范围，所以它的区域未经其同意不得修改。如美国宪法第 4 条规定，新州不得建立于其他任何州的管辖区域之内；又未经有关各州的立法机关及国会的许可，不得合并两个或两个以上的州或各州的一部分以建立新州。

而特别行政区是国家根据需要由全国人民代表大会设置的，并不是固有的。特别行政区的区域由中央人民政府划定和公布。中国作为单一制的国家，是先有国家，后有特别行政区，中央在先，特别行政区在后，两者之间是国家整体与部分的关系。虽然特别行政区在形式上不同于普通行政区，但在本质上两者并没有差别。

(三) 特别行政区制度由国家规定

特别行政区制度由国家权力机关制定基本法规范，与联邦成员的权力由自身的宪法规范不同。

---

① 《澳门历史回顾》，http：//www. southcn. com/news/hktwma/zhuanti/aomen4/history/200312171372. htm。

联邦成员可以自行制定和修改自己的宪法，规定自己的内部制度，无需联邦政府的立法机关批准。如美国，50个州都有宪法，它们与联邦宪法有差别，它们之间也有不同。从1789年联邦宪法通过后，到1983年止，各州共制定了135部州宪，召开了230多次立宪会议。到1968年50个州总共通过了5000条宪法修正案。

但是，规定我国特别行政区制度的基本法，是由全国人民代表大会制定的，不是由特别行政区立法机关自己制定。特别行政区依基本法组织自己的内部制度，行使自治权。

联邦成员的权利在联邦宪法和政治制度中得到相应的法律保障。首先，联邦宪法的制定和修改，必须有其成员参与。美国宪法第5条规定，联邦宪法的修改，可以由各州三分之二的立法机关的请求，召集会议以提出修正案。联邦宪法修正案须经各州四分之三的州的立法机关或经各州四分之三州的制宪会议批准时，方可发生效力。其次，联邦政府机构中有成员的代表。在美国国会的参议院由各州代表组成。宪法第4条规定，无论何州，未经其同意，不得剥夺其在参议院中的平等参政权。

特别行政区虽有权选出全国人民代表大会的代表，参加全国人民代表大会，管理国家大事。但全国人民代表大会并不设立由特别行政区代表组成的机构，没有类似联邦国会中专门由成员单位代表组成的一院。

（四）"一国"的原则决定了特别行政区的性质

特别行政区的性质是由"一国"原则决定的。

①"一国"意味着不能有国中之国，一个国家中的行政区域不能是独立的政治实体，独立政治实体具有国家的属性，不符合"一国"原则。

②特别行政区是国家一部分，由两个原因决定。其一，港澳自古以来是中国的领土，只是某种历史的原因被外国占领，解决历史遗留问题，是使港澳回归祖国。其二，中国恢复行使主权，港澳回归祖国后，由国家设立特别行政区。

③特别行政区没有国家属性，当然没有"自决权"。所以，它不能自行决定与国家分离，也不能决定独立的问题。

④特别行政区作为国家中的一部分，只能接受中央政府的领导和支配。

二 特别行政区的地位

(一) 特别行政区是最高一级的行政区

作为一个地方行政区域，特别行政区在国家的行政区域体系中处于哪一个层次呢？根据我国宪法第 30 条的规定："中华人民共和国的行政区域划分如下：（一）全国分为省、自治区、直辖市；（二）省、自治区分为自治州、县、自治县、市；（三）县、自治县分为乡、民族乡、镇。直辖市和较大的市区分为区、县。自治州分为县、自治县、市。"由于基本法第 12 条规定，特别行政区直辖于中央人民政府，所以，特别行政区处于国家行政区域体系中的第一层次，即与省、自治区、直辖市同一等级，直接接受中央政府的领导。虽然澳门地域狭小，人口不多，如果按照行政区划的一般标准，没有可能成为一级行政区，但是，澳门实行"一国两制"，在国家中地位重要，要保障它的高度自治权，防止其他地方对它的干扰，直属中央政府领导是必要的。

(二) "两制" 的原则产生了特别行政区的特别制度

特别行政区的地位和制度是由"两制"原则决定的。

①特别行政区在国家行政划中的地位，不是按照通常的原则，比如，区域面积、人口数量、经济规模来决定，而是按照实行的社会制度来决定。所以，澳门虽小，但是，它是最高一级的行政区。

②特别行政区不同于国家普通行政区，有它的特点，即享有高度自治权，实行"澳人治澳"，保留原有的社会制度和生活方式。

第三节　高度自治

一 "一国两制" 下的特别行政区自治是授权自治

澳门基本法第 2 条规定："中华人民共和国全国人民代表大会授权澳门特别行政区依照本法的规定实行高度自治，享有行政管理权、立法权、独立的司法权和终审权。"

"一国两制"下中央与特别行政区权力关系是授权关系还是分权关系？特别行政区高度自治是中央授权的结果，还是中央与特别行政区分权的产物？是首要明确的问题。

（一）授权与分权的区别

所谓授权，是指拥有权力的主体将一部分权力授予另一主体行使。授权包含：第一，托付性质，授权者托付被授权者处理相关事务。第二，从属性质，被授权者从属于授权者，按照授权者的托付要求行使权力。第三，负责关系，被授权者的行为需要对授权者负责，而授权者对被授权者行使权力的行为进行监督。

所谓分权，是指不同的主体共同对权力进行分配，根据分配的结果，分别享有各自的权力。分权包含：第一，分工性质，是对权力的分配。第二，既有从属性，也有合作性。横向的分权（如行政、立法、司法）当然谈不上是从属关系，就是纵向的分权（中央与地方）虽然存在上下级的从属关系，但是，同时存在合作关系，中央在非专属的权限内，需要与地方进行互相之间的合作。第三，因分权而获得的权力，并不受上级的监督。

所以，授权与分权的区别，从表面上看，都是对权限的划分，但从实质上分析，反映的是不同的权力来源，不同的权力划分，不同的权力属性关系，从而形成了不同的国家结构形式，中央向地方授权的单一制和中央与地方分权的联邦制①。

（二）"一国"的逻辑决定高度自治是授权而不是分权

决定授权还是分权的因素不在于权力划分的形式，因为从形式上看，不论是授权还是分权都是对权力进行划分，没有什么区别。但是，从初始

---

① 有学者强调了授权概念与分权概念的区别："在国家法的用语上，授权和分权是两个不同的法律概念，表达两种不同的权力关系。授权是将原来属于自己的权力授予非权力主体行使。被授权者原本无权，因授权始享有权力。""在授权概念下，被授权者享有的权利以授予的权力为限，未授予的权力理所当然地保留在权力主体手里，因此没有剩余权力归谁的问题。""在分权的概念下，两个或两个以上权力主体各自按照分权的规定独立行使权力；如果发生权力划分的争议，依照它们原来约定的办法处理，而不是一方对另一方实行监督。""除了明文规定分别属于各个权力主体的权力外，还有一个剩余权力属谁的问题需要解决。"见 http：//202.194.33.165：102/newss/news.asp？new_ id＝241。

的权力属于谁、由谁来对权力进行划分这两个因素分析，可以清楚看出授权与分权有本质的分别。由中央享有初始的权力，并对权力进行划分，规定地方的权力范围，就是授权。由中央与地方共同对权力进行划分，规定双方的权力范围，就是分权。那么，为什么"一国两制"下特别行政区的高度自治是授权而不是分权？

1. "一国"的逻辑产生的授权原则

中央权力的来源是基于国家的主权。主权是一个国家最高的权力，也是一个国家最初始的权力，其他的权力是由主权派生出来。正因为中央掌握国家的主权和治权，才拥有授权的基础。从逻辑上说，拥有权力，才有授予权力的条件，没有权力，何来授权？为什么权力属于中央？因为港澳自古以来是中国领土的一部分，因历史上的原因而曾被外国占领。解决港澳历史遗留问题，就是港澳必须回归祖国，实现国家统一，其实质就是国家恢复对港澳行使主权。所以，对港澳的主权既不能是中英两国或中葡两国共享，也不能是中央与特别行政区分享。邓小平先生说，"关于主权问题，中国在这个问题上没有回旋的余地。坦率地说，主权问题不是一个可以讨论的问题"①。"制度可以不同，但在国际上代表中国的，只能是中华人民共和国。"② 对港澳的主权只能由中央行使和代表，授权是国家主权行为的结果。

2. 由港澳回归的性质和它的地位所决定

正如上述，港澳是回归祖国，中国恢复对港澳行使主权。所以，它决定了由中国政府与英国、葡国政府就香港和澳门进行政权的交接，绝对不是由英国与香港、葡国与澳门进行权力移交。根本原因，港澳是回归祖国，不是成为一个独立的政治实体。

在港澳政权交接过程中，由于过去是英国、葡国分别对港澳行使管治权，所以，英国和葡国政府分别将港澳的管治权移交中国政府，不是移交给港澳。这一点是十分清楚和明确的，是国家主权原则的要求和体现。早在中英谈判香港时问题就已经解决了。英方曾想1997年6月30日要把政治、行政管理权直接交给特别行政区政府，而不经过中央人民政府，就是想绕开中央政府，来个"私相授受"。中方回答，坚决不行！香港是英国

---

① 邓小平：《邓小平论"一国两制"》，三联书店（香港）有限公司，2004，第1页。
② 邓小平：《邓小平论"一国两制"》，三联书店（香港）有限公司，2004，第5页。

从中国手中抢去的，按照中英协议，理所当然地要交还给中国政府，英方想绕开中央政府是什么意思？说到底，就是不想把香港交还给中国，仍然想给人造成香港是一个独立的政治实体的印象，这当然是不能容许的。[①]有人按英国的意思，换了一种说法，非常迷惑人，就是所谓的"还政于民"，其实质就是要造成权力是香港固有的，要还政于香港居民。但是，港澳不是一个独立的政治实体，本身并无固有权力可言，何来"还政于民"的基础？回归后又何来与中央分权？没有对权力的拥有，也就没有分权的条件和基础。

从逻辑上说，先有中央行使主权，才有中央向特别行政区授权，后有特别行政区高度自治。自治权是主权的派生。所以，高度自治有一个前提条件，就是建立在授权与被授权的基础上。

（三）"两制"的逻辑决定授予高度自治

国家拥有主权，并通过国家恢复行使对港澳主权后，中央根据宪法，设立特别行政区，基于在特别行政区实行与内地不同的制度的需要，授权特别行政区高度自治，以利于特别行政区维持原有的社会制度，制定各项政策，实现社会管理，促进社会稳定和经济发展。所以，中央授予特别行政区的自治权要高于内地的地方政府，体现在行政管理权、立法权和独立的司法权及终审权方面。如何理解高度自治，将在分析高度自治权内容时作具体的阐述。

（四）"一国两制"下的授权并无剩余权力的问题

曾有一种观点提出了"剩余权力"问题，具体主张是，基本法未规定的权力属特别行政区行使。但是，所谓的剩余权力论在授权的情况下是一个假议题。

按照授权理论，中央掌握了国家的主权，凡是中央没有授予港澳特别行政区的权力均属于中央的权力，不存在尚未分割的权力。既然如此，何来剩余？剩余权力论，只有在分权理论下是一个需要回答的问题，因为在分权的情况下，当出现了某一部分的权力并未明确归属于哪一方面的时候，就存在剩余的权力。从而，需要事先确定一个原则，解决该剩余权力应该

---

① 《周南忆香港谈判：英方步步为营　中方寸步不让》，见 http://www.chinareviewnews.com。

归属于谁。美国在建立联邦制的过程中，最早提出了剩余权力的概念，并确立了剩余权力归属于加入联邦的各州的原则。它的基础是建立在由各州向联邦中央政府转让权力的原则上①。

1787年5月，根据美国邦联国会的邀请，在费城举行了全国代表会议，制定美利坚合众国宪法。在各州批准这部宪法过程中，对宪法有两种针锋相对的意见。一种拥护宪法；另一种反对宪法。在论战中，汉密尔顿等人发表了大量文章，以后汇编成册，取名《联邦党人文集》。他们赞成宪法，在谈论联邦权力与各州权力的关系时，认为宪法使联邦政府强大，但它不吸收可能被认为为了局部目的而适于留给各州的剩余权力。这是第一次使用了剩余权力的概念。综观《联邦党人文集》：第一，剩余权力或保留权力概念是与授予权力或委托权力的概念作为相辅相成的一对概念来使用。他们认为，新宪法授予联邦政府的权力很少而且有明确的规定。各州政府所保留的权力很多但没有明确规定。所以，剩余权力是指把原有的一部分权力委托或让予之后，还保留下来的那一部分权力。第二，剩余权力概念是与联邦制的国家结构相联系的。他们提出，凡是没有明显地从各州移归联邦的一切权力仍由各州全力执行。所以，只有各州组成一个新的统一国家的时候，才产生把自己原有一部分权力转交给联邦，并保留自己一部分必要的权力。剩余权力是联邦制的产物。美国国会1789年9月25日提出的宪法第10条修正案就以法律形式确定，"本宪法所未授予合众国政府，也未禁止各州政府行使的权力，均由各州或由人民保留之"。美国宪法采用的原则，被一些联邦制国家仿效。如瑞士宪法第3条规定，凡未委任于联邦政府的权力，概由各州行使。所以，联邦政府的权力是各州转让的，而各州在让与权力的同时，还保留自己一部分权力。因此，剩余权力是联邦国家划分联邦政府与成员单位权力关系的一种方法，有它确定的含义。

在"一国两制"的原则下，是中央向特别行政区授权，不存在港澳向中央转让权力，所以，没有剩余权力的问题。基本法未规定的权力属特别行政区所有，在理论上也站不住脚。自动归属与中央授权是矛盾的，不可能否定特别行政区的自治权是中央授予的，但又主张其他权力自然归特别

① 《联邦党人文集》在描述全国政府的权力时，使用的是各州"移交"的权力。在描述各州的权力时，使用的是"剩下"的权力。详见《联邦党人文集》，商务印书馆，1982，第205页。

行政区行使，变成特别行政区一部分权力是中央授予，一部分权力无需中央授予就拥有，从根本上否定了特别行政区的一切权力来源于中央授权的原则，不合逻辑。

坚持中央授权特别行政区的原则，并不妨碍特别行政区的高度自治。中央将根据特别行政区发展的需要，再授予特别行政区处理某一事务的权力，是一个灵活的办法，也是可行的办法。

二 "一国两制"下的特别行政区自治权来源于宪法和基本法

中央向特别行政区授权和特别行政区享有自治权，它们的法律依据是什么呢？具体地说，全国人民代表大会向特别行政区授权是根据宪法还是根据联合声明？宪法和联合声明在授权过程中的作用是什么？

（一）宪法是中央向特别行政区授权的法律依据

中央的权力来自宪法的规定，中央向特别行政区授权也要符合宪法的规定。归根到底，中央的权力中央再授权均是以宪法为依据。

宪法决定中央能不能授权及授权的范围。没有宪法的规定，何来中央的授权？宪法第31条的规定，允许国家根据"一国两制"的需要，设立特别行政区，在特别行政区内可以实行高度自治的制度。没有宪法的第31条，就没有特别行政区的制度，也就没有特别行政区的高度自治。"能不能授权"是授权中的第一层次的问题。它包含了以下几个要素。第一，谁来授权？谁有资格？第二，授权主体的行为合法性基础在哪里？为什么他可以授权？而他的授权为什么是有效力的？第三，授权的范围是如何确定的，为什么授予这方面的权力，不授予另一方面的权力？以上三个问题均应由宪法来规范。根据宪法的规定，授权的主体是全国人民代表大会，全国人民代表大会依据宪法赋予的职能、"一国两制"的原则，制定基本法，在保留中央政府行使国家主权的前提下，向特别行政区授予自治权。

中央授权的法律依据是宪法，授权的方式是基本法，而基本法必须是符合宪法的。如果中央授权不需要以宪法为基础，基本法怎么授权都可以，那么，审查基本法的合宪性就成了多此一举了。

（二）联合声明是中央向特别行政区授权的政策依据

中国政府在中英联合声明和中葡联合声明中，单方面声明对港澳恢复行使主权后，在港澳实行"一国两制"、高度自治的政策①。中国政府的声明是明确了中央将向特别行政区授权以及授予哪些具体的自治权，属于"如何授权"的范畴，是授权中的第二层次的问题，它建立在宪法规定的中央可以授权的第一个层次之上的。所以，能否授权是一个宪法问题，授予哪些权力是一个政策问题。联合声明中第2条，即中国政府声明的内容，是属于"一国两制"的12条基本方针政策②。

但是，特别行政区的自治权并不仅以此为限。如果联合声明中中国政府没有具体规定的政策，基本法中也没有规定的具体权力，并不妨碍中央根据宪法的规定，依据港澳特别行政区的实际需要，向特别行政区进行授权。如中央根据港澳社会发展的需要，全国人民代表大会常务委员会分别向香港和澳门特别行政区授权，赋予香港和澳门特别行政区可以在其行政管辖区域外的特定范围行使管辖权③。

在这个问题上有一种说法是需要澄清的。有人认为，特别行政区的高度自治权是中英（葡）两国通过联合声明共同授予的④。事实上这种说法不能成立。

①从法律的逻辑上说，英国和葡国对港澳没有主权，它们将港澳的管治权移交中国政府后，不可能成为向港澳授权的主体之一。如果它们也是向特别行政区授权的主体，那么它们所授的权力来自何处？它们所授的权力是谁的权力？是外国政府的权力还是中国政府的权力？如果是中国政府的权力，它又有什么权力代为中国授权？如果是其本国的权力，为什么它

---

① 在中英联合声明、中葡联合声明中都有两国政府的共同声明和中国政府的声明，凡涉及中国恢复对港澳行使主权后实行的政策是属于中国的内部事务，只能由中国政府决定，所以，具体的政策由中国政府声明。详见联合声明。

② 基本法序言第二段，"国家对香港（澳门）的基本方针政策，已由中国政府在中英（葡）联合声明中予以阐明"。

③ 见《全国人民代表大会常务委员会关于授权澳门特别行政区对设在横琴岛的澳门大学新校区实施管辖的决定》及《全国人大常委会关于授权香港特别行政区对深圳湾口岸港方口岸区实施管辖的决定》。

④ 《苹果日报》："香港在回归后享有的各项权利及特殊地位并非仅由中央授权，而是由一份有约束力的国际协议所赋予的，源于1984年签署的中英联合声明，基于中国政府对国际社会的承诺。"引自 http://www.ntdtv.com/xtr/gb/2007/07/12/a61159.html。

的权力可以及于另外一个主权国家的内部事务？它与被授权者是一种什么关系？所以，这种说法是违背国际法的基本准则，即国家主权原则，在逻辑上难以成立。

②从政治上说，两国授权论的要害是将港澳特别行政区的自治变成中英、中葡两国的事务，把港澳地区变成了中英或中葡的共管地区，将中央与特别行政区的关系演变成中外两国与港澳特别行政区的关系。按照两国授权的逻辑，特别行政区不仅要受中国政府的管辖，也要受外国政府的管辖，必将把干预一个主权国家内政变成合法化，其实质，就是损害国家主权原则及否定"一国"的原则，为外国干预港澳特别行政区事务提供借口，将港澳自治变成国际化。

③基本法是将联合声明中的中国政府的政策法律化，正是通过这一法律化的过程，才从法律上完成了对特别行政区高度自治的授权。从这个意义上说，没有基本法授权，就没有特别行政区的高度自治。所以，特别行政区不是根据联合声明行使自治权，如果是根据联合声明来行使自治权的话，就没有必要制定基本法。特别行政区是根据基本法行使自治权，基本法才是特别行政区自治权的法律依据。况且，基本法不仅具体列举了特别行政区自治权的内容，而且第 20 条还规定，"可享有全国人民代表大会、全国人民代表大会常务委员会、中央人民政府授予的其他权力"。而中央的再授权是根据宪法进行的，特别行政区则依据基本法第 20 条和中央的授权决定，享有基本法规定以外的某一项权力。

（三）特别行政区自治权不是固有的权力

有人说，港澳不是在回归前就在进行管理，还要中央授权吗？言下之意，港澳的管理权是其本身固有的，不需要中央授权。但是，透过现象看本质，它的权力来源在哪里？在香港和澳门，过去《英皇制诰》、《皇室训令》、《澳门组织章程》才是港澳管理权的来源。这些宪制性的法律在过去历史上的任何一个变化，都影响港澳管理权的扩大或缩小。当中国恢复对港澳行使主权，上述宪制性文件已经不能在港澳继续发生效力，根据其所产生的管理权也就失去了效力。所以，需要通过基本法进行授权，才能自行管理。港澳权力是固有的根本不成立。所以，在讲高度自治权的时候，以及行使高度自治权的时候，不能不探寻权力的来源，授权就是准确地揭示了特别行政区权力的来源。

根据基本法的规定，结合基本法的授权理论，其逻辑是：除了基本法明确规定属于特别行政区高度自治范围内的权力外，或者中央没有授权的，均为中央的权力。不论基本法有列举规定，还是没有列举规定，都不能改变权力属于中央的事实。我们从基本法条文的表述可见一斑：对中央的权力范围有采用概括式的表述，如第 17 条第 4 款规定审查特别行政区法律时，第 143 条第 3 款规定解释基本法时，均使用了"中央管理的事务"的概念；也有采用原则排除式的表述，如第 18 条第 3 款提及全国性法律适用范围时，使用了"其他依照本法规定不属于澳门特别行政区自治范围的法律"的提法。根据以上逻辑，才有基本法第 20 条的规定，中央可根据需要向特别行政区再授权。假设中央只有基本法规定的外交、国防的权力，其余均为特别行政区的自治权，何需基本法第 20 条的再授权？

三 "一国两制"下中央向特别行政区授权的形式和内容

（一）中央向特别行政区授权的形式

中央向特别行政区授权主要有两种形式。

①基本法。它是授权的主要形式，但是，它并没有穷尽授权。换句话说，基本法没有列举属于特别行政区自治范围的权力，不等于今后不可以成为特别行政区的自治权。

②全国人大、全国人大常委会、国务院的决定。它们是补充的形式，也是比较灵活的形式，随时可以根据需要进行授权。港澳特别行政区成立以来，全国人大常委会已经进行了两次授权。

对第二种形式授权的法律依据，是宪法还是基本法？对此应该准确理解宪法与基本法第 20 条的关系。一方面，全国人大及其常委会授权的权力来源于宪法，它必须根据宪法赋予的职权进行，而不是基本法第 20 条。因为基本法第 20 条的含义是，特别行政区还可享有中央授予的其他权力。本条的主体是特别行政区不是中央。所以，它不可能是中央授权的依据。另一方面，基本法第 20 条是特别行政区行使中央再授予的自治权的原则依据，而具体的内容则是全国人大及其常委会的决定。所以，第 20 条是中央授权的对象依据。中央向谁授权？向特别行政区授权。因为向特别行政区授权，所以，特别行政区还可以享有其他自治权。有了基本法的第 20 条，特别行政区自治权力的获得可以是不断扩大的。

（二）中央向特别行政区授权的内容

中央向特别行政区授予行政管理权、立法权和独立的司法权和终审权，是十分高度的自治权，主要体现在两个方面。

①从特别行政区自治权的内容上看，包括了一般地方政府，甚至联邦成员国所没有的权力。如在行政管理权方面，特别行政区可以发行货币；在立法权方面，特别行政区可以制定刑法、民法等法典；在司法权方面，特别行政区有终审权。

②从特别行政区自治权的程度上看，一些权力虽然一般地方政府或联邦成员国也享有，但没有特别行政区自治权的程度那么高。如在行政管理方面，一般地方政府可以与其他国家和地区发展经济关系，但是，特别行政区在经济、贸易、金融、航运、通信、旅游、文化、体育等领域，享有对外事务管理权，可单独同世界各国、各地区及有关国际组织保持和发展关系，并签订和履行有关协定。在立法权方面，一般地方立法机关虽可制定一些地方的规范性文件，但不能制定法典，尤其是对人的基本权利和自由方面的规范性文件。特别行政区依据基本法可以制定居民权利和自由的法律。在司法权方面，任何地方法院有审判权，但无终审权。特别行政区法院不仅有审判权，而且有终审权。

但是，就是高度自治也是有限制的。因为高度自治不等于完全自治。邓小平说："自治不能没有限度，既有限度就不能'完全'。'完全自治'就是'两个中国'，不是一个中国。"① 具体来说：第一，既然是中央授权，自治就必然是有一定范围的。第二，因为是地方的自治权，不是国家的主权，也就决定了是有限度的，只能限于行政区域内的事务。第三，特别行政区直辖于中央人民政府，行政长官对中央人民政府负责，这种从属于中央的关系决定了自治是有限度的。关于这一点，中英在谈判香港问题时就有过争论，英方曾不但要求删去"香港特别行政区直辖于中央政府"的字样，而且要求规定"香港以外"的任何"其他地方"，也应包括中央政府，对香港的事都没有否决权。对此，中方坚决把它打掉了②。特别行政区的自治权

---

① 邓小平：《邓小平论"一国两制"》，三联书店（香港）有限公司，2004，第5页。
② 《周南忆香港谈判：英方步步为营　中方寸步不让》，见 http://www.chinareviewnews.com。

的范围和限度，体现在行政管理权、立法权和司法权均不能涉及中央负责
管理的事务，不能随意超出这个底线。

（三）权力的界定

由于法律的抽象性特征和本质，加上语言表达能力的局限性，再清晰的规
定也不可避免争议，在实践中总是通过法律的解释加以解决。那么，谁来监督
或决定高度自治的有限的边界呢？根据基本法和授权的理论，应该如下处理。

1. 当遇有需要解释时，以全国人大常委会解释为准

这一原则在基本法中已经有明确规定。如基本法第 17 条第 4 款规定，
全国人大常委会"如认为澳门特别行政区立法机关制定的任何法律不符合
本法关于中央管理的事务及中央和澳门特别行政区关系的条款，可将有关
法律发回，但不作修改"。第 143 条第 3 款规定，"对本法关于中央人民政
府管理的事务或中央和澳门特别行政区关系的条款进行解释，而该条款的
解释又影响到案件的判决，在对该案件作出不可上诉的终局判决前，应由
澳门特别行政区终审法院提请全国人民代表大会常务委员会对有关条款作
出解释。如全国人民代表大会常务委员会作出解释，澳门特别行政区法院
在引用该条款时，应以全国人民代表大会常务委员会的解释为准"。事实
上，基本法采取的是由授权者而非被授权者决定争议的做法。当然，全国
人大在解释前，还是需要经过一个征询包括特别行政区方面意见的程序，
既要维护中央的权力，也要尊重特别行政区的高度自治权。

2. 解释争议的判断标准是基本法

中央有权解释自治范围的边界，但是，中央的解释并非是任意的，而
是要严格按照基本法进行。基本法作为一个授权法，不仅特别行政区要遵
守，中央也要遵守。所以，严格依法解释，关键是要忠实体现立法精神，
与解释主体是立法机关还是司法机关，没有必然联系。有人以立法机关解
释法律违反法治原则为借口，反对全国人大常委会解释，理由并不充分，
属于一种偏见。目前，在世界上解释法律的机制是各不相同，它们取决于
宪政制度的安排，并没有优劣之分。所以，不应纠缠解释法律的主体属性，
而应该更关注是否严格依基本法作出了解释。

因此，特别行政区的高度自治，实质上既是授权自治，也是地方性的有
限自治。

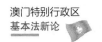

第四节　"澳人治澳"

一　"澳人治澳"的含义及主体

澳门基本法第 3 条规定，"澳门特别行政区的行政机关和立法机关由澳门特别行政区永久性居民依照本法有关规定组成"。

（一）"澳人"指的是澳门居民

根据基本法的规定，"澳人治澳"就是由澳门居民，主要是享有选举权和被选举权的澳门永久性居民来管理澳门。

"澳人"的含义需要正确的界定。除澳门居民中的外国人外，第一，"澳人"不能视为与"中国人"并列的概念，如果作这种理解，"澳人"不是"中国人"，从特别行政区居民的身份认同上模糊了"中国人"的意识，却为独立政治实体形成提供某种意识。第二，"澳人"意味着他们不是中国内地的居民，"澳人治澳"不是中央政府从内地派遣干部到澳门进行管理，而是由澳门居民自行管理自治事务。

（二）"澳人治澳"须以爱国爱澳者为主体

特别行政区的居民是由不同身份、不同国籍的人士组成，有永久性居民和非永久性居民，有中国籍居民和非中国籍居民，他们与国家的法律联系各不相同，权利和义务自然也不相同。作为澳门居民中的中国公民，他们有权参与国家和特别行政区事务的管理，基本法可以要求他们除了对特别行政区负有责任外，对国家也负有责任。由于澳门特别行政区是中国的地方行政区，其居民中 97% 是中国人，他们是居民中绝大多数。所以，管理澳门者当然要以中国公民中的爱国爱澳者为主体。

"澳人治澳"以爱国爱澳者为主体，最集中的体现就是行政机关、立法机关和司法机关中的主要职位必须是由永久性居民中的中国公民担任。基本法规定，特别行政区行政长官、行政会委员、政府主要官员、立法会主席和副主席、终审法院院长、检察长必须是永久性居民中的中国公民担任，并要求他们效忠中华人民共和国，体现中国对澳门恢复行使主权。

"澳人治澳"以爱国者为主体，并不排斥其他人参与特别行政区的管理。特别行政区的行政、立法、司法机关当然也要容纳特别行政区居民中非中国籍的人士。除此之外，特别行政区还可以聘请外国人当顾问。所以，"澳人治澳"具有很大的包容性，并非狭隘的民族主义。

二 爱国爱澳是"一国两制"的要求

"一国两制"价值观的确立，涉及一个核心问题，即爱国主义。只有树立正确的爱国主义观，才能确立"一国两制"的价值观。

（一）"一国"的逻辑产生爱国的原则

1. 爱国是每一个独立民族的精神，不是蛊惑人心的口号

"一国两制"正是集中反映了中华民族实现国家统一的愿望。邓小平先生在答美国记者迈克·华莱士提问时明确表明，国家统一"首先是个民族问题，民族感情的问题。凡是中华民族子孙，都希望中国统一，分裂状况是违背民族意志的"①。所以，爱国具有民族性，是一种共同的心理和信念。人们是如何形成这种共同心理的？又是什么力量使人们拥有这种共同信念的呢？现今的人类社会离不开民族国家，有国家存在就有国家意识，个人利益的增进，与国家的强盛联系在一起，建设共同的美好家园，保护它的统一和安全，也就成了人们共同心理的基础、追求的信念。在这一过程中，虽然人们有不同的意见，但并不妨碍达到共同的目标，所以，爱国者总是在一个国家中占多数，代表着民族的精神。没有这一精神，一个民族就不能立于世界民族之林。

2. 爱国是求大同、存小异，绝不破坏人们思想的多样性

有一种论调认为，爱国就是国家强制人们的独立思想，要求人们无私的道德奉献。这种论调将爱国变成一个简单的公式，爱国等同于绝对服从国家的一切，如果做不到一切服从国家，就不可能有爱国，两者只能择其一，这完全曲解了爱国的精神。这种论调片面强调和扩大人们对爱国条件认同的差异性，忽视和抹杀在爱国前提上的共同性。爱国的精神并不要求

---

① 邓小平：《邓小平论"一国两制"》，三联书店（香港）有限公司，2004，第44页。

全体人民在所有问题上与国家一致，也不要求全体人民对国家的政策完全拥护。爱国精神和观念，本身就有一种包容性，信奉不同思想的人，他们可以有各自的观点和立场，但并不妨碍在维护民族国家的利益这一爱国的根本问题上能够取得共同看法，这在中华民族历史发展史上，在世界其他民族发展史上是屡见不鲜的事实，这也就是爱国精神能够延续存在的基础。正因为如此，邓小平在"一国两制"理论中指出，"我们有了一个共同的大前提，一个共同的目标，就是爱祖国，爱香港"①。这个大前提、大目标，对不论信奉资本主义还是社会主义的人来说，都是可以接受的。因此，爱国不是空想，也不是要大家保持思想一律，它是求大同，存小异，所以，它可以成为"一国两制"的基础，我们应该珍惜它。如果没有这个基础，"对国家没有信任感，那么，其他一切谈不上了"②。

3. 爱国有客观标准，有具体要求，由民族的根本利益决定，不是个别人或少数人自定的

在"一国两制"下的爱国者的标准，就是要"尊重自己的民族，诚心诚意拥护祖国恢复行使主权，不损害香港的繁荣和稳定"③。在特别行政区"执政的人还是搞资本主义，但他们不做损害祖国利益的事，也不做损害香港同胞利益的事"④。因此，爱国不是抽象的，不是一句空洞的口号，有具体的内容。

爱国的标准可以从道德和法律两个层面来说。

爱国的道德标准是一种对国家认同的价值观念，发自内心的崇高情感，不同的人会有差别，难以用尺子去衡量，但确实存在，社会需要提倡爱国的价值观念，然而不能强求所有人均能达到最高境界，社会有一个标准，个人也许有自己的标准，但最低标准是不容争议的，凡不认同国家的人，不可能是一个爱国者。

爱国的法律标准是一种对国家的义务，不能从事破坏国家统一、安全的活动。不管一个人如何去理解和确立爱国的道德标准，但在爱国的法律标准上，不能任由个人决定，必须接受现存法律的规范。任何冲击由法律规范的爱国标准，就要受到制裁。

---

① 邓小平：《邓小平论"一国两制"》，三联书店（香港）有限公司，2004，第 17 页。
② 邓小平：《邓小平论"一国两制"》，三联书店（香港）有限公司，2004，第 14 页。
③ 邓小平：《邓小平论"一国两制"》，三联书店（香港）有限公司，2004，第 19 页。
④ 邓小平：《邓小平论"一国两制"》，三联书店（香港）有限公司，2004，第 19 页。

在这一点上，有人提出所谓的弹性爱国，可以另立标准，或指责爱国是盲目地提出道德服从要求，都是不能成立的，恰恰相反，这个标准是由全民族的根本利益决定的，既不模糊，也不盲目，难道有更充足的理由可以不拥护国家统一，不维护国家和特别行政区的利益吗？面对国家的根本利益，还能说，爱国的要求是不确定的吗？

（二）"两制"的逻辑产生了"澳人"治澳

实行"澳人治澳"是"两制"的要求，国家对澳门特别行政区居民自行管理澳门非常有信心，相信澳门居民能治理好澳门。所以，实行澳人治澳的政策，不是从中央派遣干部管理特别行政区自治事务。

当然，"澳人治澳"要树立民族自信心，要相信澳门的中国人能管理好澳门。如果没有这种自信心，澳门人仍然处在殖民管制下的心态，"澳人治澳"就不可能成功。

所以，"澳人治澳"不仅要解决身份认同、国家认同，还要解决自信心和提高管治能力、水平的问题。

第五节　原有社会制度的保留

一　原有社会制度五十年不变

澳门基本法第 5 条规定，"澳门特别行政区不实行社会主义的制度和政策，保持原有的资本主义制度和生活方式，五十年不变"。什么是资本主义制度？五十年不变又是什么含义？

在世界上，资本主义制度并没有一个固定的模式，实行资本主义制度的国家均是根据本国的国情建立，有各自不同的特点。澳门特别行政区保持原有的资本主义制度，也是指保持原有制度中最基本、最重要的东西，不是将所有的东西都原封不动地保留下来。而且，原有资本主义制度和生活方式，五十年不变，也不是说这种制度在五十年内，一成不变。事实上，一成不变也没有可能。任何一个社会均是发展变化的，不变是相对的，变是绝对的。只有发展和进步，社会才有活力。

（一）特别行政区实行资本主义制度的内容

特别行政区实行资本主义制度，其中包括哪些基本和重要的制度呢？根据基本法第 11 条第 1 款的规定，主要有：

1. 社会、经济制度

特别行政区实行以生产资料私有制为基础的自由市场经济制度。与内地实行的以生产资料公有制为基础的市场经济制度不同。因而，在财政、税收、金融、工商业、航运、土地、旅游等制度方面都有自己的特点。如在税收制度方面，实行的是低税制；在金融制度方面，不实行外汇管制等。

2. 基本权利和自由的制度

由于特别行政区实行的政治制度、经济制度、法律制度与内地不同，决定了特别行政区居民的基本权利和自由制度也与内地有所区别。如居民在出入境、迁徙、法律诉讼、生育等基本权利方面有更大的自由和更多的保障。居民也没有服兵役等义务。

3. 政治制度

特别行政区实行行政主导，行政、立法、司法三权既互相独立、互相制衡，又互相配合、互相合作的政治制度。这种政治制度与内地人民代表大会制度是不同的。此外，特别行政区的行政制度、立法制度、司法制度也有自己的特点。如特别行政区的行政程序、行政诉讼、公务员制度等方面，立法程序和立法机关运作的议事规则等方面，司法机关的组成和司法人员的产生办法等方面，均与内地不同。

（二）特别行政区保留资本主义制度五十年不变的精神

保留原有资本主义制度五十年不变，是否意味着五十年后就一定要改变这个政策呢？要回答这个问题，必须明白一个道理，实行"一国两制"，目的是为了国家统一和特别行政区稳定发展。任何一种政策、措施、制度能够完成这个任务，有什么理由要去改变它，而影响目标的实现呢？邓小平说过，"一国两制"成功实施，一百年也不变。同样的道理，如果有一种政策、措施、制度比之有更大的优越性，又有什么理由弃之不用呢？所以，实施"一国两制"的重点，不是关注要不要变的问题，应该是如何发挥"一国两制"的优势，证明它的生命力。只要有存在的价值，就不会去改变。

但是，一定要清楚，"一国两制"和基本法允许保留特别行政区原有的社会制度，不是用来反对内地的社会制度，而是用于特别行政区社会稳定和发展的目的。一些人试图用一制来反对另一制，或者用一制来改变另外一制，利用"两制"反对或对抗"一国"，分裂国家是完全错误的。不仅不利于促进特别行政区的稳定和发展，相反，挑起内地与特别行政区的矛盾，最终影响国家和特别行政区的稳定和发展，根本上违背了保留原有社会制度的初衷和目的，当出现这种状况时，那么，不改也不行，届时就要改变。

"一国"的逻辑要求在保留原有制度基本不变的情况下，不能抵触主权原则。凡抵触者，则必须改变。而"两制"的逻辑产生了根据需要保留原有的制度。基本法根据"一国两制"的原则对原有制度作出了处理。

二 土地制度

澳门基本法第 7 条规定，"澳门特别行政区境内的土地和自然资源，除在澳门特别行政区成立前已依法确认的私有土地外，属于国家所有，由澳门特别行政区政府负责管理、使用、开发、出租或批给个人、法人使用或开发，其收入全部归澳门特别行政区政府支配"。澳门基本法之所以承认特别行政区成立前依法确认的私有土地，要达到两个目的。第一，要体现"一国两制"的政策，既要维护土地和自然资源国有的一般原则，又要允许特别行政区的社会制度与内地不同，保留原有的社会制度基本不变，包括私有土地制度。第二，通过保留原有的社会制度和法律制度基本不变，有利于澳门的稳定发展。

基本法第 7 条在坚持土地和自然资源原则上属于国家所有的前提下，可以保留特别行政区的原有的私有土地。对此，具体作了三个具体的规范。第一，有条件承认私有土地所有权。第二，条件之一，私有土地所有权必须在特别行政区成立前确认。第三，条件之二，私有土地所有权要经过法律确认的程序方才有效。

1. 规定"依法确认"时效的必要性

基本法第 7 条规定的精神是，仅承认原有的私有土地，但不延续原有土地法中有关私有土地取得的规定。如果原有土地法中有关私有土地取得的规定继续有效，势必会产生新的私有土地财产权，与特别行政区土地属于国家所有的原则产生矛盾。所以，必须对什么时效内依法取得的私有土地

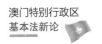

财产权给予承认，什么时间后不予确认，必须作出明确的规定。

2. "依法确认"的时效以特别行政区成立为限

基本法第 7 条规定的"依法确认"的有效时间就是以特别行政区成立为限。在此时间之前，第一，在澳门基本法公布前，原有土地法已确认的私有土地财产权，特别行政区成立后可以保留。第二，如果在澳门基本法公布后，原有土地法还没有确认的私有土地财产权，在特别行政区成立前仍可以继续确认，特别行政区成立后予以承认。因为澳门基本法于 1993 年 3 月 31 日公布，至 1999 年 12 月 20 日生效实施，其间有一个过渡期。但是，要遵循时效规定，不能超越 1999 年 12 月 19 日。如果澳门原有法律在过渡期内都不能确认土地的私人所有权，那么，该法律的有关规定在 1999 年 12 月 20 日失效后，特别行政区法律就不会再予确认。

因此，1999 年 12 月 20 日特别行政区成立是一个重要的界限，因为基本法开始实施了，所谓"纱纸契"的土地所有权已经不复存在，特别行政区政府不能，也无权再承认"纱纸契"的土地私人所有权。

3. 依法确认中的"法"是指澳门原有法律

"依法确认"中的法律只能是当时有效的法律。如果法律已经无效，就不可能是"依法"中的那个法律。所以，"依法"是有条件和时间限定的，是一个具体的概念，不是抽象的，不是依历史上任何时期产生的法律。法律一旦被废除，就不可能成为依法的基础。

从基本法的规定上分析："依法确认"中的"法"是指澳门的原有法律。澳门原有法律是指什么呢？澳门原有法律是指葡国管治澳门期间，由澳门本地制定的规范性文件。依据如下：

澳门基本法第 8 条规定："澳门原有的法律、法令、行政法规和其他规范性文件，除同本法相抵触或经澳门特别行政区的立法机关或其他有关机关依照法定程序作出修改者外，予以保留。"

澳门基本法第 145 条规定："澳门特别行政区成立时，澳门原有法律除由全国人民代表大会常务委员会宣布为同本法抵触者外，采用为澳门特别行政区的法律，如以后发现有的法律与本法抵触，可依照本法规定和法定程序修改或停止生效。"

全国人大常委会法制工作委员会副主任乔晓阳在关于《全国人民代表大会常务委员会关于根据〈中华人民共和国澳门特别行政区基本法〉第一百四十五条处理澳门原有法律的决定（草案）》的说明中，就澳门原有法律的内涵指出，"澳门原有法律是指澳门本地制定的法律、法令、行政法规和其他规范性文件"。"原有法律不包括葡萄牙法律"。① 所以，从一个肯定，一个否定看，凡不属于这一范围的法律均不是澳门原有法律，不属于人大常委会审查的对象，也就没有可能成为特别行政区的法律。

澳门特别行政区终审法院在第 23/2005 号判决②中对澳门基本法第 7 条的规定作出了清晰的解释，完全符合基本法原意。终审法院的判决明确了三个问题。

第一，私有土地所有权必须在特别行政区成立前确认。"如果利害关系人在特别行政区成立后才提起确定其拥有土地所有权的诉讼，由于在特别行政区成立前未经依法确认属于私人的土地在特别行政区成立后均属国家所有，显然该诉讼请求不符合基本法第 7 条的规定"。"有关诉讼在特别行政区成立之前已经提起，但到特别行政区成立时仍未有确切判决，也就是说仍未获得依法确认，有关利害关系人的请求就违反了基本法第 7 条的规定，同样不能成立。"③

第二，有人提出，诉讼请求所要解决的是宣告已经存在的一项权利，不是创设一项新的权利。所以，特别行政区成立后，法院应予宣告。但是，判决认为，"不管在理论上认为这种诉讼具有创设权利还是宣告权利的性质，在特别行政区成立后就再也不能获得确认，否则就违反了基本法第 7 条规定的特区土地国有原则"④。

第三，既然土地所有权不能确认，是否可以确认土地的利用权呢？有人提出，如果特别行政区成立后不能确认土地私有权，应该确认土地利用权。但法院判决认为，土地利用权是永佃权的组成部分，永佃权是一种古老的土地特权形式，一经设定就具永久性，没有时间的限制。它实际上是把土地所有权分成出租权和利用权两部分。拥有利用权，有权像自己的财产一样使用该土地及获取其利益，并可设定和取消地役权和地上权，更可在符合法定条件下一次性清缴地租免除以后缴付的义务，即相当于取得完全的土地所有权⑤。利用权虽然不是一个完整的土地所有权，但基于其特性

① 郑言实编《澳门过渡时期重要文件汇编》，澳门基金会，2000，第 114、119 页。
② 《澳门特别行政区公报》，第二组，第 31 期，2006 年 8 月 2 日。
③ 《澳门特别行政区公报》，第二组，第 31 期，2006 年 8 月 2 日，第 7940 页。
④ 《澳门特别行政区公报》，第二组，第 31 期，2006 年 8 月 2 日，第 7940～7941 页。
⑤ 《澳门特别行政区公报》，第二组，第 31 期，2006 年 8 月 2 日，第 7941 页。

及权利的范围，实际上成为一种私人拥有特别行政区土地的形式，与国家分拆土地所有权。这与基本法第 7 条确立的土地所有权为国家拥有的原则相抵触①。所以，法院不能在特别行政区成立后确认。但是，终审法院在第 41/2007 号判决中认为，"……利用权只有在特别行政区成立前已获依法确认才符合基本法第 7 条规定的例外情况，在特别行政区成立后继续由私人拥有"②。

虽然"纱纸契"对土地的所有权不被承认，对于在特别行政区成立前已在离岛涉及"纱纸契"地段上持续居住至今的居民，政府以实事求是的方式，按现行法例的规定，并在不影响公共设施的建设和城市规划下，让他们继续在原来地方居住。政府于 2009 年 10 月推出"路环旧市区土地批给申请计划"。目的是按现行法律，以维持现有楼房或重建方式，并在符合政府的城市规划及所有现行建筑条例的前提下，让回归前已持续居住在路环旧城区但未依法取得土地使用权的居民，透过土地批给，取得继续在原址居住或商住的权利，有序地逐步处理历史遗留的问题③。

三 法律制度

基本法第 8 条规定："澳门原有法律、法令、行政法规和其他规范性文件，除同本法相抵触或经澳门特别行政区的立法机关或其他有关机关依照法定程序作出修改者外，予以保留。"澳门原有法律基本不变是社会稳定和发展的一个重要条件，有利于已经建立起来的各种社会关系、权利与义务关系、利益分配维持不变。

1. 澳门原有法律基本不变

什么是澳门的原有法律？"原有法律"的概念与"原有的法律"概念是有区别的。前者是一个集合抽象的概念，指所有过去的法律、法令及其他规范性文件，均属于原有法律的范畴。后者是一个具体特定的概念，指规范性文件的一种形式，即立法机关制定的法律。基本法中所规定的原有法律基本不变，其对象包含所有过去的规范性文件。

原有法律在时间上如何划定呢？依据《全国人民代表大会常务委员会

① 《澳门特别行政区公报》，第二组，第 31 期，2006 年 8 月 2 日，第 7942 页。
② 澳门特别行政区法院网站，"司法裁判"，第 41/2007 号。
③ 《澳门政府新闻局讯》，http://www.macaodaily.com/html/2011-03/29/content_578288.htm。

关于根据〈中华人民共和国澳门特别行政区基本法〉第一百四十五条处理澳门原有法律的决定》，凡在 1999 年 12 月 19 日前在澳门有效的规范性文件，在时间上可以列入原有法律的范畴内。

原有法律在范围上如何界定？原在澳门实施的法律中，一部分是由葡萄牙主权机构制定的法律，另一部分是由澳门自身有权限机构制定的法律。由于葡萄牙主权机构制定的法律，体现葡国的国家意志，代表葡国的主权，与中国恢复对澳门行使主权和基本法相抵触，当然不能被采用为特别行政区的法律。但是，澳门原有法律中由葡国制定的法律，经过本地化，即由澳门自身的立法机关进行修改、通过，成为澳门本地的法律，不与基本法抵触，则可以采用为特别行政区的法律。同样，澳门原有法律中由本地立法机关制定的法律，只要不抵触基本法，可以被采用为特别行政区的法律。

2. 澳门法律需要与时俱进

基本法第 8 条规定："澳门原有法律、法令、行政法规和其他规范性文件，除同本法相抵触或经澳门特别行政区的立法机关或其他有关机关依照法定程序作出修改者外，予以保留。"原有法律被采用为特别行政区的法律，有两个基本的条件。第一，原有法律不能与基本法抵触，凡抵触者，一律废除或失效。第二，原有法律被立法机关或其他有关机关依照法定程序修改者，不予保留。因此，原有法律不是完全不变，只是基本不变。变的原因主要有两个。一是，原有法律与基本法抵触，必须修改。二是，原有法律与特别行政区成立后的社会情况不符合，或者为了适应社会发展的需要，对原有法律作出修改、完善。所以，为了维护社会秩序的稳定，法律基本不变。为了适应社会发展，法律需要修改完善。

四　语言制度

基本法第 9 条规定："澳门特别行政区的行政机关、立法机关和司法机关，除使用中文外，还可使用葡文，葡文也是正式语文。"基本法作出这样规定，是与中国恢复对澳门行使主权，澳门特别行政区是中国的一个地方行政区有关。在葡国管治澳门的相当长的时期内，只有葡文是唯一的澳门官方语文，中文没有法律效力。在"一国两制"下，中文在特别行政区自然是正式语文，有法律的效力。但是，考虑到历史和现实，葡文仍有需要使用，所以，特别行政区也可以使用葡文。但是，澳门特别行政区不实行双语制。

①从基本法的语言文字表达看，除使用中文外，"还可"使用葡文。不是规定"同时"使用的表述。如果是双语制，应该是同时使用。

②从基本法的规定分析，中文和葡文有主次之分，以中文为主。葡文与中文不一致，应该以中文为准。这个原则，在澳门基本法葡文本公布之际，由全国人民代表大会常务委员会作了明确的阐明。第八届全国人民代表大会常务委员会第二次会议决定："全国人民代表大会法律委员会主持审定的《中华人民共和国澳门特别行政区基本法》葡萄牙文译本为正式葡文本，和中文本同样使用；葡文本中的用语的含义如果与中文本有出入的，以中文本为准。"如果是双语制，两种语文应该具有同等效力，不分主次。

③原澳门基本法起草委员会副秘书长宗光耀在介绍澳门基本法起草过程中一些鲜为人知和令人难忘的事情时透露："基本法通过以后，我向澳葡总督韦奇立通报情况。他问我，基本法还有没有修改的余地？他在基本法序言中提到，澳门'十六世纪以后被葡萄牙逐步占领'一语中的'逐步占领'一词，似有敌意，对土生葡人不利。他还说，第9条中称，澳门特区的行政机构'除使用中文外，还可使用葡文，葡文也是正式语文'，为什么不能说中、葡文都是官方语文？我对韦奇立说，'占领'一词说的是事实，是中性词，没有敌意。说葡语也是官方语言，体现了我们对葡方的尊重。"①很显然，葡方也清楚基本法的规定，并不是双语制，所以，希望建立双语制，但中方并没有接受。

④在澳门过渡时期，葡方曾提出《双方通则法案》，希望通过中葡联合联络小组磋商，达成共识，由澳门立法会通过，再被采用为澳门特别行政区的法律。但是，双语通则的实质就是实行中葡双语制，与澳门基本法的规定精神不一致，所以，中葡联合联络小组中文代表处不同意葡方的法案，最终该法案流产。但是，1999年10月13日在澳门临近回归的前夕，澳门总督颁布第101/99/M号法令（有文章将其概括为"双语通则"），该法令第4条第1款规定，"法律及行政法规须以两种正式语文公布"。第6款规定，"不以两种正式语文公布法律或行政法规者，该法律或行政法规不产生

---

① 《澳门日报》报道，澳门基本法推广协会2011年1月11日在北京和平宾馆举行座谈会，邀请原澳门基本法起草委员会三位委员陈滋英、宗光耀、康冀民出席。见 http://www.macaodaily.com/html/2011-01/12/content_552713.htm。

法律效力"；有意见据此认为，澳门应该是实行双语制。如何认识这个问题，怎么判断这个法令的效力？应该以全国人民代表大会常务委员会《关于根据〈中华人民共和国澳门特别行政区基本法〉第一百四十五条处理澳门原有法律的决定》（1999 年 10 月 31 日第九届全国人民代表大会常务委员会第十二次会议通过）为准，作出判断。该决定第五条第（五）项规定"有关葡文的法律效力高于中文的规定，应解释为中文和葡文都是正式语文；有关要求必须使用葡文或同时使用葡文和中文的规定，依照基本法第 9 条的规定办理"。很清楚，原有法律中规定必须使用葡文或必须同时使用中文和葡文的规定，不符合基本法第 9 条的规定。所以，需要"适应化"，按基本法第 9 条规定处理中文和葡文的使用。而且，澳门总督的这个法令是在全国人大审查澳门原有法律后公布（确定审查澳门原有法律的时限为从1976 年至 1999 年 6 月 30 日制定的澳门本地立法)①，避开了全国人大常委会的审查，其目的很明显，坚持要在澳门推行双语制。但是，从另一个角度看，该法令没有被全国人大常委会明确认定为可以采用为澳门特别行政区的法律，更应该按全国人大常委会的决定做"适应化"处理。

当然，澳门不实行双语制，不等于否定葡文的重要性。尤其在澳门成为中国内地与葡语国家、地区经贸合作平台的条件下，葡文仍然是有使用价值的。

第六节　　区旗区徽

基本法第 10 条规定："澳门特别行政区除悬挂和使用中华人民共和国国旗和国徽外，还可悬挂和使用澳门特别行政区区旗和区徽。"作为"一国两制"下的特别行政区，澳门不仅在制度和政策上有自己的特点，而且在形式上同样有自己的特点。根据澳门基本法第 10 条的规定，体现"一国"的原则，特别行政区必须悬挂和使用国旗国徽，考虑"两制"的需要，澳门特别行政区还可悬挂和使用澳门特别行政区的区旗区徽。区旗区徽是特别行政区的象征。

---

① 关于《全国人民代表大会常务委员会关于根据〈中华人民共和国澳门特别行政区基本法〉第一百四十五条处理澳门原有法律的决定（草案）》的说明。

　　为什么基本法允许特别行政区可以有区旗区徽呢？因为区旗区徽具有象征意义，在澳门政权交接的仪式上，升起中国的国旗和特别行政区的区旗，标志着澳门进入了一个新的时期，告别了昨天。区旗区徽还有宣传的意义，澳门参加国际组织、国际会议、国际活动和赛事，使用区旗，起到宣传澳门的作用，让国际社会了解澳门，让澳门走向世界。区旗区徽还有教育作用，它的图案充分体现"一国两制"。"五星"象征国家统一，莲花是澳门居民的吉祥之物，又是澳门居民品格的生动体现，它们可以激发澳门居民爱祖国爱澳门的热情。所以，澳门居民要尊重和爱护区旗区徽。

第五章

中央与特别行政区的关系

　　中央与特别行政区的关系，核心是权力之间的关系。它的逻辑体系是：第一，确定中央与特别行政区权力关系的性质和特点，解决权力的来源问题；第二，明确中央权力与特别行政区自治权的范围及行使权力的原则，解决权力分工的问题；第三，建立中央与特别行政区的权利和义务统一关系，解决权力的责任问题。所以，应该按照逻辑体系来理解基本法的有关规定。

第一节　国家结构形式理论概述

　　中央与地方的关系与国家的结构形式是紧密相连的。所以，在分析中央与地方关系性质之前，有必要分析一下国家结构的形式。在当今世界上，国家的结构形式主要有两种：一种是单一制，另一种是联邦制。在不同的国家结构下，中央和它的国家组成部分的关系在性质和内容上是有区别的。单一制国家是中央与行政区域（地方）的关系；联邦制国家是联邦与成员单位（共和国、州、邦等）的关系。

　　我们知道，单一制国家是由行政区域组成的统一国家。因而国家有统一的宪法，依照宪法建立统一的立法机关、行政机关、司法机关。中央政府行使国家的主权，授予地方政府管辖一定行政区域内的事务的权力。而联邦制国家是由两个或两个以上的成员单位组成的一个新的统一国家，因而除有一部联邦宪法外，各成员单位还有自己的宪法，并且联邦和成员单位按照各自的宪法，建立立法机关、行政机关、司法机关。联邦政府依联邦宪法行使职权，成员单位既依联邦宪法的有关规定，也依自己的宪法行使自己保留的权力。因此，单一制与联邦制最具实质性的差别，主要表现为：国家的组成方式不同；中央国家机关与国家组成部分的国家机关的关系不同；国家权力关系的特点不同。下面我们从三个方面作比较分析。

1. 国家组成形式的特点不同

单一制下的行政区域与联邦制下的成员单位，作为国家的一部分与中央的关系是不同的。

表现一，区划与组合的不同。

单一制结构下的行政区域，是国家根据需要，按照一定原则对国家进行行政区划的结果。所以，任何行政区域都是国家依照法定程序设置的。而联邦制结构中的成员单位，并非由联邦政府设置，相反，它在形成联邦国家之前就存在了。由于成员单位为了一定的需要，才组成了一个统一的联邦国家。各成员单位不论其面积大小、人口多寡都是成立联邦所依据的条约或联邦宪法的制定者和批准者。可以这样说，在单一制下是根据中央政府的行政区划，才建立了相应的行政区域。那么，在联邦制下只有成员单位的组合，才有联邦国家。因此，中央与地方关系和联邦与成员单位关系建立的基础是不同的，前者以国家最高立法机关制定的宪法和法律为基础，后者是以成员单位参与制定的宪法为依据所确定。

表现二，分级管理和统一施政的不同。

在单一制国家，划分行政区域，目的是在中央统一领导下，通过分级管理，更有效地治理国家。一方面，分级管理能使中央政府的政策、指示通过地方政府贯彻实施。另一方面，也有利于发挥地方的积极性，因地制宜地管理社会公共事务。所以，行政区划是国家分级管理的一个环节。在联邦制国家，成员单位放弃自己的一部分独立性和权力，目的是"要求有一定程度的统一施政"①。例如，美国由邦联转变为联邦就是一个证明。因为邦联与联邦有本质的不同。邦联是由两个或两个以上的国家组成的国家

---

① 《美国百科全书》，台湾光复书局翻译出版，第 11 卷，第 77 页。

联盟，是国际法意义的联合，并非是一个新的国家。而联邦是一个联盟的国家，是国内法意义上的联合，是一个新的统一国家。所以，邦联是建立在国家之间的条约上，而联邦在一定阶段上是依条约建立，但随后这个条约的内容总是由宪法规定。这样，邦联与联邦在规定国家联系的法律形式上是有区别的。在联邦制下，有一个全联邦最高的权力和管理机关，可以决定联邦的问题。而邦联是没有这样一个机关的，邦联机关的决定，并不对其成员国有强制约束力。并且在邦联条件下，也不可能建立一种通行整个国家范围内的制度。因此，需要建立联邦，运用其权威统一管理国家，为更好地维护各成员单位的共同利益，抵抗外国的侵入，维护国内的治安，为管理对外贸易、开展外交创造条件。这样，美国 1787 年的宪法，规定美国建立联邦制。可见，由单一制国家的行政区划而形成的中央与地方关系和由成员单位组成联邦而形成的联邦与成员单位的关系，是沿着不同的方向，为不同的目的产生的。

2. 国家结构关系的特点不同

单一制下的行政区域所建立的地方政府与中央政府的关系和联邦制中的成员单位政府与联邦政府的关系，也是有区别的。

表现一，一套体系与两套体系的差别。

上面的分析已经告诉我们，单一制国家只有一部宪法，依照宪法建立中央国家机关和地方国家机关，构成一个完整的国家机构体系。而联邦制国家却相反，联邦国家都有两套宪法，一套是全国性的，联邦根据宪法，建立自己的国家机构体系。另一套是成员国的，成员单位也根据各自的宪法，建立了一套独立的国家机构体系。所以是两套国家机构并存，它们的组织和活动由自己的宪法和法律调整。因为"联邦制的维持，需要全联邦及成员组织，都有自己相当完整的统治机构"①。在条约或宪法所规定的范围内，成员单位可以调整自己的国家机构。如美国的各州立法机关的结构并不一致，产生方式也不尽相同，有两院制，也有一院制。联邦中央的国家机构体系与单一制的中央国家机构体系也有不同的特点。而且成员单位的政府并不是地方政府，只有成员单位在自己的行政区域里建立的政府，才是地方政府。

---

① 《不列颠百科全书》，中国大百科全书出版社和美国不列颠百科全书公司合作版本，1999，第 7 卷，第 206 页。

表现二，从属关系与合作制约关系的差别。

单一制的地方政府作为国家机构体系中的一部分，决定了它与中央政府之间是一种从属关系。中央政府领导地方政府，地方政府执行中央政府的决定，并向中央政府负责，是各国宪法和法律所规定的。以地方直辖于中央的关系，作为判断是否单一制结构的标准。从法律上说，"中央和地方政府之间，具有统治和从属关系，这标志着单一制的类型"①。联邦制的成员单位政府是独立于联邦政府而存在，决定了它与联邦政府之间除了执行关系外，还有一种合作制约关系。联邦政府在法律上并不是直接领导成员单位政府，不能任命成员单位政府的行政长官和主要官员。一方面，作为合作关系，当联邦政府在行使职权，要求成员单位予以合作完成一些公共事业时，成员单位政府可以参与，但不是作为联邦政府的执行机关，而是以一个合作机关来协助。另一方面，作为制约关系，如果联邦政府侵犯宪法规定的成员单位的权限，那么成员单位依法可以诉诸最高法院（美国）或宪法委员会（联邦德国），维护自己的权益，制约联邦政府的侵权行为。因为联邦国家的权力"首先分给两种不同的政府……两种政府互相控制同时各政府又自己控制自己"②。因此，在单一制下，地方政府对中央政府来说是执行机关。而联邦成员单位的政府对联邦政府来说还是一个合作机关。

3. 国家权力关系的特点不同

在单一制下，中央与地方权力关系的最显著特点，是中央授予地方权力。而在联邦制下，联邦与成员单位权力关系的突出点，是联邦权力来源于成员单位权力转让，成员单位的权力是宪法所规定的其保留的权力。如英国地方政府的所有权力是由英国议会制定的法律授予的。而美国各州权力是它们在加入联邦让出一部分权力时所保留下来的。"国家可以分为单一制和联邦制，这是取决于中央和地方政府之间权力的分配。""单一制与联邦制的区别，在于划分权力的方法。在单一制的体制下，地方政府的权力是中央政府来规定。……在联邦体制下，地方政府的权力来自宪法，而中

---

① 《不列颠百科全书》，中国大百科全书出版社和美国不列颠百科全书公司合作版本，1999，第 5 卷，第 87 页。

② 〔美〕汉密尔顿、杰伊、麦迪逊著《联邦党人文集》，程逢如、在汉、舒逊译，商务印书馆，1982，第 265~266 页。

央政府本身对宪法是不能加以改变的。"①　因此，地方政府权力的来源与成员单位政府的权力来源是不同的。由于这一原因，决定了地方政府和成员单位政府的权力变更也是不同的。从法理上说地方政府的权力是中央立法机关制定的法律所规定的，可以作必要的调整。而成员单位权力是由其参与制定的宪法规定的，联邦政府就不能单独行动，改变它们的权力。只有在双方共同同意下，通过修改宪法，才能进行权力调整。

第二节　中央与特别行政区关系的性质和特点

一　中央与特别行政区关系的性质

澳门基本法第 12 条规定："澳门特别行政区是中华人民共和国的一个享有高度自治权的地方行政区域，直辖于中央人民政府。"从而，明确了中央与特别行政区关系是在单一制国家结构下中央与地方的关系。

（一）"一国"的原则决定了中央与特别行政区关系的性质

中国实行"一国两制"没有改变国家单一制的结构形式。根据"一国"的原则：

①从国家组成方式看，特别行政区是由全国人民代表大会根据宪法的规定设立的，是国家的一个地方行政区域。

②从国家机构之间的关系看，特别行政区政府作为地方政府，是国家机构体系中的一部分，受中央政府的领导，直辖于中央人民政府。

③从国家权力划分关系看，特别行政区的自治权是中央授予的。

因此，中央与特别行政区关系的性质是领导与被领导的从属关系，不是平等关系。

（二）特别行政区的高度自治不能改变国家单一制的结构形式

在特别行政区与中央的关系性质问题上，有一种观点认为，特别行

---

①　《不列颠百科全书》，中国大百科全书出版社和美国不列颠百科全书公司合作版本，1999，第 5 卷，第 85 页。

政区拥有的高度自治权已脱离了单一制的一般范畴，甚至超过了联邦成员所具有的某些权力，因而，特别行政区与中央的关系带有联邦制的特点，应按联邦制的方式处理两者的关系。这种观点，有必要在理论上予以澄清。

虽然特别行政区享有高度自治权，有的权力超过了联邦成员单位的保留权力，但是，它没有改变中国单一制的国家结构形式。因为地方权力的大小不能作为单一制还是联邦制关系的基础。

①联邦制与单一制区别的基本特征，不是由中央与地方、联邦与成员之间权力划分的大小决定的。如果用国家整体与部分之间权力划分的大小来区分联邦制与单一制的关系，无论从理论上，还是从实践上都是行不通的。因为各国国情不同，历史条件、经济状况、政治作用、民族特点不同，决定同是联邦制，其权力划分也不一样。比如，美国、瑞士、德国的宪法或基本法并没有规定各州有自由退出联邦的权力，其他权力规定的不同就更多。不仅如此，而且单一制国家的行政区域，如荷兰的安的列斯，中央制定专门的自治法，规定其广泛的权力，包括可对有关外国人入境和居留的条件进行立法，为联邦成员单位所没有。但并没有人因为它享有一些联邦成员单位拥有的权力或者不具备的权力，把它与荷兰中央政府的关系说成是联邦制关系。所以，事实证明，国家整体与部分之间的权力划分大小，是改变不了联邦制与单一制关系的性质的。

②联邦制国家与单一制国家在权力关系的划分上是有区别的，但决定差别性的因素不是国家与部分的权力范围大小，而是权力关系的性质不同。联邦制是转让权力和保留权力的关系，单一制是授予权力和被授予权力的关系。所以，不论特别行政区享有什么样的自治权，或者享有类似联邦成员单位的权力，或者享有联邦成员单位也没有的权力，但可以肯定，权力属于被授予的性质。

因此，"一国"的逻辑产生了中央与特别行政区之间的从属关系，中央领导特别行政区，特别行政区对中央负责。

二 中央与特别行政区关系的特点

"一国"的原则决定了中央与特别行政区关系的性质，"两制"的逻辑产生了中央与特别行政区关系的一些新特点。

（一）"两制"的原则决定了中央向特别行政区授权的新内容和新形式

虽然中央与特别行政区关系的性质并没有改变，但是，在"一国两制"下，中央与特别行政区的关系有一些新的特点，集中体现在权力的划分上和权力关系的协调上。

1. 改变了中国宪法在中央与地方权力划分上的传统

各国宪法对中央与地方的权力关系都有明确规定，用不同的方法作出划分。

在联邦制国家，一般是以享有权力的主体和行使权力的客体两个方面为出发点，对中央和成员单位的权力作出分类。宪法学者根据不同主体行使的权力，把中央或成员单位行使的权力称为"专有权力"和"保留权力"等。根据行使权力的客体，把中央或成员单位行使的权力分为"共有权力"和"禁止权力"等。以一些联邦制国家的宪法为例：法学家把联邦德国基本法第 37 条规定由联邦享有的 11 项权力称为专有权，把第 74 条规定联邦和各州都可行使的 23 项权力称为共有权；把美国宪法第 10 条修正案规定各州行使的权力称为保留权，把第 1 条第 9 项和第 10 项规定联邦和各州不得行使的权力称为禁止权。专有权、共有权、保留权、禁止权是法学家们对联邦制国家中联邦与各州权力划分的一种常见的方法。

在单一制国家，地方政府权力是中央授予，比较简单。根据中央是否授权进行分类。法学家们根据各国宪法规定，一般分为三类，以意大利宪法为例：第一类是中央的权力，宪法第 70 条规定的立法权，称为中央掌握的权力；第二类是中央授予地方的权力，宪法第 117 条规定省有颁布规范之权力，称为地方享有权力；第三类是中央禁止地方行使的权力，宪法第 120 条规定，省不能在省与省之间施行输入税、输出税或通过税，称为禁止权力。

根据基本法的规定，中央与特别行政区权力划分有自己的特点，突显权力法定化和权力明细化。在我国宪法第 3 条中，中央与地方的权力划分是以民主集中制为基础，遵循在中央的统一领导下，充分发挥地方的主动性、积极性的原则进行配置，比较抽象。但是，基本法为了保障国家主权统一和特别行政区高度自治，改变了中国宪法的传统，对中央和特别行政区的权力作出了比较具体的规定。

2. 中央对特别行政区的权力

（1）中央掌握的权力

一是掌握全权，其特点是只有中央行使，特别行政区无条件服从。如中央对特别行政区的防务和外交权。

二是中央掌握部分权力，其特点是特别行政区可以就某一方面的事务作出一定行为，但中央政府有最后的决定权和监督权，中央作出决定，特别行政区要执行。如特别行政区行政长官在当地通过选举或协商产生，由中央人民政府任命，中央的任命是实质性的，有最后决定权。再如，特别行政区立法机关制定的法律报全国人民代表大会常务委员会备案，常委会有权对特别行政区法律进行审查，如认为不符合基本法可以发回，使其丧失效力。

（2）中央授出的权力

从内容上分析，有两种情况。

一是中央全权授出，其特点是中央完全放手特别行政区自行处理。如司法终审权。

二是中央部分授出，其特点是特别行政区在中央规定的原则下，行使部分权力。如中央在保证管理外交事务的原则下，授予特别行政区行使部分对外事务权。这方面的权力从授权的形式看，也有两种情况。一是中央一次性授出。如货币发行权属于特别行政区。二是根据情况，具体地分别授权。特别行政区只有在中央政府每一次具体授权后，方能行使。如经中央政府授权，特别行政区可以与外国和国际组织签订有关协议。

3. 特别行政区的权力

（1）特别行政区掌握全权

由特别行政区自行行使的权力包括：

一是自行处理有关事项，不需向中央政府备案。如特别行政区自行制定经济政策，文化、教育、科技方面的政策等。

二是，自行处理有关事务，但须向中央政府备案。如特别行政区自行管理财政事务，但预算须报中央政府备案。中央政府不能代行这方面的权力，但有权监督。

（2）特别行政区享有部分权力

它必须与中央政府的权力结合行使，才能解决某一方面的事务。

一是参与中央处理某些事项。如中央政府在同外国商谈有关与特别行政区相关的事项，特别行政区政府的代表可作为中国政府代表团成员参加。

二是在中央政府许可下行使部分权力。如对以国家为单位参加的，与特别行政区有关的、适当领域的国际组织和国际会议，特别行政区政府代表除了可作为中国政府代表团成员参加外，还可在中央政府允许下，以有关国际组织或会议同意的身份参加，以特别行政区名义发表意见。

（二）"两制"的原则产生了中央与特别行政区的合作和协商的关系

虽然中央与特别行政区是单一制下的中央与地方关系，但是，由于实行"一国两制"，特别行政区有高度自治权，中央要尊重特别行政区的自治权，不干预特别行政区自治事务，所以，在涉及中央与特别行政区关系事务时，需要进行协商和合作。

1. 咨询协商关系

中央和特别行政区在行使权力前，事先咨询意见或通过协商处理某一事项。采取这一做法有它的客观必要性。实行"一国两制"，内地和特别行政区在社会制度和生活方式上存在差异，为了正确行使权力，必须加强相互间的了解，认识对方的实际情况。咨询是互相了解情况的良好渠道。中央和特别行政区的权力都有一定的范围，虽在各自范围内行使权力，但权力的客体涉及另一方主体权力的利益。所以，采取咨询和协商的办法，有利于维护共同的利益。采取这一原则的基本内容和要求是，一方行使权力事先向另一方咨询、协商，再作决定。如中央政府缔结国际协定，在决定是否适用特别行政区前，先听取特别行政区意见，然后作出决定。再如，特别行政区政府需要中央政府协助其同外国就司法互助关系作出安排时，也应先征求中央政府的意见，以利于中央政府采取措施配合。

2. 互相合作关系

在"一国两制"下，涉及内地与特别行政区关系事务的，采取互相合作。比如，经济合作、司法合作、警务合作等。

（1）经济领域的合作

回归后分别签订了三个合作协议，包括实施内地与香港、澳门更紧密经贸关系合作①。为落实《珠江三角洲地区改革发展规划纲要（2008 – 2020年）》、《内地与香港关于建立更紧密经贸关系的安排》（CEPA）及其补充协议，促进粤港更紧密合作，广东省人民政府和香港、澳门特别行政区政府经协商一致，签订了《粤港合作框架协议》②、《粤澳合作框架协议》③。通过内地与港澳的经贸合作，推动了双方的经济发展，实现了互惠共赢。

（2）警务领域的合作

为了维护内地和澳门的社会治安，建立了"内地公安机关与澳门警方合作工作会晤"，通过五个机制加强合作，包括内地公安机关与澳门警方会晤机制、粤澳警方会晤机制、粤港澳三地警方刑侦主管会晤机制、粤港澳三地警方对口部门直接联络机制以及粤港澳刑事技术交流会。经过双方合作，扭转了澳门社会治安不靖的状况。澳门过渡期的最后一年，治安问题非常严峻，黑帮械斗、纵火、枪杀、绑架、抢劫等恶性案件接连发生。粤澳警方采取"火凤凰"、"骄阳"、"冬日"、"雷霆"等一系列声势浩大的联手整治行动，回归第二年，澳门的凶杀和纵火案件分别减少了72%和40%；澳门回归10年来，由于社会治安良好，来澳游客人数逐年创历史新高，助推经济一路向上④。

（3）司法领域的合作

内地与澳门两地积极展开合作，逐步深入，签订了《关于内地与澳门特别行政区法院就民商事案件相互委托送达司法文书和调取证据的安排》、《内地与澳门特别行政区关于相互认可和执行民商事判决的安排》、《关于内地与澳门特别行政区相互认可和执行仲裁裁决的安排》，对加强司法方面的联系和相互提供协助，产生了重要的、积极的影响⑤。

正是通过上述咨询协商，互相合作，中央与特别行政区的关系更加和谐，为国家的统一和特别行政区的稳定发展提供了有利的环境。

---

① 《国务院办公厅关于做好实施内地与香港澳门更紧密经贸关系安排有关工作的通知》，国办发〔2003〕95号，见 http：//www. jincao. com/fa/09/law09. s55. htm。
② 见 http：//news. southcn. com/g/2010 – 04/07/content_ 10828241. htm，2010 年 4 月 7 日。
③ 见 http：//news. southcn. com/g/2011 – 03/06/content_ 20828966. htm，2011 年 3 月 6 日。
④ 见 http：//www. jconline. cn/Contents/Channel_0986/2010/0202/296305/content_296305. htm。
⑤ 2009 年 12 月 12 日《南方日报》，见 http：//news. sohu. com/20091212/n268895346. shtml。

第三节　中央与特别行政区的权力界定

外交和国防是一个国家主权的重要权力，但绝对不是一个国家主权的仅有的权力。有一些人错误地认为，中央除了外交和国防外，对特别行政区没有其他权力，其他都属于自治范围的权力①。这种压缩中央权力的范围，不适当地扩大自治权范围的说法，是不符合基本法规定的，很有必要澄清。事实上，根据基本法的规定，除外交、国防外，中央还享有对行政长官和主要官员的任命权，对行政长官发出指令权，对立法会通过的法律进行审查、对违反基本法的法律有发回权，决定全国性法律在特别行政区的适用，决定特别行政区进入战争状态和紧急状态，对涉及国家行为的事实向行政长官发出证明文件，并对法院有约束力，对基本法享有解释权和修改权等。所以，基本法以"一国两制"为原则进行权力的分工，中央行使主权，特别行政区行使自治权。

一　外交与外事

（一）外交事务

基本法第13条第1款规定："中央人民政府负责管理与澳门特别行政区有关的外交事务。"外交权是国家主权的重要组成部分，自然由中央政府行使。外交就是国家开展对外关系的活动。国家为了维护自身的利益，争取有利于自己生存和发展的外部环境，就要与其他国家开展和建立友好合作关系，并且要参与国际社会的合作，共同建立和平与发展的国际社会。外交事务包括外交谈判、官方之间的往来，缔结条约，参加国际组织和会议等。

因此，外交是以主权国家为主体参与，由国际法调整的一种国际社会关系。特别行政区是国家的一个行政区域，是一个地方政府，不具备完全

---

① 董狐笔在《高度自治才是"一国两制"的大智慧》一文中说："什么是香港特区高度的自治权？这些权利包括了哪些？除了外交和国防以外，其他都是。"引自 http://www.donghubi.cn/main/? action – viewnews – itemid – 499。

的国际法主体资格，也就不能行使只有国家为主体才能行使的外交权。

特别行政区无外交权，何来与特别行政区有关的外交事务？主要是指中央政府决定的外交行动涉及特别行政区，如中央政府批准加入的国际条约是否适用特别行政区？这就与特别行政区发生了关系，构成了与特别行政区有关的外交事务。虽然与特别行政区有关，但是由中央政府处理，不是由特别行政区自行处理。

国家的外交事务具体由国家的外交部负责处理。所以，主管外交事务的外交部需在特别行政区设立机构。外交部驻特别行政区特派员公署作为外交部的派出机构，其职权是处理与外交事务有关的事项，并要遵守特别行政区的法律，不干预特别行政区自治范围内的事务。

外国在澳门特别行政区设立领事机构或其他官方、半官方机构，须报中央人民政府批准。已同中国建交的国家在澳门设立的领事机构或其他官方机构，可以保留。尚未同中国建立外交关系的国家在澳门设立的领事机构和其他半官方机构，可视情况予以保留或改为半官方机构。尚未为中国承认的国家，只能在澳门设立民间机构。

（二）对外事务

基本法第 13 条第 3 款规定，特别行政区依照基本法自行处理有关的对外事务。因为特别行政区是享有高度自治的行政区域，从历史和现实看，特别行政区作为国际性城市和自由港，在经济、文化、科技等领域同外界建立了广泛的联系，并在上述领域已经参加了一些国际组织和国际会议。如比较重要的有：世界贸易组织、亚洲开发银行、万国邮政联盟、世界知识产权组织、国际刑警组织。随着特别行政区的发展，还将参加适当领域的国际组织和会议。所以，中央政府在负责外交事务的总原则下，根据具体情况，授权或协助特别行政区政府处理这些对外事务，并维护特别行政区的利益。

中央授予特别行政区享有对外事务处理权，有利于特别行政区的对外经济、文化等发展，有利于保持特别行政区的特殊性，如自由港地位等因素。特别行政区对外事务处理权有两个方面。

1. 自行处理在经济、贸易、金融、航运、通信、旅游、文化、科技、体育等领域对外事务

一是在上述领域可与世界各国和各地区及有关国际组织保持和发展关

系，签订和履行有关协议。并可以中国澳门的名义参加不以国家为单位的国际组织和国际会议。中国已参加而澳门也以某种形式参加的国际组织，或国家没有参加而澳门以某种方式参加的国际组织，中央政府将采取措施，使特别行政区以适当方式继续保持在这些国际组织中的地位和继续参加这些国际组织。中国未参加但已适用澳门的国际协议可继续适用。

二是依法给持有澳门特别行政区永久性居民身份证的中国公民签发中华人民共和国澳门特别行政区护照，给在澳门特别行政区的其他合法居留者签发中华人民共和国澳门特别行政区的其他旅行证件。经中央人民政府授权，可与有关国家谈判和签订互免签证协议。对外国人进出澳门实行出入境的管制，自行制定进出、逗留、定居澳门的政策。

三是在外国设立官方或半官方的经济和贸易机构，报中央人民政府备案。

2. 参加国家的对外活动

一是作为中央人民政府代表团的成员，参加由中央人民政府进行的与澳门特别行政区直接有关的外交谈判。

二是作为中央人民政府代表团成员或以中央人民政府或国际组织和国际会议允许身份参加以国家为单位参加的、同澳门有关的、适当领域的国际组织和国际会议，并以中国澳门名义发表意见。

三是国家缔结的国际协议，在征求特别行政区意见后决定是否适用于澳门特别行政区。

二 国防与治安

（一）国防

基本法第 14 条第 1 款规定："中央人民政府负责管理澳门特别行政区的防务。"国防权同样是国家主权的重要组成部分。防务指国家为保卫领土完整和主权不受侵犯，而拥有军队和必要设施，并进行与军事有关的各项活动。特别行政区是国家的一个地方行政区域，保卫它的安全，不受外敌侵犯，是国家的责任。特别行政区的防务是国家国防的一个组成部分。如何负责防务，采取什么措施落实防务是属于中央政府的权力。

军队是履行防务的主要力量，国防离不开军队。中央政府行使国防权，本身包含了中央政府可根据防务的需要，决定什么时候、什么地点派驻军队以及派驻多少人数的军队。澳门特别行政区基本法虽没有像香港基本法那样，明确规定驻军，但不等于不驻军。1998 年 9 月 18 日中国政府宣布，根据宪法和基本法的规定，在澳门回归后，中央人民政府在澳门特别行政区派驻适量、精干的军队。这是我国恢复对澳门行使主权的象征，也有利于澳门回归后保持社会稳定和经济发展。

1999 年 6 月 28 日，全国人民代表大会常务委员会通过了《中华人民共和国澳门特别行政区驻军法》，做到驻军有法可依。驻军法规定：

①澳门驻军由中华人民共和国中央军事委员会领导，其部队组成、员额根据澳门特别行政区防务的需要确定。

②驻军费用由中央人民政府负担。

③驻军的职责有四项，即防备和抵抗侵略，保卫特别行政区的安全；担负防卫勤务；管理军事设施；承办有关涉外军事事宜。

④驻军不干预特别行政区的地方事务，特别行政区应当支持驻军履行防务职责，保障驻军和驻军人员的合法权益。

此外规定，特别行政区在必要时，可以向中央人民政府请求驻军协助维持社会治安和救助灾害。

在驻军问题上曾有两种说法。一种意见认为，基本法应规定澳门不驻军。另一种意见认为，澳门驻军超出了联合声明的规定。这两种说法都是站不住脚的，其共同点是对中央负责防务的含义没有正确理解，将防务与驻军割裂开来。防务不是一句空话，需要有手段给予保障，军队就是必不可少的手段。既然防务由中央负责，中央决定驻军就是履行防务的职责，是防务题中应有之意。如果中央可以负责防务，但不能驻军，实质上限制中央的权力。对中央的权力采取形式上的肯定，事实上的否定。

在世界各国，无论是单一制的国家，还是联邦制的国家，中央政府行使国防权是不受限制的。如德国联邦基本法第 73 条规定，外交和国防属于联邦专有权。1958 年宪法法院在审判一案件时强调，"专有权利"的排他性，坚持各邦无权影响联邦就行使联邦专有权的过程。[1] 在美国，各州也不能利用或制定规章来限制或干预联邦专有权的行使，1931 年最高法院宣布，

---

[1] Atomic Weapons Referenda, 1958, 8 BVerfGE 105, 122。

各州不能拒绝国家的权力，也不能禁止国家的权力①。并且在另一个判例中宣布，各州行使的政治权力将导致增加州的权力，反对联邦自身，都应被禁止②。

澳门特别行政区积极支持驻军，立法会和行政长官分别制定了第 4/2004 号法律《军事设施的保护》、第 6/2005 号法律《中国人民解放军驻澳门部队协助维持社会治安和救助灾害》、第 23/2009 号法律《中国人民解放军驻澳门部队因履行防务职责而享有的权利和豁免》及第 27/2004 号行政法规《对军事设施所作的行政违法行为的处罚制度》，通过法律和行政法规保障《中华人民共和国澳门特别行政区驻军法》的实施和驻军履行职责。

（二）社会治安

国防是解决澳门的外部安全，治安是解决澳门的内部安全。基本法第 14 条第 2 款规定："澳门特别行政区政府负责维持澳门特别行政区的社会治安。"

澳门特别行政区政府设立的保安司，作为负责社会治安的职能部门。2001 年，澳门成立警察总局，协调和指挥治安警察局和司法警察局的行动。2002 年颁布实施了《澳门特别行政区内部保安纲要法》，完善了澳门的内部保安体系，适应回归后的社会需要。此外，澳门特别行政区政府设安全委员会，由行政长官担任主席，负责内部保安的司长任副主席。

特别行政区政府在重整治安部门，完善相应法律的基础上，采取措施，迅速打击和扑灭曾经一度猖獗的黑社会、有组织暴力犯罪，瓦解了一些主要的黑社会组织并逮捕了其主脑；侦破了一大批重大的绑架案件，根本性地扭转了澳门回归前的不良的治安环境。就连外国媒体也称赞澳门社会治安的好转。《读卖新闻》发表《治安改善，经济沾光》的报道说，澳门回归后，在中央政府的强力支持下，"一国两制"成功实施，治安大大改善，连续四年负增长的澳门经济预计 2000 年将转向增长 4%。《东京新闻》报道说，回归后，人民解放军进驻澳门，澳门警方与中国公安部门加强合作奏

---

① Arizona v. California（1931）283 U. S. 423，31 Sct522，75 LED 1154，1164。

② McHenry County v. Brady（1917）37 NO59，163 NW540。

效，治安明显改善，2000年1至11月旅游者比去年同期增长了24%①。这种良好的社会治安情况持续保持了稳定，为澳门居民安居乐业创造了良好的社会环境，表现了澳门政府有能力管好治安。

三　任命与选举

（一）任免权

基本法第15条规定，中央人民政府依照基本法有关规定任免澳门特别行政区行政长官、政府主要官员和检察长。任免权是中央政府对澳门恢复行使主权的一个重要体现，也是确保特别行政区行政长官、主要官员对中央政府负责的基本保障。所以，在基本法起草过程中的某些意见，如反对中央政府任命行政长官，或要求行政长官由澳门居民罢免均不被采纳。

中央政府享有对特别行政区行政长官和政府主要官员的任免权，是由特别行政区政府直辖于中央政府，受中央政府领导所决定的。特别行政区政府直辖于中央人民政府，一方面由法律规定的制度来落实，如特别行政区法律、财政预算等要备案。另一方面，需要执行国家政策和指示的人承担责任。如有渎职，中央政府就应有处罚的手段。但这一切均应建立在中央政府享有任免权的基础上，对不称职的人可以罢免。所以，中央政府掌握任免权是很有必要的。中央政府享有对地方政府主要官员任免权，在许多实行地方自治的国家也是普遍的原则。如法国宪法规定，省长由共和国总理提名、总统任命。在英国，各部部长可以任命和罢免地方相应主管机关的官员，1972年地方自治法第112条规定，地方政府的教育部门长官由相应的部长任命，在违法失职的情况下由部长罢免。

中央政府的任免权是实质性的，还是一种形式？有一种意见认为，中央的任命权应是象征性，仅是形式上履行手续。这是不适当地理解行政长官产生程序、行政长官提名主要官员程序与中央政府任命的关系。由于在特别行政区实行高度自治和澳人治澳，所以，中央政府不采取直接任命的办法，而是在特别行政区提名之后任命。有人产生一种误解，以为提名后就必须任命。其实提名与任命是两个既相互联系又独立的阶段。正如在特

---

① 《日本媒体称赞澳门回归后治安改善经济复苏》，见 http：//www.sina.com.cn/w/160242.html。

别行政区提名阶段，完全由特别行政区依法进行，按照居民的意愿选择，中央政府不参与提名。同样，中央政府在任命阶段，也就应该是自行决定任命或不任命。如果中央政府任命权仅是形式，那么中央政府领导特别行政区，特别行政区对中央负责也就变成形式。

有人认为，当行政长官在当地通过选举产生后，中央的任命只是走形式。主要官员的任命由行政长官提名并报请，中央人民政府的任命同样是虚的，完全排除中央的决定权。在这种认识的支配下，行政长官产生办法是否修改、何时修改、如何修改都被视为特别行政区自治事务，排除中央的参与。后果可想而知，中央既不能决定是否任命行政长官，又不能决定行政长官产生的办法，中央对特别行政区的领导、行政长官对中央的负责不就形同虚设吗？这种主张是违反基本法的规定的，理所当然遭到全国人大常委会的否定。全国人大常委会在 2004 年 4 月 26 日通过了《全国人民代表大会常务委员会关于〈中华人民共和国香港特别行政区基本法〉附件一第七条和附件二第三条的解释》，对香港特别行政区 2007 年行政长官和 2008 年立法会的产生办法作出决定，体现了中央的主导权和决定权。

（二）选举权

根据基本法附件一《澳门特别行政区行政长官产生办法》，行政长官由 300 人组成的选举委员会选举产生行政长官人选，报中央人民政府任命。300 人的选举委员会完全由享有选举权的澳门永久性居民组成，没有中央委派或内地的人员参与，体现中央尊重澳门居民的民主权利。

行政长官选举委员会具体产生办法将在本书第七章中介绍。

但是，需要强调的是，在互相尊重各自的权力基础上，中央的任命权和特别行政区居民的选举权之间需要协调和合作。如果按某些人的想法，用选举权去对抗中央的任命权，无非两种结局，要么特别行政区不受中央政府的领导，引起国家分裂。要么中央采取非常手段解决纷争，影响"一国两制"的实施。这两种结果对国家和特别行政区都有害无益，应该避免。所以，既要让中央政府放心，也要让特别行政区居民满意，协调合作才是最好的出路。

四 行政管理与中央指令

（一）行政管理权

基本法第 16 条规定，特别行政区享有行政管理权，依照基本法有关规定自行处理特别行政区的行政事务。特别行政区的行政权包括执行、制定和管理三项基本职能：执行即执行基本法、法律、行政法规；制定即制定各项行政事务的政策；管理即对各项行政事务的组织、指挥、协调、监督。特别行政区行政管理权的范围是很广泛的，包括财政、税收、金融、贸易、关税、工商、航运、航空、土地、旅游、教育、卫生、科技、文化、体育、新闻出版、宗教、社会福利、社会治安、对外事务、公务员管理等领域。

特别行政区行使行政权有三个特点，首先是依据基本法行政，依法行政是依法治澳的重要组成部分，行政行为的有效，必须符合基本法和法律。其次是行政权的范围只限于特别行政区地方性事务或是自治范围内的事务。再次是自行处理行政事务，中央政府不干预、不参与，完全由特别行政区自己决定、自己处理。

（二）中央政府指令权

在行政管理过程中涉及中央管理的事务，中央和特别行政区关系的事务，中央政府根据基本法的规定可以向行政长官发出指令，行政长官按照基本法第 50 条第 12 项规定必须执行中央人民政府的指令。

行政长官需要向中央人民政府述职。中央人民政府可以提出要求，特别行政区政府需要考虑制定相应的政策，改善工作等。

五 立法与备案审查

（一）立法权

基本法第 17 条第 1 款规定："澳门特别行政区享有立法权。"立法权是由制定、修改、暂停、废除法律这四项权力构成的。

特别行政区立法权有两个特点。第一，基本法是立法的基础。特别行政区的立法，凡符合基本法者均属有效。不受非在特别行政区适用的全国性法律的限制。如特别行政区的刑法可以与内地刑法的规定不同，这并不构成抵触而无效。第二，立法权限较大、范围较广。除了有关国防、外交和中央管理的事项外，均可立法。可制定有关刑事、民事、商事、司法等方面的法律。

（二）审查权

基本法第17条第2款、第3款规定："澳门特别行政区立法机关制定的法律须报全国人民代表大会常务委员会备案。备案不影响该法律的生效。全国人民代表大会常务委员会在征询其所属的澳门特别行政区基本法委员会的意见后，如认为澳门特别行政区立法机关制定的任何法律不符合本法关于中央管理的事务及中央与澳门特别行政区关系的条款，可将有关法律发回，但不作修改，经全国人民代表大会常务委员会发回的法律立即失效。该法律的失效，除澳门特别行政区的法律另有规定外，无溯及力。"所以，全国人民代表大会常务委员会对特别行政区立法机关制定的法律是否符合基本法行使审查权。审查权是保证依法治澳、保障特别行政区法制统一的重要手段。

全国人民代表大会常务委员会行使审查权的依据是基本法，根据基本法的规定，审查的范围主要是涉及"一国"的内容，审查特别行政区立法是否符合基本法关于中央管理的事务和中央与特别行政区关系的条款，不属于这一范围的内容，全国人大常委会不主动审查。这个范围既符合中央行使国家主权的原则，又充分尊重特别行政区实行的制度和高度自治权，是适当的。

全国人民代表大会常务委员会行使对特别行政区立法机关立法的审查权是采取了严格的程序，在宣布特别行政区法律不符合基本法的有关规定前，需征询其所属的基本法委员会的意见，然后将有关法律发回特别行政区。

全国人民代表大会常务委员会的审查权不能取代特别行政区立法机关的立法权。根据基本法的规定，特别行政区的立法程序始于法案提出，止于行政长官对法案的签署和公布，法律生效无须中央批准。由于备案不属于立法程序的一个阶段，因此，基本法规定，备案不影响法律的生效。自然，全国人民代表大会常务委员会对不符合基本法的法律只能发回，不能

修改，因为修改法律属于特别行政区立法权的范畴。对发回的法律如何处置，完全由特别行政区立法会决定，可以修改，可以弃置。但是，发回的法律立即失效。基于法律在备案前已经生效，除非该法律本身有溯及力的规定，否则无溯及力，保护在原有有效的法律下取得的权利。

曾有意见认为，应该规定全国人大常委会审查备案法律的一个时限，如超过时限全国人大常委会不再审查备案的法律。为什么基本法不作这样的规定呢？主要有两个原因。第一，备案不是批准法律的生效程序，当然也就不影响法律的生效。备案仅仅是对法律是否符合基本法进行的监督程序，所以，规定时效没有必要。通常设定时限是与批准与否有关，因为没有时限规定肯定或默示批准，就会影响效力的发生。第二，备案是为了监督，那么对备案的法律是否符合基本法就应该在任何时候发现与基本法抵触都可以审查。否则，超出时限不能再审查，那么基本法的权威就不能保障。如果一个违反基本法，仅仅是因为超过时限就不能宣布无效，基本法的实施就不能保障。因此，不作时限规定，既保障全国人大常委会审查特别行政区法律的权力，维护基本法的权威，又不影响特别行政区法律的生效实施，是两全其美的做法。

六 特别行政区法律与全国性法律

(一) 澳门特别行政区的法律渊源

根据基本法第 18 条第 1 款规定，"在澳门特别行政区实行的法律为本法以及本法第八条规定的澳门原有法律和澳门特别行政区立法机关制定的法律"。

根据基本法的规定，澳门特别行政区现行法律是由澳门基本法、被采用为特别行政区法律的澳门原有法律及特别行政区自行制定的法律三大部分构成。所以，对澳门特别行政区法律现状要清晰、全面地理解必须从以下三个方面认识。

1. 澳门基本法及适用澳门的全国性法律

澳门基本法是澳门特别行政区法律体系中具有最高效力的法律，是澳门特别行政区一切立法的基础，是依法治澳的准则。澳门实行"一国两制"，一方面，根据"两制"的原则，澳门特别行政区有自己的法律制度，内地的法律原则上不在特别行政区实施。另一方面，体现"一国"

原则，属于中央管理的事务，全国人民代表大会常务委员会可以根据需要，将有关全国性法律在特别行政区实行。有意见主张，全国性法律不应在澳门适用，因为社会主义与资本主义不同，这个理由是不能成立的。"两种制度"不同，不能否定"一个国家"的原则。

到目前为止，列入澳门基本法附件三的全国性法律有 11 件，包括：《关于中华人民共和国国都、纪年、国歌、国旗的决议》、《关于中华人民共和国国庆日的决议》、《中华人民共和国国籍法》、《中华人民共和国外交特权与豁免条例》、《中华人民共和国领事特权与豁免条例》、《中华人民共和国国旗法》、《中华人民共和国国徽法》、《中华人民共和国领海及毗连区法》、《中华人民共和国专属经济区和大陆架法》、《中华人民共和国澳门特别行政区驻军法》、《中华人民共和国外国中央银行财产司法强制措施豁免法》。

2. 澳门原有法律

澳门自古以来是中国的领土，16 世纪中叶以后被葡萄牙逐步占领，葡国对澳门实行殖民管治。在葡国管治澳门期间，在澳门适用的法律主要由两大部分构成。

（1）葡国法律延伸适用澳门

澳门在葡国占领下主要经历两个时期。第一个时期（殖民时期），视澳门为葡国领土的一部分或海外省。葡国 1822 年首部宪法规定，澳门是葡萄牙领土的组成部分①。1914 年《海外省行政组织法》对澳门采用殖民地管理模式。1917 年《澳门省组织章程》规定，有权制定在澳门生效的法律的立法机关包括议会、中央政府及殖民地政府②。第二个时期（过渡时期），视澳门为葡国管制下的中国领土。葡国 1976 年宪法第 292 条规定，"澳门地区仍受葡萄牙行政管理时，由适合其特别情况之通则约束"。同年，葡萄牙国会通过的《澳门组织章程》规定，葡国的国会和政府保留对澳门立法的权力，同时也确立澳门自治地位，包括享有立法自治权。这一时期，澳门产生了本地的立法。但是，澳门不论作为葡国领土的一部分，还是葡国行政管理下的地区，葡国可以将主权机构制定的法律直接延伸适用澳门，如

---

① 萧伟华著《澳门宪法历史研究资料》，澳门法律翻译办公室、澳门法律公共行政翻译学会，1997，第 21 页。

② 萧伟华著《澳门宪法历史研究资料》，澳门法律翻译办公室、澳门法律公共行政翻译学会，1997，第 42 页。

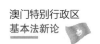
《刑法典》、《刑事诉讼法典》、《民法典》、《民事诉讼法典》、《商法典》等五大法典，还可以专门为澳门制定法律，如澳门《司法组织纲要法》等。

（2）澳门本地的法律

根据《澳门组织章程》的规定，澳门立法会和总督享有立法职能，立法会以法律形式立法，总督以法令的形式立法。从此，奠定了澳门本地立法的基础。从 1976 年至 1997 年间制定了大量的法律规范，1997 年仍然有效的法律和法令有 877 件①。

由于澳门适用的是葡国的法律，或者以葡国法律为立法基础或蓝本，深受葡国法律的影响。而葡国法律又是属于典型的大陆法系，所以，澳门法律以成文法和编纂法典形式为特点。

（3）澳门原有法律的本地化和平稳过渡

①澳门原有法律的本地化

1993 年 3 月 31 日，中华人民共和国全国人民代表大会通过并公布了《中华人民共和国澳门特别行政区基本法》。澳门基本法第 11 条规定："澳门特别行政区的任何法律、法令、行政法规和其他规范性文件均不得同本法相抵触。"所以，澳门原有法律必须与澳门基本法衔接，才能平稳过渡。

澳门原有法律中一些主要的法律，如上述提及的五大法典均是葡国的法律，由于这些法律是葡国主权机构制定，与 1999 年 12 月 20 日中国恢复对澳门行使主权有抵触，如果澳门法律要做到基本不变，必须将葡国的法律本地化，成为澳门本地法律的一部分，才具备被采用为澳门特别行政区法律的条件。从 1994 年开始，澳门对五大法典进行本地化，分别于 1995 年完成了《澳门刑法典》，1996 年完成了《刑事诉讼法典》，1999 年完成了《澳门民法典》、《澳门民事诉讼法典》和《澳门商法典》以及《澳门商业登记法典》、《澳门民事登记法典》、《澳门行政程序法典》、《澳门公证法典》等重大法律的本地化工作。

与此同时，澳门原有法律也要根据澳门基本法的规定和澳门社会发展，尤其是澳门特别行政区的需要，对原有法律中一些已经不适应澳门社会发展的法律及规范进行现代化，所以，在澳门过渡时期，对澳门本地的法律、

① 关于《全国人民代表大会常务委员会关于根据〈中华人民共和国澳门特别行政区基本法〉第一百四十五条处理澳门原有法律的决定（草案）》的说明，载郑言实编《澳门过渡时期重要文件汇编》，澳门基金会，2000，第 115 页。

法令进行了修改和完善。据统计，在法律方面具有影响的、属于基本权利和自由的有《设立结社权之一般制度》、《规范宗教及崇拜自由以及一般宗教信仰》、《规范及确保行使请愿权以维护人权、合法性或公众利益》、《制定以捐赠、摘取及移植人体器官及组织为目的之行为所应遵守之规则》、《规定政治职位及公共职位之据位人，公共行政之公务员、服务人员及其他工作人员必须提交一份收益及财产利益之声明书》；经济民生方面的有《就业政策及劳工权利纲要法》、《物业转移税以及继承及赠与税法典》、《核准都市性不动产租赁制度》、《家庭政策纲要法》、《分层所有权法律制度》；刑事方面的有《制定有组织犯罪法律制度》、《核准不法赌博制度》。在法令方面具有影响的、属于经济民生的有《工业产权法律制度》、《海上商事之法律制度》、《核准公共工程承揽合同之法律制度》、《会计师通则》、《核数师通则》、《私人公证员通则》、《著作权及有关权利之制度》、《涉外商事仲裁专门制度》、《社会保障制度》、《遏止在商业上违反有关录音制品、影像制品及电脑程序之知识产权之措施》、《仲裁制度》、《工业产权法典》、《制定在澳门地区发行货币之制度》、《规范司法援助制度》、《从事非高等教育之私立教学机构章程》；刑事方面的有《规范在徒刑及收容保安处分之执行及其效果方面之司法介入制度》、《核准剥夺自由处分之执行制度》。

②澳门原有法律的过渡

1998 年 4 月，全国人民代表大会常务委员会设立了澳门特别行政区筹备委员会，开始了筹备澳门特别行政区成立的工作，其中包括对澳门原有法律的审查工作。筹备委员会经过审查，向全国人大常委会提出了处理澳门原有法律的建议。全国人民代表大会常务委员会于 1999 年 10 月作出了《关于根据〈中华人民共和国澳门特别行政区基本法〉第一百四十五条处理澳门原有法律的决定》，该决定规定，第一，澳门原有法律抵触基本法，不采用为澳门特别行政区法律，计有 12 项 22 件。第二，澳门原有法律抵触基本法，不采用为澳门特别行政区法律，但澳门特别行政区在制定新的法律前，可按基本法规定的原则和参照原有做法处理有关事务，计有 3 项 4 件。第三，澳门原有法律抵触基本法的部分条款，不采用为澳门特别行政区法律，计有 19 项。第四，采用为澳门特别行政区法律的澳门原有法律，自 1999 年 12 月 20 日起，在适用时，作出必要的变更、适应、限制或例外，以符合中华人民共和国对澳门恢复行使主权后澳门的地位和基本法的有关规定①。至此，澳门原有法律除了少数部分外，绝大多数被采用为澳门特别行政区的法律，保证了澳门原有法律的平衡过渡。

3. 澳门特别行政区的法律规范性文件

（1）立法会制定的法律

根据澳门基本法第 17 条的规定，澳门特别行政区享有立法权。立法会根据澳门基本法第 71 条规定，可以制定、修改、暂停实施和废除法律。澳门特别行政区成立以来至 2008 年 6 月，立法会共制定了 99 件法律②，其中主要的法律有：《打击贩卖人口犯罪》、《道路交通法》、《违法青少年教育监管制度》、《非高等教育制度纲要法》、《公务人员公积金制度》、《刑事司法互助法》、《预防及遏止恐怖主义犯罪》、《预防及遏止清洗黑钱犯罪》、《个人资料保护法》、《电子文件及电子签名》、《公共行政工作人员工作表现评核原则》、《司法辅助人员通则》、《非法入境、非法逗留及驱逐出境的法律》、《娱乐场博彩或投注信贷法律制度》、《军事设施的保护》、《传染病防治法》、《劳动诉讼法典》、《澳门特别行政区内部保安纲要法》、《关于遵守若干国际法文书的法律》、《司法互助请求的通报程序法》、《科学技术纲要法》、《司法组织纲要法》、《澳门特别行政区永久性居民及居留权法律》、《区旗及区徽的使用及保护》、《政府组织纲要法》、《回归法》。

（2）行政长官制定的行政法规

澳门特别行政区行政长官根据基本法第 50 条第五项的规定，可以制定行政法规。行政长官制定行政法规有两种类型，一种是根据立法会通过的法律，制定属于实施法律的细则性规范，即执行性行政法规。如根据立法会通过的传染病防治法，制定了《建立传染病强制申报机制，并规定相应的行政处罚》的行政法规。另一种是根据基本法赋予的职权，就有关事项制定的规范性文件，即独立性行政法规。如《澳门特别行政区旅行证件签发规章》。行政法规是澳门法律体系中数量较多的法律渊源，至 2008 年 5

---

① 关于《全国人民代表大会常务委员会关于根据〈中华人民共和国澳门特别行政区基本法〉第一百四十五条处理澳门原有法律的决定（草案）》的说明，载郑言实编《澳门过渡时期重要文件汇编》，澳门基金会，2000，第 120～121 页。

② 《法例总类及编号检索》，见 http：//www. macaulaw. gov. mo/cn/display_search. asp? inputkey = search/codesearch. asp。

月，总计有 297 件①，涉及社会生活的各个方面。

（3）适用澳门的国际公约、条约

截至 2003 年，适用澳门的各类国际公约有 161 个②，包括民用航空、海关、禁毒、经济金融、教育、科技、文化、资源、外交、国防、卫生、人权、知识产权、国际犯罪、劳工、海事、国际私法、道路交通、邮政电信、建立国际组织等 17 个方面。

（二）全国性法律的适用

根据基本法第 18 条第 2 款、第 3 款、第 4 款的规定，全国人民代表大会常务委员会可决定将一些全国性的法律适用于特别行政区。中央政府在国家宣布进入战争状态和特别行政区进入紧急状态时，可发布命令将有关全国性法律在特别行政区实施。这些权力是中央政府行使主权、保证国家统一和安全所必需的。

全国性法律在特别行政区适用有两种情况。

1. 正常情况下的全国性法律适用

全国人大常委会将中央负责管理的与国防、外交等事项相关的全国性法律在特别行政区适用。因为这方面的法律只能由中央制定，特别行政区无权立法，但是特别行政区又必须遵守。如中华人民共和国外交特权与豁免条例、驻军法、国旗法、国徽法等。

这类全国性法律在特别行政区适用和增减，需经过一定的程序。

第一，全国性法律在特别行政区适用需要在当地公布或立法实施。目前适用的全国性法律中国旗国徽法是经过澳门特别行政区立法实施的。第 5/1999 号法律《国旗、国徽及国歌的使用及保护》结合澳门特别行政区的法律制度，规定了侮辱国家象征罪。对各种公然侮辱国家象征的行为将处以刑罚和行政处罚，从而保障国旗国徽受到尊重。

第二，全国性法律在特别行政区适用由全国人民代表大会常务委员会在征询基本法委员会和特别行政区政府的意见后，作出决定。

第三，全国性法律在特别行政区适用的范围限于国防、外交和其他不

---

① 《法例总类及编号检索》，见 http：//www. macaulaw. gov. mo/cn/display_ search. asp? inputkey = search/codesearch. asp。

② 《法例总类及编号检索》，见 http：//www. macaulaw. gov. mo/cn/display_ search. asp? input-key = search/codesearch. asp。

属于澳门特别行政区自治范围的法律。即不属于特别行政区立法事项。

第四，全国性法律在特别行政区适用需要列入基本法附件三，在没有删减前一直在特别行政区有效。

2. 非常情况下的全国性法律适用

当全国人民代表大会常务委员会决定国家进入战争状态，或特别行政区发生了政府不能控制的危害国家统一或安全的动乱，特别行政区进入紧急状态时，中央政府发布命令将有关全国性法律在特别行政区实施，这些全国性法律是与维护国家统一和安全有关的，与基本法第18条第3款所列的情况相比有所不同，通过采取特殊的措施和强硬的手段来维护国家统一和安全。

第一，无须通过当地公布或立法实施。

第二，因时间紧急，无须征求基本法委员会和特别行政区政府的意见。

第三，被适用的法律范围要宽，不限于国防和外交及中央管理的事务范围。

第四，法律的实施有一定的时间性，如战争状态或紧急状态结束后，这些法律将停止在特别行政区继续实施。

中央保留决定特别行政区进入紧急状态的权力，是表明中央维护国家统一和安全的决心，也是必要的一项权力。任何企图从事分裂国家，危及国家安全的行为，中央均将不惜代价严厉制止，恢复国家的秩序。

七　司法与国家行为

基本法第19条规定，特别行政区享有独立的司法权和终审权。司法权就是司法机关行使审判和法律监督的权力。终审权是指对案件进行最后一级审判的权力，特别行政区终审法院审结后，不能再向国家最高人民法院上诉。

根据基本法第19条第2款的规定，特别行政区的司法管辖权亦有一定的限制。

原有法律制度和原则对法院审判权所作的限制继续保留。如根据澳门原有法律的规定，普通管辖法院只管辖民事和刑事方面的案件，不能管辖军事罪行的案件，涉及军事罪行的案件，由军事法院管辖。所以，《中华人民共和国澳门特别行政区驻军法》第20条规定，澳门驻军人员犯罪的案件由军事司法机关管辖，非执行职务的行为除外。

再如，立法会的立法与总督意见有分歧，总督提请葡国宪法法院进行违宪审查，澳门普通法院不管辖宪法诉讼案件等。

根据基本法第 19 条第 3 款的规定，"国家行为"和"国家行为的事实"不属于法院管辖的事项。

在基本法中，国家行为的主体是全国人大及其常委会、国务院、中央军事委员会，国家行为的范围包括外交、国防等行为。如宣战、媾和、国际条约的缔结和废除、外交关系的建立、对外国政府的承认等，均属国家行为。"国家行为的事实"是指行为本身不属于国防、外交等，但其中的部分事实与国防、外交有关，虽然法院对该案有管辖权，但对该案中所涉及的相关事实，法院不能自行认定，须取得行政长官就该等事实问题发出的证明文件，并受其约束。

因此，法院的管辖权受到两个方面的限制。

第一，对属于"国家行为"的争诉无管辖权，不能受理和审判。法院无权受理控告"国家行为"的案件。如果认真地去研究各国的司法制度，或者阅读一些法律的常识读本，不难发现，各国法院的审判权均是依法受此限制的，在英国称为"国家行为"，在美国称为"政治行为"或"政治问题"，在法国和日本称为"统治行为"①，法院对此行为均无管辖权。港澳原有法律制度中同样有这样的限制。在制定澳门基本法时，参照原有法律制度，在基本法第 19 条第 3 款中规定，"澳门特别行政区法院对国防、外交等国家行为无管辖权"。如中央人民政府对行政长官和主要官员的任免，全国人大常委会对特别行政区立法机关法律的审查和发回，决定全国性法律在特别行政区的适用，对基本法条款的最终解释，以及对中央人民政府负责的外交、国防等行为，特别行政区法院在审理案件时，对此等行为不能行使管辖权。

第二，对不属于"国家行为"的争诉有管辖权，但所涉及的事实是属于"国家行为"的范畴，法院无管辖权，应取得行政长官就该等问题发出的证明文件，上述文件对法院有约束力。行政长官在发出证明文件前，须取得中央人民政府的证明书。如澳门特别行政区《维护国家安全法》第 6

---

① 王禹：《论港澳基本法中的国家行为和政治问题》，载《澳门研究》总第 30 期，2005 年 10 月，第 7 页。

条第4项"如有需要，司法机关可向行政长官或通过行政长官向中央人民政府取得前述文件、资讯或物件是否已被确定为国家机密的证明文件"的规定，明确了"国家行为的事实"应该由中央政府决定，因为"国家机密"显然是属于中央管理的事务，理应最终由中央决定。

但是，我们要清楚明白，中央政府认定事实不等于代替法院的法律适用。从法理上讲，审判中的法律问题和事实问题是有区别的，需要分别解决。法律问题是要求解决法官正确地适用法律，事实问题是要解决认定的事情是否存在。中央政府的认定只是解决了一个事实问题，国家机密是否存在，由于该事项不属于法院管辖的范围，所以，法院也只是接受一个事实，但中央政府并不妨碍，也不能代替，法院也没有放弃独立自主地适用法律，罪与非罪仍然由法院根据澳门的法律作出判决，而不是根据内地法律作出判决。所以，规定"国家行为的事实"法院不管辖，根本不存在干预法院独立的审判。

第四节　中央与特别行政区权力的互动与互信

在权力运行的动态中，中央与特别行政区的权力关系应该有三方面的要求。

一　中央领导特别行政区

中央是授权者，特别行政区是被授权者，授权者与被授权者之间是种什么关系呢？如果不能正确地摆正各自的位置，或者颠倒了位置，那么非乱不可。要准确地理解授权，就要牢牢地把握基本法有关的两个要点。

第一，中央领导特别行政区，特别行政区直辖于中央人民政府，两者之间是领导关系；

第二，特别行政区行政长官对中央负责，两者之间也是从属关系。因此，高度自治的运行不能脱离中央的控制。

二 中央权力制约特别行政区自治权

中央作为授权者，对特别行政区保留了行使主权性的权力。

第一，这种权力高于自治权。如当中央制定了一项外交政策，那么，特别行政区在处理对外事务时，必须服从和配合国家的外交政策。

第二，这种权力可以限制、监督自治权。如依照基本法，中央人民政府可对行政长官发出指令；全国人大常委会对立法机关的立法进行审查；对司法管辖的范围作出限制等。

特别行政区自行管理、制定政策的事务，虽然中央不干预，但要接受中央监督，如财政预算要报中央备案。

三 中央权力与特别行政区自治权的互动

（一）中央与特别行政区互相履行义务，维护国家统一和特别行政区高度自治

在"一国两制"下，中央与特别行政区之间是一种互相依赖的关系，国家保障特别行政区的高度自治，特别行政区也有义务维护国家的统一和安全，将权利与义务统一。

1. 中央授权特别行政区高度自治，中央也有责任维护特别行政区的高度自治权

基本法第 22 条规定："中央人民政府所属各部门、各省、自治区、直辖市均不得干预澳门特别行政区依照本法自行管理的事务。中央各部门、各省、自治区、直辖市如需在澳门特别行政区设立机构，须征得澳门特别行政区政府同意并经中央人民政府批准。各省、自治区、直辖市在澳门特别行政区的一切机构及其人员均须遵守澳门特别行政区的法律。各省、自治区、直辖市的人进入澳门特别行政区须办理批准手续，其中进入澳门特别行政区定居的人数由中央人民政府主管部门征求澳门特别行政区政府的意见后确定。"

（1）从领导体制上予以保障

根据基本法第 22 条第 1 款规定，国务院所属部门和地方政府与特别行

政区之间没有领导与被领导的关系。特别行政区政府直属国务院领导。国家对特别行政区政府实行高度集中和统一领导的体制。这与内地的中央政府与地方政府的领导关系有所不同。在内地，在国务院实行统一领导的原则下，国务院的各部门与地方政府的有关部门之间存在一定程度的领导或指导关系。国务院有关部门发出的指示，地方政府的部门要执行。基本法作出这一规定的目的，就是要排除不必要的干扰，排除政出多门，影响特别行政区的高度自治。国务院的各部门与特别行政区政府只能建立合作的关系，而不是领导和被领导的关系。

（2）从设置机构上予以保障

基本法第 22 条第 2 款规定，中央各部门、各省、自治区、直辖市如在特别行政区设立机构，须征得特别行政区政府同意并经中央人民政府批准。根据此规定，凡要在特别行政区设立政府的办事机构，需要经过严格的审批程序。一是特别行政区政府同意，二是中央政府批准。此项规定的目的，是要防止滥设机构，造成对特别行政区政府施政的影响，破坏中央对特别行政区政府的集中统一领导的体制。

（3）从遵守特别行政区法律的要求上予以保障

基本法第 22 条第 3 款规定，中央各部门、各省、自治区、直辖市在特别行政区设立的一切机构及人员均须遵守特别行政区的法律。根据此规定，内地在特别行政区的机构和人员没有法外特权，一切依特别行政区的法律办事。凡违反特别行政区法律者，由特别行政区法律处罚。不能因为是内地机构或人员，就可以逃避法律责任。目的就是要确立特别行政区政府依法管理的权威和树立尊重特别行政区高度自治权的观念。

（4）从内地人员进入特别行政区的管理上予以保障

根据基本法的规定，内地人员进入特别行政区或在特别行政区定居要办理批准手续，不能随意进入或定居。目的就是要给特别行政区高度自治创造一个稳定和有序的社会环境。如果内地人员可随意进入或定居，势必对特别行政区政府的管理造成极大冲击，社会也难以承受，澳人治澳和高度自治就无法实现。

2. 特别行政区享有高度自治，有责任维护国家统一和安全

作为被授权者，特别行政区也要履行基本法第 23 条规定的对中央的义务，维护国家的主权和安全。基本法第 23 条规定："澳门特别行政区应自行立法禁止任何叛国、分裂国家、煽动叛乱、颠覆中央人民政府及窃取国家机密的行为，禁止外国的政治性组织或团体在澳门特别行政区进行政治活动，禁止澳门特别行政区的政治性组织或团体与外国的政治性组织或团体建立联系。"

制定维护国家安全法：第一，是澳门特别行政区履行基本法的宪制责任。第二，是填补澳门法律制度中空白的需要。澳门在回归祖国之前，一直都适用葡国《刑法典》有关国家安全的法律规定。但在特别行政区成立时，原来适用于澳门的葡国相关法律不再生效，在维护国家安全方面存在着法律的完全真空。第三，是维护国家稳定安全、繁荣富强的要求，也是澳门持续发展的必要前提。

根据基本法的规定，制定《维护国家安全法》完全合理合法。

（1）国家要求特别行政区维护国家的安全是一个国家的宪制要求，完全合法

在"一国一制"下，国家有权利要求地方维护国家安全，地方有义务维护国家安全。那么，在"一国两制"下，国家应否要求特别行政区保护国家安全？答案应该是肯定的。

《中华人民共和国宪法》第28条规定"国家维护社会秩序，镇压叛国和其他危害国家安全的犯罪活动，……"，第54条规定，"公民有维护祖国的安全、荣誉和利益的义务，不得有危害祖国的安全、荣誉和利益的行为"。内地的地方政府要履行这个义务，特别行政区政府也不能例外。有人说，基本法第23条的规定，是因为在中国发生了一些政治事件，特意针对特别行政区而立。这是属于不了解国家的宪政制度和"一国两制"的逻辑。任何一个国家，维护自身的安全，不会因为国家是否处于稳定，或者不稳定状态，也不会因为国家采取何种社会制度而改变。只要从国家存在一天起，必然就要维护它的安全。

（2）国家要求特别行政区维护国家的安全是完全合理的，具有充分的正当性

"一国两制"是符合国家利益的，也符合特别行政区利益，当然也符合包括特别行政区居民在内的全体中国人的利益，这是大家一致的认识，也是正当性的基础。相信没有人会反对这一共同的基础，也不会有其他的理由比之更有正当性。如果破坏"一国两制"，一切行为也就失去了正当性。

第一，"一国"是"两制"的基础，"皮之不存，毛将焉附"？损害"一国"势必损害"两制"。实行"两制"的目的之一，就是要实现国家的

统一。如果实行"两制",导致国家分裂,背离它的目标,那么没有必要实行"一国两制"。

第二,实行"两制"不等于特别行政区是一个独立的政治实体。它仍然是国家的一个组成部分,受中央人民政府的领导。作为国家的一分子,就有义务维护国家的统一和安全。相反,任何企图利用不同社会制度,以改变"一国"的现状,是非法的、非正当的,更是非常危险的。

(3)自行立法的含义和要求

①自行立法的含义。

在"一国两制"下,特别行政区自行立法的含义是,以原有法律制度的原则和立法技术,结合澳门的实际情况,制定相关维护国家安全的法律。自行立法,也就是将国家安全由国家法律保护改由特别行政区的法律来保护。所以,两者之间,不是实质不同,只是形式不同。所谓实质相同,即无论是国家法律还是特别行政区法律,必须禁止危害国家安全的行为。所谓形式不同,即特别行政区不是依国家的法律,而是依特别行政区的法律禁止危害国家统一和安全的行为。

自行立法体现了两点精神。

第一,中央对特别行政区居民的信任。按理维护国家安全是属于全国性的事务,中央可以立法。但是考虑到特别行政区居民意愿,相信特别行政区居民拥护"一国两制"会自觉履行对国家的责任,所以,授权特别行政区自行立法。

第二,对特别行政区法律的尊重。由于两地实行不同的法律制度,考虑到特别行政区法律有自己的一套法律理论,包括犯罪理论,在构成危害国家安全行为的要素认定上,如行为人的主观要件(目的和动机的判别),犯罪行为的客观要件(危害行为和危害结果)可以有所不同。自行立法既能维护国家安全,又能与原有法律体系相融,一举两得,是非常好的做法。

对于中央政府的善意和尊重,特别行政区及居民应该予以积极的回应。

②自行立法的要求。

第一,基本法第23条的规定,提出了五个应该禁止的行为,即叛国、分裂国家、煽动叛乱、颠覆中央人民政府、窃取国家机密。

以上五种行为侵害的客体是什么呢?

叛国,侵犯的是国家主权独立,投敌叛国、里通外国、发动对国家的战争行为,必然危害国家主权独立。

分裂国家，侵犯的是国家领土的完整性，将国家的一部分分离出去的行为，必然危害国家领土的完整。

煽动叛乱，是侵犯国家公共秩序，公然抗拒法律秩序的行为，必然危害国家的公共秩序。

颠覆中央人民政府，是侵犯合法政府，用暴力或其他严重非法手段摧毁合法政府的行为，必然危害合法政府的依法管治。

窃取国家机密，是侵犯国家安全，窃取、泄露机密的行为，必然对国家安全造成危害。

所以，基本法中提出法律应该保护的客体及范围是明确的，也是适当的。对各国法律而言，以上行为所危害的客体，都受法律的保护。

第二，在"一国两制"下，"一国"的概念只能有一个标准，不能有两个标准。

内地和特别行政区的法律制度不同，但是国家只有一个，两地的法律所保护的应该是同一个客体和对象。反对立法者提出，不能把国家的概念引入特别行政区法律。这是错误的，中国对特别行政区行使主权，国家观念必然要在特别行政区法律中体现，否则怎么体现"一国"呢？怎么体现特别行政区是国家不可分割的一部分呢？怎么体现特别行政区直辖于中央政府呢？国家又怎么对特别行政区行使权力呢？反对立法者又说了，"一国两制"中的"国家"与国家安全的"国家"应该不同，这同样是错误的。一个实体的主权国家怎么可以有两个不同的概念或不同理解？难道还能另立国家的标准？接受"一国两制"，不论是赞成还是不赞成国家实行的社会制度，就要接受一个国家的概念。特别行政区是在中华人民共和国这个国家之下的地区，特别行政区要维护的也是这个中华人民共和国的国家安全。如果反对国家观念，"一国两制"失去了基础，就是反对"一国两制"。在一国内，任何人都不能危害国家领土和主权的完整独立。宪法中的国家概念就应该是特别行政区法律中的国家概念，否则，国家概念在特别行政区法律中就是一个空洞的提法而已。法律规定的再具体也不能保护国家的安全，因为此国家已非彼国家。

第三，特别行政区在立法维护国家安全时，需要处理好两个基本关系。

其一，国家与个人的关系。国家要保护个人自由，个人要维护国家安全，国家与个人的关系，应从国家的权力与责任和公民的权利与义务关系不可分割来定位。只要人权存在于国家之中，个人与国家就不可分离。一方面，人有基本的权利和自由，国家应该保护人的权利和自由。国家要保护人的权利和自由，就需要权力。国家能够行使权力，必要的条件是国家的生存和安全有保障。另一方面，国家要负起保护人权的责任，既要确保国家有此种权力的能力，又要有行使此种权力的行为能力。如果国家不能存在、生存和发展，失去了权力行使能力和行为能力，人权也就缺少了国家强制力的保护。所以，国家也需要得到社会成员的保护。人权是离不开国家的。两者是相辅相成、缺一不可的。所以，在国家与个人的关系上，国家不是完全处在个人权利和自由的对立面，绝对不是有国家就没有自由。

《维护国家安全法》既要维护国家的安全，也要严格确保基本法所规定的居民的基本权利和自由，包括言论、新闻、出版等自由作为立法原则，在确保维护国家安全和保障居民基本权利和自由之间，取得适当的平衡。

其二，法律与自由的关系。我们可以说，任何法律，其本质均是对人的权利和自由既作出保护又作出限制。世上找不到一个不对人的权利和自由作出限制的法律。所以，早在几千年前，人们已经认识到，只有服从法律才有自由，社会需要法治管理。因此，人的权利和自由应该受到法律的限制是法治社会的基本要求，法律始终是增进自由的一种重要力量，与此同时也是限制自由范围的一种重要工具。当然，法律的限制必须在合理的范围内。首先，在立法的价值理念上，既要坚持维护国家安全，又要保护个人的自由，在两者之间取得平衡。如果发生利益冲突时，以较大的法益为保护对象，这是法治社会普遍接受和采取的方法。其次，在立法的内容上，要做到概念清楚、界限明确，行为者可以掌握，执法者可以操作。对权利和自由的限制，一方面以能够保护法律的客体为限，另一方面不导致权利和自由的消灭。《维护国家安全法》对每一种犯罪行为的犯罪主体、犯罪构成的主客观要件、犯罪的社会危害性均作了严格、清晰地规定。

2008 年 10 月 22 日，澳门特别行政区政府根据澳门基本法第 23 条的规定，完成了《维护国家安全法（草案）》的草拟工作，并启动了为期四十天的咨询工作。

这部法律是在广泛发挥民主，公众积极参与发表意见，政府认真分析并吸收有益的意见加以改善，最终达到社会共识下产生的。在咨询期内，特别行政区政府透过各种渠道和途径，共收到 784 份意见，当中 657 份属个

人、127 份属团体所提供的意见。个人意见中，赞成立法的有 570 份（占
86.76%）。团体意见中，赞成立法的有 123 份（占 96.85%）[①]。

2009 年 2 月 25 日，立法会经过细则性辩论和表决，通过了《维护国家
安全法》。

（二）中央与特别行政区互相尊重，互相支持和承担

一方面，特别行政区自治权的行使，离不开中央的支持，千万不要以
为，自治权与中央权力无关，什么都可以自己搞定。如在 G20 峰会上，法
国总统提出将港澳列为"避税天堂"，胡锦涛主席强烈反对，最终港澳没有
列入名单，维护了港澳的利益，有利于港澳金融业的发展，体现中央政府
支持港澳的自治。

另一方面，特别行政区充分行使自治权，发展对外经济，为国家开拓
国际市场牵线搭桥，如澳门的葡语国家经贸论坛，为中国内地企业、产品
进入葡语国家提供了条件，发挥了特别行政区对国家发展的作用。

（三）中央与特别行政区良性互动，互相配合，互利双赢

如内地居民赴港澳自由行、内地与港澳建立更紧密的经贸联系、珠三
角合作发展规划纲要三件对港澳具有重大影响的措施，无不体现了中央与
特别行政区的互相配合。通过协商，达成共识，使国家的发展战略考虑特
别行政区的发展需要，特别行政区融入国家的发展，不仅自身发展了，也
为国家发展作出了贡献。

事实证明，中央与特别行政区权力的良性互动，才能够双赢和共同发
展。如果互相排斥、互相对抗，绝对没有前途。所以，我们应该正确处理
好两者之间的关系，为实施"一国两制"和基本法创造和谐的环境。

四 协调中央与特别行政区权力关系的基本原则

在"一国两制"下，中央行使主权与特别行政区行使自治权之间的关
系与中国宪法第三条规定的遵循中央统一领导下，充分发挥地方主动性、

---

① 澳门特别行政区政府《维护国家安全法（草案）咨询总结报告》，见 http://www.
safp. gov. mo/download/basiclaw23/summary/RelatorioFinal – 16Dez08Tc. pdf。

积极性的原则有所区别，从基本法相关条文的规定中突出了两个方面的原则。

（一）依法行使权力和履行义务的法治原则

基本法的规定本身就体现了权利和义务的统一。如特别行政区有发行货币的权力，但有义务将所带有与中国恢复行使主权不相符合标志的货币退出流通领域。中央政府有权决定在特别行政区派驻军队，但承担驻军不干预特别行政区内部事务的义务。

依法行使权力和履行义务的原则，有三个基本内容和要求。

第一，在中央和特别行政区的权力关系中，其中一方在行使自己权力的时候，同时就要履行自己相应的义务。如中央政府行使外交权，参加以国家为单位的国际组织或国际会议时，如与特别行政区有关，则吸收特别行政区的代表作为中央政府代表团成员参加。再如，特别行政区有权任免终审法院的法官，但须报全国人民代表大会常务委员会备案。

第二，在中央与特别行政区权力关系中，其中一方行使权力，另一方就要履行相应义务。这可分为两种情况。一方行使权力，另一方须履行作为的义务。如中央人民政府缔结的国际协议，根据特别行政区的情况，决定适用特别行政区，那么，特别行政区政府就有执行的义务。特别行政区居民中的中国公民有权参与国家事务的管理，国家就有义务保证他们在国家权力机关中有适当的代表。一方行使权力，另一方履行不作为的义务。如中央政府批准外国在特别行政区设立领事机构，特别行政区就不能作出不同意的行为。特别行政区政府行使财政管理权，财政收入用于自身，中央政府就履行不向特别行政区征税的不作为义务。

第三，在中央与特别行政区权力关系中，一方行使权力，可以改变另一方履行义务的形式，由不作为义务变成作为义务。如特别行政区的社会治安由特别行政区负责，特别行政区政府行使治安管理权。中央政府不干预。但是，遇到意外的动乱，特别行政区政府不能维持治安，并请求中央政府予以协助，在这种情况下，中央政府就有义务采取措施，协助特别行政区政府平定动乱。如一些国家出现这类情况，解决的办法已在宪法中规定。如美国宪法第4条第4项规定，联邦保证"因各州立法机关或行政机关的请求平定内乱"。

（二） 维护国家统一和特别行政区稳定发展的政治原则

把国家的统一和特别行政区的稳定、发展和繁荣作为行使权力的出发点和检验是否正确行使权力的标准，也就是说要以国家和特别行政区的根本利益作为行使权力、履行义务的准则。中央和特别行政区行使权力时，坚持这一原则是很有必要的。维护国家统一和特别行政区的稳定、发展和繁荣既是制定基本法的指导思想，也是制定基本法的目的。所以，实施基本法也就要坚持这一原则。国家利益和特别行政区的利益，在根本上是一致的。国家的统一是特别行政区稳定、发展和繁荣的坚实保证，而特别行政区的稳定、发展和繁荣又有利于国家的统一。两者相辅相成，缺一不可。这决定了中央行使主权时，要考虑特别行政区的利益。特别行政区行使权力时，要注意国家的利益，向中央政府负责，不做有损国家利益的事。

如中央向特别行政区再授权就是考虑特别行政区发展的需要。虽然基本法规定，特别行政区高度自治限于特别行政区行政区域内，但是，特别行政区发展出现了一些特殊的情况，如澳门行政区域狭小，澳门与珠海陆路连接的口岸，俗称"关闸"，建在向珠海租借的区域，需要得到中央授权对"关闸"的出入境事务进行管理。再如，澳门大学新校区建在珠海的横琴，中央授权由澳门特别行政区对澳门大学进行管理。这些例子说明，维护特别行政区的稳定发展是中央授权所遵循的一项原则。

五 建立中央与特别行政区的互信关系

（一） 建立互相信任的原因

"一国两制"下，不同制度之间的矛盾是必然的。可以表现为不同的形式。比如在制度方面，近年来引起争议的有关普选制度、法律解释制度、人的权利自由制度上就存在客观上的差异。再如，文化与观念方面引起讨论的有关爱国主义、司法独立、司法协助原则，咨询方式上的认识和理解也各有各说。因此，要消除差异和不同，并不可行，也不符合"一国两制"，问题的关键是要防止因差异而引起冲突，要调和差异之间的矛盾，在差异中寻求共识。要做到这一点，互相之间的信任是必不可少的。

信任是防止冲突的基础，也是解决矛盾的基础。在"一国两制"下，

需要建立稳固的互相信任的基础。建立互相信任就是建立共同的基础。

"一国两制"和基本法实施以来，发生了许多法律之间的矛盾或冲突，其中具有典型性的，引起广泛注意的，可以列举三个个案。

个案一，对基本法解释的冲突。

1999 年 1 月 29 日，香港终审法院在对有关居留权一案（吴嘉玲一案）的判决中，提出了几个具争议的法律观点，包括：

特别行政区法院拥有对违反基本法的司法审查权。判词指出：

> 在行使基本法所赋予的司法权时，特区的法院有责任执行及解释基本法。毫无疑问，香港法院有权审核特区立法机关所制定的法例或行政机关之行为是否符合基本法，倘若发现有抵触基本法的情况出现，则法院有权裁定有关法例或行为无效。

特别行政区法院对全国人大及其常委会的立法行为拥有司法审查权。判词指出：

> 特区法院是否具有司法管辖权去审核全国人民代表大会或其常务委员会的立法行为是否符合基本法，以及倘若发现其抵触基本法时，特区法院是否具有司法管辖权去宣布此等行为无效。依我等之见，特区法院确实有此司法管辖权，而且有责任在发现有抵触时，宣布此等行为无效。

特别行政区法院拥有对基本法自治范围内的条款最终解释权。判词指出：

> 以终审法院来说，当符合以下两项条件时，便有责任将有关条款提交"人大常委会"解释：①第一，当有关的基本法条款（a）关乎中央人民政府管理的事务，或（b）关乎中央和特区的关系，即为"范围之外的条款"。……②第二，当终审法院在审理案件时，有需要解释这些条款，而这些条款的解释将会影响案件的判决。……我等认为在审理案件时，唯独终审法院才可决定某条款是否已符合上述两项条件；也只有终审法院，而非全国人民代表大会，才可决定该条款是否属于"范围之外的条款"。……关于特区自治范围内的条款，在作出解释时，必须考虑其背景，这自然包括基本法的其他条款，而这些条款可能在某几方面与解释 x 条款〈自治范围〉的条款有关。……当一项"范围

之外的条款"如上述般与 x 条款（"自治范围内的条款"）有关，便需提交"人大常委会"（注：指基本法第 24 条关于永久性居民的定义与第 22 条第四款内地人员进入特区需办理批准手续）。……这样的提交，会收回本法院对解释基本法中关于属于特区自治范围内的条款（x 条款）的司法管辖权。……法院审理案件时最主要需要解释的是哪条条款？如果答案是一条"范围之外的条款"，本法院必须将之提交"人大常委会"。如果最主要需要解释的并非"范围之外的条款"，便不须提交①。

对香港终审法院的判决，全国人民代表大会常务委员会依据基本法就上述第二、三点作出了反应（就第一点，虽然基本法并没有明确规定法院有对违反基本法的司法审查权，但全国人大常委会没有明确提出质疑），指出了香港终审法院判决中的可质疑全国人大和全国人大常委会决定之上的错误法律观点。终审法院在 1999 年 2 月 26 日的判词中纠正了上述判词中可质疑全国人大常委会的立法行为的错误，指出，"如果'人大常委会'对基本法作出解释时，特区法院必须要以此为依归"。1999 年 5 月 18 日，特别行政区行政长官向国务院请求全国人大常委会解释基本法第 24 条第二、第三项及第 22 条第四款。6 月 26 日，全国人大常委会通过关于基本法第 22 条第四款第二项的解释。香港有舆论认为，全国人大常委会解释基本法破坏了香港司法独立和终审权。

在此争议中突显了两个方面的法律冲突。第一，宪法和基本法赋予全国人大常委会解释法律的权力应否得到尊重？反映了立法解释有最终权威还是司法解释有最终权威的两种法律观点的矛盾。第二，全国人大常委会解释基本法是否对特别行政区司法独立和终审权构成侵犯？这是一种制度衔接另一种制度过程中产生的矛盾。可将此称为制度衔接的冲突形态。

个案二，特别行政区根据基本法第 23 条规定，自行制定维护国家安全的法律引起的冲突。

2002 年 9 月 24 日香港特别行政区政府公布实施基本法第 23 条咨询文件，开始就基本法第 23 条立法进行为期 3 个月的咨询。政府的咨询文件包括禁止任何叛国、分裂国家、煽动叛乱、颠覆中央人民政府及窃取国家机密等七种行为。咨询期间，就特别行政区要不要立法、如何立法发生了争

---

① ［1999］IHKLRD731，香港终审法院 1999 年 1 月 29 日判决。

论。这里暂且不论如何立法中的不同意见，就反对立法的意见而言，他们所表达的反对理据集中到一点，就是认为为国家安全立法破坏了"一国两制"和侵犯了居民人权和自由。所以，在"一国"与"两制"关系上，在国家与个人关系上，在法律与自由关系上提出了一些"振振有词"的法律观点，如反对把国家观念引入特别行政区，或者特别行政区对国家概念另立标准；只有民选政府，民主政制的国家才享有安全的权利；要个人自由，就不能有国家安全法等。他们看似反对特别行政区立法，实质是针对国家，不愿意也不希望履行对国家安全的义务，与特别行政区政府认为应该履行基本法规定的自行立法的义务，发生了矛盾冲突。这是属于在建立一种新制度过程中的法律矛盾。可将此称为制度调整的冲突形态。

个案三，内地和特别行政区之间进行的司法协助的商谈。

在国家对香港和澳门行使主权后，两地之间都认为有必要加强司法协助，打击犯罪，维护社会治安，解决法律纠纷，发展民商经济的交往。这一商谈工作已经开始多年，但是进展缓慢，成果不大，与大家期望存在较大差距。这种情况是什么原因造成的呢？限于篇幅，仅就涉及刑事司法协助的商谈而言，其中至少有两个关键问题成了难题：第一，政治犯应不应移交？第二，死刑犯要不要移交？因各自有自己的立场，内地希望特别行政区改变原有法律的规定，而特别行政区却担心改变原有法律规定，会引发制度的变化，所以，在没有新的突破之前，难以找到解决办法。而这种分歧的背后，是法律观念和制度的矛盾。这种情况属于两种制度合作中产生的矛盾。可将此称为制度合作的冲突形态。

以上三种法律冲突或矛盾，表现形态各不相同，背景也各有差异，从现象到本质分析这三种法律冲突，有一些共同的原因：

第一，法律观念的不同。

就基本法解释所引起的矛盾冲突看，法律观念的不同是冲突的主因。香港终审法院的法官认为，法院作为审判机关，在审理案件时，有权对法律，包括基本法解释，可以宣布立法和行政机关的立法行为及行政行为因抵触基本法或法律而无效。法院不仅解释基本法和法律，而且法院的解释是具最终效力的、不可挑战的。在他们的观念中，司法是至上的。这与中国宪法体制下的法律观念形成了冲突。依据宪法，全国人民代表大会是国家最高权力机关，全国人民代表大会常务委员会是最高权力机关的常设机关，行使法律的解释权。全国人民代表大会常务委员会对基本法和法律的解释是最终的解释，是不受挑战的。在观念上是全国人民代表大会常务委员会至上。

第二，法律制度的不同。

就全国人民代表大会常务委员会应特别行政区行政长官请求对基本法解释所引起的矛盾看，主因是法律制度不同。在香港的法律界和舆论中，对全国人民代表大会常务委员会解释基本法表现出来的不满或担心，是基于香港的法律制度而言的，法院对法律作出解释后，是不能由其他机关作出另一种解释，影响法院今后的审判。换言之，法院是将审判权与解释权融为一体，不作分割。所以，全国人大对法院在审理案件中对基本法的解释作出否定，法院今后必须按全国人大解释审理案件，就自然被认为是妨碍司法独立。但是，相反在中国宪法制度下，法律解释权与法院审判权是可以分离的，遇有法律内容不明确或有争议时，最终应由全国人大常委会来解释，然后由法院依据全国人大解释进行审判，适用法律，解决纠纷。行使法律解释权并不妨碍法院独立审判案件，全国人大解释法律是宪法秩序内的常态。

同样，在两地司法协助问题上的分歧，也是坚守和维护自己法律制度的结果。如政治犯不移交、死刑犯不移交，是香港原有法律制度中的规定。一方担心，如果放弃了这一原则，似乎就改变了自己的法律制度。

第三，权利和义务的矛盾。

从矛盾的表现形式看，是法律观念和法律制度不同的冲突，从更深层次分析，观念和制度的冲突所牵涉的是国家权力与特别行政区自治权之间的界定冲突，任何一方不适当地扩张权力，或不履行应尽的义务都会引起矛盾，这才是上述冲突的实质内容。试想反对全国人大常委会释法，目的不就是要排除或限制全国人大常委会的权力，将特别行政区的司法权扩张到不受约束的地步吗？反对特别行政区立法维护国家安全不就是要摆脱法律义务的约束吗？总之，香港部分人担心的就是怕自治权被削弱了，怕义务被增加了。至于国家应该不应该有权力，权力应该不应该得到尊重，就可以忽略不计。同样，全国人大常委会主动释法，不就是要避免权力被架空，在涉及基本法的重大问题上，被剥夺发言权，变得徒有虚名吗？中央政府表明特别行政区应该自行立法完成维护国家安全法律，不就是担心国家的统一和生存受到威胁吗？所以，表象是观念和制度的矛盾，实际是权力和利益的矛盾。

通过分析，我们可以客观地说，上述问题的产生是自然的，不论是观念，还是制度的差异，直至权力的分配，必然引发矛盾。所以，有矛盾并不可怕，关键是采取什么样的解决方法化解矛盾。任何将冲突或矛盾绝对化，采取不顾条件的解决方法都是有害的。

信任是防止冲突的基础，也是解决矛盾的基础。在"一国两制"下，需要建立稳固的互相信任的基础。建立互相信任就是建立共同的基础。

（二）构建互相信任的机制

信任是一种诚信，是价值层面的，有很大的主观性。为使"一国两制"下的信任能够保持长久和稳定，除了加深和巩固对"一国两制"的认识，对国家的认同外，还需要有制度的保障。对促进信任要有具体制度，对破坏信任的行为要有具体的防范和制裁。制度的构建既是以信任为基础，也是确保信任的必要的安排。正如一个合同的订立，首先是基于双方的合意，双方的诚信，但是，为了兑现承诺，不会因为基于诚信，就完全没有履行合约的强制规定，相反，正是通过强制履行合约的规定，才保障了诚信。一旦不兑现诚信，就要承担由此引起的责任。

信任与制度之间是互为条件的。制度实施需要从信任出发，当运作中的问题由缺乏信任引起，就不应该否定制度本身。因为缺乏信任的基础，就是法律作出了规定，法定的权力也会受到干扰，猜疑的一方总想限制另一方的权力行使，压缩合法的活动空间。相反，当双方有了信任，就会作出互相配合，事半功倍。而制度的作用就在于，一方面促进互相信任，另一方面对损害互相信任的行为给予纠正。所以，既需要信任，也需要制度，制度以信任为基础，制度以保信任为己任。两者缺一不可。

下面从信任的角度，就基本法的三个制度安排进行分析。

第一，中央人民政府对行政长官的任免与特别行政区选举行政长官的关系。

有人提出，既然特别行政区居民选出行政长官的人选，为什么要中央任命，是否多此一举？如果要由中央任命也应该是一种程序或形式，不是实质性任命权力。这种主张，从心理上分析是缺乏对中央政府的信任，从制度上分析，就是要弱化制度对信任的保障，变成徒有形式。如果换一个角度看，中央政府对特别行政区居民没有信任，会否给特别行政区自行选举行政长官的选举权？基本法授予特别行政区选举行政长官的权力，就是对特别行政区居民的信任。但是，信任是有基础的，就是行政长官的人选是要拥护"一国两制"，拥护基本法，效忠国家，接受中央领导，对中央负责。当特别行政区居民基于对中央的信任，在选举行政长官人选时，能够选出符合上述条件者，中央政府有什么理由不任命？基本法规定中央政府的实质任命权，不是为了任意否决选举产生的人选，而是为了对付一旦选举产生的人选与中央对抗，必须事先预防，从而回归到行政长官与中央互相信任这个目的上。这是必要的一项制度安排。因此，基本法的这一规定是建立在对特别行政区居民的信任基础之上，只有当信任遇到破坏时，中央政府才会行使否决权。在这个机制运作时，首先要建立起互相信任。而要做到这一点，又必须对行政长官人选的标准有一个共识和认同，不是口头上的、阳奉阴违的表态，而是真实的、心悦诚服的接受。应该放弃那种想法：在处理中央任命与特别行政区选举关系时，总是关注如何扩大特别行政区的选举权限，压缩中央任命的权限，不考虑寻求信任的基础。事实上，此路不通。中央不可能放弃最后实质的任命权，就是完全排除中央对选举的影响力，最终还是要面对中央的任命，因为这是中央保证行政长官对中央负责的唯一手段。如果出现对抗，只能是两败俱伤，社会付出更大的成本，对中央与特别行政区关系有百害无一利。我们应该换一个角度思考问题，不是在权限上做文章，而是在坚持互相信任上下工夫，在此基础上选举产生的行政长官人选，中央自然接受选举结果，不可能产生对抗，最终是双赢。面对这两种不同的结果，希望"一国两制"能够成功的人，会作出正确的选择。所以，要转换思路，回归信任，看待制度的安排。未来选举办法的任何修改，都要有利于互相信任。不利于互相信任的都是不可取的。

第二，特别行政区立法会制定法律与全国人民代表大会常务委员会审查法律的关系。

特别行政区立法会根据基本法的规定，自行立法，可能涉及中央管理的事务，中央与特别行政区关系的事务，所以，同样存在一个互相信任的问题。以基本法第 23 条规定为例分析。基本法第 23 条规定，特别行政区自行立法禁止任何叛国、分裂国家、煽动叛乱、颠覆中央人民政府及窃取国家机密的行为。基本法授权特别行政区自行立法，既是中央尊重特别行政区的法律制度，也是对特别行政区的信任。基于互相信任，特别行政区应该履行基本法的义务，制定实施基本法第 23 条的有关国家安全的法律。

2009 年澳门特别行政区体现互相信任，立法会顺利通过了国家安全的法律。但是，香港的某些人反对履行基本法的义务，从根本上反对第 23 条立法，实质就是要破坏特别行政区与中央的互相信任。我们可从 2003 年香港特别行政区中止第 23 条立法的结果看，一旦破坏了互相的信任，对实施"一国两制"是有利还是不利？对中央与特别行政区关系的发展是有利还是不利？对行使高度自治权是有利还是不利？答案是清楚的，绝对不利。从而，迫使中央政府采取措施，重塑互相信任的基础和构建相应的制度。理由很简单，不会因有人破坏互相信任，我们就不要信任，相反，我们需要信任，所以，要建立和完善保障信任的制度。难道大家不应该从中反思，从中吸取经验教训吗？

至于特别行政区立法会制定其他法律，只要符合基本法就有效，充分体现中央对特别行政区立法会的信任。只有当立法抵触基本法有关中央管理的事务、中央与特别行政区关系的事务时才行使发回权。中央并不事先审查特别行政区立法会的立法中有关自治事务的条款是否抵触基本法。试想，如果双方缺乏信任，特别行政区立法会干预中央管理的事务，中央干预特别行政区自行管理的事务，这个机制还能正常运作吗？

第三，特别行政区法院行使审判权与全国人大常委会解释基本法的关系。基本法规定，特别行政区法院在行使审判权的过程中，如有需要，可以对自治条款进行解释，就是涉及中央管理的条款，中央与特别行政区关系的条款也可以解释，只有在终局判决前，需要提请全国人大常委会解释。这种安排也是建立在对特别行政区法院的信任基础上的。如果我们抽掉信任的基础，法院应该提请而不提请，结果会是如何呢？只能面对全国人大常委会的释法。某些人总担心全国人大常委会释法，不希望及反对提请全国人大常委会释法，将全国人大常委会释法说成是干预司法独立，总以怀疑、回避、提防的心理对待全国人大常委会依法解释基本法条款。其中原因虽然有不同法律文化的因素，一个是强调司法解释，一个是规定立法解释，但是有了互相信任，完全可以解决。相反，如果法院不信任全国人大常委会，却要全国人大常委会信任法院，这种不对等、不互相信任、不符合基本法的规定，当然行不通。所以，不改变这种心态，只能加剧冲突，不会解决矛盾。因为当出现对基本法解释错误时，纠正错误的解释，正确阐明基本法的含义是全国人大常委会不能逃避的责任。

经过上述分析，我们可以看到，权力的行使要以信任为基础，没有互相信任，必然就想限制对方的权力，反对对方行使权力。这就是冲突的根源。信任是通过依法行使各自的权力与履行各自的义务实现的。因为授予权力是一种信任，赋予义务是一种约束，在这背后是一种信任。中央保证特别行政区行使自治权是一种信任的体现。特别行政区履行义务也是向中央兑现一种信任。不履行义务，总想限制中央的权力，就是破坏中央与特别行政区之间的信任机制。

（三）处理互相信任的原则

1. 互相尊重原则，服从"一国两制"

解决矛盾需要原则，那么原则是什么呢？矛盾亦已存在，表明双方立场有异，要使关系不致破裂，总应有一条底线，所以，原则就是这个底线。底线在哪里？按照"一国两制"，应该有两条，一条是"一国"，另一条是"两制"，既不能损害"一国"，也不能消灭"两制"。"一国"破局，矛盾冲突一定加剧，不得善终。"两制"不在，虽无矛盾，面目全非，实非所求。据此，在解决矛盾冲突时，凡属于"一国"底线的，则双方要共同坚守；凡属于"两制"底线的，则双方要共同维护。

具体就制度衔接的冲突形态而言，既然两种不同制度已经存在，其中一种制度又必须与另一制度衔接，如全国人大常委会拥有对基本法的最终解释权是体现"一国"的底线，特别行政区法院就必须服从，不能挑战。因为这与实行什么样的法律制度并没有必然的关系，相反，与一个统一主权的国家有密不可分的关系。有人借口，内地实行大陆法系，并且由全国人大常委会解释法律，与香港实行普通法系，由司法机关解释法律，在制度上不同，所以，解释基本法最终权力应该保留在特别行政区法院。把问题定性在制度之争，给人的感觉要在制度的优劣中作出选择。但是，问题实质不在于此，不论制度相同也好，不同也好，关键是国家的主权机关有没有权力来维护自己所制定的法律能够真正落实。如果是必须的，则全国人大常委会最终解释基本法的权力就不能动摇。权力在这种关系中才是关键和核心。就拿美国为例，1803年，联邦最高法院确立司法审查制度，赋予自己对宪法拥有最终解释权时，不是考虑联邦与各州实行相同还是不同的法律制度，而是要确保宪法在美国能够得到统一实施，所以，就不可能把解释宪法的最终权力交给各州法院，避免各行其是、相互矛盾，因为那势必造成国无宁日，国将不国。所以，全国人大常委会拥有对基本法的最终解释权是"一国"的要求，是完全合理合法的，具有正当性，特别行政区的原有法律制度不论如何规定，都必须与此衔接，而不是对抗。

另一方面，特别行政区法院行使基本法解释权时，有权对立法机关立法行为、行政机关行政行为进行符合基本法的审查，是属于原有法律制度中的题中应有之义。虽然基本法对特别行政区终审法院的审查权没有明确规定，依据"两制"原则，属于特别行政区在基本法框架下的制度选择，不涉及"一国"原则，国家应予尊重，允许特别行政区法院解释法律的权限与内地法院不同，所以，全国人大常委会没有质疑终审法院行使司法审查的权力，是明智的。

因此，解决权力冲突时，应以底线为原则。

2. 基本兼顾原有制度，适时调整法律规范

法律矛盾和冲突是新旧交替，适应社会发展不可避免的产物。中国对特别行政区恢复行使主权，就是新的发展，特别行政区的法律就要作出相应的调整，理所当然。调整过程中的新旧矛盾，如何解决呢？在"一国两制"下，这种调整有一定的特殊性，需要掌握适度。既然是调整，就不能全盘废除原有的法律及制度，只能在其框架内进行，同样也不能原封不同，丝毫不变。就拿特别行政区第 23 条立法为例，全国人大授权特别行政区自行立法，不是由全国人大自己立法，并将法律直接适用特别行政区是符合上述原则的。相反，反对特别行政区履行立法义务，否定对原有法律调整的必要性，否定确立新的法律规范，则违反了上述原则。特别行政区政府将在原有法律中，就有关禁止叛国、窃取国家机密等罪行的条例，如刑事罪行条例、官方机密条例、社团条例，由分散的条例内容集中在一个法律文件中，并依据基本法和香港回归的事实，作出相应的调整，适度合理，则应该获得肯定和支持。但是，反对者从根本上否定立法，将原本是要讨论如何立法的问题，变成了要不要立法的问题，并主张否定立法，走向了一个坏的极端。这种矛盾冲突，给了我们一个启示：需要互相适应，才能解决。只有国家尊重特别行政区自行立法，维持特别行政区原有法律制度内的协调性，不用内地的法律规定去要求特别行政区的立法规定与内地一致，如构成危害国家安全行为的要件、具体条件或标准，仍可保留原有法律的规定，是不够的；特别行政区必须作出相应的配合，不能拒绝法律的适应化，或者把国家安全法变成无牙的老虎，徒有其名，毫无作用，相反，特别行政区应该根据基本法的要求，制定新的法律规定，确立新的法律制

度。否则，这对矛盾就不可能解决。

应该明白，作为制度调整的冲突形态，本身就包含着重新调整相关利益的需要。过去特别行政区在外国管制下，没有国家（指中国）利益可言，现在涉及国家利益，法律在调整社会关系时就要考虑这种利益，不能忽视它的存在。法律在调整国家、特别行政区与居民之间利益这类的社会关系时，必须兼顾各方要求。国家的安全利益不可以在特别行政区得不到保障，任人侵犯。同样，也不能为了国家安全利益，而不顾居民的人权与自由。所以，应该讨论和研究如何立法，以平衡各方利益，满足社会整体利益。不应该缺乏理性地一味反对立法，这是毫无道理，也是不可取的。

因此，解决利益冲突时，应以适度兼顾为原则。

3. 改变观念，互相协商和妥协，寻求共识

制度合作中的冲突形态，由于是建立在平等基础上的双方关系，不可能完全按照一方的想法或要求来解决问题或矛盾。所以，要用新的思维，灵活处理，不要僵化地坚持原有制度或模式作为我们解决问题的前提或条件。

就刑事司法协助中的两个争论焦点而言，应该采取区别对待的方法解决。在"一国两制"下，所谓政治犯，就是实施了危害国家制度的犯罪行为人，当一个犯罪嫌疑人由内地实施犯罪，然后逃到特别行政区，特别行政区却不将犯罪嫌疑人移送内地，不符合"一国"原则。因为特别行政区是国家的一部分，特别行政区与国家的关系，有别于国家与国家的关系，所以，特别行政区不能拒绝与国家的合作，应该调整或改变原有法律的规定①。但是，死刑犯不移交（政治犯除外），内地可以尊重特别行政区原有法律制度的规定。因为它不涉及"一国"原则，属于原有法律制度中的人道原则。因为犯罪人应否被剥夺生命，从人道角度讲，是一个可以讨论的问题，不同的法律制度下采取不同的刑事政策，从"两制"角度看，是属于自治范围内的事务，可以由特别行政区自由选择制度，既然特别行政区的法律规定不设死刑，内地就不要强求特别行政区改变它的刑事政策（如果特别行政区自行改变，另当别论）。

中央与特别行政区的关系是影响澳门社会和谐的极其重要的外部因素。

---

① 美国宪法第三条也是以此精神处理的，"每州公民得享有各州公民的一切特权与特免。凡在一州被控犯有叛国罪、重罪，或其他罪案的，逃出法外，而在他州被寻获时，该州应因其人所逃出之州的行政当局的请求，将其人交出，以便移解至该项犯罪裁判权之州。"

在制定基本法时，引起大家的高度重视，原因十分简单，中央与特别行政区关系处理不当，如互不信任，中央不支持特别行政区，特别行政区与中央搞对抗，事事冲突，时时摩擦，势必施政不畅，社会动荡。那么，实行"一国两制"所要达到的两个基本目标，即国家统一和特别行政区稳定发展就不可能实现。因此，基本法对处理中央与特别行政区的关系给予了高度重视，明确了双方关系的性质，以及双方的权力与责任，确立了处理双方关系的规范准则，以避免权责不清，引起矛盾。

第六章
居民基本权利和义务关系

　　居民的基本权利和义务就是要明确居民享有权利的内容和履行义务的要求，解决权利和义务之间关系。它的逻辑体系是：在"一国两制"下，处理好居民身份与公民身份的关系，公民权与居民权的关系；处理好基本法规定的权利和义务与特别行政区法律规定的权利和义务关系；建立权利和义务的平衡关系。

第一节　基本权利和自由的概述

　　基本法作为特别行政区的基本法律，必然要规定居民的基本权利和自由。特别行政区实行"澳人治澳"，那么，社会主体的居民应享有什么权利，承担什么义务，如何行使权利、如何承担义务，应有明确的规定，并用法律的形式调整居民与社会之间、居民与居民之间的权利关系。

　　从各国法律体系看，公民的基本权利和自由均由宪法作出规定，这是历史发展和进步的结果。自法律产生起，就有法律规范的权利和自由，其中成为以后基本权利的那部分只是以一般权利的形态存在，它的效力和保障并没有特殊性。王权往往可以对权利作出限制和剥夺。所以，在近代意义的宪法产生后，人们认为，人的一些基本权利应该在国家的根本大法中规定，具有最高法律效力，不容侵犯和剥夺。从 1776 年的美国独立宣言和 1791 年人权法案开始，至 1789 年的法国人权宣言，对基本权利作了系统阐述，开创了宪法规定基本权利的先例，也形成了一条基本权利是宪法必不可少的内容的法律规则。

权利是指在法律关系中，法律对主体一方能够作出或不作出一定行为，或者要求另一方作出一定行为，或不作出一定行为的许可和保障。也就是说，权利首先是法律许可法律关系主体作出或不作出一定行为。其次，如果另一方不履行相应义务，权利受到损害时，则可请求法律用强制力给予保护。那么，什么是基本权利呢？就是人所享有的最基本、最重要的权利，并由宪法确认和保护。基本权利既是人在社会活动中形成和发展起来的，又是由宪法规定的，是两者的统一，缺一不可。

基本权利的特点是：第一，基础性。基本权利由宪法规定后，它成为法律的权利体系中的基础，对其他权利有决定性影响。如果人没有生存权，其他权利对人来说是无实际意义的。如果人失去人身自由，也就谈不上行使其他权利。普通法律所规定的权利是从基本权利派生出来的，是基本权利的具体化。第二，普遍性。作为人的基本权利，不受性别、血统、种族、职业、语言、宗教信仰、教育程度、财产状况、社会条件等的限制，人人享有，体现它的普遍性。第三，综合性。作为基本权利就不能仅限于某一方面，而应体现在多个方面。所以，基本权利一般都包含了政治、经济、文化、社会各领域的一些权利，具有综合性。

基本权利和自由的范围不是一成不变的，最初要求规定的有生命权、财产权、自由权、追求幸福权。随着社会经济、文化的发展，居民物质和精神生活水平的提高，基本权利不断扩大和增加。过去没有的，现在有了。如知情权、环境权等。现在没有，将来可能有。它是一个发展的过程，也是逐步完善的过程。同样，基本权利和自由要以一定的物质基础和精神条件为基础，从实际情况出发，既不能落后现实，也不能超越现实。因而，每一个国家具体情况不同，基本权利的内容也就会有所差异。只要符合实际，反映出自己的特色，基本权利就能得到切实的保障。

第二节　居民的基本权利和自由的原则与特点

一　基本权利和自由的原则

（一）　体现"一国两制"的原则

基本法在总则第 11 条中规定，"根据中华人民共和国宪法第三十一条，澳门特别行政区的制度和政策，包括社会、经济制度，有关保障居民的基本权利和自由的制度，行政管理、立法和司法方面的制度，以及有关政策，均以本法的规定为依据"。这就清楚地表明，澳门居民的基本权利和自由由澳门基本法规定和保障，可以与中国宪法的有关规定不同。

所以，只有遵循"一国两制"的方针，规定澳门居民享有的基本权利和自由，才能反映澳门的实际，符合澳门居民的意愿。澳门基本法正是遵循这一原则，规定澳门居民的基本权利和自由。例如，澳门基本法第 38 条规定，澳门居民享有自愿生育的自由，而不是规定计划生育的义务，居民有权向法院申请人身保护令，等等。

（二）　符合澳门实际情况的原则

澳门基本法除了将中国政府在中葡联合声明第二条第五款及附件一第五节中有关澳门居民享用的一系列基本权利和自由作出规定外，还根据澳门的实际情况，增加了一些新的内容。例如，选举权和被选举权；人格尊严不受侵犯；从事教育、学术研究、文学艺术创作和其他文化活动的自由；妇女的合法权益受澳门特别行政区保护；未成年人、老年人和残疾人受澳门特别行政区的关怀和保护；依法享受社会福利、劳工福利待遇和退休保障受法律保护，等等。

（三）　基本法的规定与具体法律的保障相结合的原则

澳门基本法作为特别行政区的一部具根本性的法律，是立法机关制定法律的立法基础，其特点决定了它不同于一般的普通法律，它的法律地位和效力均高于普通法律。因此：

①作为基本法只能就居民最基本、最重要的权利和自由作出规定，它不可能包罗居民应享有的所有权利和自由，它也不可能代替普通法律去规定一些具体实施的问题。相反，它需依赖一系列的普通法律对基本权利和自由加以具体化，以保证居民的行使。

所以，澳门基本法在规定居民的基本权利和自由的同时，规定居民依法享有和行使这些权利和自由，如澳门基本法第 26 条规定，依法享有选举权和被选举权；第 39 条规定，依法享有社会福利的权利等。而居民基本权利和自由也只能依法受到限制，如澳门基本法第 32 条规定，通信自由和秘密；第 33 条规定的出入境自由，只能受法律的限制。

②作为基本法必须给立法机关的立法留有可根据社会发展情况，制定具体法律的余地。

因为社会的情况多种多样，纷繁复杂，而且又是发展变化的，绝不是一成不变的。这就要求立法机关应随着社会发展变化，赋予或补充居民的权利和自由的新内容。如果基本法过分地详细，不必要地作了一些规定，就有可能不适应今后的社会发展，限制了立法机关的立法活动，对居民享有和行使权利、自由并非益事。而且，基本法只规定最基本的权利和自由，具体的实施和配套法律由立法机关依据基本法制定，也是充分体现了特别行政区立法权的高度自治。

在起草基本法的过程中，一些人士要求基本法规定基本权利和自由越多越好，主要有以下两个担心。

一是有人担心，基本法规定的权利和自由才有保障，而基本法没有规定的怎样办呢？其实，澳门基本法第 41 条已回答了这个问题。澳门居民除了享有基本法规定的权利和自由外，还可以"享有澳门特别行政区法律保障的其他权利和自由"。这就是说，虽然基本法没有作出明确规定，只要特别行政区其他法律有规定，澳门居民可以依法享有和行使这些权利和自由，并将得到澳门特别行政区的保护。

二是有人担心，基本法原则规定居民的基本权利和自由，将来的立法机关在制定具体的法律时可能出现不符合基本法的规定，而限制了居民行使权利和自由。这种担心是不必要的，因为基本法第 71 条第一项规定，立法机关"依照本法规定和法定程序制定、修改、暂停实施和废除法律"。所以，立法机关制定法律的基础是基本法，不能违背基本法的规定去限制、剥夺居民的权利和自由。对此，澳门基本法总则第 11

条规定，"澳门特别行政区的任何法律，法令、行政法规和其他规范性文件均不得同本法相抵触"。如果出现立法会制定的法律抵触基本法，那么就将无效。

二　基本权利和自由的特点

（一）权利主体多样性

一般情况下，享有宪法规定的基本权利和自由的主体是本国的公民。由于特别行政区实行"一国两制"，以及居民由中国籍居民和非中国籍居民、永久性居民和非永久性居民组成的特点，决定了享有基本权利和义务的主体多样性。一方面，不论他们具有何种身份，都是享有基本权利和自由的主体。另一方面，由于他们的身份不尽相同，他们享有基本权利和自由的范围有所区别。如，中国籍的居民可享有参加国家事务管理的权利，非中国籍的居民不可行使此项权利。永久性居民享有选举权和被选举权，非永久性居民却不能行使。权利主体的多样性，决定了行使权利的差异性。这是居民基本权利和自由的一个显著特点。

（二）权利内容的广泛性

特别行政区居民享有的基本权利和自由是十分广泛的。

①体现在基本法规定的内容中。根据基本法规定，在政治权利方面，居民享有选举权和被选举权，言论、新闻、出版、结社、游行、示威的自由，组织和参加工会、罢工的自由；在人身权利方面，居民享有人身自由不受侵犯，不受任意或非法逮捕、拘禁，人格尊严不受侵犯，名誉权、私人生活和家庭生活的隐私权受保护；在个人自由方面，居民享有通信自由和秘密，迁徙自由、移居其他国家和地区的自由，旅行和出入境自由，信仰自由，婚姻自由，自愿生育自由；在财产权方面，居民享有私有财产的取得、使用、处置和继承的权利，以及依法征用财产时得到补偿的权利；在社会、文化、经济权利方面，居民享有选择职业和工作的自由，从事教育、学术研究、文学艺术创作和其他文化活动的自由，依法享受社会福利的权利；在法律方面，居民在法律面前一律平等，居民除其行为依照当时法律明文规定为犯罪和应受惩处外，不受刑法处罚。被指控犯罪时，享有

尽早接受法院审判的权利，在法院判决前均假定无罪，等等。

②体现在《公民权利和政治权利国际公约》、《经济、社会与文化权利国际公约》、国际劳工公约适用于特别行政区的规定继续有效上。上述国际公约所规定的基本权利和自由居民继续可以享受。

③虽然在基本法和国际公约中没有明确列明，但在特别行政区根据基本法的规定，制定具体法律实施时，其法律所包含的权利和自由，居民可以依法享有。

（三）权利保障的充分性

居民的基本权利和自由不仅是广泛的，也是由法律充分保障的。

1. 基本法的保障

基本法是特别行政区法律的基础，制定法律和法规须以基本法为依据，只有符合基本法的才有效。任何抵触基本法的法律、法规均将无效。因此，基本法规定的基本权利和自由，是任何机关和个人无法剥夺的，这是一种绝对的保障方式。

2. 相关法律的保障

基本法在规定许多权利和自由时，明确指出需制定法律予以保障，没有相关法律的要制定，法律不完善的要修改和补充，从而，健全法律保障的体系。而且，基本法还规定，权利和自由只能依法律限制，非法剥夺和限制居民的权利和自由的行为将受到法律的制裁。如，总则第 4 条规定，澳门特别行政区依法保障澳门特别行政区居民和其他人的权利和自由。在第五、第六章中也分别就居民的财产所有权，科学技术发明、创造，文学艺术创造成果等规定用法律加以保障。

为了保障居民的基本权利和自由，对符合基本法的澳门原有法律予以保留，并根据基本法的要求，在特别行政区成立后制定了一系列法律。

实施基本法第 24 条，确认居民资格的有：新订的第 8/1999 号法律《澳门特别行政区永久性居民及居留权法律》、第 7/1999 号法律《澳门特别行政区处理居民国籍申请的具体规定》、第 8/2002 号法律《澳门特别行政区居民身份证制度》。行政法规有第 7/1999 号行政法规《澳门特别行政区居留权证明书发出规章》、第 23/2002 号行政法规《核准澳门特别行政区居民身份证规章》。

实施基本法第 26 条，保障选举权的有：新订的第 3/2004 号法律《行政长官选举法》，第 3/2001 号法律《澳门特别行政区立法会选举法》，第 12/2000 号法律《选民登记法》。

实施基本法第 27 条，保障言论、新闻、出版、结社、集会、游行、示威自由和参加工会、罢工的权利的有：原有的第 7/90/M 号法律《出版法》、第 2/93/M 号法律《集会权及示威权》、第 2/99/M 号法律《结社权规范》。

实施基本法第 28 条、第 29 条，保障人身自由的有：新订的第 9/1999 号法律《司法组织纲要法》中人身保护令规范、第 6/2008 号法律《打击贩卖人口犯罪》。原有的第 11/95/M 号法律《澳门刑法典》及第 48/96/M 号法令《澳门刑事诉讼法典》的有关规范。

实施基本法第 30 条，保护人格尊严和隐私权的有：新订的第 8/2005 法律《个人资料保护法》以及原有的澳门刑法典及第 39/99/M 号法令《澳门民法典》的有关规范。

实施基本法第 31 条，保护住宅不受侵犯的有：原有澳门刑法典和澳门民法典的有关规范。

实施基本法第 32 条，保护通信自由的有：原有的第 16/92/M 号法律《通讯保密及隐私保护》。

实施基本法第 33 条，保护出入境自由的有：新订的第 6/2004 号法律《非法入境、非法逗留及驱逐出境的法律》、第 4/2003 号法律《入境、逗留及居留许可制度的一般原则》，第 9/1999 号行政法规《澳门特别行政区旅行证件签发规章》、第 10/1999 号行政法规《澳门居民往来香港特别行政区旅游证签发规章》。

实施基本法第 34 条，保护信仰自由的有：原有的第 5/98/M 号法律《宗教及礼拜的自由》。

实施基本法第 35 条，保护择业自由的有：新订的第 7/2008 号法律《劳动关系法》、第 9/2003 号法律《劳动诉讼法典》、第 12/2001 号法律《工作意外及职业病法律制度》及修改，第 17/2004 号行政法规《禁止非法工作规章》，原有的第 4/98/M 号法律《就业政策及劳工权利纲要法》，第 52/95/M 号法令《订定在劳动关系内须遵守之规则，以保障男女劳工在就业上获平等之机会及待遇——若干废止》。

实施基本法第 36 条，保护司法救济权的有：新订的第 9/2004 号法律《〈司法组织纲要法〉及〈民事诉讼法典〉条文的修改及附加》（设立轻微

民事法庭）以及原有的第 55/99/M 号法令《澳门民事诉讼法典》、第 48/96/M 号法令《澳门刑事诉讼法典》的有关规范，第 5/94/M 号法律《请愿权的行使》、第 21/88/M 号法律《法律和法院的运用》，第 41/94/M 号法令《规范司法援助制度》。2009 年初立法会审议修改并通过的《增加 21/88/M 号法律〈法律和法院的运用〉的条文》，就是为保障基本法规定的居民"获得律师援助"这一权利的全面落实，"在任何程序"之后加上"及在有关程序的任何阶段"，以确保获得律师的帮助。

实施基本法第 37 条，保护教育、学术研究、文化创作自由的有：新订的第 9/2006 号法律《非高等教育制度纲要法》、第 9/2000 号法律《科学技术纲要法》。行政法规有：第 17/2007 号修改行政法规《免费教育津贴制度》、第 16/2007 号行政法规《教育发展基金制度》、第 20/2006 号行政法规《学费津贴制度》、第 19/2006 号行政法规《免费教育津贴制度》、第 16/2005 号行政法规《基础教育学生学费津贴制度》、第 14/2004 号行政法规《科学技术发展基金》。

实施基本法第 38 条，保护婚姻自由的有：原有澳门民法典的有关规范，第 6/94/M 号法律《家庭政策纲要法》。

保护青少年权益的有：新订的第 2/2007 号法律《违法青少年教育监管制度》、第 6/2001 号法律《因利用不可归责者犯罪情节的刑罚加重》。

实施基本法第 39 条，保障社会福利的有：新订的第 6/2007 号行政法规《向处于经济贫乏状况的个人及家团发放援助金的制度》、第 12/2005 号行政法规《敬老金制度》及修改、第 12/2008 号行政法规《现金分享计划》，第 234/2004 号行政长官批示《将社会保障制度扩展至自雇劳工》，原有的第 58/93/M 号法令《通过社会保障制度》。

3. 特别行政区有义务制定政策，创造条件，保障居民的基本权利和自由的实现

如基本法规定，政府根据经济发展情况，制定劳工政策，完善劳工法律保障。再如，根据经济条件和社会需要，自行制定有关社会福利的发展和改进的政策，以促进和保障居民的福利等。

居民享有法律上规定的权利和自由是需要有一定的物质条件为基础的，尤其是经济上的权利；受教育的权利；从事文化、科技、学术研究的权利；社会福利的权利。没有经济基础，上述权利将受到很大的限制。虽然，经济的发展不是必然的带来经济、教育、文化、社会权利的实现。但是，没有经济的发展，经济、教育、文化、社会的权利是万万不能实现的。

特别行政区政府在发展经济方面作出了努力。2000年，澳门经济改变了连续4年衰退局面，实现4.6%的增长率。以后的7年间，澳门GDP年均增速达12.1%，2007年澳门GDP创下1536.1亿元（澳门元）的历史新高。2007年的财政盈余比2000年增加逾30倍，特别行政区政府外汇储备7年增加2.73倍①。2008年全年经济增长尚保持较高的速度，本地生产总值实质增长率为12%②。

①社会经济的发展，带来了居民生活的改善。根据统计暨普查局在2007年9月至2008年9月期间进行每5年一次的住户收支调查，全澳共有167187个住户，其中133548户（79.9%）居于私人住宅，而居住在经济房屋及社会房屋的分别有27871户（16.7%）及5768户（3.5%）。全澳住户的每月消费开支总额约为30.8亿元（澳门元，下同），较2002/2003年名义上升107.6%，实质升幅为74.9%。住户每月平均消费开支为18394元，较2002/2003年的11026元名义上升66.8%，而实质升幅为40.5%。全澳住户的每月收入总额为41亿元，较2002/2003年名义上升99.5%，实质增幅为68%。住户每月平均收入为24528元，较2002/2003年名义增加60.3%，而实质增幅为35%。住户年平均收入为240000元及以上的比重较2002/2003年上升27.6%～50.7%；而年平均收入少于48000元的住户则占4.6%，较2002/2003年减少7.6%③。经济的发展，收入的增加，为居民享有物质和精神生活创造了条件。

②社会经济的发展，政府为教育事业投入大量的资金，使居民受教育的权利得到充分的保障。在教育方面：在2007～2008学年"学校发展计划"及"校舍修葺和设备更新计划"中，澳门特别行政区政府拨出总金额约2.72亿澳门元资助学校发展。2007～2008学年的资助由新设立的教育发展基金拨出，资助68所学校共100个校部④。澳门实现了从幼稚园到高中的15年免费义务教育，保证了人人享受平等的教育权。

---

① 《澳门经济发展处于历史最好的机遇期——专访澳门经济学者杨道匡》，澳门12月17日电，http：//www.xinhuanet.com/gangao/2007-12/17/content.7269462.htm。

② 参见澳门特别行政区政府经济财政司司长谭伯源对媒介的讲话，载2009年1月13日《澳门日报》。

③ 参见澳门特别行政区政府统计局网页，见http：//www.dsec.gov.mo/default.aspx。

④ 《澳门特别行政区政府2009年度施政报告》。

政府为经济困难学生，调升学费及文教用品津贴，除提供"特别奖学金"外，还增加"大专助学金"资助名额，并推出"利息补助贷款计划"；提升"持续教育资助计划"和回归教育津贴的资助金额；大幅调升教师直接津贴金额，增加年资奖金级别；资助非高等教育私立学校和协助公立学校为教师购买手提电脑，协助学校更新信息科技设备；持续为教学人员的专业发展提供资源和条件；组织骨干教师培训，扩展教学设计奖励计划。

③在文化事业方面，政府拨出专项资金，组织本澳专业社团协会前往内地参加动漫产业博览会、文化产业博览会等；对多项文物建筑进行了修复。回归9年来，图书馆馆舍面积由原来的3000平方米增加至5000多平方米、馆藏量由20万册增加至50多万册；在市民使用方面，现时图书馆的有效读者接近9万人，约占全澳居住人口的60%，读者进馆人次由每年不足40万增长到100万左右，外借图书的人次也由每年10万以内增加至20多万，对提升全体市民的文化素质起着一定的作用①。

④在社会福利方面，政府在2008年，两度调升最低维生指数，同时向所有受援助的家庭或个人发放额外三个月的援助金，并通过三类弱势家庭特别补助，发放一年两次的特别生活津贴等持续性援助措施，额外发放一份敬老金，不断加大对弱势家庭的援助力度。

医疗方面，各类主要医疗服务数字均取得大幅增长。专科门诊由1999年的不足15万人次，上升至2007年的接近27万人次，增幅超过八成；急诊、门诊由原来的11.5万人次增加至16.7万人次，卫生中心门诊由31.3万人次上升至约44.9万人次，九年的总增幅达四成半②。

在社会和经济房屋方面，政府兴建的筷子基社会房屋大楼，将提供884个单位；望厦社会房屋第一期工程，提供588个单位；青洲社屋综合体A、B、C座大楼，提供约1281个单位，用于改善居民的住房环境③。

当然政府的努力与社会、居民不断增长的物质和精神生活的需求之间总是有一定的差距，目前社会比较关注的分享经济发展成果的诉求，政府需要采取更多措施来加以满足。

---

① 《澳门特别行政区政府2009年度施政报告》。
② 《澳门特别行政区政府2009年度施政报告》。
③ 《澳门特别行政区政府2009年度施政报告》。

第三节　居民的定义及其他概念

一　居民的定义

基本法第 24 条规定，澳门特别行政区居民，简称澳门居民，包括永久性居民和非永久性居民。为实施基本法第 24 条，澳门特别行政区立法会制定的法律有：第 8/1999 号法律《澳门特别行政区永久性居民及居留权法律》、第 7/1999 号法律《澳门特别行政区居民处理国籍申请的具体规定》、第 8/2002 号法律《澳门特别行政区居民身份证制度》。行政长官制定的行政法规有：第 7/1999 号行政法规《澳门特别行政区居留权证明书发出规章》、第 23/2002 号行政法规《核准澳门特别行政区居民身份证规章》。

根据基本法第 24 条第 2 款的规定，中国国籍、葡国国籍和其他外国国籍三种人按照不同的条件取得永久性居民的资格。

（一）中国籍人士

1. 在澳门出生

在特别行政区成立以前或以后在澳门出生的中国公民。这一条件包含两层意思，一是该人必须具备中国公民的资格（至于什么是中国公民，下面将详细论述）；二是该人在澳门出生。澳门是中国领土的一部分，中国公民在自己的领土上出生，自然就有资格成为永久性居民。

在理解基本法的规定时，需要注意的是，本人在出生时，其父或母是否必须是澳门特别行政区居民呢？按照澳门第 8/1999 号法律，要求其父或母在澳门合法居住，或已取得澳门居留权。

2. 在澳门以外出生

第一种情况，在澳门出生的中国公民在澳门以外所生的中国籍子女。这一条件也包含了两层意思，一是两者均应为中国公民，如果其中之一不具备中国公民资格，则不能自然取得永久性居民资格；二是父母双方或一方须是永久性居民。

第二种情况，中国公民在成为永久性居民以后，在澳门以外所生的中国籍子女。反过来说，中国公民在未成为永久性居民之前，在澳门以外所生的子女，不能自然取得永久性居民资格。先有永久性居民身份，再生子女，是符合永久性居民资格的前提。

以上两种情况，由于澳门基本法和澳门特别行政区法律有清楚明确的规定，所以，没有发生如香港般的司法诉讼，引起社会的矛盾。

3. 在澳门居住

在澳门特别行政区成立以前或以后在澳门通常居住连续七年以上的中国公民。这一条除了须有中国籍外，居住满一定的年限是个关键，即中国公民虽不在澳门出生，但只要在澳门合法居住满七年，亦可取得永久性居民资格。

以上三种情况，均是以中国公民为条件的。但不同的情况，有不同的具体要求。

（二）葡国籍人士

1. 在澳门出生

在澳门特别行政区成立以前或以后在澳门出生并以澳门为永久居住地的葡萄牙人。这一条有两个要求，一是在澳门出生，二是以澳门为永久居住地。为什么要规定永久居住地的条件，因为作为非中国籍人士，只能把澳门作为永久居住地，而不是临时居住地，表示他们以澳门为家的意愿，才与永久性居民身份相符合。

2. 在澳门居住

在澳门特别行政区成立以前或以后在澳门通常居住满七年以上并以澳门为永久居住地的葡萄牙人。这一条件有两个要求，一是居住满一定年限，二是要以澳门为永久居住地。虽不在澳门出生，只要居住满一定年限，以澳门为永久居住地，亦可取得永久性居民的资格。

（三）其他外国籍人士

1. 在澳门居住

在澳门特别行政区成立以前或以后在澳门通常居住连续七年以上并以澳门为永久居住地的其他人。其他外国籍人士取得永久性居民的资格，原则上与葡萄牙人相同。

2. 在澳门出生

成为永久性居民之后的外籍人士，在特别行政区成立以前或以后在澳门出生的未满十八周岁的子女。这一点其他外国人与葡萄牙人还是有一点差别，其他外国人只有在成为永久性居民后，在澳门所生的子女才可成为永久性居民，对葡萄牙人并未作此限制，体现对葡萄牙人的一种照顾。

（四）土生葡人

根据第 8/1999 号法律《澳门特别行政区永久性居民及居留权法律》第 1 条第 1 款第 4、5、6 项规定，既有中国血统又有葡国血统，俗称"土生葡人"，符合以下其中一种规定者也是永久性居民。

1. 在澳门出生

凡在特别行政区成立以前或以后在澳门出生并以澳门为永久居住地，且在其出生时其父亲或母亲已在澳门合法居住，或已取得澳门居留权。

2. 在澳门居住

在特别行政区成立以前或以后在澳门通常居住连续七年以上并以澳门为永久居住地。

3. 在澳门以外出生

父母在成为永久性居民后，在澳门以外所生的并以澳门为永久居住地的未选择国籍的子女。

土生葡人基本上与中国籍人士取得澳门永久性居民条件相同，除附加以澳门为永久居住地一项条件外，体现了对土生葡人的照顾。

所以，只有具备了上述资格，才能取得永久性居民的身份。

永久性居民就是在特别行政区享有居留权并有资格领取澳门特别行政区永久性居民身份证。非永久性居民与永久性居民的区别是有资格领取居民身份证，但没有居留权。

在论述永久性居民资格时，涉及一些特有的概念，如"中国公民"、"通常居住"、"永久居住地"、"居留权"，必须把它们界定清楚，才能判断是否符合有关永久性居民的资格。

二 中国公民的定义

中国公民是指具有中国国籍的人。根据基本法附件三的规定，《中华人民共和国国籍法》在澳门特别行政区适用。澳门居民中哪些人是中国公民，依中国国籍法确定。

由于澳门实行"一国两制"，国籍法在澳门的适用要考虑澳门的历史和现实情况。为此，全国人民代表大会常务委员会于 1998 年 12 月 29 日通过了《关于〈中华人民共和国国籍法〉在澳门特别行政区实施的几个问题的解释》。按照解释，区分两种不同的情况。

第一，凡具有中国血统的澳门居民，本人出生在中国领土（含澳门）者，以及其他符合中华人民共和国国籍的条件者，不论其是否持有葡萄牙旅行证件或身份证件，都是中国公民。由于历史的原因，澳门居民中的一部分中国人，他们持有葡国的旅行证件或身份证件，但不能因此而改变中国国籍的身份。

第二，凡具有中国血统又具有葡萄牙血统的澳门特别行政区居民，可根据本人意愿，选择中华人民共和国国籍或葡萄牙共和国国籍，确定其中一种国籍，即不具有另一种国籍。上述居民在选择国籍之前，享有基本法规定的权利，但受国籍限制的权利除外。在澳门因中、葡人士通婚产生了一部分具有中国和葡国血统的社群，俗称"土生葡人"，或"葡萄牙后裔居民"。按照葡国国籍法，他们是葡国公民，按照中国国籍法，他们也是中国公民，中国国籍法不承认双重国籍，如何解决他们的国籍问题，要采取灵活的办法。一是尊重他们本人的意愿，不强求他们做中国公民。二是自由选择国籍，而且不规定时限，非常宽松和务实。一旦选择一种国籍，即放弃另一国籍。根据特别行政区永久性居民及居留权法律（第 8/1999 号法律）第 8 条的规定，外籍人士在申请成为永久性居民时，要签署一份声明书，声明其本人以澳门为永久居留地。如果上述人士选择了这一做法，实际上就等同于选择了葡国国籍。再如，上述人士若参与特别行政区全国人民代表大会代表的选举，意味着选择了中国国籍。

第 7/1999 号法律《澳门特别行政区居民处理国籍申请的具体规定》，对国籍申请的种类（加入中国国籍、退出中国国籍、恢复中国国籍、选择中国国籍、变更中国国籍），对提出国籍申请的条件，对国籍申请的审核均作了具体的规范。

三 通常居住的定义

通常居住指的是合法在澳门居住，并以澳门为常居地。根据第 8/1999 号法律《澳门特别行政区永久性居民及居留权法律》第 4 条的规定，非法入境、非法逗留、仅获逗留、以难民身份逗留、以非本地劳工身份逗留、领事机构非本地人员、被法院判决监禁和羁押等不属通常居住。居民暂时不在澳门居住，如出外留学、经商等，并不表示该人已不再通常居住于澳门。判断是否居住于澳门，考虑的因素有：不在澳门的原因、期间、次数；是否在澳门有惯常住所；是否受雇于澳门机构；其主要家庭成员，尤其是其配偶及未成年子女的常居地。

四 永久居住地的定义

根据第 8/1999 号法律《澳门特别行政区永久性居民及居留权法律》第 8 条的规定，永久居住地是指一人以久住的意思而居住在一地。原则上说，一个人可能有几处居所，即不是久住而是暂住之地，但只能有一个住所，即永久居住之地。如何判断永久居住地，一是取决于事实的推定，二是取决于本人的明确表示。根据永久性居民及居留权法律第 8 条的规定，申请人首先声明以澳门为永久居住地，其次必须提供有关资料证明，如，在澳门有无惯常住所；家庭成员，包括配偶及未成年子女是否澳门通常居住；在澳门是否有职业和稳定的生活来源；在澳门是否依法纳税。政府依据其声明和事实，来确定他是否以澳门为永久居住地。

五 居留权的定义

根据第 8/1999 号法律《澳门特别行政区永久性居民及居留权法律》第 2 条的规定，居留权是指自由进出特别行政区，不附加条件的在特别行政区逗留，以及不得被驱逐出境的权利。是一个特定的概念，有上述特定的内涵，不要与居住、定居混为一谈。如非永久性居民可以在澳门定居，但无居留权，受到某些方面的法律限制。

其他外国籍的澳门永久性居民，如果不在澳门通常居住 36 个月以上，

即丧失居留权，但保留自由进出澳门和不被施加逗留澳门的限制。

第四节　居民、公民与基本权利的关系

居民作为基本权利和义务的主体，这是特别行政区法律制度的一个特色。世界各国宪法规定公民（或者称国民）是基本权利和义务的主体。因为公民是构成国家的因素，一国公民又是与一国的国籍联系在一起的。在一个国家没有国籍就没有公民资格，没有公民资格就没有公民权。所以，公民与国家是紧密联系、不可分的，形成一定的法律关系，成为各种权利和义务的主体。如，国家有义务保障公民权利的行使。同时，公民有效忠国家的义务。那么，在基本法中为什么不是规定公民，而是规定居民是权利和义务的主体呢？

第一，特别行政区不是一个政治实体，是国家的一个地方行政区域，所以，根本没有一个与国籍相联系的独立的公民概念。在特别行政区凡使用公民概念，就是国家宪法中规定的公民概念，指的是具有中国国籍的人。

第二，特别行政区的人口结构是由中国籍人和非中国籍人组成，不论他们的国籍如何，有多少差别，他们之间有一个共同点——都是居民。如果使用公民概念，就把一部分非中国籍的居民排除在权利主体之外，显然不妥。

第三，在特别行政区实行不同于内地的制度，原有的权利和自由的制度基本保留。原有法律是以居民作为权利和义务主体的，既是历史形成的，也是符合澳门地位的。这个法律概念可以继续采用。

居民与公民是有本质的区别，公民必定与国家联系在一起，一国公民可以不居住在本国领土内，只要不放弃本国的国籍，依然是该国的公民。居民是与居住的地域相联系，如果一个居民不在该地区永久居住，就将丧失该地区居民的资格。因此要指出，使用居民的概念同时，并不排斥公民的概念。因为除少数情况外，每一个居民都有一个国籍，因而都有公民资格。所以，居民中也就存在中国籍居民和非中国籍居民。客观存在的这种区分，在规定权利和义务时就必然作出不同的规定。特别行政区是中国的一个行政区域，中国公民应享有与其地位相适应的一些权利。如，基本法规定，中国籍居民享有参加国家事务管理的权利，行使选举全国人民代表

大会代表的权利，有担任行政长官、主要官员、行政会委员、立法会主席和副主席、终审法院院长、检察长的资格，可持有特别行政区护照的权利。

虽然居民是权利和义务的主体，但根据基本法的规定，居民分为永久性居民和非永久性居民，决定了他们在行使权利上有差别。主要体现在选举权利和担任公职权利上。永久性居民享有选举权和被选举权，享有担任各种公职的权利，如行政长官、主要官员、行政会委员、立法会议员、终审法院院长、检察院检察长、政府公务员等。

居民在特别行政区的普遍情况下是权利和义务的主体。在某些情况下，居民中的中国公民才是权利和义务的主体。而在另一种情况下，永久性居民方是权利和义务的主体。他们之间的地位不同，决定享有的权利和履行的义务有所不同。这就是特别行政区权利和义务制度的一个特点。

第五节　居民基本权利和自由的内容

根据基本法的规定，以权利和自由的内容为标准，可以把居民的基本权利和自由分为六大类：

第一类是在法律面前一律平等。

第二类是财产权，享有私有财产的取得、使用、处置和继承的权利；依法征用财产时得到补偿的权利（这项权利将在本书第八章中论述）。

第三类选举权和被选举权。

第四类是自由权，包括：政治自由，有言论、新闻、出版、结社、集会、游行、示威的自由；组织和参加工会和罢工的权利。

与人身相关的自由权和人格尊严：人身自由不受侵犯，包括不受任意或非法的逮捕、拘留、监禁；对非法或任意的逮捕、拘留、监禁，有权向法院申请人身保护令；禁止非法搜查居民的身体、剥夺或限制居民的人身自由；禁止对居民施行酷刑或予以非人道对待。人格尊严不受侵犯，包括禁止用任何方法对居民进行侮辱、诽谤和诬告陷害；享有个人名誉权、私人生活和家庭生活的隐私权。

个人自由权，包括：住宅不受侵犯；通信自由和通信秘密权；信仰自由；迁徙自由、移居外国自由；依法取得旅行证件的权利。从事教育、学术研究、文学艺术创作自由，选择职业和工作的自由，婚姻自由、成立家庭和自愿生育的自由。

第五类是法律权利，包括：除行为按当时法律明文规定为犯罪和应受处罚外，不受刑罚处罚；在被指控犯罪时，享有迟早接受法院审判的权利，在法院判罪前，均假定无罪；有权向法院提起诉讼，得到律师帮助，获得司法补救的权利；对行政部门和行政人员的行为向法院提起诉讼。

第六类社会权利，享受社会福利的权利。

一　平等权

基本法第25条规定："澳门居民在法律面前一律平等，不因国籍、血统、种族、性别、语言、宗教、政治或思想信仰、文化程度、经济状况或社会条件而受到歧视。"这是居民享有和行使权利自由的一条重要原则，其精髓就是：

（一）在执行和适用法律上平等意味着相同对待

在守法和执法这个层次上说的法律面前一律平等就是相同对待，不能区别对待。任何个人、团体和政府机关在遵守法律上，必须平等，一视同仁。没有法外特权、法外开恩，也不允许差别对待。否则，就不能做到有法必依，违法必究。所以，澳门基本法第44条规定，澳门居民依法行使权利，"有遵守澳门特别行政区实行的法律的义务"。这就意味着不管你身处高位，还是一介平民，一律平等，无一例外。

（二）在制定法律的过程中平等允许区别对待

在立法上，"法律面前人人平等"中的"平等"不是"等同"。"法律面前人人平等"不能理解为"人人一样"。平等不是绝对平等，而是相对平等，也就是说，法律平等承认合理的差别，针对不同的主体和不同的情况区别对待，以求得实际上的平等，而不是停留在形式上的平等。法律上的区别对待，可由于年龄上的差别，采取不同的责任。成年人与未成年人的行为能力就不同，成年人有完全的行为能力，未成年人只有部分行为能力或无行为能力。还有对老年人与儿童的特殊保护，也可由于人的生理差别，采取特殊照顾。如法律规定妇女在劳动雇佣关系期间，可享有带薪产假等，法律对于差别中的一方给予照顾，就是为了做到事实上的平等。当然，平等权也不是意味着所有人应有同等数量的权利，如居民在取得、使用、处置、继承财产权上是平等的，但不是人人都应享有同等数量的财产。所以，居民享有某一项平等权在数量上也不可能完全平等的。

因此，相同情况相同对待，不同情况不同对待，这才是平等的要义。澳门基本法也是以此为原则的。

比如，澳门基本法第 46 条、第 63 条、第 57 条、第 72 条、第 88 条、第 90 条规定，行政长官、主要官员、行政会成员、立法会主席、副主席、终审法院院长、检察长必须是由中国公民担任，因为这些重要的职位是国家主权的具体体现、居位人也有责任和义务对国家效忠，所以，因不同国籍区别对待是必要的、合理的，并不构成对其他国籍人的歧视。

比如，澳门基本法第 24 条规定，拥有中国国籍的人和拥有葡国国籍及其他外国国籍的人成为澳门永久性居民的条件是区别对待的，要求其他国籍的人必须以澳门为永久居住地。

比如，澳门基本法第 26 条、第 97 条、第 139 条规定，永久性居民享有选举权和被选举权，公务人员必须是永久性居民，永久性居民中的中国公民可领取特别行政区护照，非永久性居民中的中国公民只能领取旅行证件。基于身份因素区别对待不同的人群和权利也是社会认同的。

比如，澳门基本法第 38 条规定，未成年人、老年人和残疾人受关怀和保护。妇女的合法权益受法律保护。特别行政区根据基本法制定的法律作出了相应的保护。照顾未成年人和老年人就是因年龄因素区别对待，而保护妇女的权益就是以性别因素区别对待的结果。

比如，澳门基本法第 39 条规定，居民依法享受社会福利的权利。允许特别行政区制定法律，区别情况规定社会福利的措施。公共房屋和经济房屋的分配就是基于经济状况不同对某一部分居民给予的福利。

比如，澳门基本法第 79 条规定，立法会议员在会议上的发言和表决，不受法律追究。就是基于职务需要作出与一般居民不同的规定，成为法定特权。

所以，在立法中区别对待不同的人，不同的事，不仅不违反平等的原则，而且是完全有需要的。正因为区别对待不可避免，所以问题的关键不在于是否区别对待，而在于区别对待的分类标准是什么以及这一标准是否合理。

（三）区别对待不能"歧视"

按照基本法的规定，区别对待的关键，是不能因为区别对待而构成歧视，所以，基本法第25条核心是"平等"而不"歧视"，只要是客观差别，合理对待，不存在歧视就不违反平等原则。

那么，什么情况构成了歧视？什么情况是符合平等？判断的标准是什么？为此，需要社会客观分析，理性讨论，利益平衡。

1. 找出客观差别，进行合理对待

要找出客观差别就要进行客观分析，就是讲事实。要进行合理对待就要证明区别的必要性，不能以个人的感受、愿望取代客观的事实，应该以客观的分类为依据，以适度原则做标准。将客观分类，合理对待两者有机结合。下面以引起澳门社会争议的博彩业和公职法援为例分析。

①澳门的博彩行业与其他行业是否存在客观的差别？大家均认为有差别，所以才有区别对待的法律和政策。

第一，博彩业是一种特种行业，"特"在具有赌博性。所以，需要有专门的法律加以规范。澳门法律对从事一般经营行为不采用专营许可制，但对博彩业实行专营许可制等。

第二，澳门基本法的相关规定也体现了区别对待。澳门基本法第106条规定澳门实行低税制，但对旅游娱乐业明确规定设立专营税，不受低税制政策的限制。

第三，赌博业对人的金钱欲望的引诱，更容易对青年人产生腐蚀。所以，对于从事这类特种行业的就业人员在年龄上作出特别要求也是有客观因素的。假设，18周岁是一个高中毕业生的年龄，社会希望和鼓励更多的澳门青年人提升自身的素质和竞争力，不希望青年过早进入博彩行业，以及提高从业人员对赌博的自我控制能力，作出21周岁（相当于大学毕业）进入该行业的要求具有相当的必要性和合理性。但是，有客观差别，不等于可以任意限制，如果作出25周岁或更高的年龄要求就超越了合理性和必要性的界线。因此，这条年龄界线是需要社会进行深入讨论，取得共识加以确定，但不能简单地将特别要求视为就业歧视而反对。

②公务人员在执行公务时引发的司法诉讼，政府应否提供必要的经济援助？

按照澳门现行的司法援助法，规定任何人在司法诉讼中因经济原因不

能聘请律师的话，可要求提供司法援助，以获得律师的帮助。有人质疑，为什么要专门为公务人员制定法律援助的规定？这是否赋予公务人员一种不同于居民的特权呢？分析这个问题，要注意以下两点。

第一，要注意公务人员被动牵涉的司法诉讼与居民的司法诉讼发生的原因和条件有没有客观的、实质上的差别。仔细观察，我们可以看到居民的个人行为引发的司法诉讼，与因执行公务引发的司法诉讼有客观的差别，前者是私人原因，后者是公务原因。如果认同有客观的差别，那么，就应该有不同的解决方法。个人的行为（私行为）引发的司法诉讼需要得到律师的帮助应该以经济水平为条件，不能因为经济条件而影响当事人得到律师的帮助。公务行为（公行为）牵涉的司法诉讼需要得到律师的帮助与当事人的经济条件应该无关，原因就是公务人员是履行职务的行为，是按照法律和政府政策进行行政管理，他不是按照个人意志作出行为，一旦被动牵涉司法诉讼，以他个人的财产承担因公引发的律师诉讼费并不十分合理。

第二，公务人员是否得到法律援助是有条件的，其行为必须是符合依法行政的行为，即如果公务人员职务行为是依法行政，则司法诉讼的费用由公帑承担。如果公务人员的职务行为是违法行政，则司法诉讼的费用最终应该由公务人员的个人财产承担。所以，立法目的是支持依法行政，不是助长违法行政，它符合法治的精神。

由于是公私两种不同性质的行为，所以，在法律援助上不应该互相否定，即不能因为公务人员获得法律援助就否定居民同时获得法律援助，同样，居民获得法律援助，也不能否定公务人员获得法律援助。

2. 兼顾不同利益，实现利益平衡

兼顾不同利益，不等于搞平均主义，实现利益平衡，需要防止剥夺其他合法利益的存在。

任何一个法律都是规范个人的权利和义务，政府的职权和职责，其背后都是以一定利益为基础（不论是私利还是公益）。在这个意义上讲平等，实质就是讲公平、讲利益的平衡。所谓利益平衡，就是讲兼顾，证明在区别的情况下，在保护一种利益时，符合公共利益，或没有损害另一种利益，或将影响另一种利益减少到最低的限度。

我们继续以上述两例为对象分析。

①当法律规定从事博彩业的就业年龄必须是 21 岁时，当然对年满 18 周岁的人的就业产生不利影响。但是，如果从澳门的长远和整体利益看，这

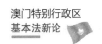

种限制是个人利益与公共利益的一种平衡。

第一，过去相当长的一个时期，不论是社会团体，还是教育机构，社会公众人物大多数都认为，澳门要长期稳定的发展，需要有素质的劳动力，如果因为目前博彩业工资高，大量的高中毕业生为眼前利益进入该行业，今后澳门博彩一旦受到影响，那么，一大批没有其他知识和技能的人怎么转行、怎么适应经济的转型就会成为澳门社会的一大问题，这不仅是经济的危机，也将是社会的危机。为了澳门公共利益对特定行业的就业年龄作出限制，鼓励青年人升学，提高素质，增加竞争力，是符合利益平衡原则。

第二，限制18周岁就业，也仅仅是针对博彩业，不是全部行业，没有完全剥夺他们的就业权，是符合将影响减少到必要限度，也是可接受的适度平衡。

第三，就私人利益而言，也不是完全无益，对青年人免于过早受到不良影响、提高对赌博的免疫力也是有利的。所以，于社会和个人都有一定的好处。

②当建立公职法律援助时，公务人员得到了实际的帮助，但它有没有侵犯居民的权利呢？

基本法第36条规定："澳门居民有权诉诸法律，向法院提起诉讼，得到律师的帮助以保护自己的合法权益，以及获得司法补救。"按照基本法的规定包含了两层意思，第一，享有这些权利的主体是每一位澳门居民，当然包括公务人员；第二，每一位居民在诉诸法律提起诉讼、得到律师帮助，司法补救三个方面应该是相同的、平等的，不能因为身份不同而区别对待。那么，公职法援是否符合上述规定？

有人质疑，用公帑打官司就是对居民的不公平。这种认识比较片面。如果认为凡因公帑参与司法诉讼就是不公平的逻辑能够成立，那么，法律就不需要规定行政诉讼。因为行政诉讼的一方一定是政府，政府参与诉讼一定是以公帑为基础。假设为了反对以公帑参与诉讼，结果将导致剥夺政府参与司法诉讼。但是，这样一来社会还能依法管理吗？所以，一概反对公帑参与诉讼是不能成立的。

有人质疑，公帑援助公务人员参与司法诉讼是对居民的诉讼权利的一种不公平。

第一，从诉讼双方当事人的诉讼地位和权利角度讲，公职法援没有改变双方当事人的诉讼地位，也没有减少居民的诉讼权利，更没有增加公务人员的诉讼权利，因为它没有涉及对诉讼程序进行任何修改，在诉讼地位和权利上没有造成不平等或歧视。

第二，从诉讼程序分析，法律援助仅仅是得到律师的帮助，并不能影响法官的审判和司法补救。诉讼当事人在经济实力上的差别是客观存在（在任何社会都存在这种差别而不能消除，就是在法律援助下，也不可能完全平等），因为这种不平等对于审判的结果没有必然的联系，所以，法律也就不要求诉讼当事人在经济上完全平等。事实告诉我们，诉讼的结果不是由经济实力决定的，也不受当事人律师费用的多寡所左右；否则，谁有钱谁胜诉，就没有司法的公正。所以，法律援助不是为包赢官司而设，而是为诉讼当事人提供得到律师法律意见帮助的一种保障，从而实现诉讼双方在获得法律意见帮助上的平等，政府设立法律援助公务人员同样符合这个要求。至于法院的审判结果，根据澳门基本法规定，由法官以事实为依据，以法律为准绳决定。所以，法律援助与法官审判是两回事，不论由专门机关决定是否给予法律援助，还是由法官决定是否给予法律援助（就是法官决定法律援助，不等于法官已经有了判决的倾向或结果），都不会影响审判和司法补救的结果，两者互不影响。

因此，公职法援没有影响司法诉讼中当事人的平等地位和平等享有各项诉讼权利，也没有影响诉讼的正当程序和审判的公正结果。它有利于鼓励和支持公务人员履行法定职责，有利于提高政府管制的效率，最终有利于建立法治的社会，符合社会的公共利益。

二　选举权和被选举权

基本法第 26 条规定，澳门特别行政区永久性居民享有选举权和被选举权。这是永久性居民参与社会事务管理的一项重要权利。基本法中规定的选举权利是指依法享有选举权和被选举权的居民，可以依照法律的规定，选举或被选举为行政长官、立法会议员。实施基本法第 26 条，保障选举权的有新订的第 3/2004 号法律《行政长官选举法》、第 3/2001 号法律《澳门特别行政区立法会选举制度》、第 12/2000 号法律《选民登记法》。

（一）选举权的主体和内容

关于选举权利的主体，在世界各国宪法中都规定，只有本国公民才是

选举权利的主体。甚至有的国家还规定，只有原始国籍的公民才可享有某一方面的被选举权，归化取得国籍的公民也受到限制。由于澳门特别行政区情况特殊，除了大多数是中国籍居民外，还有非中国籍居民，除了澳门居民外，还有其他人，而澳门居民中又分为永久性居民和非永久性居民。所以，要针对不同的情况，作出不同的规定。

根据基本法的有关规定，澳门居民享有选举权和被选举权是分不同的情况。

1. 关于选举权

在澳门居民中有永久性居民才依法享有选举权，非永久性居民不享有选举权，这是由澳门的实际情况决定的。因为澳门作为一个国际性城市，居住在澳门的人情况较为复杂，除了大多数是中国公民外，还有一部分是非中国籍的人，除了澳门居民外，还有在澳门的其他人，而且澳门居民还分永久性居民和非永久性居民，由于他们的法律地位不同，所以他们享有权利也就不同。因为永久性居民出生在澳门或长期居住在澳门，占居住在澳门的人的绝大部分，他们对澳门的稳定和发展最为关心，过去对澳门的稳定发展作出了重大贡献，今后对澳门的稳定发展负有更大的责任。所以，基本法赋予他们更多的政治权利是必要的。

2. 关于被选举权

区分为两种情况，一种情况只要是永久性居民均有被选举权，如符合法律规定的条件者，均可被选为立法会议员。另一种情况是只有永久性居民中的中国籍公民才有被选举权，如特别行政区的行政长官必须是澳门永久性居民中的中国公民担任。因为1999年12月20日中国恢复对澳门行使主权，这个历史的转变，决定了特别行政区的首长，须由中国公民担任，以体现国家的主权，代表中央人民政府管理特别行政区。世界上任何一个国家或地区的最高首长均由本国公民担任是毫无例外的，而且在特别行政区也只是很少数的政治职位由永久性居民中的中国公民担任。所以，对非中国籍的其他永久性居民的各项权利和自由是充分保障的。

3. 关于选举权利的内容

在世界各国的宪法规定中，主要是两项，一是选举国家元首或政府首脑，二是选举代议机关（议会或国会）的议员。根据基本法的规定，居民的选举权利包括选举行政长官和选举立法会议员两项内容。居民行使选举权利必须依法进行。作为居民个人，如何取得选民资格、如何投票等，均有专门的选举法律规定。但是，特别行政区制定选举法时，有关行政长官选举产生办法和立法会选举产生办法的立法程序和立法的内容是有所不同的。因为行政长官须由中央人民政府任命，所以，选举行政长官办法的主要内容已由基本法和基本法附件一关于行政长官产生办法作了规定，实施这些规定的具体细节由特别行政区选举法进一步规定。如果修改基本法有关选举行政长官的规定，则需全国人民代表大会常务委员会批准。而立法会选举办法的立法程序和内容相对比较宽松。在2009年以后，如特别行政区立法会全体议员2/3多数通过，行政长官同意，可以修改立法会选举办法，无需全国人民代表大会常务委员会批准。在内容方面，除了立法会议员人数的组成、立法会直接选举、间接选举和委任的比例外，有更大的空间可以根据特别行政区的具体情况作出规定。因此，这是澳门特别行政区选举法律的一个特点。

（二）选举的质与量的关系

居民参政议政是民主的体现，也是民主的一种形式。民主对社会进步作用是不言而喻的，所以，在澳门需要根据实际情况发展民主选举。但是，在发展民主选举的过程中，居民如何行使民主权利？民主选举如何成为良好的制度？需要我们深思熟虑。

1. 民主选举是一种解决社会问题的良好方法和制度

在人类历史上，民主选举有利于民众参与、选拔公职人员、制定公共政策。但是，民主选举也曾经有过不光彩的一面。如，在很多情况下，民主选举都被解释为"多数人的利益应当优先于少数人的利益的原则"，从而隐含了许多危险的成分。古往今来，多数的专制往往都演变为多数的暴政。自以为是的雅典人将苏格拉底宣判为死刑的事件便成为了多数暴政的最好例子。以至于此后的柏拉图和亚里士多德在各自的著作中，都将民主制和暴君独裁一并归为暴政。

所以，民主选举是个好东西，但是，需要一定的条件才能成为好东西。我们希望民主选举能有利于解决社会问题，产生良好的公共政策，然而，一定要解决如何实现这一目标的条件问题。

2. 民主选举需要选民的社会责任感

选举本身并不是最终目的，通过选举的手段选出为社会公共利益服务的人，能制定符合公共利益政策才是目的。所以，选举要求选民有社会责任感，才能实现上述目标。有好的选民才会有好的选举，有高质素的选举，才会有好的民选机构。在循序渐进发展民主选举时，不能忽视民主选举的质量。

提升选举的质量，就是要提升选民的责任感。第一，体现在选人标准上，是选人才还是选钱财？澳门过去的几次选举，由于部分选民用选举权交换金钱，导致贿选的发生，违背了公平公正的原则，影响了选举的结果。所以，选民应该依法投票履行选民义务的责任。第二，体现在理性对待公共利益与个人利益或局部利益的关系上，是只顾个人利益还是兼顾公共利益？在现实的选举中，往往出现一些候选人哗众取宠，罔顾公共利益，许诺选民眼前利益，博取选民支持，有的甚至搞民粹走极端，结果造成社会分化和对立，影响公共政策的制定和公共利益的实现。这些在选举中是最常见的现象。所以，选民应该是理性地投出神圣的选票。

三 言论、新闻、出版的自由

(一) 言论自由的内涵和保护

基本法第 27 条规定，澳门居民享有言论、新闻、出版的自由。澳门特别行政区有关言论自由的法律，主要有两部，即第 8/89/M 号法律《订定视听广播业务之法律制度事宜》和第 7/90/M 号法律《出版法》。

从狭义上说，言论自由指的是以口头的形式表达思想的自由。新闻自由是指以采访、报道、通信等形式表达思想的自由。出版自由指的是以文字方式表达思想的自由。言论、新闻、出版自由均属于表达自由。从广义上说，言论自由包括新闻、出版自由，言论自由不仅是指讲话的自由，通常还指经过出版、广播、电视三种主要媒介等手段来表达思想的自由。

言论自由从内容上分析，有政治言论、商业言论、学术言论、艺术言论、宗教言论等多种类型。

各国宪法都把言论自由作为人的基本权利予以保护，虽然包含的内容和表述的文字不尽相同。美国宪法表述为言论或出版自由。法国的人权宣言规定为言论、著书和出版自由。日本宪法则为言论、出版及其他一切表达的自由。

澳门特别行政区有关言论自由的法律，即第 8/89/M 号法律和第 7/90/

M 号法律，虽然在法律词语和提法上与基本法和国外法律不同，但其内容和范围是基本相同的。在澳门这两部法律中规定了出版自由和资讯权。出版自由，包括了新闻报刊出版发行的自由，并界定出版自由是思想表达自由的行使，可以对政治、社会和宗教的学说、法律以及公共行政当局的行为等自由讨论和批评。资讯权，包括报道权、采访权和接受资讯权。

澳门法律对言论自由也予充分保障，规定任何人不得以任何借口和理由扣押不违反法律的任何刊物，或以其他方式妨碍其排版、印刷、发行和自由流通。广播业务在节目安排方面，在法律允许范围内，以独立及自主形式进行，任何公共或私人机构不得对其作出阻碍或强迫。澳门法律制度对言论自由亦采用了事后审查和追究的制度。

（二）言论自由的限制

但是言论自由的内容要受到法律的限制，有一定的界限范围。

从各国的法律规定看，主要有：第一，不得对他人诽谤，维护他人的名誉权和隐私权；第二，不得散布淫秽性言论，维护社会的道德水准；第三，不得煽动和教唆犯罪，维护社会治安；第四，不得泄露国家秘密，维护国家安全。如果一个人发表了诽谤性、侮辱性或煽动性的言论，或出版淫秽的作品，就须负刑事和民事的法律责任。在美国、英国、法国、德国等西方国家，相关的主要法律有诽谤法、官方保密法等。其他的规定散见于刑法、民法的有关条文中。除了法律的限制外，还受到其他方面的制约，如报刊编辑和出版者可以拒绝发表某人的言论，在特定情况下，个人还可能受雇佣合同的明示或默示条款的限制。

欧洲人权公约第 10 条有关表达自由的规定，列出了九种可以限制的情况：损害国家安全的利益；损害领土完整的利益；损害公共安全的利益；为防止无序或者犯罪；为保护健康或者道德；为保护他人的名誉；为保护他人的权利；为防止披露秘密获得信息；为维持司法机关的权威和公允[①]。以上九种情况，基本上分为两大类，一类是属于个人的利益需要；另一类是属于国家和公共利益的需要。

澳门法律对表达自由作出了限制，在下列四种情况下被禁止：违反公

---

① 〔英〕克莱尔·奥维、罗宾·怀特著《欧洲人权法：原则与判例》，何志鹏、孙璐译，北京大学出版社，2006，第 275 页。

民权利、自由及保障；煽动犯罪或提倡排除异己、暴力或怨愤；法律定为淫亵或不雅；煽动对社会、民族或宗教少数群体采取专制或攻击行为。资讯权的限制有定在司法保密中的程序；有权限的实体视为国家机密的事实和文件；法律规定为机密的事实和文件；涉及保护私人生活和家庭生活隐私的事实和文件。上述范围不属于报道、采访的内容。如果言论违反刑事法律，受刑法制裁。如果言论产生损害赔偿，依民法负民事责任。对言论自由引起的责任，只能依法追究，并由法院负责审查事实，作出判决。

（三）言论自由的界限

对如侮辱他人的言论、诽谤他人的言论，应该受法律制裁已经是天经地义，社会争议不大。但是，对言论涉及国家和公共利益时，什么样的言论可以自由？什么样的言论要受限制？用什么样的标准去判断言论触犯了法律的规定？必须搞清楚。以下以澳门关注的《维护国家安全法》为例进行分析。

1. 法律规范保护的客体和客体范围

言论总是作用于一定的社会关系，它是否受到保护或者限制，关键取决于它对所作用的社会关系是否构成危害，当对法律规范保护的客体造成危害，就要受到法律的禁止和惩罚。所以，客体要明确，客体的范围要妥当，这是第一位的因素。

那么，接下来要确认，什么样的客体应该受法律的保护。

基本法第 23 条的规定，提出了五个应该禁止的行为，即叛国、分裂国家、煽动叛乱、颠覆中央人民政府、窃取国家机密。这五种行为侵害的客体是什么？叛国，侵犯的是国家主权独立，投敌叛国、里通外国、发动对国家的战争行为，必然危害国家主权独立。分裂国家，侵犯的是国家领土的完整性，将国家的一部分分离出去的行为，必然危害国家领土的完整。煽动叛乱，是侵犯国家公共秩序，煽动叛乱，公然抗拒法律秩序的行为，必然危害国家的公共秩序。颠覆中央人民政府，是侵犯合法政府，用暴力或其他严重非法手段摧毁合法政府的行为，必然危害合法政府的依法管治。窃取国家机密，是侵犯国家安全，窃取、泄露机密的行为，必然对国家安全造成危害。所以，基本法中提出法律应该保护的客体及范围是明确的，也是适当的。对各国法律而言，以上行为所危害的客体，都受法律的保护。如英国、美国、法国、德国、加拿大、意大利等国家的宪法和刑法，均有这方面的规定①。但在形式上有所差别。比如，关于叛国罪，英国将间谍行为列入叛国罪。关于分裂国家罪，有的国家没有单独罪名，如德国刑法将分裂国家领土归入叛国罪中禁止。关于颠覆罪，有的国家将其纳入叛国罪，如加拿大刑法规定，武力或暴力推翻政府是叛国罪。但本质上没有差别，都被纳入到法律禁止的范围。

当然，有些国家，法律保护的客体范围还要扩大一点。如德国刑法规定：公然诽谤总统、蔑视宪法秩序、毁弃国家象征，属于危害国家行为。英国法律规定，针对英国国王和皇室成员的人身侵犯是叛国罪。这说明，法律保护客体的范围大小，还得依具体的实际情况决定。但澳门基本法第23条中所禁止的行为，均是各国法律明文规定所禁止的符合现代法治的要求，是必要和妥当的。

2. 言论的主观故意和言论的真实目的

什么样的言论会导致侵犯了法律保护的上述客体呢？有人担心，祸从口出，有人忧虑，丧失言论自由。这种担心和忧虑是可以解决的。判断言论是否构成对上述客体的侵犯，是有标准的。

标准一，行为人在主观上是否具备故意，所谓故意，就是明知故犯。澳门刑法典对故意是有清楚的规定，第13条规定："一、行为时明知事实符合一罪状，而有意使该事实发生者，为故意。二、行为时明知行为之必然后果系使符合一罪状之事实发生者，亦为故意。三、明知行为之后果系可能使符合一罪状之事实发生，而行为人行为时系接受该事实发生者，亦为故意。"澳门刑法典将故意区分为三种情况：一是有意，即明知行为侵犯客体，而有意使其发生。二是必然，即明知行为必然有侵犯客体后果，让其发生。三是接受，即明知行为侵犯客体的后果，接受其发生。从一个人的认知上观察，均是明白行为侵犯法律保护的客体而为之。从人的意志上分析，行为人有希望它发生或放任它发生或接受它发生。所以，法律清楚地阐明了行为的主观因素和行为的目的因素。

---

① 参阅英国《一三五一年叛逆罪法》、《一七九五年叛逆法》、《一七九七年煽动叛乱法》、《一八四八年叛逆重罪法》、《一九三四年挑唆背叛法》、《一九一一年官方保密法》和《一九八九年官方保密法》、《一九九一年官方保密法》；美国宪法第3条和刑法第2381条、第2384条、第2385条、第2387条，《国家安全法》第606条；法国刑法第86条、第88条；意大利刑法第242条、第283条、第289条，《安全情报机关组织条例和关于国家机密的规定》第12条；德国刑法第80条、第82条、第94至第99条、第100条；加拿大刑法第24条、第46条、第48条、第53条。

按照法律的规定，认定是否故意，既不是当事人自己说了算，也不能由控方说了算，最终要由事实说了算，法官正是根据事实裁判。一个人的言论是否故意侵犯法律保护的客体，是通过一系列的事实表现出来。比如，煽动叛乱的言论，首先，分析言论是否有意图号召他人用暴力或暴力威胁抵制政府的管治；其次，分析言论是否希望发生瘫痪政府的结果；再次，分析言论是否能够足以引起这种后果，言论与结果之间有因果关系。如果以上三个条件均存在，就是故意煽动叛乱的言论，显然与批评政府政策，改进政府的政策言论有明显的区别。所以，可从言论的意图是什么，言论产生的是什么后果，及言论与后果之间的因果关系三方面进行分析和判断。正如美国联邦最高法院霍尔姆斯（J. Holmes）大法官所说，如果后果是行为的目的，行为就有产生后果的意图，制造后果的目标是具体行为的动机，就是受意图指使而行动。一个人知道其行为的事实，而普通经验证明这一行为将产生后果，那么，不论个人是否预见了这种后果，他都应该受法律制裁①。所以，言论的主观故意和言论要想达到的目的是可以通过对言论的分析加以分辨。所以，在立法时，只要坚持言论必须是故意侵犯国家安全才应该禁止的标准，就不会妨碍言论自由。

3. 言论的表达方式和言论的后果关系

标准二，言论是否侵犯法律保护的客体，还要看言论的用语和表达方式，言论公然或公开用煽动、仇恨、威胁、欺诈、诱使、轻蔑、鼓吹、诽谤、劝说、教唆、散布虚假和歪曲消息等方式，使他人侵犯法律保护的客体，显然与客观的述说、理性的讨论、善意的批评的语言是能够区别的。言论者用上述的方式表达，应该能够知道将产生的社会后果。所以，上述语言应受法律禁止。比如，在英国法律中对使用"恶意"、"诱使"、"煽动""仇恨"、"轻蔑"、"不满"的语言，在美国法律中使用"蓄意"、"鼓吹"、"煽动"、"劝说"、"讲授"等语言，作为判断侵犯法律保护客体的重要标准。所以，在立法中，严格区分公开和私下发表的言论，区分善意和恶意的语言，是能够分辨出言论是否侵犯了法律保护的客体。

那么，就是采用了上述表达方式，是否一定追究法律责任呢？当然，还要看言论是否造成对法律保护客体的危害。问题是，是取决于言论造成的实际危害，还是相当可能的危害？在这一问题上，大家最热衷讨论的标

---

① 张千帆著《西方宪政体系》，中国政法大学出版社，2000，第359页。

准就是由美国联邦最高法院霍尔姆斯大法官提出的"明显即刻危险的原则"。该原则主张，言论有明显的危险，言论有即刻的危险，只有两者同时具备，才构成犯罪。问题是：何时清楚，何时现存，何时危险没有一个绝对客观的标准。说明它不是一个纯粹的立法问题，更多的是一个司法问题，法官在审理案件过程中，需要综合性地考虑其他一些因素，才能做出恰当的判断。因为在美国历史上，不同时期、不同法官就有不同见解。霍尔姆斯和布兰代斯（Brandeis）大法官认为，"有罪的判决，必须证明被告的言论确有导致实际危害的明显而即刻的危险，仅仅认为它是有'恶劣倾向'是不够的"。提出危险不仅要有相当可能即刻发生，而且发生具有严重的结果①。但此后的美国大法官文森（C. J. Vinson）宣称，"凡是言论对于完成法律所禁止的罪行具有巨大潜在的祸害的可能时，就应当予以制止"。"'明显而即刻危险'的标准并不是意味着必须等待叛乱计划已经制订完毕，专等发出信号就要行动，直到暴乱发生，才可以采取防止的行动。"② 所以，言论是即该产生后果，还是可能或潜在的产生后果，在不同的条件下，均有被判违法并受处罚的案例。因此，试图用一个公式或定理来作为判断一切的言论自由的标准，并不可行。在立法时，试图建立一个固定的标准，而排除法官可以根据法律规定和事实的情况进行判断，并不是一个好的方法。在立法上，采取只规定言论必须对法律保护的客体构成危害方可处罚，而判断即刻或者相当可能危害，留给法官根据事实作出自由裁量，更加合适。

4. 言论表达时的时间和环境关系

与上一个问题相同相关，需要将立法和司法结合起来考虑的，就是要将言论发表的时间和空间环境作为重要因素分析。

言论在不同的时间和环境下发表，它对社会产生的影响可能不同，比如，在战争时期或者紧急状态时期，言论要受到较多的限制，在和平时期或非紧急状态下，言论自由的空间会大一些，同样一句话，前者可能构成犯罪，后者可能无罪。美国的霍尔姆斯大法官认为，一种言论是否受到宪法保障，要视该言论发表时的客观环境而定。"当国家在战争时期，许多平时可以容许的言论，因其妨碍作战而不能不予限制"③。因此，在适法的时

---

① 李树忠主编《宪法学案例教程》，知识产权出版社，2002，第215页。
② 李树忠主编《宪法学案例教程》，知识产权出版社，2002，第212页。
③ 李树忠主编《宪法学案例教程》，知识产权出版社，2002，第208、221页。

候，言论发表的时间和环境是法官判决时需要认真考虑的两个基本因素。

5. 判断言论自由标准的价值观的相对性和特殊性

一种言论在社会中是否允许、是否受禁止，还取决于该社会的价值观念。比如，在美国可以有新纳粹分子游行，但在德国法律却予以禁止。这说明各国或地区法律规定之间的差异是受一定的社会价值观念影响的，而价值观有一定的相对性和特殊性。约瑟夫·威勒（J. Weiler）教授认为，如果简单地认为美国对言论自由的保护比别的国家——如德国要高一些，那么我们没有理解这个例子中固有的价值观的差异。这些差异通常具有更深刻的含义。正是通过这些差异，各个社会时常确定某些核心的价值观，涉及它们的自我理解，植根于它们历史及社会和政治文化的经过特性化了的特性，体现对个人主义和集体主义的不同侧重①。所以，并没有绝对的统一的价值标准；相反，需要兼顾实际的特点。

四　结社、集会、游行、示威的自由

（一）结社等自由的内涵和保护

基本法第 27 条规定，居民有结社、集会、游行、示威的自由。澳门特别行政区关于结社、集会、游行、示威自由，有几部主要的法律予以规范，即第 2/99/M 号法律《结社权规范》、第 2/93/M 号法律《集会权和示威权》。

结社是指人们参加旨在追求或促进各种广泛的社会、艺术、文学、文化、政治、宗教或其他活动的目的，组成一个持久性团体的自由权。

结社有三个要素，有共同的目的，有一定的人数，有较稳定和持久的组织形式。结社自由的形式可以是多种多样的，可组成法人的社团、也可以成立非法人的团体。可以是政治性的，也可以是经济、文化、宗教等团体。

保障结社自由，体现在两个方面。第一，个人是否结社、是否加入社团，完全取决于个人的自愿，团体不能强迫，国家和公共权力也不能干预。第二，社团依法享有促进其宗旨，管理其事务的自由，政府不干涉。

---

① 〔美〕约瑟夫·威勒著《欧洲宪政》，中国社会科学出版社，2004，第 105～106 页。

根据澳门第 2/99/M 号法律第 2 条和第 4 条的规定，任何人有权自由地不需取得任何许可而结社。结社自由和自愿，任何人不得被强迫加入或以任何方式胁迫留在任何性质的社团。公共当局同样不能强迫或胁迫任何人加入或脱离任何性质的团体。社团可依宗旨自由活动，公共当局不干预。

澳门社团分为两类，一类是政治性团体，另一类是非政治性团体。根据澳门第 2/99/M 号第 13 条、第 14 条和第 15 条的规定，政治性团体的特征是，为协助行使居民政治权利以及参加政治活动的长期性质组织，致力于参加选举，提出并实现自己的政纲，批评公共行政，促进居民政治教育。政治性团体人数需不少于 200 人，他们常居澳门，享有政治权利，年龄满 18 周岁。任何人不得同时参加多于一个政治性团体。政治性团体，按照基本法的规定，不得与外国的政治性团体建立联系。

集会是指一定数量的人为了一个共同的目的，临时集结聚会，集体表达思想自由或诉求。历史上，集会自由总是与请愿权联系在一起，如美国宪法修正案把和平集会与向政府请愿规定在一项权利中。集会与结社的主要区别是，集会是临时性的。

根据澳门第 2/93/M 号法律第 1 条的规定，居民有权在公众的、向公众开放的，或私人的地方进行和平及不携带武器的集会，而无需任何许可。居民享有示威权。

游行是指一定数量的人为了表达思想或诉愿在道路或露天场所进行的集体活动。示威是指一定数量的人在露天场所以游行、集会等方式，对特定的对象表达意愿或提出抗议或表示支持的集体活动。它们不管以什么方式出现，其共同点是集体表达思想或诉愿。在一些国家的宪法中规定了请愿权，而请愿权的内容涵盖了游行、示威的内容，所以，不再作游行、示威自由的规定。

（二）结社等自由的限制

结社自由必须符合法律的规定，凡结社的目的不违反法律或创设不是为了犯罪，结社自由就将得到国家的保障。反之，带有犯罪目的的结社，就要被依法取缔。澳门第 2/99/M 号第 2 条规定，结社的宗旨不得推行暴力为宗旨，违反刑法或抵触公共秩序。不许成立武装社团，或军事性、半军事化或准军事社团，以及种族主义组织。需要指出，在不同的法律制度下，对政治性结社的目的是否合法的标准是不同的。当然，在特别行政区以基本法为标准，符合"一国两制"，依法律设立，均属合法，不要求拥护社会主义。

违反法律的集会和示威将被禁止。澳门第 2/93/M 号第 2 条规定，不允许目的在违反法律的集会和示威，如在集会中公然引起和煽动犯罪或赞扬犯罪，则要处于刑罚。

集会和示威的场所要征得同意或批准。澳门第 2/93/M 号第 3 条规定，在私人场所集会须征得所有权人的同意。在公共场所集会须得到有关权力机关的批准。需要指出，个人可以去的公共场所，并不意味任何人可以利用来举行未经批准的集会。游行和示威，凡使用公共场所、道路，都须批准，因为已经涉及他人的权利和公共利益。不容许非法占用公众的、向公众开放的或私人的地方集会或示威。当然，合法的集会、游行、示威，政府不得拒绝提供公共场所。

偏离集会和示威目的的行为可以中止。澳门第 2/93/M 号第 11 条规定，对偏离原定目的的集会、示威可以在中途中止，对违反法律的集会、示威，还可以禁止。因此，集体的表达自由也不得损害公共秩序和公共利益。

在国外，政府对集会、游行、示威采取两种不同的方法管理。一种是登记制，只要事先通知有关部门就可以举行。另一种是许可制，需事先申报并获批准方可举行。澳门第 2/93/M 号法律第 5 条规定，集会、示威采取预告制度。凡需使用公共道路、公共场所、向公众开放的场所，应在举行前 3～15 个工作日以书面向有关部门报告。书面报告的内容应列明集会、示威的主题或目的，以及举行的日期、时间、地点或路线。如有关部门不同意，在书面中说明理由，并在 48 小时前告知发起人。如同意，有关部门可对集会、示威的地点和时间作出限制。警察部门可对游行或列队的路线作出更改，以维持公共交通秩序。集会、游行与政府机关、司法机关、外交机构所在地，需保持 30 公尺的距离。如果发生集会、示威偏离其目的，妨碍公共安全或他人的自由，警察部门可以中断集会、示威。同时，警察部门有义务采取措施，使集会、示威免受干扰，保证集会、示威者的安全。从法律的规定看，澳门采取的既不完全是登记制，也不完全是许可制，而是介乎两者之间的一种制度。在集会、示威发起人预告后，有关部门可以维护公共安全和公共利益的需要，对集会、示威的地点、路线作出调整。

五 组织和参加工会、罢工的自由

基本法第 27 条规定，居民有组织和参加工会、罢工的权利和自由。工会是工人的组织，是结社的一种形式，其主要目的是调节和管理工会与雇主之间的关系。罢工是指雇员集体性的、一致性的停止工作。行使罢工权不构成违反合同，也不构成解雇的合法理由。

工会最早产生于英国，是雇佣工人自我保护的组织。在历史上，曾被普通法认为是限制贸易活动的共谋组织，破坏了劳动力自由交易的原则，因而被视为非法的组织。直到 1871 年，通过了工会法之后，工会组织才属合法。当今世界，工会组织已十分普及，罢工是工人维护和争取权益的一种手段，各国法律和国际人权公约都规定了居民有组织工会和罢工的权利。正如与其他权利一样，组织工会和举行罢工都要依法进行。法律对罢工一般有几方面的限制，在任何情况下，罢工不能使用暴力，不得无限期地进行，造成对社会经济和公众生活的破坏，不得破坏生产设备和安全，不得妨碍公共交通秩序。在公用事业（交通、电力、供水等）工作的工人不能全体罢工，须维持设备的必要的正常运作和对社会服务的不间断。

澳门特别行政区将依据基本法的有关规定，结合澳门实际制定相关的法律。

六 人身自由

基本法第 28 条规定，澳门居民的人身自由不受侵犯。实施基本法第 28、29 条，保障人身自由的有：新订的第 9/1999 号法律《司法组织纲要法》中人身保护令规范、第 6/2008 号法律《打击贩卖人口犯罪》，原有的第 11/95/M 号法律《澳门刑法典》及第 48/96/M 号法令《澳门刑事诉讼法典》的有关规范。实施基本法第 30 条，保护人格尊严和隐私权的有：新订的第 8/2005 号法律《个人资料保护法》、原有的《澳门刑法典》及第 39/99/M 号法令《澳门民法典》的有关规范。

（一）人身自由的基本含义及保护

人的身体和人身的行为自由，在不违反法律的情况下，可以做自己想要做的事情的自由。人身自由也是一种不受非法限制和剥夺的权利。人身自由是人的最基本、最原始的要求，人身自由得不到保障，就谈不上其他的权利和自由。人身自由的基本特点就是不受任意和非法的逮捕、拘留、监禁。所谓"任意"是指专横、无理，所谓"非法"是指既无法律依据，也不符合法律规定的程序。

如果发生任意和非法的逮捕、拘留、监禁，居民有权向法院申请颁发人身保护令。人身保护令源自英国，指保证人的自由权的特许状。最初在普通法上，除非证明犯有刑事罪或负有民事债务，任何自由民如遭拘禁，都有权要求王座法院向监狱长颁发"解交被拘押者并说明其拘押日期及原因令"，交出拘押者，说明理由，由法院作出判决，决定是将拘押者送回监狱，还是准许保释或释放。1640年英国通过了《人身保护法》，给予该种令状以法定的权利。所以，人身保护令是非法剥夺个人自由权的民事和刑事案件中可以得到的一种补救，以使法院能够据此审查拘禁的正当理由。

澳门法律中也有人身保护令的制度，根据《澳门刑事诉讼法典》第206条规定，对任何被违法拘禁之人，终审法院因请求可发出人身保护令。《澳门司法组织纲要法》第44条第2款第10项规定，"就人身保护令事宜行使审判权"。

根据《澳门刑事诉讼法典》第206条和第207条的规定，澳门的人身保护令制度的特点是：第一，请求权的主体范围广泛，不限于被拘禁者，其他任何人均可提出请求。第二，请求权针对的事实有三种情况。一是拘禁是由无权限的实体进行或命令的；二是作为拘禁理由的事实是法律所不允许的，即无法律根据；三是拘禁时间超过法律或法院裁判所规定的期限。第三，请求权的程序分为三个阶段，首先是提出阶段，由被拘禁者或其他人向终审法院院长提出，交予执行拘禁的机关，然后由该机关连同拘禁的情况送交院长；其次是审议阶段，由院长召集有管辖权的法庭，在八日内进行评议，通知检察院及辩护人到场，并发言。然后进入裁决阶段，由法院根据不同情况作出不同的决定：如因缺乏足够依据，则驳回请求；如需法院进一步调查，则命令立即将拘禁者交由法院处理，并委任一法官在规定期间内调查拘禁合法性的条件；如需移送，则命令在24小时内将嫌犯提交有管辖权的法院；如属违法，则宣告拘禁违法，立即释放。基本法规定的居民享有人身保护令的权利由法律予以具体保障了。

与人身自由相关是禁止非法搜查居民的身体，禁止对居民施行酷刑或予以非人道的对待。人身自由既是行为的自由，也包含作出行为的主体本身的自由，不受非法强力或暴力的对待。非法搜身，就是违反人的意志，对人身的限制。而施以酷刑和非人道的对待，是对人身的摧残。所以，保护人身自由就要禁止上述的非法行为。澳门的刑法典分则第一编第四章专门规定了侵犯人身自由罪和第三编违反人道罪。凡剥夺他人的行动自由或伤害身体的完整性，均属侵犯人身自由的犯罪行为，将受到法律的惩罚。

在此有需要说明，基本法禁止对居民施行酷刑，是否包括死刑呢？在基本法起草过程中有不同意见。有的意见认为，应该规定在澳门不实行死刑，有的主张应该设立死刑，有的认为基本法不作规定，留待澳门刑法规定。经过反复讨论，采纳了第三种意见，决定由刑法规定。所以，在澳门基本法中不对死刑作出规定与酷刑无关，不是因为禁止酷刑而废除死刑。

（二）与人身自由相关的人格尊严的含义及保护

基本法第30条规定，澳门居民的人格尊严不受侵犯。禁止用任何方法对居民进行侮辱、诽谤和诬告陷害。澳门居民享有个人的名誉权、私人生活和家庭生活的隐私权。给人格下一个准确的定义并不容易，在民法意义上的人格主要包括生命健康、人身、名誉、姓名、肖像等利益。在国外，宪法学上的人格概念与个人的尊严是不可分的，包括为人格的独立、自由、发展所必需的权利，但主要体现为名誉权。名誉是人格的最重要，也是最集中的外在体现，社会如何评价一个人的人格，主要是通过对一个人的名誉去评价的，一个人无名誉或名誉不佳，他的人格就会贬低。姓名权、肖像权或隐私权遭到侵害，直接后果是他的名誉遭到破坏，从而使人对他的人格产生消极的评价。

根据基本法的规定，人格主要是指名誉权和隐私权，人格尊严就是人的名誉、隐私等应受尊重。名誉就是具有良好的地位、声望，并为他人尊重。所以，法律禁止毁坏他人名誉的行为，对该种行为要追究刑事或民事法律责任。

侮辱是损害他人名誉的一种违法行为，表现形式是以暴力或其他方法公开破坏他人的名誉、损害他人人格的严重行为。实施行为的人在主观上是故意的，有破坏他人名誉的目的。在客观方面是公开的行为，当着他人的面进行。侮辱可以是用语言，也可以是用文字，还有的是用动作。

诽谤是通过向他人传播虚假事实致使他人声誉破坏的行为。实施行为人在主观上也是故意的，目的也是损害他人的人格。在客观方面是捏造事

实，加以散布。

诬告陷害是捏造犯罪事实，作虚假告发，意图使他人受刑事处分的行为。实施行为人在主观上是故意的，目的是希望他人受刑事处罚。在客观方面是捏造犯罪事实，并向有关机关告发。

上述行为一个共同点是损害他人的名誉，不论是直接的，还是间接的。

《澳门刑法典》分则第一编第六章专门规定了侵犯名誉罪。诽谤和侮辱的行为均属于侵犯名誉罪。在刑法典分则第五编第四章妨碍公正之实现罪中，规定了诬告、虚构犯罪事实的罪名，对此行为要受刑法处罚。虽然《澳门刑法典》没有将诬告陷害罪放在侵犯名誉罪中，不等于这种行为不是侵犯名誉，只是角度不同而已，采取从妨碍公正司法一方面去作规定。

（三）隐私权含义及保护

隐私权与人格不可分，隐私权是指人的私生活不受侵犯或不得将人的私生活非法公开的权利。凡属本人不愿告诉别人或不愿公开的生活秘密，只要不妨碍他人和社会利益就是隐私，至于私生活的秘密是否有人知道，并不影响隐私的成立。

所以，隐私权包含了两个基本内容，私生活的自由和私生活的秘密。个人的私生活怎么安排、怎么进行是个人的自由，干扰、窥探他人的私生活，就是侵犯他人的行为自由。而非法公开他人隐私，是侵犯了他人的秘密，必然导致他人的名誉受损，所以，在外国，许多情况下，以诽谤或妨害行为等理由，要求对侵犯他人隐私的行为后果给予处罚和救济。

《澳门刑法典》分则第一编第七章专门规定了侵犯受保护之私人生活罪。意图侵入他人私生活，尤其是家庭生活或性生活的隐私，截取、录音取得、记录、使用、传送或泄露谈话内容或电话通信，获取、以相机摄取、拍摄、记录或泄露他人的肖像或属隐私的物件或空间的图像，偷窥在私人地方的人，或窃听其说话，泄露他人的私生活或严重疾病事实，均属侵犯私生活。分情节轻重依法处罚。法律保护隐私权，目的是保护个人享有私生活的自由和安宁，人格尊严得到社会的尊重。

第8/2005号法律《个人资料保护法》第2条规定，个人资料的处理应以透明的方式进行，并应尊重私人生活的隐私。在其他的条文中分别对个人资料处理的正当条件，敏感资料处理的限制和条件，对处理从事不法行为的资料登记要件，个人资料在不同政府部门的互联，以及安全性和保密性作出了详细的规定，以保障个人的隐私权。

七　住宅自由

基本法第 31 条规定，澳门居民的住宅和其他房屋不受侵犯。禁止任意或非法搜查、侵入居民的住宅和其他房屋。

（一）住宅和其他房屋不受侵犯的含义和保护

住宅和其他房屋不受侵犯是人身自由的一种必然要求，人身活动的空间受到限制或干扰，也就是对人身自由的限制和干扰。同时，住宅和其他房屋不受侵犯也是保护居民私人生活自由和私人生活秘密的必然。基本法这一条规定的目的，就是保护居民的生活场所和工作场所不受干扰，保护居民的人身安全和工作的秩序。

住宅不受侵犯，源于普通法的原则和制度。普通法有一条谚语，每个人的家就是一个城堡，意即住宅不可侵犯。在外国的法律中，住宅是指个人生活和睡眠的场所，包括暂时居住的旅馆、宿舍等。在德国法律中，把住宅解释为个人的自由居处。

住宅不可侵犯包含两个方面，一是，不得由外部侵入住宅内部，非经屋主同意，任何人不得擅自进入室内。二是，不得在住宅外安装设备，窃听室内的谈话，拍摄室内的活动。如果发生上述行为，受害人可以向司法机关控告。

基本法所规定的住宅概念与外国法律中的住宅含义是一致的。那么其他房屋是指什么呢？应当是指居民生活场所以外的工作场所。因为工作场所也不是向公众开放的地方，在法律上也可归属于私人地方，进入他人的工作场所也要得到所有人的同意或许可。基本法保护的不仅限于居民私人生活的场所——住宅，而且还保护居民工作的场所——其他房屋。为此，禁止任何机关和个人非法搜查和侵入居民的住宅和其他房屋。

《澳门刑法典》第 184 条明确规定了侵犯住所罪，凡未经同意，侵入他人住宅或经被下令退出而仍逗留在住宅内；意图扰乱他人私生活、安宁而致电他人住宅均属侵犯他人住宅，被处一至三年的徒刑。第 185 条规定，未经所有权者同意或许可，侵入任何设有围障且公众不可自由进入之地方构成侵入限制公众进入之地方罪。这一条规定的含义包括了基本法规定的其他房屋，主要是工作的场所。

（二）住宅和其他房屋不受侵犯的限制

当然，住宅和其他房屋不受侵犯也有一定的界限，为了收集犯罪证据、查获和拘禁犯罪嫌疑人，特定的执法人员可以进入居民的住宅和其他房屋，但必须依照法律规定的程序进行。根据澳门刑事诉讼法第 162 条住宅搜查的规定，一般情况下，须由法官命令或许可，方可进行。如果有理由相信延迟搜查可能对重大价值之法益构成严重危险或被搜查者同意，由检察院命令进行。如搜查律师事务所或医生诊所，搜查须由法官亲自在场主持。所以，基本法和澳门的法律对居民的住宅不受侵犯是给予了充分的保护。

八　通讯自由和通讯保密

基本法第 32 条规定，澳门居民的通讯自由和通讯保密受法律保护。除因公共安全和追查刑事犯罪的需要，由有关机关依照法律规定对通信进行检查外，任何部门或个人不得以任何理由侵犯居民的通讯自由和通讯秘密。实施基本法第 32 条，保护通讯自由的有第 16/92/M 号法律《通讯保密及隐私保护》。

（一）通讯自由和保密的含义及保护

通讯自由和保密是言论自由和隐私权的一种自然延伸。对于通讯自由和秘密的属性，在法学理论上，从不同的角度出发，有的把它归为私人生活和隐私权的范畴，因为通讯的对象是特定的人，有保密性。有的把它归为表达自由的范畴，因为通讯是一种思想的交流，表达人的想法，是不公开的言论自由。其实，通讯自由是以言论自由为基础的，没有言论自由就没有通讯自由，通讯自由是言论自由的一种形式。同时，通讯自由又是与隐私权联系在一起，通讯中的言论并不是公开的言论，既然不公开，那么就要尊重这种言论的秘密。所以，通讯自由和保密与言论自由、隐私权有联系，是两者的结合，产生了自己双重性的特点。但不论怎么说，作为一项基本权利和自由应受法律保护。

通讯是指通过书信、电话、电报、传真、电子邮件等形式与他人的联系。通讯自由就是以各种通讯方式对外联系，非依法律不受干涉和限制。通讯保密就是通信的内容不得非法窃取或泄露。因而对通讯自由和秘密的保护，主要有两个方面。一是禁止任何机关和个人非法限制他人通讯，禁止以开拆和其他技术手段，获知他人通讯的内容。二是禁止任何机关和个人泄露他人通讯的内容，包括邮政和电讯部门在履行职务时获知通讯资料向他人泄露。

《澳门刑法典》第188条规定了侵犯函件或电讯罪，凡未经同意，开拆他人的包裹、信件或任何文书或以技术方式知悉其内容，又或以任何方式阻止他人接受上述物品；未经同意，介入或知悉他人电讯内容；未经同意，泄露上述信件、文书、电讯内容，为侵犯函件或电讯罪，处一年徒刑。第16/92/M号法律《通讯保密及隐私保护》第3条规定，邮政和电讯部门及工作人员对居民的通讯自由和秘密负有服务和保密的义务。不得任意拒绝为居民提供通讯服务，也不得任意泄露居民通讯的秘密。否则，由法律追究责任。

（二）通讯自由和保密的限制

当然，通讯自由和保密也要受到法律的限制。主要以公共安全和追查刑事犯罪为限。为什么说是主要呢？因为在一些国家的破产法律中规定，允许破产财产托管人开拆和批阅破产者的邮件。

《澳门刑事诉讼法典》对扣押函件、电话监听的条件和程序作出了规定。凡函件涉及嫌疑人，涉及犯罪可处三年以上徒刑，扣押对发现事实真相或在证据方面属于非常重要，经法官作出命令或许可，有关机关可进行扣押。对可处三年以上徒刑，贩卖麻醉品犯罪，禁用武器、爆炸装置或材料的犯罪，走私犯罪，通过电话实施侮辱、恐吓、胁迫及侵入私生活犯罪，经法官命令或许可，有关机关可对电话谈话或通信进行截听、录音。

第16/92/M号法律《通讯保密及隐私保护》第16条和第17条规定，在涉及可受重刑处分的罪行而有充分理由时，经法官批准可以对函件扣押。对可受重刑处分，犯罪集团，恐怖、暴力、有组织犯罪，毒品制造和贩卖，枪械、爆炸物，走私，电话恐吓等行为经法官批准可以进行电话监听。

所以，居民有通讯自由和通讯保密，政府必须予以保护。但居民必须依法行使，不能利用现代化的通讯技术和便利妨碍公共安全和实施犯罪。

九　迁徙自由和出入境自由

基本法第 33 条规定，澳门居民有在澳门特别行政区境内迁徙的自由，有移居其他国家和地区的自由。澳门居民有旅行和出入境的自由，有依法取得各种旅行证件的权利。有效旅行证件持有人，除非受到法律制止，可自由离开澳门特别行政区，无需特别批准。实施基本法第 33 条，保护出入境自由的规范性文件有：新订的第 6/2004 号法律《非法入境、非法逗留及驱逐出境的法律》、第 4/2003 号法律《入境、逗留及居留许可制度的一般原则》，第 9/1999 号行政法规《澳门特别行政区旅行证件签发规章》、第 10/1999 号行政法规《澳门居民往来香港特别行政区旅游证签发规章》。

（一）　迁徙、出入境等自由的含义及保护

迁徙、出入境等自由是人身自由的又一种延伸，它有择居的自由，也有外出旅行的自由。居民享有此项权利，对工作、学习、生活和对外交往是非常必要的。

迁徙自由是指居民可以根据自己的意愿，从原居住的地方迁往其他地方居住，包括在澳门地区内移居，也包括到澳门以外地区的移居，是一种择居的权利。对这种权利和自由，政府不加干涉。

旅行和出入境自由是指居民根据自己的需要，自由地离开澳门去其他地方经商、学习、旅游等，并能自由地返回澳门。为了实现这种需要，居民就有取得旅行证件的权利，只有持有有效旅行证件的人方可进入其他国家或地区。居民依何种条件和程序取得旅行证件，基本法第七章和澳门特别行政区旅行证件签发规章有明确的规定。这里要强调的是，基本法突出了持有效旅行证件的人，出入境无需特别批准。无需特别批准是什么含义？应该理解为，居民在有效旅行证件取得后，不需要再有行政当局的其他批准文件，也不需要行政当局的同意，居民随时可以进出澳门。要不要出境，什么时候出境，完全是个人的自由。所以，旅行证件与出入境是相互联系的，但又不是等同关系，政府根据基本法和法律的规定，有权决定是否发给居民旅行证件，但除非法律另有规定，政府无权决定和阻止居民的出入境。政府应完全尊重居民的出入境自由。

（二）迁徙、出入境等自由的限制

在一些国家的法律里对移居自由规定了一定条件，如德国基本法规定，对无充裕的生活基础和给社会增加特殊负担的，为保护青少年不被遗弃，为防止流行性疾病和犯罪，政府可采取措施对移居作出限制。有的国家破产法规定，破产者未经法院允许不得离开自己的居住地。有的民法规定，未成年人必须居住在亲权者指定的居住地。有的刑事诉讼法规定，刑事被告不得随意移居。

澳门法律对出入境自由也有一定的限制，主要是对犯有刑事罪的通缉犯、正在服刑、取保候审者等，限制他们出境。如《澳门刑事诉讼法典》第 184 条规定，有迹象显示嫌犯可处一年以上徒刑，禁止离境，并收缴他们的旅行证件。再如，第 55/95/M 号法令《修正及更新入境、逗留及在澳门定居之一般制度》第 14 条规定，被依法驱逐出境的，被判一年以上剥夺自由刑的，存在实施严重犯罪迹象的，政府将拒绝他们入境。这种限制对维护社会的公共安全和公共利益是必要的。

十　信仰自由和宗教信仰自由

基本法第 34 条规定，澳门居民有信仰自由。澳门居民有宗教信仰自由，有公开传教和举行、参加宗教活动的自由。实施基本法第 34 条，保护信仰自由的法律是第 5/98/M 号法律《宗教及礼拜的自由》。

（一）信仰自由和宗教信仰自由

信仰自由属于思想自由的范畴。信仰是个人保持自己喜欢的行为原则（如主张、主义、世界观）以及根据此种原则生活的信念。

宗教信仰是个人对具有超自然的超人格性质的存在，如造物主、上帝、神、佛等的崇拜心情和信念，并以此获得精神上的慰藉。

基本法规定居民有信仰自由和宗教信仰自由是对居民的精神生活和思想自由的保障。

信仰自由是一种内心的精神活动，一个人可以信仰这种主义，也可以信仰另一种主义，法律对个人持有何种信仰不加干涉。这是信仰自由与法律的第一层关系。但信仰与行为有一定的联系，许多行为是因信仰而产生的，如果个人基于信仰的原因，作出的行为与法律抵触，法律只能追究这种行为，而不处理信仰问题。所以，在现代法律上没有思想犯的概念，不能因思想而定罪。但对表达信仰的行为，如有煽动、诽谤、破坏公共秩序的，则要由法律追究责任。这是信仰自由与法律的第二层关系。

此外，在一些国家，因信仰可以豁免法律上的个别义务。如在英国，个人因信仰的原因不能从军，并能让法院相信他的信仰的真实，那么当事人可免除服兵役的义务。

宗教包括信仰、教义以及礼拜、宗教仪式。宗教信仰自由是指可以有信仰宗教或不信仰宗教的自由；可以参加或不参加宗教活动的自由；也可以参加或不参加宗教团体的自由。所以，宗教信仰自由包含了三个意思：一是内心的信念自由，信不信宗教，信哪一种宗教完全自行决定；二是行动的自由，要不要参加宗教的仪式和活动自行决定。三是宗教上的结社自由，要不要参加宗教团体，参加哪一个教派也是自行决定。

宗教信仰自由在历史上有一个发展的过程。在欧洲中世纪，宗教没有自由，天主教一统天下，教会和政府强迫人们信奉天主教。后来出现了宗教改革运动，承认各教派的存在，才有了宗教自由。

澳门居民的宗教自由包括的权利根据第 5/98/M 号法律《宗教及礼拜的自由法律》第 5 条规定，"有信奉或不信奉宗教、改变或退出原来信奉的教派，遵行或不遵行所属教派的规条；表达自己信念；单独或集体、公开或私自表示其信念；以任何方式推广所信奉宗教教义；从事所信奉宗教本身的礼拜行为仪式。"

澳门居民的宗教自由受法律保护。第 5/98/M 号法律《宗教及礼拜的自由法律》第 2 条规定，"一、承认及保障人的宗教及礼拜自由，并确保宗教教派及其他宗教实体受适当的法律保护。二、宗教自由不容侵犯。三、任何人均不得因不信奉任何宗教或因其宗教信念或宗教活动而遭到损害、迫害、剥夺权利、免除责任或公民义务，但按法律规定行使良心抗拒权者则例外"。澳门的刑法典第 282 条规定，对侵犯宗教信仰自由的行为，如公然侵犯和嘲弄宗教信徒，污辱宗教崇拜的地方或物件，以暴力相威胁阻止或扰乱宗教崇拜的进行，公然羞辱或嘲弄宗教崇拜行为，处以一年的刑罚。所以，澳门法律对宗教信仰自由提供了保障。

（二）信仰自由的限制

在保护宗教信仰自由的同时，外国的法律也作出规定，第一，宗教与国家分离，不规定国教。第二，宗教与政治法律分离，不因宗教在政治和法律上受到歧视，应该一律平等。第三，宗教与教育分离，公立学校不设宗教课程，不强迫学生作宗教礼拜。第四，国家对任何宗教团体一视同仁，禁止给予特权。对表达信仰的行为，如有煽动、诽谤、破坏公共秩序的，则要由法律追究责任。

澳门第 5/98/M 号法律《宗教及礼拜的自由法律》也有类似的规定。第 3 条规定，澳门地区不指定任何宗教，不干预宗教教派的自由组织和礼拜。第 4 条规定，在法律面前各宗教团体一律平等，不能产生政治上的歧视。第 10 条规定，向学生提供任何宗教及其道德的教育，需经学生的父母或亲权行使者请求，并在有能力施教且不妨碍其教学自主的教育场所为之。十六岁或以上学生得自行行使以上所指权利。在宗教教派所开办的教育场所注册者，推定其接受有关教派所采纳的宗教及道德的教育，但父母和十六岁以上的本人可以作出相反声明不接受宗教教育。第 11 条规定，任何人的宗教活动，不得作出与人的生命、身心完整及尊严相抵触的行为，以及法律明确禁止的行为。

十一　择业和工作的自由

基本法第 35 条规定，澳门居民有选择职业和工作的自由。实施基本法第 35 条，保护择业自由的规范性文件有：新订的第 7/2008 号法律《劳动关系法》、第 9/2003 号法律《劳动诉讼法典》、第 12/2001 号法律《工作意外及职业病法律制度》及修改，第 17/2004 号行政法规《禁止非法工作规章》，原有的第 4/98/M 号法律《就业政策及劳工权利纲要法》，第 52/95/M 号法令《订定在劳动关系内须遵守之规则，以保障男女劳工在就业上获平等之机会及待遇——若干废止》。

（一）职业自由的含义及保护

职业自由是指居民可根据自己的意愿或能力、专长选择谋生的方式。工作自由是指个人工作或不工作完全自由，由个人自行决定。在法律理论

上，有的把选择职业自由归入工作自由的范围内。但工作自由不是意味获得工作的法律权利，或者是要求提供工作的权利请求。

居民享有选择职业和工作的自由，对居民的生存权和发展权是非常重要的，也是为居民享受精神生活创造物质条件。所以，政府一方面不干涉居民择业和工作的自由，不强迫他们从事某一工作或工种，同时，也要创造良好的社会经济环境，为居民择业和工作提供机会。

（二）择业和工作自由的限制

择业和工作自由也要受到法律的一定限制，不是个人想要干什么工作就能干什么工作。经商要受营业许可制度的约束，有些行业受专营制度或专卖制度的约束。个人要从事医生、律师、工程师等工作，要具备专业资格，政府批准执业资格，方能工作。所以，居民要依法行使自己的择业和工作的权利。

十二　教育、学术和文化活动的自由

基本法第37条规定，澳门居民有从事教育、学术研究、文学艺术创作和其他文化活动的自由。基本法这一规定，对保障居民的精神生活自由，提高居民教育、文化水平，促进社会精神文明建设有重大的意义。实施基本法第37条，保护教育、学术研究、文化创作自由的规范性文件有：新订的第9/2006号法律《非高等教育制度纲要法》、第9/2000号法律《科学技术纲要法》。行政法规有：第17/2007号修改《免费教育津贴制度》、第16/2007号《教育发展基金制度》、第20/2006号《学费津贴制度》、第19/2006号《免费教育津贴制度》、第16/2005号《基础教育学生学费津贴制度》、第14/2004号《科学技术发展基金》。

（一）教育、学术和文化活动的自由的含义及保护

从事教育自由，包括两个方面。第一，是办学的自由。社会上除了公立学校外，私人可根据法律举办学校。第二，是教学自由。学校的教学内容和教学方法等由学校自行决定。

澳门第9/2006号法律《非高等教育制度纲要法》第3条规定，政府在接受教育和实施教育方面，确保尊重教与学的自由，保障依法设立教育机

构的权利，不得以任何哲学、美学、政治、意识形态或宗教的方针计划教育内容，确保学校在遵守法律的情况下，自由制定有关教学计划。第35条规定，"一、教育机构享有教学自主权。二、私立教育机构尚享有行政和财政自主权。三、在不妨碍有职权的公共部门行使监察权并在遵守适用法例的前提下，教育机构行使以上两款所指自主权"。

澳门政府不仅保障办学自主和教学自由，而且还提供财政支持，实现了15年免费教育。

学术研究自由，也体现在两个方面。第一，能自由地探求知识及研究问题，直到得出真实的结论。学术研究不受行政命令等的干扰。第二，能自由地发表研究成果，展开学术讨论。如果只许研究，不许发表，不许讨论，学术研究是不完整的，也是无意义的。只有自由地探讨、公正地批评、不断地修正，人类才能不断地认识真理，掌握客观的规律，造福于社会。

第9/2000号法律《科学技术纲要法》第2条规定，澳门特别行政区居民享有科学技术研究的自由，但有法律限制者除外。第5条规定，澳门特别行政区政府鼓励科学技术研究开发机构的设立，重视该等机构对科学技术的开发、转移及应用推广的功能发挥。第6条规定，澳门特别行政区政府重视科学技术人才的培养、吸纳和进用，尊重科学技术人员的劳动成果，提升科学技术人员的社会地位。第7条规定，设立科学技术发展基金，充实科学技术研究开发设施、资助科学技术研究开发成果的应用和增进科学技术研究开发的能力，以推动澳门科学技术的发展，促进澳门经济的发展。

文学艺术创造等文化活动自由，从内容上看可以是反映历史题材或是反映现实题材，也可以反映政治、经济、文化、军事等不同领域的生活。从形式上看，可以是文字、图像、动作，包括文学作品、电影电视、戏曲戏剧等。居民可以自由地创作，百家争鸣，百花齐放。

（二）教育、学术和文化活动自由的限制

教育、学术和文艺创作自由，与其他权利和自由一样，也不是无限制的。在行使权利和自由时，不能把人引入歧途，不能侮辱、诽谤，不能有伤风化、不能危害公共安全等，总之，不能作出法律所禁止的行为。

十三　婚姻自由等

基本法第 38 条规定，"澳门居民的婚姻自由、成立家庭和自愿生育的权利受法律保护。妇女的合法权益受澳门特别行政区的保护。未成年人、老年人和残疾人受澳门特别行政区的关怀和保护"。实施基本法第 38 条的法律有：澳门民法典的有关规范、第 6/94/M 号法律《家庭政策纲要法》、第 2/2007 号法律《违法青少年教育监管制度》、第 6/2001 号法律《因利用不可归责者犯罪情节的刑罚加重》。

（一）婚姻自由

婚姻是法律确认的男女两性结合的形式。家庭是由婚姻关系、血缘关系或收养关系而发生的亲属间的社会生活组织。家庭是社会的细胞，是社会的基本单位。婚姻是家庭的基础，家庭是婚姻的结果，两者是不可分的。从广义上说，婚姻自由包括成立家庭的自由。婚姻自由也是人身自由的又一种延续。所以，保护婚姻自由和家庭对维护社会的稳定和延续是很重要的。

婚姻自由是指居民依照法律规定，有权决定自己的婚姻，不受任何人的强迫和干涉。婚姻自由包括结婚自由和离婚自由。所以，法律禁止包办婚姻和买卖婚姻，即由第三者违反婚姻自主的原则，包办和强迫他人婚姻的行为，也禁止第三者以索取财物为目的，包办和强迫他人婚姻的行为。同时，也禁止其他干涉结婚或离婚的行为。

家庭受法律的保护。因为成立家庭之后，就产生了许多法律关系，包括夫妻关系、父母与子女关系、收养关系、个人财产和共同财产的关系，继承关系。所以，法律视家庭为应予保护的制度。家庭的稳定对社会及法律关系的稳定有直接的作用。

自愿生育是相对计划生育而言的，个人要不要生育、什么时候生育、生育多少子女是个人的自由，由个人决定。内地实行计划生育是符合国情的措施，通过计划生育调整人口增长的速度，控制人口增长率，提高人口素质，对国家的长远发展是必要的。由于实行"一国两制"，计划生育的政策不在澳门实施。

（二）妇女权益

基本法第 38 条第 2 款规定，妇女的合法权益受澳门特别行政区的保护。为此，要确立妇女应有的法律地位。在相当长的历史时期，妇女的地位是低微的，与男子并不平等，处于从属地位。她们没有受教育和参加社会活动的权利，没有财产权和继承权。从法国大革命起，开始了提高妇女地位的运动。从 19 世纪 60 年代开始，妇女才有财产所有权和管理权，但仍无政治权利。在第一次世界大战后，才逐步给予妇女选举权，制定了取消性别歧视法、男女同工同酬法、性别平等法，妇女的地位大大提高。妇女的合法权益主要体现在两个方面：第一，在家庭关系中，夫妻平等，无论是在财产关系上，还是对子女的教育、抚养上权利和义务平等。第二，在社会关系中，男女平等，包括在政治权利、经济权利、社会和文化权利上一律平等，不因性别受到不公平对待。所以，妇女所取得的权利，法律必须予以保护。

第 6/94/M 号法律《家庭政策纲要法》规定在家庭中男女平等，在社会中男女同工同酬。行政长官制定了第 6/2005 号行政法规，在 2005 年设立妇女事务咨询委员会。委员会的主要目的为：①保护妇女的权益及改善其生活条件；②寻求真正做到分担家庭、职业、社会、文化、经济及政治方面的责任；③致力落实妇女应享有的机会、权利及尊严；④鼓励妇女全面参与澳门特别行政区的发展。委员会的职责为：①就促进、改善妇女的生活条件而制订的中长期政策发表意见；②就不同施政领域中有关妇女的政策及措施发表意见；③建议各项须优先开展的工作，以鼓励妇女长期全面参与社会、文化及经济的发展，以及政治活动；④透过听取社会各界有关妇女事务的意见，加强政府与妇女之间的沟通；⑤与同类实体交流经验并保持接触。促进妇女事务的健康发展。

（三）未成年人、老年人和残疾人权益

基本法第 38 条第 3 款规定，未成年人、老年人和残疾人受澳门特别行政区的关怀和保护。上述三类人士情况比较特殊，特别需要社会对他们的关心和帮助。所以，一些国家的法律，包括内地，都有未成年人保护法、残疾人保障法、老年人的社会保障法等，内地还成立了青少年保护委员会、残疾人联合会、老龄委员会等组织关怀他们。国家通过法律不仅维护他们

的合法权益，使他们身心健康，生活幸福，而且要在社会上树立和培养尊老爱幼、助人为乐的风尚和道德。

澳门第 6/94/M 号法律《家庭政策纲要法》第 8 条和第 9 条对儿童和未成年人权益作出了保护，规定儿童不论是否属婚生子女，在社会保障方面均享有相同的权利，以便能健全发展。行政当局应促进母—婴扶助网络及托儿所的设立及运作。弱能或弱智的儿童获特别援助，从而给予他们适合其人身发展的条件。第 11 条对老年人和残疾人的权益作出规定，行政当局和与家庭利益有关的团体及社会互助机构合作，推行一项目的为老年及有缺陷人士完全融入社会和家庭，以及保证其经济保障的政策。第 6/2001 号法律《因利用不可归责者犯罪情节的刑罚加重》规定，行为人透过不可归责者作出事实，适用刑罚之最高限度和最低限度均加重三分之一。保护未成年的身心健康，不受犯罪分子的影响。

十四　法律权利

（一）罪刑法定和无罪推定的保护权

基本法第 29 条规定，澳门居民除其行为依照当时法律明文规定为犯罪和应受惩处外，不受刑罚处罚。澳门居民在被指控犯罪时，享有尽早接受法院审判的权利，在法院判罪之前均假定无罪。基本法的这一规定，确立了罪刑法定和无罪推定的原则，对保护居民的权利和自由是十分重要的。

1. 罪刑法定

罪刑法定是指什么行为属犯罪，犯罪行为处以什么刑罚须有法律明文规定，而且法律应是行为发生时的有效法律。它的含义有：第一，无法律规定者不为罪，法律不加禁止的行为不是犯罪行为，不受处罚。没有法律就没有犯罪，没有法律就没有刑罚。第二，法律一般无溯及既往的效力。行为是否犯罪，应依行为发生时的当时有效法律规定作判断。

罪行法定是针对封建主义的罪行擅断提出的，反对由人的主观意志决定犯罪或刑罚。最早由作为法国宪法序言的人权宣言作出规定，以后为许多国家的宪法和法律所承认和采用，世界人权宣言也予以倡导。

2. 无罪推定

无罪推定是指被控犯罪的人，须被推定为无罪，直到或除非本人承认，或有无可怀疑的充足证据证明相反时为此。它的含义有：第一，如果无证据提出，被告人有权得到释放。第二，举证责任在起诉方，他必须反驳无罪推定，以无疑义的充足证据证明被告人有罪。第三，被告人没有解释其行为的责任，也没有为自己辩护无罪的责任，除非他以不在犯罪现场、当时神志不清或者自卫等为辩护理由，在这种情况下，被告人必须提出支持申辩的事实证据。

无罪推定是针对有罪推定提出的，反对不能证明被告人无罪就以有罪论处。无罪推定原则，最早也是在法国人权宣言中作出规定，以后被许多国家的宪法和法律所接纳，在世界人权宣言中也得到了体现。

3. 澳门法律的规定

《澳门刑法典》第 1 条就规定了罪刑法定原则。内容有三个方面，犯罪的事实和处罚须有当时的法律规定为限；保安处分也应以当时的法律规定为限；不容许类推，既不能类推确定犯罪事实，也不能类推确定刑罚。

《澳门刑事诉讼法典》第 49 条第 2 款规定了无罪推定原则，即在有罪判决确定前推定嫌犯无罪。

基本法和澳门法律规定了罪刑法定和无罪推定，使居民非常清楚知道可以作出什么行为，不可以作出什么行为，及其行为所要承担的法律后果。知道在法律诉讼时，如何维护自己的权利，免遭不白之冤。同时，也要求司法机关在审理案件时，要严格依法办事，不能主观擅断。总之，对依法治澳，对居民自觉遵守法律，对司法机关严格执法是一种保障。

（二）诉诸法律和司法补救权

基本法第 36 条规定，澳门居民有权诉诸法律，向法院提起诉讼，得到律师的帮助以保护自己的合法权益，以及获得司法补救。澳门居民有权对行政部门和行政人员的行为向法院提起诉讼。根据基本法的这一规定，居民遇有纠纷和问题时，可通过法律途径，请求法院解决，维护自己的权益。实施基本法第 36 条，保护司法救济权的有：第 9/2004 号法律《〈司法组织纲要法〉及〈民事诉讼法典〉条文的修改及附加》（设立轻微民事案件法庭）、第 55/99/M 号法令《澳门民事诉讼法典》、《澳门刑事诉讼法典》的有关规范、第 5/94/M 号法律《请愿权的行使》、第 41/94/M 号法令《规范司法援助制度》、2009 年年初立法会审议修改并通过的《增加第 21/88/M 号法律〈法律和法院的运用〉的条文》。

1. 诉诸法律，提起诉讼

诉讼对居民来说是一项权利，对法院来说是一项义务。只要居民提起诉讼，符合法律规定的条件，属于法院管辖的范围，法院有义务受理，不能拒绝。提起诉讼的范围主要有两个方面。一是，涉及的民事和刑事法律关系，向法院起诉，如民事中的继承权、债权，刑事中的自诉案件，居民均可依法诉讼。二是，涉及行政部门和行政人员的侵权行为，向法院起诉。如对行政部门的税收决定、行政处罚等，居民认为有违法律规定的，除了向上级行政部门申诉外，还可以要求法院作出判决。诉诸法律是居民的权利，也是居民保护自己权利的一种法律手段。它有利于维护社会的法律秩序。所以，居民要行使好这项权利，必须增强自己的法律意识，提高法律的知识水平。

2. 得到律师帮助

在法律诉讼过程中，居民有权得到律师的帮助。律师作为法律的专业人士，一方面，有较好的法律知识，了解诉讼程序，可以提供法律意见。另一方面，律师的特殊身份，在诉讼过程中，享有一些当事人没有的权利，如可以阅读案卷，询问当事人，调查了解事实等。律师在刑事诉讼中作为辩护人，在民事诉讼中作为代理人，律师可以帮助当事人更好地维护自己的利益。

居民有权得到律师的帮助，有两层含义。一是居民可以聘请和选择律师为其辩护或代理。对当事人来说，这是有偿的服务。二是居民经济困难，无钱聘请律师，政府提供法律援助，聘请律师免费为当事人服务。澳门目前有第 41/94/M 号法令（司法援助）。根据法律规定，政府的法律援助不仅限于聘请律师，而且还包括减免诉讼费。只要能证明当事人无足够经济能力负担律师报酬和诉讼费的，均可成为法律援助的受益人。这对居民行使诉讼权是一种具体的保障。

2009 年年初立法会审议修改并通过的增加第 21/88/M 号法律《法律和法院的运用》的条文，规定"在任何程序"之后加上"及在有关程序的任何阶段"，律师可以介入和帮助，就是为保障基本法规定的居民"获得律师援助"这一权利的全面落实。

3. 司法补救

司法补救原是英国衡平法的一种制度。衡平法代表公平、合理、正义，以自然正义的准则为基础。衡平法与普通法有所区别，其中之一就是提供各种救济办法。普通法院只能命令损害赔偿，但并没有解决受害人的其他诉求。如，机器噪声使人失去安静，损害赔偿不能解决安静的问题。然而，衡平法可用禁止令，即法院下令禁止某人不应作为。法院还可下特定履行令，用命令要求某人来履行他的诺言；遇有不当威胁、意外事故或诈骗，也可予以救济，以求做到公正、合理。

根据澳门的法律制度，司法补救是在居民的权益受到侵害时，有权通过司法途径获得对其侵害的合理补偿。如某人被伤害，罪犯尽管被判刑，但被害人仍有权要求伤害人给予赔偿。澳门的司法补救制度的具体内容将由法律或司法实践确立和完善。

十五　社会权利

基本法第 39 条规定，澳门居民有依法享受社会福利的权利。劳工的福利待遇和退休保障受法律保护。实施基本法第 39 条，保障社会福利的有：第 6/2007 号行政法规《向处于经济贫乏状况的个人及家团发放援助金制度》、第 12/2005 号行政法规《敬老金制度》及修改、第 12/2008 号行政法规《现金分享计划》、第 234/2004 号行政长官批示《将社会保障制度扩展至自雇劳工》、第 58/93/M 号法令《社会保障制度》。

社会福利是社会经济发展的成果，社会对其成员提供服务和保障。所以，社会福利以经济条件为基础，一定要与经济发展的水平相适应，超越经济的水平，社会福利就将失去保障。由于不同国家和地区经济发展水平不同，提供社会服务和保障也就有差别。所以，居民对福利的要求，一定要从社会的承受能力出发，符合社会的整体利益。另一方面，社会福利是社会给予个人服务和保障，个人只能依法享受，法律没有规定，社会没有义务必须提供服务和保障。在社会与居民关系之间，社会是采取主动行为，居民是被动地接受，这是享受社会福利权利的特点。

社会保障是指政府通过援助金或由政府全部或部分出资设立社会保障基金，由政府、雇主和雇员按比例供款，可享受养老金、残疾金、社会救济金、失业津贴、疾病津贴、丧葬津贴等，给依法享有社会保障的居民提供援助或支付金钱。

社会服务是指政府或由政府资助的民间机构对有需要或困难的居民提供帮助，如，在澳门有幼儿及家庭服务、儿童及青少年服务、安老服务、

康复服务、医务服务、预防及戒毒服务等。

根据澳门的劳工法律，劳工享有的福利和退休金应受保护，雇主不能任意剥夺或减少。第一，法律明文规定的劳工福利，如有薪假期、休息日等，劳动合同不得违反，作出相反的规定，否则无效，雇主要保证支付工资和不得强迫加班劳动。第二，雇主和雇员在劳动合同中根据双方意思订立的劳工权益，如长期工作享有退休金，雇主不能事后反悔，必须遵守执行，如有违反，要负法律责任。如果出现恶意解雇，劳工可根据法律，通过行政（劳工局）或司法程序解决。

为了保障劳工的权益，制定劳工政策，完善劳工法律，特别行政区政府设立了由政府、雇主团体、雇员团体代表组成的社会常设协调委员会，作为咨询性的机构向政府提供意见，协调劳工与雇主的关系。

第六节　葡萄牙后裔居民的合法权益受保护

基本法第 42 条规定，在澳门的葡萄牙后裔居民的利益依法受澳门特别行政区的保护，他们的习俗和文化传统应受尊重。在澳门的葡萄牙后裔居民是澳门居民的一部分，为什么基本法还要专门突出葡萄牙后裔居民，并用专条规定保护他们的利益、习俗和文化传统？这是基本法从澳门的实际出发的一个范例。

葡萄牙后裔居民是指具有葡萄牙血统的人，在血缘上与葡萄牙人有联系。血缘关系表示两个或至少是有一个共同的祖先的人之间的关系。从理论上说，在澳门的葡萄牙后裔居民，有一部分人是具有完全葡萄牙血缘的，有一部分人只具有一部分葡萄牙血缘。血缘与国籍有联系，但也可以分离。在采取血统主义原则的国家，血缘是取得原始国籍的条件。但是，根据国籍归化的原则，虽不具有该国的血缘关系，也可以申请加入他国的国籍。血缘是自然的关系，国籍是法律的关系，这就是他们之间的区别。所以，不能把在澳门的葡萄牙后裔居民，一概视为葡萄牙的公民。

在澳门的葡萄牙后裔居民，绝大多数既有葡国血统，又有中国血统，他们是历史发展过程中通婚的结果，并形成了他们的一些特点，诸如习俗、文化传统等。他们的存在本身也构成了澳门社会的一个特点。所以，基本法也就有必要对他们作出相应地保护。这里我们要分清楚两个问题，一是它与社会公平原则不仅不矛盾，相反是一种公平的体现，公平不否定特殊的存在，尊重特殊性，才是真正的实际的公平。抹杀他们的特点，就是对他们的不公平。二是它与特权没有关系，特殊性不等于特权，同样也不能因为特殊，而要求超出范围的特权。所以，就必须依法保护。

对葡萄牙后裔居民的利益，要用历史的眼光和法律的观点看待，举一个例子来说，葡萄牙后裔居民中的相当一部分人是任职公务员，公务员的待遇是比较好的，对他们取得的利益不能因为历史上澳葡政府给他们提供的便利，而予以否定。只要不违反法律，利益就应得到维护。即使法律作出了修改，也不能溯及既往，有追溯力。

对葡萄牙后裔居民的习俗和文化传统的尊重，不仅使他们保留自己的生活方式，而且也为澳门社会的文化增添特色，为澳门居民的和睦相处奠定基础。习俗就是历代相沿积久而成的习惯和风俗。既有自然的因素，也有社会因素的影响。葡裔居民与华人生活和交往，形成了自己的一些习惯和风俗，如他们在饮食方面有"土生菜"；在节日习俗方面，他们既过葡国节日，也过中国节日。文化传统是一种历史现象，既有民族性，又有历史的延续性。土生葡裔居民把澳门视为自己的故乡，同时在民族感情上与葡国保持一定联系。他们既说葡文，又能讲中文（主要是广州话），希望接受葡文教育，喜欢葡式的建筑、文物等。他们在历史上地位较为特殊，是联系葡国与中国人的纽带，形成了固有的心理、文化，称为"土生文化"。凡此种种，都应得到尊重。对此，基本法作出了相应的一些规定，如行政机关、立法机关和司法机关，除使用中文外还可使用葡文，就是尊重葡裔居民的语言文化和照顾其生活和工作的需要。原有的葡文学校可以继续开办，葡萄牙后裔居民的子女可接受葡文教育。

总之，依法保护葡裔居民的利益，尊重他们的习惯和文化传统是有现实意义的，他们在澳门历史上曾为社会的发展作出过贡献，在特别行政区仍有用武之地，作为澳门居民的一分子，希望他们的才能和特长能够进一步发挥，在不同的领域为澳门作出新贡献。而在澳门保留中西文化交融的特色，也是澳门丰富的旅游资源，对促进社会经济、文化的发展有积极的作用。

第七节　两个国际人权公约适用问题

基本法第40条规定，"《公民权利和政治权利国际公约》、《经济、社会与文化权利国际公约》和国际劳工公约适用于澳门的有关规定继续有效，通过澳门特别行政区的法律予以实施。澳门居民享有的权利和自由，除依法律规定外不得限制，此限制不得与本条第一款规定抵触"。根据基本法的这一规定，就国际公约与澳门的法律和居民的权利关系，阐述了以下三个问题。

一　国际人权公约适用澳门的内容

《公民权利和政治权利国际公约》于1966年12月16日由联合国大会通过，同年12月19日在纽约开放签字，1976年3月23日正式生效。公约有53条，主要内容有：所有民族有自决权，自由决定其正当地位；人人享有生存权；身体自由及人身安全；迁徙自由和择居自由、出入境自由；法律面前平等权；人格权；私生活、家庭、住宅或通信不受侵犯；思想、信念及宗教自由；和平集会权；结社权；家庭和婚姻自由；选举权；不受酷刑或不人道或侮辱对待。

《经济、社会与文化权利国际公约》于1966年12月16日由联合国大会通过，同年12月19日在纽约开放签字，1976年1月3日正式生效。公约有31条，主要内容有：所有民族享有自决权；人人享有工作权；参加工会、选择工会权；社会保障，包括社会保险权；家庭、婚姻、母亲、儿童受保护；免受饥饿权；身体和健康权；受教育权；科学、文化、艺术研究和创造受保护。

上述两个国际人权公约在适用澳门时，根据澳门的地位和实际情况，作了一些保留。澳门是中国的领土，所以不存在民族自决权，也就不适用于澳门。澳门立法机关保留了部分委任，有关选举产生的立法机构组成和选举方式，即立法机构全部由选举产生不适用于澳门。澳门的出入境管理对非永久性居民有限制，公约中有关出入境和驱逐外国人的规定，也不适用于澳门。因此，澳门是有保留地适用两个国际人权公约。

二 国际人权公约适用澳门的方式

(一) 在澳门适用的国际条约主要有两类

第一类是中国缔结的国际条约延伸适用于澳门。根据澳门基本法第138条第1款的规定，"中华人民共和国缔结的国际协议，中央人民政府可根据情况和澳门特别行政区需要，在征询澳门特别行政区政府意见后，决定是否适用于澳门特别行政区"。

第二类是以"中国澳门"名义缔结的国际条约。根据澳门基本法第136条的规定，"澳门特别行政区可在经济、贸易、金融、航运、通讯、旅游、文化、科技、体育等适当领域以'中国澳门'的名义，单独地同世界各国、各地区及有关国际组织保持和发展关系，签订和履行有关协议"。第138条第2款规定，"中华人民共和国尚未参加但已适用于澳门的国际协议仍可继续适用。中央人民政府根据情况和需要授权或协助澳门特别行政区政府作出适当安排，使其他与其有关的国际协议适用于澳门特别行政区。"

根据澳门基本法的规定，第一类国际条约在澳门适用的方式比较简单，只要中央人民政府作出国际条约在澳门适用的决定，特别行政区政府必须在政府公报上刊登，并发生效力。

(二) 以中国澳门名义签订的国际条约在澳门适用的方式

究竟是采用政府公报刊登还是需要通过立法实施，就有不同的看法。争论源自于对澳门基本法第40条规定的不同理解开始。

1. 对基本法理解的争议

澳门基本法第40条规定，"《公民权利和政治权利国际公约》、《经济、社会与文化权利的国际公约》和国际劳工公约适用于澳门的有关规定继续有效，通过澳门特别行政区的法律予以实施"。对这一条款的理解，一种观点认为，国际条约在澳门的适用要通过特别行政区立法实施，没有具体立法，不对个人和法院产生法律的约束力。所以，基本法是采取了国际条约应"转化"为内部法律的适用方式。基本法的规定，已经改变了澳门原有国际条约采用"纳入"，即无需具体立法就可适用的方式。另一种观点认为，基本法既然保持澳门原有法律不变，按照这一精神，澳门原有实行的国际条约适用的方式，即 "纳入" 方式就应该保留不变。只要政府在政府公报上刊登适用的国际条约，就完成了适用的程序。第三种观点认为，除了澳门基本法第 40 条第 1 款提及的国际公约需要具体立法实施外，其他无需立法即可实施。争论涉及国际条约适用的程序合法性问题。

2. 基本法的原意

澳门基本法第 40 条第 1 款的规定，是仅限于所指的国际条约？还是意味着所有国际条约？是特殊性的规定？还是一般性的原则？要回答这些问题，就要对澳门基本法进行正确的理解。

澳门基本法第 40 条的规定，与香港基本法第 39 条的规定在文字表述是完全一致的。香港基本法第 39 条之所以这样表述，是因为香港采用英国的法律制度，英国对国际条约的适用是采取 "转化" 的方式，通过议会立法，方对个人和法院产生效力。所以，是原有法律基本不变原则的体现。而澳门采用葡国的法律制度，葡国对国际条约的适用是采取 "纳入" 的方式，只要国会批准葡国加入的国际条约，自动成为国内法的一部分，并产生效力。那么，澳门基本法第 40 条的规定是否意味着从原则上要改变原有法律的 "纳入" 传统？还是仅限于两个人权公约和国际劳工公约的适用方式？

（1）对葡国在 1992 年将两个国际人权公约延伸适用澳门决议的分析

1992 年，经过中葡联合小组磋商并达成共识，葡萄牙国会以决议的方式决定将两个国际人权公约延伸适用于澳门。该决议规定，"《公民权利和政治权利国际公约》及《经济、社会和文化权利国际公约》适用于澳门的规定，须在澳门予以落实，尤其是通过当地本身管理机构所发出的专门法则为之。"[1] 葡国国会的这个决议与葡国采用的国际条约纳入适用的方式有所不同，作出这种规定，显然是一种例外规定。所以，有意见认为，这是 "针对两个人权公约在澳门延伸适用方式上作出的特殊安排，并非意味着澳门适用国际条约的方式发生变化"[2]。

而澳门基本法第 40 条的规定，仅仅是保持了原有两个国际人权公约适用澳门的方式，体现了原有法律制度基本不变的精神。所以，基本法的立法原意没有要改变原有国际条约适用的方式。

---

[1] 王西安著《国际条约在中国特别行政区的适用》，广东人民出版社，2006，第 150 页。
[2] 王西安著《国际条约在中国特别行政区的适用》，广东人民出版社，2006，第 150 页。

（2）从澳门基本法的结构和条文形成的过程分析

从澳门基本法结构分析，第三章是规范居民的基本权利和义务，第七章是规范对外事务。两者规范的内容有所不同。两个国际人权公约和国际劳工公约适用澳门的规定放在第三章，立法者是要解决澳门居民享有的基本权利和自由的内容及法律对权利和自由的限制标准，并非主要解决国际公约适用的方式。从逻辑上讲，如果要解决国际条约的适用问题，放在第七章更为合适。

从基本法条文形成分析，1991 年 7 月通过的《澳门特别行政区基本法（草案）征求意见稿》第四十条规定："国际劳工公约适用于澳门的规定继续有效，通过澳门特别行政区法律予以实施。"[①] 1992 年经过中葡两国政府磋商，达成共识，葡国作出两个国际人权公约适用澳门决议后，1993 年 1 月通过的《澳门特别行政区基本法（草案）》第四十条才规定，"《公民权利和政治权利国际公约》、《经济、社会与文化权利的国际公约》和国际劳工公约适用于澳门的有关规定继续有效，通过澳门特别行政区的法律予以实施。澳门居民享有的权利和自由，除依法规定外不得限制，此种限制不得与本条第一款规定抵触"。[②] 此条规定，所规范的特定对象是两个国际人权公约和国际劳工公约要不要适用澳门特别行政区及如何适用澳门，而不是其他的国际条约要不要适用和如何适用。如果是要改变国际条约适用澳门的方法，那么应该由专门的条款规定国际条约适用的方式。所以，澳门基本法第 40 条是国际条约适用澳门的特殊性的规范，不是一般性的规范。

（3）从行政长官与立法会的关系分析

按澳门基本法第 50 条第 13 项的规定，行政长官"代表澳门特别行政区政府处理中央授权的对外事务和其他事务"。签署国际条约是属于行政长官的对外事务处理权，是一项专属权力。根据澳门特别行政区第 3/1999 号法律规定，行政长官签署并在政府公报上公布以中国澳门名义加入的国际条约就发生法律效力。如果说，适用澳门的国际条约一定要经过立法才能实施，并产生法律的约束力，那么政府签署后就一定向立法会提出法案进行立法，理论上，立法会可能通过法案，也可能不通过法案，这样似乎与行政长官专属负责对外事务处理权的规定有矛盾。

---

① 《中华人民共和国澳门特别行政区基本法起草委员会第七次全体会议文件汇编》。
② 《中华人民共和国澳门特别行政区基本法起草委员会第九次全体会议文件汇编》。

虽然，行政长官签署国际条约后可以在澳门特别行政区适用，但是并不妨碍根据需要进行立法实施，决定权由行政长官掌握。事实上，行政长官签署的国际公约，可由政府提出法案，立法会立法具体实施实例不少。如近年澳门特别行政区政府批准的反恐、反洗黑钱、反贪污等国际公约，政府向立法会提出法案，经立法会审议通过，制定了相关的特别行政区法律。

因此，除了澳门基本法第 40 条规定中需要立法实施的国际公约外，其他适用澳门的国际条约是直接适用，还是立法实施，由特别行政区行政长官决定。

三　法律的限制不得与国际人权公约的规定相抵触

按照基本法第 40 条的规定，居民的权利和自由受法律的保护，所受限制亦只能以法律为限。那么，法律的限制以什么为标准呢？是立法机关制定法律任意限制，还是要遵守一定的原则？基本法作了肯定的回答，法律的限制不得与国际人权公约在澳门适用的内容抵触。这就是两个国际人权公约适用澳门的主要意义之一，使得澳门居民享有和行使权利符合国际人权的标准。

四　国际条约在澳门的签署和批准

那么，在澳门特别行政区成立后，以中国澳门名义加入的国际公约，应该由谁来签署和批准呢？有人认为，行政长官不是立法机关，适用澳门的国际条约应该经立法会批准。这种认识是以通常的国际条约批准的程序为参照提出的主张。

国际条约的批准和适用，在国际法上并没有统一的规定，完全是由一国或地区的内部法律体系来决定。就澳门而言，由澳门基本法来规定。在澳门基本法第 50 条第 13 项中规定，行政长官"代表澳门特别行政区政府处理中央授权的对外事务和其他事务"。非常清楚和明确地将签署和批准国际条约的权力授予了行政长官。

澳门基本法之所以这样规定，是因为国际条约是否适用澳门需要中央政府授权，而中央是向行政长官授权，行政长官在授权下，可以自行处理，不需要经立法会批准。因为中央政府与特别行政区立法会之间不存在中央政府对立法会负责，立法会监督中央政府的关系。所以，在中央政府授权后，行政长官签署的国际条约还需要立法会批准，导致的后果是立法会最终监督甚至否定了中央政府的授权。这与澳门基本法确立的中央与特别行政区关系的体制有冲突。

而且，从澳门的政治体制看，澳门基本法第 45 条第 1 款规定，"澳门特别行政区行政长官是澳门特别行政区的首长，代表澳门特别行政区"，赋予了行政长官的独特身份。而澳门基本法第 71 条有关立法会职权中，没有赋予立法会有批准国际条约在澳门适用的职权，相反澳门基本法第 50 条第 13 项授权行政长官处理对外事务。所以，澳门基本法的三个相关条文，决定了行政长官签署和公布国际条约。

澳门基本法的规定与原《澳门组织章程》的规定相似。《澳门组织章程》第 3 条第 2 项、第 3 项规定，"与外国发生关系及缔结国际协定或国际协约时，代表澳门之权限属共和国总统，而涉及专属本地区利益的事宜，共和国总统得将代表澳门之权限授予总督"。所以，也是由总督签署属于澳门事务范围的国际条约的适用，并不经立法会批准。

五 国际条约在澳门的效力

虽然，基本法第 40 条规定国际人权公约的效力高于特别行政区法律，法律对居民权利和自由的限制不得抵触两个国际人权公约。但是，第 40 条是限定于两个国际人权公约与法律的关系，不具有普遍性。相反，澳门基本法对国际条约在澳门特别行政区法律体系中的地位并没有明确的一般性规定，所以，对如何认为和解决这个问题产生了不同的见解。

中级法院法官在第 173/2002 号裁判书中主张，采用澳门原有法律理论和法律传统处理国际条约的地位和效力问题。

根据葡国宪法第 8 条第 2 款规定，"经正式批准或通过之国际条约所载之规范，一经正式公布，只要在国际上对葡萄牙国家有约束力，即在国内秩序中生效"。葡国学者认为，"规范性条约在法律位阶上处于宪法与法律及法令之间。规范性条约不可违反宪法；但法律及法令不可抵触规范性条约，这是从宪法第 8 条第 2 款推断出来。因为规范性条约仅在国际间不再对葡萄牙有约束力时，方在国内停止生效，而并非任何法律或法令可使之停止生效。对我国而言，订立规范性条约的权力，（包括订立条约的权力），是一种处于立宪权与狭义的立法权之间的权力"①。

受此影响，《澳门民法典》第1条第3款明文规定，"适用于澳门之国际协约优于普通法律"。

中级法院法官在第173/2002号裁判书中认为，"根据主权原则，公约国际法是位阶低于基本法的法律，这一点似乎不成问题"。"中央政府按照基本法第138条规定的条件承担此责任的表现之一，应当是中央政府和澳门特别行政区政府均不能在内部法律秩序中制定违反公约内容的规范。一方面，这立即排除公约法及普通立法性行为在规范等级中平行的思想，另一方面，它蕴涵着公约国际法在澳门特别行政区规范体系中超法律价值"。"此外，正如所知，出于本地法律秩序的传统，法律渊源事项由民法典所规范"②。

虽然，这一观点曾得到了多数的认同，但是却遇到了新的问题。

终审法院法官在第2/2004号裁判书中认为：①《澳门民法典》规定国际条约优先于法律是违反基本法的，国际法在澳门的效力应由基本法规定。"基于明显的法律逻辑理由，简单的道理是，没有任何一项规范可以赋予一项或一组规范高于其本身的法源位阶，因此民法典第1条第3款的这项规定没有任何效力"。②国际条约高于澳门法律是因为中央政府授权并决定国际条约在澳门的适用。"第138条所涉及的国际协议——中华人民共和国已经参加以及尚未参加但于1999年12月19日在澳门适用——于澳门特别行政区之适用是由中央人民政府决定的，而不是澳门特别行政区的机构。由此肯定可以得出，在法源位阶上，上述提到的国际协议中的规范高于澳门特区内部其他法源"。"因此，澳门特别行政区的立法机关不得撤销基本法第138条所述的国际协议的规定，否则，会以另一种方式侵犯了基本法中属于中央人民政府的职权"③。

根据终审法院的裁判，《澳门民法典》第1条第3款的规定无效。因此，要从澳门自身法律规定中寻找解决国际条约与澳门法律的关系没有可能。而澳门基本法对适用澳门的国际条约与法律之间效力并没有作出明确的规定。终审法院裁判中认为国际条约高于澳门法律仅是限于澳门基本法第138条的规定。而该条规定仅涉及1999年12月19日前已

---

① 〔葡〕孟狄士著《法律研究概述》，黄显辉译，澳门大学法学院，1998，第58～59页。
② 澳门中级法院裁判书，案件编号第173/2002号。
③ 澳门终审法院裁判书，案件编号第2/2004号。

经适用于澳门的国际条约在中央政府决定继续适用下的情况。那么，根据澳门基本法第136条规定，特别行政区政府签署的国际条约其地位如何确定呢？

所以，我们面临了一个新的情况，如何决定国际条约在澳门的效力问题，是采用国际条约的效力一概优先原则？还是视情况决定优先？即国际条约效力优先是绝对原则还是相对原则？

适用澳门的国际条约既有中央政府批准延伸适用，也有澳门自行批准适用。

对于第一种情况，由于是中央政府批准，外交权属于中央，特别行政区必须服从中央，中央不受特别行政区约束，所以，中央批准适用澳门的国际条约，效力高于特别行政区法律，绝对优先。

对于第二种情况，行政长官批准的国际条约高于特别行政区立法会制定的法律，是绝对优先？还是相对优先？

从各国实践看，当发生本国法律与国际法相冲突的情况时，一般有三种解决办法：①

①承认国际法的优先性。许多国家在宪法中明确规定优先执行一切公认的国际法规范。例如，德意志联邦共和国基本法规定"国际公法的一般规定乃是联邦法律的组成部分。它们位于各项法律之上，并直接构成联邦国土上居民的权利和义务"。一些国家虽然未于宪法中明确规定国际法的优先效力，但在专门法律中有国际法优先适用的规定。

②规定国际法与国内法处于同等地位。大韩民国宪法第五条第一款规定："按照本宪法正式批准或公布的条约和公认的国际法规则应与大韩民国的国内法具有同样的效力。"当国际法与国内法的条款存在歧义时，采取"新法优于旧法"或"按照不相抵触的思路理解、解释、适用"有关条文的原则予以处理。

③规定国内法优先于国际法。一些国家的宪法明确规定，宪法和国会立法优先于国际法规则。例如，委内瑞拉宪法规定，国际法规则如与宪法和共和国法律相抵触，则不得采用。

澳门的复杂性和特殊性在于，制定国际条约与制定法律并非同一个主

---

① 陈欣欣：《国际法与国内法的关系》，载《人民日报》（网络版），http://www.people.com.cn/item/lifafa/bj06.html。

体，与其他国家由同一个国会批准国际条约，同一个国会制定法律的情况不同。行政长官签署公布的国际条约与立法会通过的法律不是同一个主体，怎么处理两者之间的优先和效力问题？政府根据澳门基本法第 65 条规定，要"执行立法会通过并已生效的法律"，但是行政长官又签订了国际条约，政府也要履行，如何处理？

如果以签署国际条约和制定法律的各自主体的地位和权力的性质来决定国际条约的效力，似乎不合适。实际上，立法会的立法权与行政长官的对外事务处理权，不能区分高低。所以，澳门法律与国际条约关系，采取同等地位说比较合适。那么，两者遇有冲突，谁优先适用？

考虑采用后法优于前法原则较为妥当，也符合澳门基本法设计的政治体制。澳门基本法的政治体制是，立法会通过的法律需要行政长官签署公布。行政长官领导的政府要执行立法会通过的法律。同时，行政长官可以行使对外事务处理权，签署国际条约。假设，行政长官签署了一项国际条约，其后又签署了立法会通过的法律，从意思表示看，应以后者为准。所以，在这种条件下，法律优于国际条约。如果行政长官签署了立法会通过的法律，其后又签署了国际条约，应该以后者为准，国际条约优于法律。

第八节　居民的基本义务

基本法第 44 条规定，"澳门居民和在澳门的其他人有遵守澳门特别行政区实行的法律的义务"。义务与权利是对立的统一，在法律关系中，没有无权利的义务，也没有无义务的权利。一方主体享有权利，另一方主体对他承担相应的义务。如居民有通信自由，他人就不能非法剥夺。同样，法律关系主体享有权利同时，本身就要承担义务。如，享有言论自由的时候，承担不能侮辱、诽谤他人的义务。所以，居民既是基本权利的主体，也是义务的承担主体。基本法规定居民权利的同时，规定居民的义务也就是必然的。

义务是依照法律必须作出或不作出行为的一种约束，赋予人的一种社会责任。义务有积极的形式或称作为的行为，如履行合同。有消极的形式或称不作为的行为，如不侵权。义务由法律规定，也就由法律的强制力来保证履行，凡不履行义务，就会受法律的制裁。

基本法规定居民遵守法律的义务，首先是遵守基本法的义务。基本法关于居民权利自由的条文，本身就包含着相应的义务。如居民行使言论、新闻、出版、结社、集会、游行、示威权利时，就不能危害和侵犯公共安全、公共利益、公共卫生、公共道德。其次要遵守其他法律的义务。其中有澳门立法机关制定的法律，也有适用澳门的全国性法律。基本法毕竟比较原则，它的许多规定通过法律具体化来实施，法律是居民的行为准则，只有人人遵守法律，大家的权利才有保障。

基本法规定居民的义务，虽然只有一条，却是高度的概括，又是非常的具体。概括就是没有采取列举的方式，把义务一一规定。但不等于无法操作，因为每一个法律所包含的义务，是可操作的，因而又是十分具体的。所以，每一位居民都要牢固树立遵守法律的观念，依法办事的观念，做遵守法律的好居民。

第九节　居民权利和义务中的三种关系和三个观念

澳门的人权取得了进步，但是，法律需要改革，行政需要效率，司法需要公正，居民需要提高法律意识，在发展经济与社会分配之间，在社会发展与社会秩序之间，在公共利益与个人利益之间，在社会的法律制度与居民的法律意识之间，如何正确处理权利与义务的关系？如何寻找解决问题的办法？总结澳门过去的人权经验，推动未来的人权发展，居民应该树立理性的权利和义务观，秉持三个观念。

一　公共利益与个人利益的平衡观

澳门社会上对政府的期望，对个人利益的诉求，众口不一的纷争，无不涉及一个基本的关系，即如何看待与处理公共利益与个人利益的关系。

谁都想有个人的幸福生活，谁都生活在社会中，受到社会规则的约束，个人与社会不可分割。在社会的共同体中存在着公共利益。公共利益是什么呢？公共利益一般是指属于社会和公众共同拥有的利益或福利。两个国际人权公约将公共秩序、公共安全、公共卫生、公共道德，作为公共利益限制个人权利和自由的正当理由。当然，由于公共利益的概念涉及价值的标准，具有相对性（在某些人眼中是利益，在另一些人眼中不认为是利益），涉及广泛的内容（经济、教育、卫生、环境等，商业利益与社会利益的交叉），涉及复杂性（实际的利益与公共政策的长远利益关系），难于有适用于任何时候、任何条件下的绝对的标准。但是，公共利益确实存在，有时表现物质的利益，如政府发展经济，开发公共工程，创造就业，提供福利。有时表现为非物质的利益，如居民从事经济活动，需要交易的安全，居民安居乐业，需要生命财产的安全，保障安全的社会秩序就是公共利益。

（一）居民在享有权利和履行义务时就应该有公共利益的观念

就像承认个人利益的合理性一样，承认公共利益的合理性。既然公共利益是客观存在，是合理的，不会因为个人的不关注就不存在，个人不面对就不产生影响。相反，应该积极关注和面对，不回避、不否认，学会个人与社会的相处。在公共利益的观念上，澳门政府和立法会制定《维护国家安全法》，绝大多数澳门居民表示支持立法，说明居民对公共利益观念的接受。

（二）要接受公共利益与个人利益的平衡观

虽然公共利益不是个人利益之和，但公共是个体构成，归根到底，公共利益是要兼顾个人利益的。而且，公共利益的实现，也有助于实现个人的利益。如当澳门回归之初面临的是经济困难和治安不靖局面，发展经济，维护治安就是居民的最大的公共利益，经过政府和居民的共同努力，经济发展了，治安改善了，居民的经济和人身权利也就得到了切实保障。所以，公共利益与个人利益的区别，并不妨碍它们之间可以互相促进，互相协调，构成两者可以平衡的基础。

怎么平衡公共利益与个人利益的关系呢？尤其是实现公共利益可能牺牲个人的暂时或局部利益时怎么处理呢？如澳门赌业开放，经济发展，出现外劳增加，楼价上升，交通拥挤，一定程度影响居民就业、置业、出行，一部分居民从经济发展中获得了较多的经济实惠，一部分居民受益不多。对此，社会产生了分歧，我们怎么从经济发展的公共政策中去平衡个人的利益呢？一种意见希望有更多的社会福利和保障，另一种意见担心社会福利过多，经济发展会丧失活力。偏执一面，还是互相平衡，需要理性的选择。虽然，公共利益与个人利益平衡观，在不同个案中，不同人的认识不完全相同，也没有一个绝对的标准，不能指望，从它那里能得到一个一劳永逸的解决方案。但是，放弃偏见和偏激，秉持兼顾、平衡的理念，对寻求解决社会问题的办法是有益的，它是通往公共利益和个人利益最大化的唯一途径。

二 权利和义务的统一观

珍惜享有的权利，克尽履行的义务是每一个居民的本分。澳门人权的发展一定要提倡正确的权利观和义务观，看到权利义务之间是互相联系的，是互为条件的，互相转化和促进的关系。

（一）权利是自由也是责任

相当多数人把权利理解为"我想行使就行使，我想放弃就放弃，与社会无关"，忽视了权利也包含着社会责任的内涵。近几年来，澳门社会上出现的、引起人们担心的一些青少年过早放弃学业，投入博彩业，长远影响澳门人力资源的素质，正是需要对上述权利观进行反思的实例。当有受教育的权利时，不珍惜，不努力学习，当有劳动权利时，也不珍惜，不努力工作，当失去竞争力，失去就业时，谁应该负责呢？没有尽到社会的责任，又要求社会负责，如提供福利和救济权利，如果人人如此，社会财富如何创造？如何满足这种权利的需要？权利关乎个人，当然需要珍惜，但仅此而已是狭窄的。权利也关乎社会，个人需要对社会尽职，这才是完整的权利观。居民必须改变将权利和义务孤立看待的思维。

（二）权利与权利之间是关联的统一的

前一项权利影响后一项权利。例如，受教育权是选择职业权的基础，没有良好的教育水平，限制了择业的范围。劳动权是社会保障的条件，不劳动，怎么享受退休保障。此外，权利与义务之间也是关联的，不尽社会责任，影响权利的实现。

滥用权利和自由，不履行义务是不对的。所以，权利的实现是以履行义务为必要条件。但是，不珍惜权利，或者放弃权利，不可能实现权利中应有的法益。利益正是通过积极行使权利实现的。权利是给予了自由和可能，如果不去行使权利，可能并不会自动成为现实。

权利与义务关系中，义务先行。法律上的权利和义务关系是统一的，不存在没有义务的权利，也不存在没有权利的义务。先有权利，后有义务，还是先设定义务，再赋予权利，在理论上可以继续争论。但在法律已经规定的权利和义务的大前提下，一个居民在行使权利和履行义务时，应该先考虑履行义务还是行使权利？这是公民意识中不能回避的另一个重大问题。社会运动出现过正反两个方面的经验，在集会、游行、示威中，凡不履行义务的，既不能实现表达自由的初衷，也破坏了社会的公共秩序，是"双输"。凡遵守法律义务的，既能达到表达诉求的正面效果，也能维护公共秩序，是双赢。可见，义务在实现权利过程中的重要作用。

为什么要义务先行呢？这是由义务的特性决定的。

1. 义务的限制性

权利是获得利益，义务是一定程度的付出。人性的弱点经不起公权力的诱惑，实际上也抵挡不住个人权利的引诱，需要有制约，义务先行。人往往有扩大权利的倾向，获得越多越好，容易越过权利的界线，不愿意受义务的约束。假如权利先行，事先不关注义务，不给权利划定界限，容易滥用权利。没有权利的边界，看似很自由，实则不自由，人人滥用权利，结果是人人没有权利。相反，先考虑义务，给权利划定界限，权利的边界看似对权利的限制，其实是对权利的保障，只要在界线内的行为就会受到法律保护，只有在界线外的行为才会受到法律的惩办。懂得有所不为，才能更好地有所为。正如黑格尔所言，"义务仅仅限制主观性的任意性，并且仅仅冲击主观性所死抱住的抽象的善。当人们说，我要自由，这句话的意思最初只是：我要抽象的自由……义务所限制的并不是自由，而是自由的抽象，即不自由。义务就是达到本质、获得肯定的自由"①。人与自然界的关系是如此，人过度地改造自然，破坏自然环境，受自然的惩罚。人与社会的关系同样如此，滥用权利破坏社会公共秩序，社会失序，不得安宁，还能实现人的权利吗？没有一个社会能够证明，人权可以在社会动乱中实现的。限制人性的弱点有赖于法律的义务。

---

① 〔德〕黑格尔著《法哲学原理》，范扬、张企泰译，商务印书馆，1982，第168页。

2. 义务的利他性

权利具有利己性，义务具有利他性。所以，人人均想要权利，多多益善。义务未必受人人欢迎。权利义务固有的这种特性，需要义务先行。先履行义务，设定行为的范围，可能造成自己权利的不足，但不会损害他人的权利和利益。相反，权利先行，可能减少自己的义务，会造成对他人的权益的损害。权利是满足自己需要，义务是满足他人的需要。社会矛盾的产生，往往是因满足自己，损人利己引起，小到损害他人利益，大到损害公共利益。先利他后利己的行为模式既能够做到利益各方的双赢，又能够克服个人利己损人行为的弊端。

3. 义务的强制性

权利的特性是选择性，义务具有强制性。选择是可做可不做，强制是必须做的。因为法律义务，第一，包含了"应当"，"应当"意味着是社会必需的，其基础是符合社会的正当性，从而得到社会和个人的认同，强制才能实现。第二，法律的义务包含了"应该"，既然是"应当"，就要"应该"所为，通过应该的所为实现"应当"的目的。所以，个人应该先做必须做的，然后做可以做的。因为强制性的规范总是社会最低限度的要求，是社会的必需品。如果它不能得到满足，社会就会处于病态。因此，义务先行是健康社会的条件。

4. 义务是权利和义务统一的黏合剂

权利与义务的统一，通常是通过履行义务实现的。实践中，往往是不履行义务造成了权利和义务之间的不统一。荷兰思想家斯宾诺莎曾经说："一个人因为知道为什么有法律的真正理由与必要，出自坚定的意志自愿地对人不加侵犯，这样才可以说是一个正直的人。"[①] 在社会上流行一些名言，如"从我做起"，就是从履行义务开始，对社会、国家承担责任。"不要问国家给予我什么，要问我为国家做了什么？"更是要求对国家先尽义务，不是先向国家索取。这些都是义务先行的体现。

权利和义务的统一观，主张的是权利和社会责任的统一，权利的行使，既不损害他人和社会的利益，也包括满足社会发展的需要，不增加社会的负担。你今天不对社会负责，明天社会怎么对你负责？应该是居民时刻反

---

① 转引自吕岩峰《守法是公民的基本品格》，载《正义网》，http：//review. jcrb. com/zym/n65/ca160901. htm。

省的问题。

三 法律制度与法律意识的互动观

居民人权的保障有赖于良好的法律制度。但是，仅有法律制度是不够的，还需要有良好的法律意识。两者之间是相互依存、互相促进的，需要同时做好两方面的工作。

我们需要对法律制度进行改革，在立法领域，有些法律不尽如人意，有些方面缺少法律规范。在行政领域，依法行政还需要改进行政程序等方面的法律规范。在司法领域，为确保公正和效率，也需要完善相应的诉讼程序。所以，在这一方面，引起了居民的广泛关注，改革的呼声比较高，政府也制定法律改革的路线图和时间表，政府和居民需要共同努力做好这一方面的工作。

但是，我们也需要提升居民的法律意识。因为仅仅从法律制度上改革是不够的，一个法律文盲的社会是不可能建立法治社会的。需要从法律制度改革和提升居民的法律意识上同时进行，才能有效。澳门居民对后一方面的认识缺乏警觉。

法律意识主要指价值的取向，如是否赞成社会实行法治。法律制度主要指由法律构建的相应制度，如司法制度。在法律制度与法律意识之间有一个过渡桥梁就是法律知识。法律知识主要指对法律的认知水平，如对法律的了解。

根据几年前政府所作的澳门居民生活素质调查报告，澳门居民的法律意识，总体评价是积极的，如法律不被认同，也表示要尊重法律，表明居民认同社会应该有一个规则，而且大家必须遵守规则的信念。

但是，澳门居民的法律知识，并不乐观，主要是居民对法律的了解不多，尤其是与自身没有直接关系的法律更是属于无知。如澳门经济活动频繁，但对经济合同的合法性认知也不多。由于对法律自知不多、不深，对法律制度认同就不够。

暴露出来的问题是，居民有基本的法律意识，认同依法办事，但无坚固的法律知识支撑。而法律知识不多又缺乏了解的动力，对法律制度信任不足。如居民之间发生权利和义务之间的纠纷，有时对法律不够信赖，试图在法律之外去寻找解决的办法，影响了澳门整体的法治水平。

所以，我们应该清醒地认识法律意识、法律知识和法律制度之间的互动关系。它们之间可以是积极的正面影响，也可以是消极的负面影响。所以，要处理好它们之间的关系。

增强法律意识有利于居民守法，掌握法律知识，自觉而不是盲目地遵守法律。换一个角度说，仅有法律知识，但无法律意识，一些人钻法律的空子，也会作出犯法的行为。可见法律意识的作用。

提升法律知识有利于增强法律意识，法律知识会使居民对法律的认知不再停留在感性上，而是更加自觉理性，更加长久信赖。相反，法律知识贫乏会削弱法律意识。有良好的法律知识，才能完善法律的制度。换一个角度说，虽有法律意识，但无法律知识，同样会发生触犯法律的行为。可见法律知识的作用。

完善法律制度有利于巩固居民的法律意识，有利于吸引居民掌握法律知识，居民充分认识到法律及制度的重要性和有用性，就会更加自学维护法律的尊严。反之，居民不认同法律的制度，会破坏居民的法律意识，打击居民掌握法律知识的意欲。

因此，需要激发居民的法律意识。第一，要看到法律意识的独立性，它可超越于法律制度而存在。所以，当法律制度存在问题时，人们对法治的追求不会放弃。如澳门法律制度存在一些不尽如人意的地方，但居民还是对法律改革充满期望。而法律意识具有独立性，决定我们可以学习、借鉴人类一切先进的法律文化和制度中有益的东西。第二，要认识到法律意识的依存性，意识总不能离开实际的制度。所以，要巩固法律意识，就要完善法律的制度。法律制度长期滞后于法律意识，会冲击法律意识而走向反面。

要提升居民的法律知识。第一，通过法律的完善，拉近法律与居民的距离，让居民感受法律与切身利益的关系，提高学习法律知识的积极性。第二，要让居民掌握法律知识，就要使法律明白易懂，需要循序渐进地推进中文立法。第三，普及法律知识。

总之，居民自身的完善，主要表现在增强法律意识与掌握法律知识。社会环境的改善，主要体现在法律制度的完善，社会守法和执法的氛围改善，政府要加强普及法律知识。所以，对澳门人权而言，既有社会（包括立法、行政、司法）的责任，也有居民自身的责任。当两者都能尽责时，也就是澳门人权全面实现的时候。

第七章

行政、立法和司法关系

　　政治体系的核心是既要解决好权力的纵向关系，即中央与特别行政区权力平衡，也要解决好权力的横向关系，即行政与立法、司法权力平衡，以及各阶层均衡参与、利益平衡。它的逻辑体系是：政治体制既要体现"一国"的原则，也要反映"两制"的要求。它强调的是两个基本点，不是一个基本点。"一国"原则作为基本点，意味着：在"一国"之下特别行政区的政治体制是地方性自治的政治体制，不能与国家主权的政治体制平行，它们之间是一种从属关系。核心问题是要正确体现中央与特别行政区的权力关系。"两制"原则的逻辑要求，一方面，特别行政区的政治体制与内地人民代表大会制不同，建立了行政主导为特征的政治体制。另一方面，要正确体现行政、立法和司法的权力关系，即互相分工、互相制约和互相配合。

第一节　政治体制概述

一　三权分立理论与政治体制

（一）三权分立的理论与实践

1. 三权分立的内涵

现代政治制度的理论，比较推崇和接受的是权力分立和制衡原则。三权分立是指国家的权力分为行政权、立法权、司法权，并由互相独立的三个国家机关掌握和行使，建立一种制约和平衡的关系。三权分立理论认为权力不受约束就会产生专制，它的核心就是要以权力制衡权力。受此影响，各国宪法将国家权力分为三个部分，即行政、立法、司法。

2. 三权分立的不同主张

各国虽然都认同三权分立，但在行政、立法、司法三者之间的权力关系上，又有不同的主张。

（1）主张议会至上

分权学说的创始人之一洛克在《政府论》中说，"立法权，不论属于一个人或较多人，不论经常或定期存在，是每一个国家中的最高权力"[1]。对于"最高权力，即立法权，其余一切权力都是而且必须处于从属地位"[2]。主张议会至上的马尔贝格也认为，在分权中必然有一种权力居于支配地位，权力分立最多只能意味，以一种将保证这一意志居于统治地位的方式，一种等级制的方式，对政府工作进行权宜性分割。在立法权和行政权的两种权力的关系上不可能平等，而只有一种权力对另一种权力的从属[3]。但是，政治制度的实践说明，议会是否真正至上，还是法律规定上的至上，取决于政治制度的实际运作。

---

[1]　洛克著《政府论》下篇，商务印书馆，1983，第83页。
[2]　洛克著《政府论》下篇，商务印书馆，1983，第89页。
[3]　引自维尔《宪法与分权》，生活·读书·新知三联书店，1997，第237页。

（2）主张纯粹分权

纯粹的分权学说主张，将国家权力划分为立法、行政、司法三部门，三部门的每一个部门有相应的、可确定的职能，即立法、行政、司法的职能，每一个部门都一定要限于行使自己的职能，不能侵犯其他部门的职能，组成三个机构的人员一定要保持分离和不同，不允许任何人同时是一个以上部门的成员，没有任何一个部门能够控制国家的全部机器①。按照纯粹的分权，虽然没有一个机关能掌握国家的全部权力，但是也没有一个部门握有制约另一部门的权力，难以建立制衡关系，所以，在现实政治制度实践中并没有被采用。

（3）主张分权与制衡结合

分权学说与制衡理论的混合，就是主张国家的权力只能是部分分立，与之相适应的是人员的部分分离，需要给每个部门一种权力，可以对其他部门行使一定的直接控制②。虽然，这一理论没有直接提出在三个权力中哪一种权力成为主导，由于要求对国家的权力在分权给予不同机构时作出适当的分配，如对国家立法权，将立法制定权给予立法机关，将签署法案权给予国家元首或行政首长，行政权有拒绝或发回法案要立法机关重议，而立法机构也可以再次通过原案或要求行政首长的辞职，对行政首长的弹劾等相制衡。再如行政权，行政权制定财政预算政策，需要立法机关批准，立法机构对行政机关制定的政策可以修改，对政府可以投不信任票，反过来政府又能解散立法机构以制约之。

3. 三权分立下的不同政治制度

在三权分立的理论下，产生了不同的政治制度。西方有代表性的是议会制、总统制、委员会制、半总统半议会制四种类型。

议会制的特点是，议会是国家立法机关，政府由议会中的多数党组成，政府对议会负责。国家元首是虚位，不掌握实际权力，如意大利。在君主立宪下，元首不负政治和法律责任。

总统制的特点是，作为元首的总统同时兼任政府首脑，掌握行政权。政府各部长由总统任命，对总统负责。议会与行政分离，人员互不兼任。总统不对议会负责，如美国。

---

① 引自维尔《宪法与分权》，生活·读书·新知三联书店，1997，第12页。
② 引自维尔《宪法与分权》，生活·读书·新知三联书店，1997，第17页。

委员会制的特点是，行政权掌握在一个集体决策的委员会手中，委员会的决定须经过半数同意。委员会由议会产生，作为议会的执行机关，无解散议会权。元首是虚位，由委员会委员轮流担任，如瑞士。

半总统半议会制的特点是，总统由选民直接选举产生。总统有权任命政府总理和其他成员，部长会议由总统主持。总统拥有解散议会的权力，并拥有国家元首的职能和权力。但议会有权对政府不信任，迫使政府辞职，如法国。

从以上介绍可以看出，虽然都以三权分立为理论基础，但是权力之间的关系不同，产生了不同形式的政治制度，形成了多样性。

（二）三权分立与行政主导

1. 三权分立中的行政权主导现象

在权力的互相分立和制衡过程中，出现权力配置的比例不同的情况，自然产生某一种权力的主导现象。

如果要说在政治制度中的行政、立法、司法三权之间由谁主导的话，历史上被公开主张和被实践的则是立法主导，如英国宪政学者洛克提出的"立法权至上"、"立法权优先"①，宪政实践中的英国"议会主权"、"议会至上"②。然而，立法主导的理论并没有发扬光大，立法主导的实践也已不复存在。虽然，世上没有形成一种完整的行政主导的理论，但行政主导的实践却大行其道。不论是宪法学著作，还是政治学著作，在描述政治体制运作图景时，在行政主导上，观点基本一致。英国学者 M. J. C. 维尔在《宪政与分权》一书中说，20 世纪在英国，"首先，内阁从一个与平民院大致同等的地位上升到领导并支配后者的地位，然后，首相权力的增长使他在权力上和威望上都远远高于内阁的其他成员"。"在美国，这个世纪中总统权力的巨大增长，以及法国第五共和国的宪法，都反映了同样的趋势，有同样的基本力量在运作，尽管这些国家的不同政治结构已经修改了所采用的方法和方法适用的细节"③。美国学者迈克尔·罗斯金等在《政治科学》一书中就立法机关的衰落写道，"直到 19 世纪晚期，观察者开始注意到国会并未以人们所预料的方式运行。和洛克的预期相反，立法机关看起来像失

---

① 洛克：《政府论》，商务印书馆，1983，第 82、91 页。
② 戴雪：《英宪精义》，中国法制出版社，2001，第 116 页。
③ M. J. C. 维尔著《宪政与分权》，生活·读书·新知三联书店，1997，第 325～326 页。

去了对行政机关的制约权。绝大多数政治家都赞同这一趋势仍在继续而且正在加强"。"在世界范围内，权力一直在向行政机关倾斜，而立法机关在衰落"①。美国学者莱斯利·里普森在《政治学的重大问题》一书中告诉世人，"洛克曾经在立法的最高权威基础上设想三种权力间的关系，孟德斯鸠和麦迪逊则倾向于三个部门的平衡。……但是行政的优先权在 20 世纪还是很流行"②。

2. 行政权为什么主导？

行政主导为什么会颠覆立法主导呢？为什么会成为现代政治制度运作的主要形式呢？

（1）三权分立中的权力关系

分权和制衡理论不仅要通过分权限制政府的权力，而且要保持一个具有最低限度的强有力政府，能够有效地管理社会。在建立分权制衡的同时，要求立法权与行政权之间的合作和相互依赖。法国的宪法学者狄骥指出，如果要实施任何职能，政府一切机构的合作就必不可少。代议民主制以政府各个权力的合作和连带为基础，而不是以它们的分立为基础。权力分立意味着以一种国家的不同部分能够合作，同时又主要处置属于其恰当领域内的问题的方式在国家的各组成部分之间分配国家职能。"议会制主要取决于国家两个组织机构——国会和政府的平等，取决于它们在国家活动中的紧密合作，取决于它们为了互相约束而对对方施加的影响。"③ 现代议会制度就是一个典型的例子，其中心主题亦是保证国家各权力之间的和谐，而不是冲突。

分权既不能缺乏制约，导致滥用权力，又不能制造障碍，导致效率低下。正如英国的学者维尔描述的那样，英国宪制中的内阁，一些人手中同时握有立法权和行政权。三种权力从来也没有，而且从来也不可能完全分立，在每一个政制中都是持续地互相影响和互相作用。在得到议会中多数支持的基础上一个行政管理部门一旦形成，它自身就不仅承担起执行权，而且承担起管理、控制直到政治性立法的全部事务④。

（2）三权分立中的权力关系在运行中偏向行政

在议会制下，表面上或法律上是议会产生政府，政府对议会负责。事

① 迈克尔·罗斯金等著《政治科学》，华夏出版社，2001，第 295、320 页。
② 莱斯利·里普森著《政治学的重大问题》，华夏出版社，2001，第 229 页。
③ 狄骥著《宪法学教程》，辽海出版社，1999，第 158 页。
④ 维尔著《宪法与分权》，生活·读书·新知三联书店，1997，第 204～206 页。

实上是政府控制了议会。因为在立法权与行政权融合的情况下，内阁成为中心因素①。内阁是由议会中多数党所组成，所以，内阁自然得到议会中多数支持，因此，与议会相比较，内阁很明显具有优势地位②。内阁的职能本质上是双重的，领导立法和行政等领域的最终责任③。在总统制下，总统无须向国会负责，国会无权罢免总统。总统扮演国家元首、政府首脑、政党领袖、武装力量的领导人、最高外交官、最高行政官员和主要立法者。这些权力彼此强化，使得总统成为国家中最受尊敬的职位。当然，巨大的责任也伴随这些广泛的权力而来④。法国第四共和国宪法确立的议会主导型政治体制转变为第五共和国宪法规定的以总统为核心的行政主导型政治体制就是最好的例子。

（3）社会的变迁，政府功能的增强

政府扩大了活动的范围，管理着社会、经济、军事、科技等领域的众多事务。而议员对此却缺乏专业知识，难于应对，让位于行政处理。

因此，可以说，第一，行政主导不是由理论家发明的，而是政治实际的需要推动而成的，不随人的意志转移，不论愿意还是不喜欢，终究是政治现实，世界潮流。第二，行政主导是民主代议制的一种常态，议会制、总统制均如是，两者不矛盾。

二　港澳历史上的行政主导制

港英、澳葡时期的行政主导制度是政治设计的产物。

港英、澳葡分别管治香港和澳门时，在《英皇制诰》、《皇室训令》、《澳门组织章程》中，确立的行政主导体制，则是政治的实际需要，即如何最有效地保证英国和葡国对港澳的分别管治，所以，它是管治者设计出来的，不是政治实践的产物。

英国诺曼·迈因纳斯在《香港的政府与政治》一书中一针见血指出，"《英皇制诰》主要强调的是需要维护女王陛下政府对这个殖民地的各项权益。凡授予港督的一切权力，他必须认识到他只能按照伦敦给予他的指示

---

① M. J. C. 维尔著《宪政与分权》，生活·读书·新知三联书店，1997，第200~201页。
② 李帕特著《民主类型》，台湾桂冠图书股份有限公司，2001，第12页。
③ 莱斯利·里普森著《政治学的重大问题》，华夏出版社，2001，第235页。
④ 迈克尔·罗斯金等著《政治科学》，华夏出版社，2001，第308页。

去行使这些权力，而且皇室明确有剩余权力为本港殖民地制定法律并有权驳回本港立法局通过的法例"。所以，必须将"权力集中于港督手里"① 这是由英国的国家利益决定的。因此，法律赋予港督几乎不受约束的权力，他可以自行采取行动，有权暂时中止行政局成员行使职权；可以批准或拒绝批准立法局的法律；可以任命法官及其他官员。港督是最高权力的代表，港督在与行政会的关系上，由于他的权力基于明确的法律基础和具有约束力的指示，可以不理会行政局的建议。港督在与立法局的关系上，港督委任议员，控制立法局中的多数②。

　　澳门的情况基本如此。澳门 16 世纪中叶被葡萄牙逐步占领后，澳门的地位经历了从葡国的海外省到葡国管理下的中国地方的演进过程，它的政治体制也经历了几个阶段。1820 年葡国第一部宪法将澳门列为葡国的海外属地，是其领土的一部分。19 世纪末，葡国推行海外省自治，1917 年制定了《澳门省组织章程》，规定澳门享有行政、财政自主权，受葡国中央政府的领导和监督。澳门本身有两个机构：总督和政务委员会。总督直属于殖民地部长，代表中央政府，具有立法职能、执行职能、军事职能和财政职能。政务委员会协助总督工作，作为咨询机构。1926 年葡国通过《澳门殖民地组织章程》，出现变化的是，政务委员会有了一部分选举产生的委员，并有了立法提案权。1955 年颁布了《澳门省章程》，它与过去规定不同的是，总督通过的法令须获政务委员会的同意，政务委员会的选举产生的委员人数超过了委任委员人数。1963 年，葡国通过了《澳门省政治行政章程》，澳门本身管理机构有总督、立法会、政务委员会，澳门的立法会有了雏形。立法会由总督任主席，由官守议员、委任议员和间选议员，具立法和咨询功能，政务委员会仍是咨询机构。1976 年葡国推行非殖民化政策，确认澳门是中国领土，暂时由葡国管理，澳门的地位发生了变化。1976 年葡国制定了《澳门组织章程》，奠定了澳门政治体制的基础。根据《澳门组织章程》，"澳门有总督、立法会、法院，总督代表葡国主权机构，在对内对外关系上代表澳门，掌握行政权和部分立法权③，参与立法会议员和司法官的委任，签署立法会通过的法律，有权建议解散立法会。总督仍是澳门

---

① 诺曼·J. 迈因纳斯著《香港的政府与政治》，上海翻译出版公司，1986，第 80～81 页。
② 参见《英皇制诰》。
③ 吴志良：《生存之道——论澳门政治制度与政治发展》，澳门成人教育学会，1999，第316 页。

政治权力的核心，在澳门代表葡萄牙法院以外的所有其他主权机构——总统、议会和政府。换言之，葡萄牙在澳门的管治是通过授权总督来进行的，只有司法权除外"。立法会享有部分立法权，可以提出弹劾总督的建议，审议政府的财政预算。但法院仍从属于葡国的法院系统，直到1991年才有澳门独立的法院组织。从上述介绍可以看出，澳门政治制度的主要特点是以总督为权力核心，以行政为主导，总督不仅有行政权，还行使部分立法权。

基本上可以说，总督的权力核心地位明显，立法局（会）权力有限，加上议员委任等限制，在实际政治生活中仅是一个配角。

第二节　特别行政区政治体制的原则

澳门特别行政区政治体制与原澳门政治制度、西方三权分立的政治制度、内地的人民代表大会制度相比较，有它自己的特点，主要体现在以下原则中。

一　体现"一国两制"

（一）在政治体制中要坚持国家主权原则

澳门的政治体制不仅要解决好行政、立法和司法之间横向权力的关系，而且还要处理好中央与特别行政区权力之间的纵向关系。这是由澳门特别行政区的性质和地位决定的。所以，构建澳门政治体制，从"一国"的逻辑出发，首先要关注中央与特别行政区的权力关系，其次才是行政、立法和司法三权的关系。

具体说，行政长官要对中央人民政府负责，中央人民政府任命行政长官。特别行政区政府要执行中央人民政府根据基本法发出的指示。政府主要官员由中央人民政府任命。行政长官和主要官员、行政会成员、立法会主席、副主席、终审法院院长和检察长要宣誓效忠中华人民共和国。从人员的委任、责任、效忠到机构的职能以及与中央政府的关系上，确立了一国的机制。

（二）在政治体制中也要维护高度自治

从"两制"的逻辑出发，行政机关、立法机关由澳门居民组成，司法机关除了聘请少部分外籍法官和检察官外，主要由澳门居民组成。行政机关享有广泛的行政管理权，立法机关享有立法权，司法机关享有独立的司法权和终审权，从制度上保证高度自治的实现。

二　有利于澳门稳定发展

（一）政治体制要服务于澳门稳定发展

实行"一国两制"就是为了保持澳门的社会稳定和发展，这是澳门的根本利益之所在。所以，政治体制就要有利于实现这个目标，否则，就违背了澳门居民的意愿。那么社会要稳定发展，除了经济基础外，政治制度必须稳定。有稳定的制度，才有稳定的政府，有稳定的政府，才会有高效的政府。在外国政治制度发展史中，这方面的经验和事例是不少的。有的国家因政治制度存在缺陷，导致政府走马灯式的频繁更换，影响了社会的稳定，最后不得不对政治制度进行改革。如，法国在"二战"后的65年间更迭了约100个政府，最后不得不修改宪法，限制议会的权力。

（二）行政主导是适宜的选择

澳门的稳定发展事关"一国两制"的成败，它不仅是澳门特别行政区和澳门居民的责任，也是国家和中央政府的责任。因此，中央政府必须发挥作用，主要通过对行政长官的领导，行政长官对中央负责来实现的。这就决定了澳门政治体制必须以行政长官为权力核心，在行政、立法与司法关系之间，以行政为主导。行政长官既对中央负责，也对特别行政区负责，力求建立一个能维护社会稳定，促进经济发展的有效率的政府。所以，在起草基本法时，没有采纳突出立法机关的作用、限制行政主导的意见。

三　行政、立法、司法互相独立、互相制衡、互相配合

政治制度既要防止权力的滥用和专断，损害澳门的利益，又要避免权

力的互相扯皮、效率低下，影响澳门的发展。所以，基本法要建立它们之间的平衡关系。

（一）行政和立法互相制衡

如行政长官有权解散立法会，但立法会可以提出弹劾行政长官；行政机关须对立法负责，执行立法会通过的法律，向立法会作施政报告，答复立法会议员的质询。司法机关独立审判，不受任何干涉。

（二）行政和立法互相配合

行政、立法除了互相制衡外，更重要的是互相配合，制衡不是目的，只是手段，通过制衡达到互相配合。只有各机关的互相配合，才能正常运作，才会有高效率。制约中有配合，配合中有制约。如协助行政长官决策的行政会，其成员由行政长官从政府主要官员、立法会议员、社会人士中委任，意图是希望行政长官在决策时，能够了解行政和立法机关的意见，作出正确的决定。同样行政、立法机关的成员参加了决策，也有利于行政与立法机关的配合。

应该清楚，制约不否定配合，配合也不否定制约。制约和配合是制度的两面，缺一不可，是共生共存的关系，不是势不两立的关系。不能将两者关系简单化，变成任何情况下只能制约不能配合，同样，也不能在任何条件只能配合不能制约，应该在遇有滥用权力时需要制约，但合理使用权力时就要配合。法国和英国的宪法学者也注意并论述分权之间的制约和配合关系①。

四　兼顾各阶层居民的利益实现均衡参与

澳门社会存在不同的阶层、不同的界别，他们有不同的利益，必须协调好他们之间的关系，兼顾他们的利益。政治制度不仅要搞好权力之间的平衡，同时也要搞好社会利益之间的平衡。没有后者的平衡，权力之间的制约也是难于真正实现的，所以，两个平衡缺一不可。

---

① 狄骥著《宪法学教程》，辽海出版社，1999，第158页；维尔著《宪法与分权》，生活·读书·新知三联书店，1997，第204～206页。

为此，基本法重点从行政长官产生和立法会产生办法中，建立这种平衡。基本法规定，由工商、金融等界，文化、教育、专业等界，劳工、社会服务、宗教等界，澳门原政界人士、澳门地区全国人民代表大会代表和全国政协委员组成推选委员会选举产生行政长官，使各阶层居民根据自己的意愿参与选举。基本法规定立法会由直接选举、间接选举和委任议员组成，目的也是让各阶层、各界别的人士通过不同的渠道选举代表参与立法会的工作。间接选举的方式可以保证有不同界别的代表进入立法会反映他们的要求和意见。委任的方式可以使一些社会人士有机会进入立法会，从他们接触和联系的社会层面出发，反映一部分人的要求，通过各种意见的协商、利益的协调，维护社会的稳定和发展。

五 循序渐进地发展民主选举制度

任何一个社会的民主制度是离不开其社会经济、政治、文化诸因素的，脱离社会实际的民主是无意义的。在特别行政区不是要不要民主，而是如何建立一个符合澳门实际的民主制度。判断一个制度是否民主，不能仅仅以是否实行普选或有多少直选议员为标准，关键要看是否适应当时社会的要求，是否能随着社会的发展而不断完善，是否能促进社会的稳定和发展。

澳门的实际是什么呢？澳门原政治制度是以葡国总统委任的总督为中心，集立法与行政于一身，澳门的立法会是由直接选举、间接选举、委任三种方式产生。因此，澳门要发展民主，既要改变带有殖民色彩的一面，又要考虑澳门现行的一些做法，循序渐进。

基本法有关立法会选举产生议员的人数、直接选举议员的人数逐步扩大的规定本身，就是循序渐进的最好说明。第一届特别行政区立法会由23名议员组成，其中直接和间接选举产生议员16人，委任7人。第二届立法会议员有27人，其中直接和间接各增加2席。第三届立法会议员有29人，直接再增加2席。

不限于此，基本法为民主发展还作了铺垫，规定在2009年及以后，可以根据澳门实际情况的发展对选举制度作出修改和完善。

第三节　特别行政区政治体制的特点

一　地方政治体制

正如在分析澳门特别行政区的性质和地位所指出，澳门特别行政区是地方行政区，建立在地方行政区内的政治体制当然是地方政治体制，作为地方政治制度，必须在国家主权之下，受国家主权的约束，这个定位是不能模糊的。

①中央决定特别行政区政治体制中的权力关系。特别行政区政治体制的行政权、立法权和司法权的关系也是由中央通过基本法确立的，如要改变也要由中央决定。

②中央领导或监督特别行政区政治体制中的行政权、立法权和司法权。特别行政区的行政管理权、立法权、司法权是不能脱离中央权力而存在的。

③中央任免行政长官和主要官员。中央政府为了确保特别行政区政府直辖于中央政府，受中央政府领导，享有对特别行政区行政长官和政府主要官员的任免权。

某些人意图通过民主选举制对抗中央管治或通过分权制限制中央的权力，都是错误的、不切实际的。

二　行政主导制

澳门特别行政区的政治体制是行政主导的体制，在行政、立法、司法三机构的关系上，既做到互相独立、互相制约、互相配合，又保障以行政长官为核心的权力主导政治体制的运作。

（一）行政主导的内容

1. 以行政长官为权力核心

澳门基本法第45条第1款规定，"澳门特别行政区行政长官是澳门特别行政区的首长，代表澳门特别行政区"。第62条规定，特别行政区政府的首长是行政长官。根据基本法的规定，行政长官处在政治制度中的权力核心地位。他有双重地位，既是整个特别行政区的首长，又是特别行政区政府的首脑。作为特别行政区的首长，其地位高于立法、行政、司法机关，占据主导地位。作为政府首长，领导主要官员和所有的公务人员。

2. 以行政长官为总负责

澳门基本法第 45 条第 2 款规定，"澳门特别行政区行政长官依照本法规定对中央人民政府和澳门特别行政区负责"。所以，行政主导也是行政长官负责制。

（1）行政长官负责制的特点

①负责的含义。

《现代汉语词典》对"责任"的解释：一是指分内应做的事；二是指没有做好分内应做的事，因而应当承担过失责任。一般而言，"责任"一词有三层含义：第一层含义是"责任"即义务或职责，即有义务作为或不作为；第二层含义是指一定的行为主体须对自身的行为负责，即承担行为责任；第三层含义是指违背义务的行为要受到相应的追究和制裁。

②行政长官负责制的特点。

行政长官负责制是指以行政长官为核心在行使权力、履行职责时，必须向中央和特别行政区担保所负的责任处在最佳状态，接受中央的领导或监督，同时接受特别行政区立法会和特别行政区居民的监督，并有一系列相应保障负责的规范所构成的制度。

第一，行政长官负责制的主体可分为个人负责和集体负责。

个人负责，如行政长官对中央人民政府和澳门特别行政区负责；政府主要官员对行政长官负责；廉政专员对行政长官负责；审计长对行政长官负责。

集体负责，如行政长官领导的澳门特别行政区政府对澳门特别行政区立法会负责。

第二，行政长官负责制的形式可分为单向负责和双重负责。

单向负责，如行政长官对中央人民政府负责。

双重负责，如行政长官领导的政府对立法会负责，但立法会通过的法律是否符合澳门的整体利益，行政长官对特别行政区负责。

第三，行政长官负责的性质可分为领导关系和监督关系。

领导关系，如行政长官对中央负责，体现在执行中央政策上，接受中央的领导，执行中央人民政府依基本法发出的指令（基本法第 50 条第 12 项）；澳门特别行政区政府接受行政长官的领导（基本法第 50 条第 1 项）。

监督关系，如自治范围的事务体现在接受中央的监督；澳门特别行政区政府接受立法会监督（基本法第 65 条）。

第四，行政长官负责的保障机制包括：中央人民政府对行政长官和主要官员的任免权、对行政长官的指令权；全国人大常委会对特别行政区法律的审查权和对基本法的最终解释权；行政长官对立法会的法案发回权，对立法会有解散权；立法会对政府施政的辩论权，对政府的质询权，对公共利益的辩论权，对行政长官的弹劾权。

（2）行政长官负责制的内容

①行政长官对中央人民政府负责。

中央与澳门特别行政区的关系，是中央和地方的关系，是领导和被领导的关系，监督与被监督的关系。澳门特别行政区经全国人民代表大会授权享有行政管理权、立法权、独立的司法权和终审权。虽然澳门特别行政区享有高度的自治权，但权力来源于中央授权，行政长官对中央人民政府负责，表现为：

第一，在行政管理权方面，行政长官在处理对外事务时，对中央负责。澳门特别行政区如需要在外国设立官方或半官方的经济和贸易机构，须报中央人民政府备案（基本法第 141 条）；外国在澳门特别行政区设立领事机构或其他官方、半官方机构，须经中央人民政府批准（基本法第 142 条）。行政长官在处理自治事务时，必须定期向国务院总理和国家其他主要领导人述职；将财政预算、决算报中央人民政府备案等。

第二，在立法权方面，行政长官虽然不能直接领导立法机关制定法律，但作为特别行政区首长的行政长官，负责执行基本法，对立法会的立法有监督权，对不符合基本法，不符合澳门整体利益的法案可以拒绝签署，发回重议。立法会制定的法律须报全国人民代表大会常务委员会备案。全国人民代表大会常务委员会对立法会制定的任何法律不符合基本法有关中央管理的事务和中央与特别行政区关系的条款的规定，可以发回立法会重新审议（基本法第 17 条第 2 款）。

第三，在司法权方面，澳门特别行政区法院独立进行审判，只服从法律，不受任何干涉。作为特别行政区首长的行政长官无权命令或指示法官审判，但在法院审理案件时涉及国家行为的事实时，需要接受中央政府的指示。如：澳门特别行政区法院在审理案件中遇有涉及国防外交等国家行为的事实问题，应取得行政长官就该等问题发出的证明文件，但行政长官须取得中央人民政府的证明书（基本法第 19 条第三款）。如果特别行政区对基本法的解释产生严重分歧，影响基本法的实施，行政长官负有执行基本法的责任，可提请中央对基本法作出解释（基本法第 50 条第 2 项）。

同时，如果行政长官没有依基本法规定履行相应的责任，中央政府可以免去行政长官的职务。如果行政长官有严重违法或渎职行为而不辞职，根据基本法第 71 条的规定，由立法会提出弹劾，报中央人民政府决定。

②行政长官对特别行政区负责。

行政长官是特别行政区居民选出并由中央人民政府任命的，因此，行政长官除对中央人民政府负责外，还必须向澳门特别行政区负责。具体表现：

第一，行政长官领导的政府对特别行政区立法会负责。如领导政府执行立法会通过并已生效的法律，定期向立法会作施政报告，答复立法会议员的质询；政府提出的财政预算案须经立法会审核、通过；政府提出的预算执行情况报告须经立法会审议；政府承担债务须经立法会批准。但政府对立法会的负责是有限度的，特别行政区政府不是由立法会产生，立法会无权罢免主要官员。

第二，行政长官对特别行政区居民负责。基本法规定了居民的权利和自由，作为特别行政区首长的行政长官负责执行基本法，要确保立法机关制定法律、行政机关执行法律、司法机关适用法律时严格按照基本法，最大限度地保障居民的基本权利和自由（基本法第 24 ~ 44 条）。同时，行政长官领导政府，需要创造各种条件，满足不断增长的居民的物质和精神生活的需要，让居民安居乐业。

第三，对立法机关的制约与配合。由于行政长官是特别行政区的首长，监督立法会通过的法律是否符合基本法。具体表现在：立法会通过的法案，须经行政长官签署、公布，方能生效（基本法第 78 条）；行政长官对立法机关制定的法律有违基本法的，可以不签署法案，并发回立法会重新审议；立法会遇有基本法第 52 条第 1 款规定的两种情况，行政长官征询行政会的意见并向公众说明理由后，可解散立法会。

第四，廉政专员、审计长对行政长官负责。廉政公署是对政府内部包括公共部门和公法人实行监察的独立机构，其主要职责是反贪与反行政违法。廉政公署独立开展工作，廉政专员是廉政公署的首长，为了体现行政主导的体制，廉政专员必须对行政长官负责，每年向行政长官作工作报告；廉政专员由行政长官提名并报请中央人民政府任命。审计署的主要职能是监督审核政府及有关机构的账目。审计署是独立的工作机构，审计长是审计署的首长，只对行政长官负责。每年向行政长官报告工作。审计长的任免与廉政专员相同。

第五，政府主要官员、公务人员、行政会成员对行政长官负责。行政长官是政府的首长，与政府主要官员、公务人员的关系是领导与被领导的关系，政府主要官员、公务人员在政策的决策和具体的行政工作上对行政长官负责，协助行政长官的工作。行政长官对主要官员和公务人员作出不符合基本法的行为，可以直接纠正。为了保证对行政长官负责，行政长官对主要官员的任免有提名和免职的建议权。对行政会成员、公职人员有任免权。行政会在协助行政长官作出决定时，应对行政长官负责。

综上所述，行政长官负责制是以行政长官为核心的总负责，辅以两个负责，即政府、廉政公署、审计署、行政会及主要官员、公务人员对行政长官负责，政府对立法会负责，从而保证中央对行政长官的领导和监督，实行行政长官与立法会互相制约，达到行政长官既对中央负责，也对特别行政区负责的目的。

3. 行政主导不是集权制

（1）行政主导不是个人集权

根据澳门基本法第58条的规定，行政长官的重大决策要咨询和听取行政会的意见。行政会担负协助行政长官决策的职能。行政会由行政长官主持，行政长官在征询行政会意见后，作出重要决策、向立法会提交法案、制定行政法规和解散立法会。根据澳门基本法第64条的规定，行政长官要依靠和发挥政府的作用。所以，行政长官的个人作用是与行政会和政府的集体作用结合共同发挥的。

（2）行政主导不是行政集权

根据澳门基本法的规定，行政与立法亦有必要分工和互相制约，政府也要对立法会负责，受立法会监督。同时，行政长官和政府的行政行为受法院合法性的监督，如果作出违法行为，法院予以纠正。所以，行政主导不等于行政集权，亦不等于没有分权。

（二）行政主导的特点

澳门特别行政区政治体制中的行政主导与现存的英国、美国、法国政治制度及原澳葡政治制度比较，有它自己的特点，融合英、美、法的制度，吸收了澳门原有政治制度中的有益成分，适应"一国两制"的需要。

1. 与英国议会制不同

根据英国的宪政制度，内阁的主要权力有：立法提案权，执行法律权，编制财政权，人事管理权（文官、检察官、法官任命），具体领导行政管理权，为实施法律制定行政命令、委托立法权，解散议会权。从法律上看，内阁是议会选举产生，受制于议会。但是只要内阁控制议会多数，实际权力大于法律权力，包括能保证政府立法提案可全部获议会通过。形式上是政府对议会负责，事实上是政府控制议会。所以，英国内阁主导是通过控制议会多数实现的。但是，这种机制不完全适应"一国两制"下行政长官除了对特别行政区负责外，还要对中央政府负责的情况。所以，行政长官的主导既要取得立法会的合作，又不能完全受制于立法会是否支持。因此，基本法第50条规定，行政长官有权委任部分立法会议员，第47条规定，行政长官由一个特别的选举委员会选举产生，而不是由立法会选举产生，这是与英国内阁制度所不同的。由于基本法的规定，行政长官委任部分议员，有利于政府的政策在立法会中得到支持。行政长官不是由立法会选举产生，立法会不能对行政长官投不信任票，行政长官主导与是否能够取得立法会中的多数没有必然的联系，行政主导中的行政长官的独立性更加突出。

2. 与美国总统制不同

根据美国宪法的规定，在总统的权力中，既有作为元首的权力，对内对外代表国家，又有作为行政首脑的权力，领导政府，批准国会通过的法案，人事任免等。由于总统与国会议员按照不同的方式选举产生，所以，国会不能罢免总统，总统不能解散国会。由于澳门不是一个独立的政治实体，而是一个实行高度自治的特别行政区，中央不干预特别行政区自治范围内的事务，一旦发生行政与立法冲突，中央不裁决，又不能不解决，就必须建立新的机制。所以，澳门基本法第52条规定，行政长官可以维护澳门整体利益为由，解散立法会。行政主导对立法的制约更明显和有力。

3. 与法国半总统制不同

根据法国宪法的规定，总统有广泛的权力，包括保证宪法遵守、司法独立，主持内阁会议，任命总理及其他公职人员，统帅武装力量，决定外交政策，签署法律，解散议会，决定公民公决，制定条例，在特殊情况下还有非常权力。但是，总统领导下的政府，仍受到议会的制约，议会可以对政府投不信任票，逼使政府下台。根据基本法第62条、第65条的规定，行政长官领导特别行政区政府，政府对立法会负责。然而，负责有明确的范围界定，立法会可以对政府工作进行监督，但不能要求政府下台。行政主导下的政府是在行政长官直接领导下工作。

4. 与澳门原有总督制不同

原澳门的总督制中总督是葡国在澳门的代表。管理澳门的机构是总督及总督的咨询会和立法会。立法权由总督和立法会行使，行政权由总督行使。总督权力分为两部分，作为葡国代表，对内对外代表澳门；签署法律及法令；制定内部保安政策，为维护公共秩序采取特别措施；提请宪法法院审议立法会通过的法律是否合宪；作为执行权者，制定总政策；领导行政；制定规章；保证司法独立；管理财政；委任部分议员；提请总统解散立法会。所以，从法律地位上看，行政长官与原总督基本相似，既是地区代表，又是行政最高长官。从与立法机关的关系看，基本没变，区别在于总督只有提请而不能决定解散立法会，总督对立法会制定法律不签署可要求葡国宪法法院审查。这个差别，是由特别行政区实行高度自治，自治范围内的事务由特别行政区自行解决所决定的。从行政权方面看，两者权限大致相同。特别行政区的行政主导，吸收了原有政治制度对澳门有效的因素。

因此，基本法所主张的行政主导，与西方的三权分立制度不同，是对分权制衡理论的一种新的阐述，在政治实践中的一个新尝试。

5. 特别行政区行政主导的三个特点

①行政长官与立法会分别选举产生，没有从属性，但是，行政长官可以解散立法会，立法会不能因行政长官的政策要行政长官下台。

②政府需要对立法会负责，但负责范围有一定限制，立法会不能对政府投不信任票，政府受行政长官领导，对他负行政责任。

③在"一国两制"下，行政长官对中央负责，他的独立性和权力要足以能够负起此责。行政长官对特别行政区负责，特别行政区实行高度自治，他的权威要能够享有自行解决特别行政区内部矛盾的权力。

特别行政区行政主导体制克服了美国的行政权与立法权在法律上的过

于分离产生的行政机关制约立法机关的手段不足，也解决了英国行政权与立法权合为一体产生的行政机关受制于立法机关的一些问题，产生了一种新的政治体制。

（三）行政主导的作用

为什么要实行以行政长官为核心的行政主导，以行政长官为首的负责制？

维护国家主权、统一和领土完整，这是落实"一国两制"方针、贯彻实施基本法的前提，也是宪法和基本法明确规定的宪制责任和法律义务。实行"澳人治澳"、高度自治，是落实"一国两制"方针、贯彻实施基本法的关键，是保持澳门长期稳定发展的必然要求和目的。因此，维护国家主权，实行"澳人治澳"、高度自治，保障澳门稳定发展必须以建立行政长官为首的主导和负责制。

1. "一国两制"的需要

（1）"一国"的要求

从"一国"原则看，特别行政区直辖于中央政府，对中央负责，如何确保中央对特别行政区领导，特别行政区对中央负责，就制度而言，行政主导是当然的选择。

①对中央负责的需要。

行政长官、政府主要官员由中央政府任命，对中央负责，对国家效忠，既能让中央放心，又能得到中央的支持。正如港澳办副主任陈佐洱在全国人大常委会举行的纪念香港基本法颁布十四周年座谈会所指出："特别行政区政治体制必须以行政为主导，除了这种制度是经实践证明行之有效外，最重要的是，只有行政主导的政治体制，才能做到基本法规定的行政长官对中央负责。无论是立法主导还是三权分立的制度，都无法做到这一点。"[1]如果行政长官不对中央人民政府负责，如何维护一国的原则？"一国两制"的构想如同空中楼阁，无法实现。

②中央与特别行政区上通下达的需要。

为了维护国家主权，必须处理好中央与特别行政区的关系。在中央与特别行政区关系之间，行政长官是一个连接点，只有行政长官是特别行政区权

---

[1]　http://news.xinhuanet.com/newscenter/2004-03/12/content_1363389.htm.

力关系中的主导，能够做到承上启下、上通下达，中央通过行政长官对特别行政区实施管辖，特别行政区通过行政长官承担对中央的责任。因此，需要建立高度集中的行政长官负责体制，以避免政出多门。行政长官作为总负责人，对中央负责是全局性的。

（2）"两制"的要求

从"两制"原则来说，高度自治是授权自治，需要对中央负责。高度自治中的行政、立法权力运作过程，需要一种权力主导进行协调，行政主导优于立法主导。

①高度自治需要对中央负责。

高度自治即由特别行政区依基本法自行处理自治范围内的事物，享有行政管理权、立法权、独立的司法权和终审权。高度自治权来源于中央授权，不是特别行政区固有的，正是基于授权原理，澳门特别行政区行政长官和主要官员由中央政府任命、行政长官和立法会产生办法的任何修改必须经过中央同意。由于澳门特别行政区是"授权自治"，所以应对授权者——中央负责。

②高度自治需要有一个主导和负责人。

行政长官由澳门具有广泛代表性的选举委员会选出，由中央人民政府任命，向中央负整体的责任。其根本原因是，虽然高度自治权是中央授予，但中央政府不派官员管理自治范围的事务，且中央授予特别行政区高度自治权的范围极为广泛，是一般的地方政府，甚至联邦成员政府都不能相提并论。由于权力如此之大，如果没有一个主导和总负责人，特别行政区内部各权力之间的关系无法协调，冲突和矛盾就会产生，影响"一国两制"和基本法的实施。如果设计成行政机关、立法机关、司法机关分别向中央负责将会造成互相推诿，最终可能出现无人负责的局面。所以，由行政长官对特别行政区全面负责，并代表特别行政区对中央负责，才能防止负责流于形式。

为了使高度自治的权力得以彻底落实，除了行政长官对特别行政区负责外，特别行政区立法、行政、司法机关都要各负其责，行政长官的总负责才能得以实行。一旦发生行政与立法冲突，由特别行政区自行解决，如：澳门基本法第52条规定，行政长官可以维护澳门整体利益为由，解散立法会，建立起由行政长官负最终责任的制度。

③高度自治需要集中管理。

中央为了保障特别行政区实行高度自治，防止和排除中央的部门和地方对特别行政区自治事务的一切干扰，建立了高度集中的管理体制，即中央政府所属各部门和地方政府均不得干预特别行政区自治范围内的事务。不仅中央要集中管理，就是特别行政区也该如此，通过一个渠道进行联系和合作。为避免政出多门，从特别行政区方面讲，只有行政长官发挥行政主导作用，才能把好这个关，保障高度自治。

2. 政治和社会稳定的需要

澳门社会的稳定，离不开政治的稳定，政治的稳定，取决于政治制度中的各种权力之间的关系是否稳定，有没有能力或机制解决权力之间的矛盾冲突。否则，冲突不能控制或解决，就会出现政治危机，影响稳定。根据以往的政治实践，缺乏一个可以起到协调作用的主导者，权力关系的平衡就是建立在脆弱的基础上，经不起风浪。主导者应由谁来扮演呢？从分权制衡的理论演变、各国的政治制度实践看，由行政权担当此任，发挥作用是一个趋势。政府稳定是政治稳定的重要指标。在澳门特别行政区，行政长官既是特别行政区首长，又是政府首脑，作为权力关系的核心，无论从其在政治制度中的地位，还是权力来讲，成为主导者是比较合适的。所以，建立行政主导体制，有利于澳门政治稳定，政治稳定了，社会稳定也有了基础。政治稳定了，政府也能稳定，政府效率提高，社会发展有保障，居民就能安居乐业。

第四节　行政长官

行政长官在政治体制中占有最重要的地位，是政治体制中的一个组成部分，它是行政主导体制的集中体现。行政长官是政治体制中的一个机构，正如中国的国家主席、外国的总统，都是国家机构的一个部分。行政长官不是作为个体存在，也不是代表个体行使权力。有行政长官的机构，才有行政长官的职位。所以，行政长官的地位、产生、职权等由基本法规定。

行政长官与原澳门总督是不同的。

第一，性质不同。行政长官是中国恢复对澳门行使主权，实行"澳人治澳"的结果，总督是葡国对澳门殖民管治的产物。

第二，产生方式不同。行政长官是由澳门居民选举、中央人民政府任命而产生，总督是由葡国总统直接委任。

第三，领导体制不同。行政长官是特别行政区政府的首长，领导政府，政府的职权由法律规定。总督之下无政府，政务司只是总督的辅助人，由总督授予他们职权。他们是一个职位，不是一个机构。在澳门原有法律中没有政府的概念。由于这些不同，形成了有澳门特色的行政长官制度。

一　行政长官的地位

基本法第 45 条规定，"澳门特别行政区行政长官是澳门特别行政区的首长，代表澳门特别行政区。澳门特别行政区行政长官依照本法规定对中央人民政府和澳门特别行政区负责"。第 62 条规定，"澳门特别行政区的首长是澳门特别行政区行政长官。根据基本法的规定，行政长官在特别行政区具有最高的地位，是该区的最高长官"。

它有两个特点：

第一，行政长官是特别行政区的首长，对内对外代表特别行政区。除行政长官，或经行政长官授权外，任何机构无权代表特别行政区。它超越于行政机关、立法机关和司法机关之上，与后三者并非平行关系。这里特别要强调，行政长官不能等同于行政机关，行政长官中的行政是指行政区，行政机关中的行政指狭义的政府（行政机关），所以此行政不同于彼行政，行政长官是特别行政区的最高长官。

第二，行政长官还是特别行政区政府的首长，领导特别行政区政府。所以，行政长官是将地区首长和政府首长两者集于一身。行政长官不是一个虚位，是一个实位，既有代表特别行政区的权力，又有对特别行政区的实际领导权和行政权。如提名政府主要官员人选；委任行政会成员；委任部分立法会议员；委任法官和检察官；领导政府工作；任命政府部门首长；签署立法会通过的法律；制定行政法规；处理对外事务；颁授奖章和荣誉称号等。

行政长官既是特别行政区的首长，又是政府的首长这一特点，在各国地方自治中是没有的。一般而论，地方自治机构有两个，一个是地方议会，一个是地方政府，两者地位平等，没有一个超越其上，代表自治地方的机构。在内地，省长、市长也只是行政机构的首长，不具备地区首长的地位。

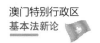

二　行政长官的责任

行政长官的特殊地位，产生了既是特别行政区首长又是政府首长的双重身份，也就相应地负起两种责任。

作为特别行政区首长，要向中央人民政府负责。作为特别行政区政府首长，要向特别行政区负责。这就决定了行政长官在中央与特别行政区关系中，处在一个承上启下的关键地位，中央政府的指示、政令通过行政长官执行，特别行政区的请示或请求通过行政长官上达中央政府。同时，也决定了行政长官在特别行政区政治体制中处于中心地位，发挥着行政主导的作用。

所以，将行政长官的地位定位在特别行政区最高长官的位置，是非常适当，又很有必要，第一，与他所负的责任相适应。如果行政长官没有适当的地位，没有必要的职权，那么他就无法对中央和特别行政区负责。要负责就要有相应的地位和职权。第二，符合行政主导的原则。行政主导就是以行政长官为权力核心，没有核心就没有主导，这个主导就是体现在它的地位、职权上，以及它与立法、行政、司法机关的关系中。

三　行政长官的资格

基本法第 46 条规定："澳门特别行政区行政长官由年满四十周岁，在澳门通常居住连续满二十年的澳门特别行政区永久性居民中的中国公民担任。"第 49 条规定："行政长官在任职期内不得具有外国居留权。"

根据基本法的规定，将参选行政长官和任职行政长官的条件分别规定。

（一）参选行政长官须符合四项条件

①年龄条件，参选人须年满 40 周岁。规定这个年龄，主要是想保证行政长官有一定的社会经验和工作的资历及能力。

②居住年限，参选人须在澳门居住连续 20 年。它的考虑是保证行政长官对澳门有比较深入的了解和认识，有归属感，同时也易为澳门居民认同和接受，得到支持，有利于将来对澳门的管理。另一方面也是体现中央政府实行"澳人治澳"的诚意和决心，消除一些人担心内地新移民获选行政

长官的疑虑。

③永久性居民身份。这是行使选举权和被选举权的必备条件。

④中国公民资格，参选人必须是中国公民。为什么行政长官必须是中国公民？在分析这个问题之前，我们先考察一下外国的有关规定。

外国对国家公职人员的资格都有一系列的规定，虽然有所不同，但有一点是相同的，就是担任本国公职者，必须有本国的国籍，是本国的公民。国籍是个人与国家之间的法律关系，它意味着个人要效忠国家，国家保护个人的相互义务。各国均把国籍与选举权和公职权联系在一起，作为普遍的原则适用。除此之外，如美国一些国家还附加了另一些条件。移民取得美国国籍 7 年后，有资格参选众议院议员，9 年后，才有资格参选参议院议员。而总统必须生来是美国公民，取得国籍的移民，不论在美国居住多长时间，均无资格参选总统。由于澳门特别行政区实行"一国两制"，情况特殊，在选举和被选举权问题上，采取实事求是的做法，不是一律要求享有选举权的人必须是中国公民，而是区分不同情况、区别对待，并且需要中国公民资格的只限于极少数的几个公职。这是非常宽松、灵活的。

行政长官是特别行政区的首长，由中央人民政府任命，是国家恢复对澳门行使主权的象征。而行政长官对中央和特别行政区负有重大的责任，必须对国家效忠。所以，国家主权和对国家效忠决定了行政长官必须是中国公民。

（二）任职行政长官需要放弃外国居留权

外国居留权概念与澳门居留权概念是不同的，外国居留权实指拥有外国公民的资格。所以，根据基本法第 49 条的规定，行政长官在任职期内不得具有外国居留权，以确保对国家的效忠，避免双重效忠的问题。基本法从澳门的历史和现实情况出发，对外国居留权问题的处理采取既坚持原则，又合情合理的办法。原则性体现在参选人任职行政长官后不得具有外国居留权，合情合理表现为参选人是否保留和放弃外国居留权由本人自行决定。由于历史的原因，在 1981 年以前，出生在澳门的居民可拥有葡国的旅行证件和居留权，葡国又是承认双重国籍的国家。所以，在中葡联合声明备忘录中，双方阐述了各自的立场。中国政府的立场是：第一，澳门居民凡符合中国国籍法规定者，不论是否持有葡萄牙旅行证件或身份证件，均具有中国公民资格。第二，中国政府允许原持有葡萄牙旅行证件的澳门中国公民继续使用该证件去其他国家和地区旅行。第三，上述澳门居民在澳门和中国内地不受葡国领事保护。在中国政府的声明中，没有要求澳门居民放弃外国的旅行证件。因此，有否外国居留权不是作为参选行政长官的资格，而是作为行政长官的义务来规定。作为义务体现了行政长官的地位和身份与普通居民不同，必须履行一些特殊的法律义务。这种处理办法符合澳门的实际，也照顾了澳门居民的意愿。

四 行政长官的选举和任免

（一）选举和任命

基本法第 47 条规定："澳门特别行政区行政长官在当地通过选举或协商产生，由中央人民政府任命。行政长官的产生办法由附件一《澳门特别行政区行政长官的产生办法》规定。"根据基本法的规定和行政长官的产生办法，行政长官是通过选举办法产生的，没有选择协商的产生办法。选举采用的是间接选举，由一个选举委员会选举行政长官，而不是由居民普遍的直接选举产生行政长官。

1. 行政长官选举委员会

间接选举是指用一种特设的选举团的选票决定选举结果。选举团成员是如何产生的呢？在外国主要有两种渠道：一种是由直接选举产生的，如美国的总统选举团选举人由各州选民按名额直接选举产生；另一种是由各级议会的成员组成选举团，如法国参议院的议员选举团由国民议会、省议会、市议会代表组成。所以，采取什么样的间接选举方式，由各国根据自己的情况来决定。

澳门根据自己的情况，采取由社会不同界别产生选举人组成一个选举委员会，并由选举委员会选举行政长官的间接选举办法。这与法国间接选举办法有相似之处，法国是按地区划分，澳门是按界别划分。界别划分正是适应澳门地域小的特点和澳门长期以来按界别选举产生代表的传统。如立法会的间接选举按雇主团体、雇员团体、专业团体、文化道德慈善团体选举产生。这是澳门间接选举制度的一个特点。

按照澳门基本法附件一的规定，行政长官选举委员会由 300 人组成，其中工商、金融等界 100 人，文化、教育、专业等界 80 人，劳工、社会服务、宗教等界 80 人、立法会议员的代表、市政机构成员的代表、澳门地区全国人大代表、澳门地区全国政协委员的代表 40 人。这体现了选举委员会的广泛代表性和民意基础。根据澳门第 12/2008 号法律《行政长官选举法》，界别委员的产生通过四种方式。第一是自然当选。第 10 条规定，全国人大代表自动当选选举委员会委员。第二是选举产生。第 12 条规定，按法律由该界别的社团和组织选举产生第一、二、三界别中的选举委员会委员，除宗教界外。第三是确认提名产生。第 13 条规定，由宗教界的有代表性的团体提出选举委员会人选，由选举管理委员会确认。第四是自行选举产生。第 14 条规定，由立法会和澳门区全国政协委员互选产生选举委员会委员。

2. 行政长官人选的产生

行政长官人选的产生，主要经过两个阶段。

（1）提名候选人阶段

报名参选行政长官的人并不是当然的候选人，报名者在没有成为候选人之前只是参选人。选举委员会委员根据参选人的情况，可以从参选人中提出候选人，按照第 12/2008 号法律《行政长官选举法》第 41 条的规定，必须不少于 50 名委员的联合提名。而每一位委员只能参与一名候选人的提名。获 50 票或 50 票以上的参选人成为行政长官候选人。

（2）选举行政长官人选或称行政长官候任人阶段

第 12/2008 号法律《行政长官选举法》第 59 条规定，选举委员会根据候选人名单，经一人一票无记名投票选出行政长官人选。第 60 条规定，候选人必须得票超过全体选举委员会成员的半数，如果没有人得票超过半数，则得票最多的两位候选人进入第二轮选举，得票多者当选。

（3）行政长官人选产生后报中央人民政府任命

中央人民政府的任命既是必经的程序，也是中央人民政府行使实质性的决定权，包括任命或不任命。中央人民政府将以国务院令的形式任命行政长官。

从行政长官产生的过程看，有以下三个特点。

第一，体现"澳人治澳"。选举委员会 100% 由澳门永久性居民组成，由澳门居民选举自己的行政长官人选。而过去的澳门总督是由葡国总统直接委任，无须澳门居民选举，这是澳门划时代的变化，也是澳门居民当家做主的真正开始。

第二，反映各界别各阶层的意愿。选举委员会由澳门各界别各阶层人士组成，从候选人的提出到行政长官人选的产生，整个过程完全按照选举人的意愿，民主地选举他们心目中的人选。

第三，在选举基础上任命行政长官。中央人民政府的任命不是脱离民意任意任命，而是以澳门居民的意愿为基础，这个基础又是以民主选举为基石，与过去葡国总统派人到澳门听听意见后任命澳门总督是有根本的区别。

3. 澳门特别行政区第一任行政长官的选举

中国政府于 1999 年 12 月 20 日对澳门恢复行使主权，澳门特别行政区于 1999 年 12 月 20 日成立，行政长官需在同一日就职。所以，需在此前产生行政长官。这是非常特殊的情况，要有一个特殊的解决办法。根据《全国人民代表大会关于澳门特别行政区第一届政府、立法会和司法机关产生办法的决定》，筹委会负责筹备成立澳门特别行政区的有关事宜，规定第一届政府、立法会和司法机关的具体产生办法。1999 年 1 月 16 日，筹委会通过了《中华人民共和国澳门特别行政区第一任行政长官人选的产生办法》。该办法规定，由 200 名澳门永久性居民组成的推选委员会产生行政长官人选。产生办法的主要内容有：第一，规定了选举原则，选举要做到公平、公开、公正、民主和廉洁。一改过去澳门选举中存在的弊病，开创澳门选举的新文化。禁止参选人或候选人互相进行人身攻击，禁止向推选委员会委员行贿、提供或承诺任何利益。第二，规定行政长官参选人的资格。对基本法规定的 40 周岁、连续居住 20 年的计算方法作出规定。现职公务员参选，必须辞去公职，脱离工作岗位。具有政治团体身份的人士参选，必须退出政治性团体，体现公平原则。第三，规定报名、提名和投票的办法。报名须以书面形式表明参选意愿，并递交《中华人民共和国澳门特别行政区第一任行政长官参选人简历表》，由筹委会主任委员会议对报名人进行资格审查，凡符合条件者成为参选人。然后由推选委员会委员根据参选人名单，以无记名投票方式提名行政长官候选人选。凡获 20 票或 20 票以上提名的，成为候选人。最后推选委员在听取了候选人的施政设想，进行答问后，进行选举投票。候选人得票超过全体推选委员会委员半数者当选。如果没有一位候选人得票超过半数，则对得票最多的两位候选人进行第二轮选举，得票多者当选。根据这个产生办法，1999 年 3 月 28 日筹备委员会发布公告，宣布行政长官参选报名的有关事宜。4 月 12 日至 17 日，何厚铧等 9 人递交了参选报名表。4 月 23 日，筹委会主任会议在澳门举行，对 9 位报名者进行了资格审查，确定何厚铧等 5 人为参选人。同日，澳门特别行政区第一届推选委员会举行第一次会议，出席会议的 196 名委员对 5 位参选人投提名票，结果何厚铧以 125 票、区宗杰以 65 票成为第一任行政长官候选人。5 月 7 日至 8 日推选委员会举行第二次会议，候选人向委员们报告了各自的施政设想，并回答了委员们的提问。5 月 15 日在筹备委员会的主持下举行第三次推选委员会会议，出席会议的有 199 位委员，何厚铧以 163 票当选为澳门特别行政区第一任行政长官人选。5 月 16 日，筹备委员会通过报请国务院任命澳门特别行政区第一任行政长官的报告。5 月 20 日国务院总理朱镕基签署国务院第 264 号令，任命何厚铧为澳门特别行政区第一任行政长官。从报名、提名到选举整个过程由传媒公开报道，让居民直接了解，真正做到了公正、公开、公平、民主和廉洁。

（二）任期和辞职、免职

1. 任期

根据基本法第 48 条的规定："澳门特别行政区行政长官任期五年，可连任一次。"这一规定在澳门原有法律中是没有的，总督由总统委任，旧总统下台，新总统上台，只要不撤换总督，总督就可留任，所以，无法定的任期，也就不存在限制连任的问题。限制行政长官连任，主要是防止职务终身制。而终身制容易产生权力腐化，这已为中外政治制度历史经验所证明。美国宪法第 22 条修正案弥补了宪法的缺陷，规定任何人当选总统职位不得超过两次。中国 1982 年宪法总结历史的经验教训，也明确规定，全国人民代表大会常务委员会委员长、国家主席、国务院总理不得连续任职超过两届。

2. 辞职

行政长官在任职期间，如果出现基本法规定的情况，须辞职或被免职。基本法第 54 条规定："澳门特别行政区行政长官如有下列情况之一者必须辞职：（一）因严重疾病或其他原因无力履行职务；（二）因两次拒绝签署立法会通过的法案而解散立法会，重选的立法会仍以全体议员三分之二多数通过所争议的原案，而行政长官在三十日内拒绝签署；（三）因立法会拒绝通过财政预算案或关系到澳门特别行政区整体利益的法案而解散立法会，重选的立法会仍拒绝通过所争议的原案。"

根据基本法的规定，行政长官的辞职主要有三种情况：第一，是自然、生理的原因，丧失了行政长官的行为能力，主要是疾病等情况。第二，是行政长官与立法会的矛盾，因行政长官的不作为（消极行为），拒绝第二次

签署立法会通过的法案。第三，是立法会与行政长官的矛盾，因立法会的不作为（消极行为），拒绝第二次通过政府的重要法案。

在外国，政府和议会发生宪制上的矛盾和冲突，采取两种方法解决：一是政府解散议会；二是议会通过对政府的不信任案，政府辞职。如果政府解散议会后，在新产生的议会中得不到多数支持，得不到信任，只能辞职。原《澳门组织章程》规定，立法会可对总督的施政方针提出弹劾动议，并通知总统和总督，由总统决定是否接受。或者总督以立法会通过的法律违宪提请葡国宪法法院审议，决定立法会的立法是否有效。总之，将行政与立法的矛盾交由中央决定。

但是，澳门特别行政区的政治体制，一方面与外国的三权分立制度有一些不同，其中之一就是没有不信任投票的做法。所以，在行政长官解散立法会后，新选的立法会仍通过原法案，行政长官可以有两种选择，签署法案无须辞职，或者拒绝签署辞去职务。同样，在新的立法会产生后，行政长官可以决定，是否将原政府的法案再次提交立法会表决，决定自己的去留。给予行政长官这种选择权，是澳门行政与立法关系的特点，允许行政长官有不作为（消极）改为作为（积极），或由作为变为不作为，实际上给行政长官根据选民的意愿作出新的选择。这种设计主要基于澳门政治稳定的考虑，因行政长官的辞职不仅涉及特别行政区，还涉及与中央的关系，牵涉面大，须慎重。另一方面同澳门原有的制度也有不同，由于澳门实行高度自治，行政长官与立法会的矛盾，不由中央政府决定谁是谁非，由特别行政区自行解决，或者行政长官辞职，或者解散立法会。

3. 免职

根据基本法第71条第7项的规定，因行政长官严重违法或渎职，立法会可提出弹劾案，报请中央人民政府决定行政长官的免职。有关弹劾问题，在以下章节中再论述。

（三）行政长官职务代理

1. 短期职务代理

如果行政长官短期不能履行职务，根据基本法第55条第1款规定，由各司司长按各司的排列顺序临时代理行政长官的职务。根据澳门特别行政区第2/1999号法律的规定，政府各司的排列顺序为：行政法务司、经济财政司、保安司、社会文化司、运输工务司。临时代理的法定化与澳门原有的做法不同，原《澳门组织章程》规定，总督不在澳门或因故不能实施，由总统指定人选担任，在未指定前由总督从政务司中指定一人代理，完全取决于总督个人想法。

2. 出缺职务代理

如果行政长官出缺，根据基本法第 55 条第 2 款的规定，在 120 天内产生新的行政长官。但出缺期间代理行政长官的职务，须报中央人民政府批准，代理人须履行行政长官的义务，包括有外国居留权的，则须放弃外国居留权。因为临时代理和出缺代理在性质和时间上均有不同，所以，条件要严格一些。出缺代理的法定化与原澳门的做法也是不同的。原《澳门组织章程》规定，总督缺位，由在职时间最长的政务司代理，直到总统指定一人代替为止。

五 行政长官的职权和义务

根据基本法第 50 条的规定，行政长官有 18 项具体的职权。考虑行政长官既是特别行政区首长，又是特别行政区政府首长的双重身份，可把行政长官的职权分为两大部分。即作为特别行政区首长的权力和作为特别行政区政府首长的权力。前者不限于行政权，后者仅是行政权。区分两种不同的职能，有助于理解行政长官为什么享有这些权力，以及这些权力所属的性质，也能说清楚行政主导、行政、立法、司法之间的相互关系。

（一）作为特别行政区首长的职权

作为特别行政区首长的职权有：

1. 负责执行基本法和适用澳门的全国性法律，以及特别行政区的其他法律

基本法是国家制定并适用澳门特别行政区的基本大法，任何机关和个人都要遵守执行。在特别行政区谁来负责执行基本法？自然就是行政长官。因为行政长官是特别行政区的首长，对中央人民政府负责，执行基本法，落实基本法既是行政长官的权力，也是他的义务。如基本法在实施过程中遇有问题，行政长官可提请全国人民代表大会常务委员会解释。如立法机关制定法律不符合基本法，行政长官可以拒绝签署。同样，适用澳门的全国性法律和澳门的其他法律，行政长官也要负责执行，保证特别行政区依法管理。

2. 签署立法会通过的法案、公布法律；签署立法会通过的财政预算案，将财政预算、决算报中央人民政府备案

因为立法会与政府是平行的机构，立法会通过的法案，不能由政府签署和公布，只能由作为特别行政区首长的行政长官签署和公布。财政预算、决算是政府提出，立法会通过，所以上报中央政府既不能以政府名义，也不能以立法会名义，只有行政长官代表特别行政区上报备案才最合适。

3. 制定行政法规并颁布执行

基本法中的行政法规概念是一个专有名词，不是集合名词，所以，它不是行政方面规范性文件的总称，也不是由政府制定的规范性文件，而是特指由行政长官根据基本法的规定制定的具有普遍约束力的规范性文件。制定行政法规是行政长官的专属权力，政府只是草拟行政法规。

4. 提名并报请中央人民政府任免各司司长、廉政专员、审计长、检察长、警察部门负责人和海关负责人；委任部分立法会议员；任免行政会委员；任免各级法院院长和法官，任免检察官

行政长官的提名和任免立法会部分议员、司法机关的法官和检察官都是以特别行政区首长的身份行使的。如果以政府首长行使这种任免权，就成了行政干预立法和司法。

行政会是协助行政长官决策的机构，不是政府的部门，其成员的委任，当然属于特别行政区首长的权限。

5. 执行中央人民政府依基本法发出的指令

行政长官对中央负责，中央人民政府发出指令的首要、直接对象是特别行政区首长。

6. 依法颁授澳门特别行政区奖章和荣誉称号；依法赦免或减轻刑事罪犯的刑罚；处理请愿、申诉事项

赦免权、荣典权、处理请愿申诉权，上述职能不能由政府行使。如行政部门赦免或减轻刑罚，对司法权是一种干涉。请愿申诉的对象可能是政府，可能是立法会，也可能是司法机关，由特别行政区首长来处理也就很合适。

从以上分析可以看出，行政长官享有上述权力是与特别行政区首长的地位和身份是相适应的，也是完全必要的。由于不是以政府首长的身份行使上述权力，所以，也就不存在行政干预立法和司法的问题。

（二）作为特别行政区政府首长的职权

作为特别行政区政府首长的职权有：

1. 领导澳门特别行政区政府

行政长官是特别行政区的首长，行政主导的核心，决定行政长官兼任政府的首长，领导政府的工作。

2. 决定政府政策，发布行政命令

这是典型的政府职权，行政管理主要是通过制定公共政策，如经济、文化、教育、环境等，对社会的发展进行引导和规划，通过行政命令对社会实行管理。

3. 任免公职人员

公职人员主要有两大类，一类是政府的公务人员，另一类是非政府的公共部门人员。如政府咨询机构的人员等。这种人事任免是经常性的，属于政府的日常管理。

4. 处理中央授权的对外事务和其他事务

澳门的对外事务，如对外经济、贸易、金融、旅游、文化、科技、教育等对外事务，是行政管理的一个重要方面，属政府的职能之一。

5. 批准向立法会提出有关财政收入或支出的动议

财政管理是政府的传统职权范围，政府根据社会的需要和发展，提出财政收支预算。行政长官批准收支预算提交立法会，以政府首长的身份作出是适宜的。如果以特别行政区首长身份作出批准，立法会审议时就会有法律上的困难。立法会审议的是政府的动议，而不是行政长官的动议。

6. 根据国家和澳门特别行政区的安全或重大公共利益的需要，决定政府官员或其他负责政府公务的人员是否向立法会或其所属委员会作证和提供证据

因为对政府的人事管理权是属政府首长的权限，公务人员的职务行为，作为和不作为都要向政府负责，所以，他们可否作证或提供证据，自然由政府首长决定。

从以上论述可以看出，行政长官的职权体现了两个特点。第一，行政长官绝对掌握行政权，保证行政主导和行政效率。第二，行政长官作为特别行政区首长，是社会的总协调者，从特别行政区整体利益出发，有权协调行政、立法、司法机构之间的关系，以及社会各方面的关系。

（三）行政长官的义务

行政长官在行使权力的同时，也要履行义务。根据基本法第 49 条的规定，除了放弃外国居留权外，不得从事私人赢利活动。就任时向终审法院院长申报财产而不是廉政公署。作出这个规定，就是要保证行政长官公正无私地履行职责，为澳门，为居民服务。防止以权谋私，官商勾结，贪污受贿。同时，也便于社会和居民对行政长官的监督，避免因廉政专员对行政长官负责而产生利益冲突或监督不力的问题。

行政长官就任时，还要依法宣誓效忠中华人民共和国和澳门特别行政区。

六 行政长官与立法会的关系

行政长官与立法会是互相配合和制约的关系。配合就是合作，政府向立法会提出的法案、议案，有利于澳门的整体利益，立法会应积极审议通过，使政府的政策和措施能尽快实施。立法会通过的法案，符合基本法，符合澳门整体利益，行政长官也应签署公布，让法律得以尽早实施。制约就是防止错用和滥用权力的互相制衡。

（一）行政长官对立法会的制约

根据基本法第 51 条、第 52 条、第 75 条的规定，行政长官制约立法会有两个方面。

1. 拒绝签署立法会通过的法案

行政长官拒绝签署立法会通过的法律，不是主观任意地决定。首先，必须是认为法案不符合澳门的整体利益，而且要以书面方式说明理由。其次，须在 90 天内将法案发回立法会重议，不能无限期拖延。在实行总统制的美国、法国，元首对国会的法案有复议权，如美国是法案送达后 10 日之内，法国是法案送达 15 日内，总统可将法案退回议会。原《澳门组织章程》规定，总督须在 15 日内将立法会法案发回重议。

基本法为什么规定 90 天的时间？因为发回的法案，一定是涉及重大问题。所以，应让行政长官有充分的时间去了解情况，与立法会议员沟通，听取社会各方面的意见，才能作出慎重的决定，而且通过沟通，对如何解决发回的法律存在的问题也容易寻求共识，尽可能避免行政与立法的冲突。它不仅仅是一个时间的限制，更是行政长官对立法会制约的一种缓冲措施，符合澳门社会的情况和传统，体现行政长官不是为制约而制约，而是着重互相配合、解决问题。

2. 解散立法会

行政长官认为立法会再次通过的法律仍不符合澳门的整体利益，或立法会拒绝通过政府提出的财政预算或关系到澳门整体利益的法案，经协商仍不能取得一致意见，可解散立法会。行政长官解散立法会也受一定的约束。一是要征询行政会的意见，虽然行政长官有最终决定权，但也不是一人独断，要听取集体的意见。二是要向公众说明理由，因为解散立法会的意图，就是让选民来决定是支持行政长官的决定还是立法会的决定，公众不了解解散立法会的理由，在选举新的立法会议员时就无法表明自己的态度。而且公布理由，也是维护了居民参与社会事务和知情的基本权利。三是在任期内只能解散立法会一次，只有到了与立法会的矛盾无法调和时，才采取不得已的办法，不能轻易采用。这比外国的规定更为严格，如法国宪法规定，总统可以解散议会，但在大选后的一年内不得再行解散。对行使解散权的次数没有规定。基本法的规定，一方面对行政长官提出了慎重决定的要求，另一方面也维护了立法会的制约作用和保证它的稳定运作。

基本法规定行政长官有解散立法会的权力，还有一层意义，是要建立一种体现中央尊重特别行政区高度自治权、自治范围内的事由特别行政区自行解决的机制。在澳门基本法起草时，曾有意见认为，行政长官只能有建议权，中央才有解散权。如原澳门总督可以公共利益为由，建议葡国总统解散立法会的做法。但是，这个意见没有被采纳。

（二）立法会对行政长官的制约

根据基本法第 51 条、第 71 条的规定，立法会对行政长官制约有两个方面。

1. 立法会可以再次通过被行政长官发回重议的法律

立法会再次通过发回的法律，行政长官只能在签署或解散立法会之间作出选择，并承担政治责任。为了保证立法会再次通过是慎重的，而不是第一次的简单重复，所以，要求再次通过的法律必须是全体议员的三分之二多数同意。这同美国宪法关于只有国会仍以三分之二多数通过方能维持

原案的规定相似。

2. 立法会可以对行政长官提出弹劾（有关内容在立法会职权中再论述）

七 行政长官与行政会

为了帮助行政长官决策，设立了行政会。行政会制度的设立是参考了澳门原有的咨询会做法，也借鉴了香港行政会议的制度。不论是澳门的咨询会，还是香港的行政会议，主要功能是发挥集体参谋的作用，协助行政长官决策。基本法吸收了这方面的经验，又根据澳门特别行政区政治制度的特点，建立了有澳门特色的行政会制度。

（一）行政会的性质

基本法第56条规定："澳门特别行政区行政会是协助行政长官决策的机构。"根据基本法的规定，行政会本身不是一个决策机构，只是协助决策的机构。

行政会既具有咨询性机构的特征，又不同于一般的咨询机构。

作为咨询性的特点，行政会没有决策权或决定权，只向行政长官提供意见，政策决定权由行政长官行使。所以，没有采纳基本法起草时要求行政长官的决定须经会议三分之二多数通过方为有效的意见。因为这种意见是将行政会变成决策机构。

行政会又不同于一般咨询机构，就是行政长官在作出重大决策前，必须听取行政会的意见，否则就违反基本法规定，作出的行为无法律效力，而行政会的意见对行政长官有很大的影响，如果行政长官不接纳行政会多数委员的意见，应将具体理由记录在案。这一点是澳门原咨询会制度和外国类似机构所没有的。美国总统下设的内阁会议，成员由总统任意指定，议题的范围不是由法律而是由总统自行确定，阁员的意见对总统无约束力。澳门咨询会章程规定，法律提案、法令草案、施政方针须提交咨询会讨论，但总督是否接受意见，无须对咨询会负责。

（二）行政会的组成

1. 行政会委员的任免

根据基本法第57条的规定："澳门特别行政区行政会的委员由行政长

官从政府主要官员、立法会议员和社会人士中委任，其任免由行政长官决定。"有意见曾主张行政会成员应由选举产生。为什么不采用选举产生办法？第一，因为行政会是协助行政长官决策，是行政长官的集体参谋，本身不是一个代议机构，成员不是各利益的代表，而应该是与行政长官有基本相同的施政理念，所以，由行政长官决定人选是适宜的。第二，行政会成员虽然不是选举产生，但并不是只限某一方面的人士。行政长官必须从政府主要官员、立法会议员、社会人士中委任，具有代表性。这样才能帮助行政长官听取各方面意见，考虑各种要求，更好地决策。

另有意见认为，行政会中不应有立法议员，以体现三权分立。这种意见也没有被采纳。行政会成员中之所以需要有立法会议员，目的就是要建立行政与立法之间的合作。因为行政长官不是代表政府，而是代表特别行政区，是从特别行政区整体利益出发制定公共政策，需要行政、立法机关的成员参与其中，以做到全面听取意见，集思广益。

考虑到行政会是协助决策的机构，人数太少，缺乏一定的代表性，人数太多，又不利于提高效率，所以，规定行政会成员的人数为7～11人。

行政会成员的任期与委任他的行政长官任期相同，其中政府主要官员和立法会议员与其本身的任期相同。如果主要官员或立法会议员任期内丧失资格，同时也就丧失行政会委员的资格。

2. 行政会委员的资格

按照基本法第57条第2款规定，"澳门特别行政区行政会委员由澳门永久性居民中的中国公民担任"。曾有意见认为，行政会成员不需要规定中国公民的资格。但是，这种意见也没有采纳，主要是基于行政会的性质。行政会协助行政长官决策，属于政治权力的核心范畴，必然涉及国家机密和特别行政区机密或特别行政区公共安全、公共利益的事项，有的事不宜让外籍人士知道，有的事暂时不能让公众知道。所以，行政会成员有一条义务，就是保守秘密，就任时还要依法宣誓，效忠中华人民共和国和澳门特别行政区。

但上述规定并不妨碍根据需要邀请外籍人士列席行政会会议，如涉及与外籍人士利益有关的事项，或外籍人士在某一方面是专家、有代表性，行政长官可以邀请他们列席行政区会会议，发表意见，反映他们的心声和要求。

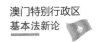
（三）行政会的运作

澳门特别行政区第 2/1999 号行政法规《行政会章程》对行政会的运作
进行了规范。行政会由行政长官主持，包括领导和编排议程，引导讨论，
准许或要求委员及特邀人士发言或中断发言。每月至少召开一次，会议不
公开举行。行政长官召集会议，需在 48 小时前发出通知，在紧急情况下，
得在 24 小时前以口头通知。通知要列明讨论事项。会议的法定人数是不少
于一半成员出席，方可开会和有效。

会议分议程前和议程两个阶段进行，议程前主要宣读前次会议的会议
纪要，委员可对纪要发表意见。议程阶段，由委员发言讨论通知的事项。
行政长官因紧急性或简易性的原因，可临时动议讨论其他事项。

行政会讨论的主要事项是：行政长官的重要决策、提交立法会的法案、
行政法规草案、解散立法会的决定。对有关事宜，行政长官可指定三名或
三名以上的委员组成委员会，在指定时间内提出意见书。

（四）行政会的作用

行政长官与行政会的关系是行政长官领导行政会，行政会协助行政长
官决策。行政会的作用体现在两个方面。

第一，发挥集体智慧，帮助行政长官作出正确决策。行政长官是首长
负责制，但个人的知识、经验是有限的，而集体的智慧能弥补这种不足，
行政会就是有利于发挥集思广益的功效。

第二，有利于行政与立法的沟通合作。因为行政会中既有政府官员，
又有立法会议员，通过讨论，行政与立法可以了解各种意见，表达各种意
见，互相理解，行政长官决策时就比较全面，形成的决策在立法会也容易
被接纳。因此，行政会的作用是不能忽视的，应予充分发挥。

八　行政长官与廉政公署、审计署

根据基本法的规定，在行政长官之下，设立两个独立的部门，即廉政公
署和审计署。廉政专员和审计长由行政长官提名、中央人民政府任命，是特
别行政区的主要官员。它们相对政府其他部门独立，直接对行政长官负责，
不受其他政府官员的领导。这种特性是由它的机构性质和职责所决定的。

（一） 廉政公署

1. 性质

基本法第59条规定："澳门特别行政区设立廉政公署，独立工作。廉政专员对行政长官负责。"设立廉政公署对于防止和打击公共机构及人员的贪污受贿的犯罪行为，防止和纠正公共行政机构的行政违法行为是非常必要的，而且是一个十分行之有效的工具。为此，立法会制定了第10/2000号法律《澳门特别行政区廉政公署》，对廉政公署地位、任务、职能作了规定，并规范它的行为和它与公共行政部门和公法人的关系。

廉政公署的独立性表现为：

（1）它不属于行政机关的组织系统，不是行政机关的一个部门。而是独立于行政机关之外的一个机构

廉政公署是规定在行政长官一节中，而不是在行政机关一节中，说明它不属于行政机关体系内的一个部门。按照基本法的规定，行政长官领导政府，但廉政公署、审计署仅是对行政长官负责，从领导和负责两种不同关系的规定中可以看出它们之间的区别。

（2）廉政公署是独立工作，与行政机关工作方式不同

廉政公署的工作不受任何机关和个人的干涉，不接受行政机关的指示和命令，独立地开展工作。而行政机关没有这种独立性，它是要接受上级首长和上级机关的领导。所以，政府部门没有独立工作的提法和规定。

廉政公署的工作程序独立于一切法定的行政申诉途径及司法争诉途径，且不中止或不中断任何性质的调查。所以它的工作方法和程序有独立性，也是为了适应廉政公署的工作性质，开展调查和侦查时，不能要求公开，而追究贪污等违法责任也没有期限。

（3）廉政公署的权力是一种独立的监督权

廉政公署的权力是一种独立的监督权，不应简单地划归行政权。有意见认为，国家权力只是三种权力，即行政权、立法权、司法权。廉政公署的权力不是立法权，也不是司法权，只能归入行政权。这种说法有一点偏颇。三权分立的学说，只是将国家的权力分为三项基本的权力，并不是国家的权力仅仅是三项。正如孙中山先生将国家的权力划分为五项基本权力，除行政权、立法权、司法权外，还有考试权和监察权。所以，为更有效地发挥廉政公署的作用，将它独立于行政体系外，作为独立的机关，行使独

立的权力，更能达到对公共机关、公共权力的监督的目的。

（4）廉政专员对行政长官负责不同于政府主要官员对行政长官的负责

廉政公署对行政长官负责，不是一般意义上的行政上下级关系的负责，由行政长官指令要求廉政专员查什么或不能查什么，而是法律关系上的负责，廉政专员是否依法履行职责对行政长官负责，行政长官也是依据法律对廉政公署的工作进行监督。只有廉政公署对行政长官负责，才能保障行政长官对中央和特别行政区负责。但行政长官对其他政府主要官员就是上一种行政领导关系，因为行政长官领导政府。所以，不要将"负责"都简单化地理解为领导关系。例如行政机关对立法会负责，就是一种监督关系。

在这一点上，廉政公署与原澳门反贪污暨反行政违法性高级专员公署有所不同。原反贪公署享有完全独立性，无须对谁负责。从法律上看，似乎保持了独立性，但实践证明，由于缺乏一个权威和强有力的地区首长的支持，解决不了遇到的问题。而香港廉政公署只对行政长官负责的成功经验，正好证明了这一点。所以，在起草基本法时，主张维持原有制度的意见没有被采纳。主张廉政公署不应该对行政长官负责的意见也没有被采纳。

2. 职责

（1）任务

第 10/2000 号法律《澳门特别行政区廉政公署》第 3 条规定了廉政公署反贪污、反行政违法两大任务。

防止贪污和欺诈行为，对贪污和欺诈行为进行调查和侦查，对选举中的贪污和欺诈行为进行调查和侦查，保证公共行政的公正、合法性及效率，维护依法行政。

（2）对象

廉政公署的管辖对象，主要有三类：一类是公共机构及人员；另一类是公法人，如公营企业、基金会等；第三类是私营部门机构和人员，这是第 19/2009 号法律《预防及遏制私营部门贿赂》作出的新规定。

（3）职权

根据第 10/2000 号法律第 3 条规定，为了履行职责，廉政公署必须拥有相应的职权，主要有：

第一，调查和侦查权，包括进入公共实体查阅文件、听取公务员的陈述或要求其提供资料；可专案调查、全面调查，查明贪污或欺诈、滥用公共职能、损害公共利益的行为，以及行政行为和程序是否合法。

第二，监督权，即对涉及财产利益的行为是否合法和行政行为是否正确进行监督。

第三，建议权，包括向行政长官建议审议使人的正当利益受影响的规定是否违法，或作出规范性规定，改善公共部门的运作，消除贪污行为；直接向有关机关提出劝谕，以纠正违法或不公正的行为。此外，进行宣传教育工作，以遏止贪污和行政违法行为。

第四，合作权，任何机关和个人对廉政公署行使职权的行为有义务合作，否则将被追究法律责任。

在廉政公署的职权方面，与原有反贪公署相比，加强了廉政公署的权力。廉政公署在其权限内具有刑事警察的地位，领导侦查时享有或采取刑事诉讼法规定的一切属刑事警察当局及刑事警察机关权限的诉讼行为及措施，以及属检察院权限的搜查、搜索及扣押。使廉政公署真正有责有权，开展独立调查、侦查、搜集证据，发挥和保证它的肃贪倡廉、依法行政的作用。

3. 作用

廉政公署作为维护政府廉洁、勤政形象的使者和守护神，任务艰巨，责任重大。工作的好坏事关政府在居民心目中的威信和形象，事关居民和澳门的利益。所以，廉政公署要努力工作，行使好职权，不辜负大家期望，同时居民也要积极支持廉政公署的工作，共同建设一个民主、廉洁、有效率的政府。经过多年努力，2011 年国际独立评级机构"政经风险评估"的一份报告说，澳门的廉洁程度位列亚洲太平洋地区第六①。

（二）审计署

1. 性质

基本法第 60 条规定："澳门特别行政区设立审计署，独立工作。审计长对行政长官负责。"设立审计署就是要监督好政府部门合法合理使用财政资源，确保财政账目的准确。审计就是审查政府部门的财政账目。所以，审计对保持政府有效运用财政资源，及时发现问题，纠正问题是非常重要的。

由于审计工作的特殊性，审计署必须独立工作，不受其他行政部门和个人的干涉。但审计长须向行政长官负责。正如廉政公署独立工作，廉政专员向行政长官负责一样，不再细说。为落实基本法的规定，特别行政区

---

① 见 http：//news. sohu. com/20110324/n279966792. shtml。

立法会制定了第 11/1999 号法律《澳门特别行政区审计署》。

2. **职责**

（1）审计署的职责

第 11/1999 号法律《澳门特别行政区审计署》第 3 条规定，审计署对特别行政区政府预算执行情况进行监督，对特别行政区总账目编写审计报告。对审计对象的预算执行情况和决算，以及预算外资金管理和使用作监督，如资产、负债、损益情况。

审计的对象有三类：一是经费全由公帑支付的实体；二是每年收入一半来自政府的实体，或虽不满一半但同意接受审计者；三是行政长官为公众利益书面授权对任何被特许人进行审计，如专营公司等。

审计的标准是财政资源使用是否合法，以及是否合理。合理的标准是"衡工量值"，即节省程度、效率和效益三项指数。

（2）审计署的职权

第 11/1999 号法律《澳门特别行政区审计署》第 5 条规定，审核财政局送交的政府总账目；要求审计对象的负责人或其他人员作出解释或提供资料；要求审计对象按规定送交预算和财务收支计划、执行情况、决算、财务报告等有关材料；检查和取得审计对象的任何簿册、文件并予摘录等。任何机构和个人有配合审计署依法工作的义务，违者将被追究法律责任。

现在的审计署与原澳门审计法院有两个不同，它不是司法机关，也不是行政机关，是一个对行政长官负责的独立机关。这就决定了审计署的审计方式与过去不同，法院只能管行为是否合法，不负责判断是否合理。审计署作为独立机构的好处是，除了审计资源使用是否合法外，还可审计使用是否合理，这是一个很大的变化，也是一个必要的变化，有利于促进政府在使用财政资源时，注意经济效益和社会效益。

第五节　行政机关

一　政府的性质

基本法第 61 条规定："澳门特别行政区政府是澳门特别行政区的行政

机关。"这一规定明确了政府就是行政机关的性质。

什么是政府？在政治学和法学上对政府的内涵有相同的看法，但对政府的外延有不同的定义。政府就是领导和管理国家某一部分事务的机构，并由领导和管理职能的人组成。撇开政府的不同性质，从形式上说，政府包括了两个方面，即组织形式和组成政府的人员。但对政府的外延却有大政府和小政府之分。大政府包括行政、立法、司法。小政府仅指行政。基本法所规定的政府概念就是小政府的含义。所以，特别行政区政府就是管理行政事务的机关。

政府行政管理的特点是：第一，运用政权的手段对社会管理，有法律的强制力作保证，依法行政的行为，任何机构和个人都得服从。这与一般社会机构中的行政事务管理是有本质的区别。第二，全面管理社会行政事务，包括经济、政治、文化等各个领域，管理的对象涉及全体社会的成员，而不是某一界别、某一阶层或某一团体。这是与一般社会机构的又一个区别。

在不同政治体制下，政府的形式各种各样，主要有两大类：一是议会制政府，最大特点是政府由议会产生，政府对议会负责，政府可以解散议会，议会可以让政府下台。二是总统制政府，最大特点是政府由总统产生、对总统负责，政府无权解散议会，议会同样无权让政府倒台。根据《澳门组织章程》的规定，原澳门地区的自身管理机关是总督和立法会，没有一个行使行政权的政府机关，行政权由总督行使，政务司只是总督的助手。所以，特别行政区政府，不论是组织形式，还是职权方面都有自己的特点。

二　政府的组成和组织

（一）政府组成人员

根据基本法第 62 条的规定："特别行政区政府的首长是澳门特别行政区行政长官。"行政长官是政府的首长，所以，特别行政区政府由行政长官依据基本法筹组而成。在外国，政府的产生有不同的形式，有议会产生政府，如实行内阁制的英国。有总统任命政府成员，如实行总统制的美国。澳门特别行政区政府既不是由立法会产生，也不是由行政长官委任产生，而是由行政长官提名并报请中央人民政府任命政府主要官员，在中央任命

后产生。

虽然基本法没有明文规定政府的组成人员，但从立法精神和实际运作中可以看出，政府主要官员应是政府的组成人员。《全国人民代表大会关于澳门特别行政区第一届政府、立法会和司法机关产生办法的决定》中第五点规定，"第一届澳门特别行政区政府由澳门特别行政区行政长官依照澳门特别行政区基本法规定负责筹组"。《全国人民代表大会澳门特别行政区筹备委员会关于澳门特别行政区第一任行政长官在 1999 年 12 月 19 日前开展工作的决定》中第一点规定，行政长官筹组澳门特别行政区政府，提名并报请中央人民政府任命澳门特别行政区主要官员。所以，筹组政府就是要产生出政府主要官员，政府主要官员就是政府组成不可少的人员。没有主要官员就没有政府。现在行政长官召开的政务会议，参加的成员也是政府主要官员。

曾有意见提出，基本法条文中有使用特别行政区主要官员的提法，但也有使用特别行政区政府的主要官员的提法，两者的含义和外延是否一致？

①从中央人民政府任免权角度看，不论是主要官员还是政府主要官员均应属于中央任命的范围。

虽然基本法第 15 条规定中央人民政府任免行政长官、政府主要官员和检察长，与第 50 条规定"行政长官提名并报请中央人民政府任命下列主要官员：各司司长、廉政专员、审计长、警察部门主要负责人和海关主要负责人"的提法不完全一致，但从提请和任免的范围看，实质内容是一致的。

②从政府主要官员和特别行政区主要官员的外延看，是有区别的。

政府主要官员是属于行政机关的部门首长，政府主要官员以外的主要官员是属于独立机关的首长，是有区别的。

（二）政府主要官员资格

特别行政区政府主要官员的任职资格必须符合三个条件：一是在澳门通常连续居住满 15 年；二是具澳门永久性居民身份；三是中国公民。这三个条件与主要官员职位的重要性是相适应的，也符合中国对澳门恢复行使主权。为了保证主要官员公正无私地履行职务，基本法规定，主要官员就任时应向终审法院院长申报财产，记录在案，并依法宣誓效忠中华人民共和国和澳门特别行政区。

(三) 政府主要官员的职责

第 6/1999 号行政法规《政府部门及实体的组织、职权与运作》第 2 条、第 3 条、第 4 条、第 5 条、第 6 条对行政法务司、经济财政司、保安司、社会文化司、运输工务司的管辖范围、职权、授权、所辖部门等作了具体规定。第 2/1999 号法律第 17 条规定,"主要官员行使所领导或监督的实体或部门的组织法规及其他法规所规定的职权"。与原澳门制度比较,司作为一级机构,其组织和职权是由法律规范性文件规定的,同过去的政务司不同。原政务司作为一个职务,其权限由总督授予,并无法律明文规定,所以权限、管辖范围经常出现变化,而且是因人而异。政府组织的法制化,为政府的顺利运作提供了法律的保障。

第 24/2010 号行政法规《澳门特别行政区主要官员通则》对主要官员的义务、责任、职责作了明确规定。第 2 条规定主要官员的义务:(一) 依法宣誓;(二) 严格遵守及执行《澳门特别行政区基本法》;(三) 效忠中华人民共和国及其澳门特别行政区;(四) 尽忠职守,廉洁奉公;(五) 严格遵守及执行适用的国际公约及澳门特别行政区的法律、行政法规及其他规范性文件。第 3 条规定主要官员对行政长官负责:(一) 接受行政长官的领导和监督;(二) 协助行政长官制定政策;(三) 推介和落实所管辖施政领域的政府政策;(四) 完成行政长官授权处理的事项;(五) 领导、监督或指导下属部门或实体良好执行有关施政领域的政策;(六) 就下属部门或实体施行上级制订的政策的失误向行政长官承担责任;(七) 按行政长官委派,答复立法会议员的质询、列席立法会会议听取意见或代表政府发言;(八) 按行政长官根据国家和澳门特别行政区的安全或重大公共利益的需要而作出的决定,向立法会或其所属的委员会作证和提供证据。第 4 条规定主要官员的职责:(一) 依法行政,不得滥用职权;(二) 全心全意履行职责,努力实现政府的施政目标和政策;(三) 公正无私,不得将私人利益置于公共利益之上;(四) 确保公共资源使用的合理和效益,不得将公共资源用于与公共利益无关的用途上;(五) 积极提高下属部门或实体管理各项行政事务的效率;(六) 坚持施政公开透明,向公众宣传和解释政府的政策;(七) 维护政府的公信力,坚守个人品德和操守的最高标准;(八) 对在职时获悉的机密或非公开的事实,如非属向外公开的,须予以保密,但另有规定或经行政长官许可的除外。第 5 条规定,主要官员要防止利益冲突:

（一）遵守回避及声请回避的一般制度；（二）不得直接或间接利用官方信息或官方地位牟取个人利益；（三）不得利用职权或地位帮助任何人优先签订合同或阻止合同的签订；（四）不得从事或透过他人从事私人业务，但另有明确规定者除外；（五）即使不涉及回避及声请回避制度，如倘有的个人利益可能会影响其在执行职务时作出的判断，需向行政长官报告，并要求给予指示。

（四）政府组织

特别行政区政府的组织，根据基本法的规定设司、局、厅、处。特别行政区第 2/1999 号法律《政府组织纲要法》第 3 条明确规定，政府设司、局、厅、处。

在政府组织中，关于组、科的设置是否违反基本法的规定是一个需要解决的问题。

1. 澳门基本法第 62 条条文形成的过程

1990 年 12 月 11 日，澳门基本法起草委员会政治体制小组在澳门基本法建议稿中对政府的组织提出了初步的意见，表述为"澳门特别行政区政府设各司和各局、署。［说明］具体的司、局、署设置待研究"①。

1991 年 3 月 14 日，政治体制小组在澳门基本法讨论稿中调整为"澳门特别行政区政府设司、厅、处"②。

1991 年 7 月 9 日，起草委员会在澳门基本法征求意见稿中采纳政治体制小组的意见，表述为"政府设司、厅、处"③。

1992 年 3 月 5 日，起草委员会在第八次全体会议上，接受政治体制小组的建议，对征求意见稿进行修改，在基本法最后一稿草案中改为"政府设司、局、厅、处"。而政治体制小组向全体会议所作的工作报告中提出的理由是："委员们认为，将来的澳门特别行政区设立四级行政机构更有利于

---

① 《中华人民共和国澳门特别行政区基本法起草委员会第五次全体会议文件汇编》，1990 年 12 月 20 日。

② 《中华人民共和国澳门特别行政区基本法起草委员会第六次全体会议文件汇编》，1991 年 4 月 21 日。

③ 《中华人民共和国澳门特别行政区基本法起草委员会第七次全体会议文件汇编》，1991 年 7 月 20 日。

澳门平稳过渡，故在司、厅之间增加一个局级机构。"①

从基本法第62条条文的形成过程看，特别行政区政府设几级机构有一个变化的过程，从最初的"司和局、署"二级到"司、厅、处"三级，最后为"司、局、厅、处"四级的变化。这种变化，体现了两个精神。

第一，在维持行政机构设置基本不变的条件下，实现行政架构的平衡过渡，防止因对原有行政组织结构变化太大，引起动荡，造成公务员不安。但对机构的名称根据需要作适当的改变，将原"政务司"改为"司"，将原"司"改为"局"，并保留"厅"、"处"的名称。

第二，对"处"之下是否保留或取消"组"和"科"级不作规定，给将来特别行政区政府的行政改革留有空间。因为在制定基本法时，社会上有比较强烈的呼声，希望未来的特别行政区政府对行政机构进行检讨和改革，如对行政架构规定过于具体，一旦改革，就要修改基本法规定，缺乏灵活性。

所以，基本法既要保持澳门行政架构的平衡过渡，又要留有完善行政组织的空间。因此，兼顾稳定和改革两个因素，是澳门基本法第62条的立法背景和立法原意。

2. 对澳门基本法第62条规定的不同见解

如何理解澳门基本法第62条中的政府设司、局、厅、处，即四级行政架构的含义主要有三种见解。

第一种见解是，"有些澳门人士建议在'司、局、厅、处'之后加上'等层次'，这种写法虽然比较灵活，但基本法起草委员会起草这一条文的目的是明确规定澳门特别行政区政府的层次，避免层次过多，以求得行政机关的精简和有效能。所以，未采纳上述意见"②。设立四级行政机构主要是精简机构。所以，政府设立的机构不能超过四级。

第二种见解是，司、局、厅、处有两种含义，"第一，处、署、厅，可能是指在香港或澳门特别行政区政府各司或局之外设立较具独立地位的政府部门，如香港的警务处、廉政公署，就不是在香港特别行政区政府各局之下设立的行政机构"。"第二，处、署、厅，也可能是指各政府机关内部

---

① 《中华人民共和国澳门特别行政区基本法起草委员会第八次全体会议文件汇编》，1992年3月12日。

② 萧蔚云主编《"一国两制"与澳门特别行政区基本法》，北京大学出版社，1993，第189页。

的机构设置，即在香港和澳门特别行政区政府各局之下设立的行政机构。在各局内可设立署或厅，在厅、署之下可能设立处，在处之下是否设置其他机构，由香港和澳门特别行政区政府自行决定"①。

第三种见解是，"特区政府中的司相当于现在澳门的政务司，局相当于现在的司，同时保留了厅、处行政架构。至于处以下的行政架构，就没有必要在基本法中作出规定"②。

以上三种见解，不同之处在于：

其一，四级行政组织的含义有不同理解。四级行政机构是指对外具独立性的行政机构，还是也包含内部行政机构组织的设置？

对此，第一种见解认为，基本法第62条的规定，限制对外具独立性的行政机构不能超过四级，但是，政府内部行政机构组织的设置是否也不能超过四级，并没有明确肯定或否定的说法。

第二种见解认为，基本法规定的政府组织的级次（香港是三级，澳门是四级），应该是指对外具独立性的行政机构，不包括行政机构的内部组织。如何设置行政机构内部的组织是属于特别行政区政府自行决定的事项，不受四级行政架构的限制。

其二，基本法规定了司、局、厅、处四级行政组织，是否限制了特别行政区政府不能再设置处以下的对外行政组织？第三种的意见是，基本法没有限制政府根据需要可以设立处以下的机构。而第一、第二种见解似乎认为不能在处以下设置对外具独立性的机构。

3. 澳门基本法第62条规定的理解

根据确保平稳过渡，尊重特别行政区高度自治的两项原则，对澳门基本法第62条规定可以作出如下理解。

第一，根据平稳过渡的原则，就是要使原有的澳门政府架构不要大变，以利稳定。从最初的讨论稿规定的"司、厅、处"到最后的"司、局、厅、处"就是这一精神的具体体现。

第二，根据尊重高度自治的原则，就是要留下一定的空间由特别行政区政府自行处理行政改革。虽然基本法规定了特别行政区政府设立四级行政组织，但对四级行政机构的数量、名称在基本法中没有具体规定，就是

---

① 杨静辉等著《港澳基本法比较研究》，澳门基金会，1996，第247页。
② 梁凡著《基本法九九讲》，澳门基金会，1994，第132页。

要让特别行政区政府可以根据实际需要和情况设置，有一定的灵活空间。而政府机构的内部组织如何设置，应该属于特别行政区政府自行决定的事项。在基本法起草的文件中和解释基本法的著作中，都找不到基本法取消了"组"或"科"的说法，可以说明这一点。

上述理解，可以从《全国人民代表大会常务委员会关于根据〈中华人民共和国澳门特别行政区基本法〉第一百四十五条处理澳门原有法律的决定》① 中得到支持。全国人大常委会在决定中对原有法律中的领导和主管人员通则中有关组长和科长官职的规定没有宣布为抵触基本法，从另一个方面说明了处以下行政组织，即组和科，并没有视其为四级行政机构之外的另两级独立对外行政机构。如果"组"或"科"是四级之外的两个独立层次的行政组织，则有与基本法规定相抵触之嫌而应废除。所以，全国人大常委会的决议，对"组"或"科"的设置，无论在理解上和处理上都留下了空间，如果"组"或"科"作为非独立层次的内部组织，是否保留或取消由特别行政区自行决定，并不抵触基本法。

基本法中的"司、局、厅、处"四级行政组织，可以作出两种理解。一是上下级的内部行政从属关系，如一个局的部门内可以设立内部的厅、处组织。该处附属于厅，厅附属于局。二是上下级的外部从属关系，如行政长官或司长可以设立一个从属于自己领导的独立的厅或处的组织。厅、处与局没有从属关系，直接受行政长官或司长的领导。这两种理解可以并存。事实上，澳门特别行政区政府的组织架构中已经如此，澳门特别行政区政府设立的项目组性质的机构，直接受行政长官或司长的领导。

作为具有对外独立性质的组织，不能设立司、局、厅、处以外的行政机构。作为政府机构的内部组织，则不受此限制，由特别行政区政府根据需要设置。

以上的结论，可以引用香港的做法予以支持。香港基本法第 60 条第 2 款规定，"香港特别行政区政府设政务司、财政司、律政司和各局、处、署"。根据香港基本法规定，特别行政区政府除三司外另设二级行政组织，即第一级的局，作为决策机构。第二级的处、署，作为政府的执行部门。但是，并没有妨碍香港特别行政区政府在独立的部门内设立多层次的组织。如财经事务及库务局下设财经事务科，其下再设保险业监理处、内

---

① 郑言实编《澳门过渡时期重要文件汇编》，澳门基金会，2000。

幕交易审裁处、证券及期货事务上诉审裁处。香港特别行政区政府的组织架构并没有引起是否抵触基本法之争。

三　政府的职权

根据基本法第 64 条的规定，行政机关的职权主要有：

（一）　制定并执行政策

政府的主要职能是对社会的管理，制定和执行政策是各国政府的首要权力。所谓政策就是引导和规划社会做什么、怎么做，政府提供何种条件鼓励或限制某种行为等。有了政策，社会有了发展的目标和方向，人们知道该做什么、不做什么，社会才有凝聚力，才能有序地发展。政府的施政方针就是政府的总政策，而且现代社会发展迅速，政策要根据实际情况的变化及时调整。大政策要相对的稳定，具体的政策就要适时调整，所以，制定政策是政府的一项重要工作。基本法第五、六、七章的规定，赋予了政府制定各方面的政策。制定政策不是目的，目的是通过执行政策，取得社会的预期目标。因而政府就要执行政策，并采取相应措施给予保证。

（二）　管理各项行政事务

根据基本法的规定，凡属澳门特别行政区自治范围内的行政事务均由政府管理，包括基本法第五、六、七章规定的经济事务、文化和社会事务、对外事务等。政府管理社会事务必须依法进行，按章办事。如经济领域中的许可证发放、民事及商事登记等应依实体法和程序法处理。管理的方式，应可多样，有些事务必须是政府自主办理，但有些可以吸收社会民间组织参与或委托社会民间组织办理。如社会福利事务，政府用资助方式与民间团体一起办社会服务机构，或由民间主办，政府协助，体现居民参与社会事务管理的原则。

（三）　编制并提出财政预算、决算

政府负责社会管理，就涉及如何运用财政资源。每年政府应收多少，应支多少，就要有计划，才能保证政府的政策和目标能够实现。由于政府了解和掌握情况，并具备各种有利条件，所以，各国政府均由政府制定财

政预算。政府享有编制预算的权力，但它本身并不能通过预算，通过预算的权力在立法会。所以，政府编制预算后，有权提交立法会审议。自然预算由立法会通过，政府执行预算的情况，即决算也要提交立法会审议。

（四）提出法案、议案，草拟行政法规

政府在行政管理过程中，认为需要用法律去规范某一方面事务，或规范某一种行为，政府可向立法会提出法案、议案，希望通过法律对社会实施管理。在现代社会，政府的法案大量增加是一种趋势，法律越来越专业化，需要由专门经验的人员起草法律草案，而政府具备这方面的人员、资源。行政长官有权制定行政法规，也不是行政长官一个人去拟定，需由政府先草拟，再由行政长官决定是否颁布。所以，政府是行政长官制定行政法规的草拟者或协助者，也是它的一项责任。

（五）委派官员列席立法会会议听取意见或代表政府发言

政府为推行政策，有需要向立法会作推荐、说明，争取立法会的赞成和通过政府的法案或政策，立法会讨论涉及政府政策的事项，政府也可派官员列席，听取意见，作出必要的解释，或者采纳、修正自己的政策。这也体现了行政与立法的配合。

四　政府与立法会的关系

（一）政府对立法会负责的含义

澳门基本法第 65 条规定，政府对立法会负责。"负责"是一个什么含义呢？在不同的政治制度下，行政对立法的负责含义和内容是不同的。实行内阁制的政府，对议会的负责体现在：政府由议会产生，定期向议会报告工作，对议会负政治上的连带责任，如政府在重大政策、预算或重要国际条约的签订上得不到议会的多数支持，就要集体辞职。实行总统制的政府，政府不是由国会产生，所以不向国会负政治上的连带责任，政府成员只向总统负政治责任，国会也不能向总统投不信任票。总统向国会提交的预算得不到批准，也不导致总统的辞职。但总统每年需向国会作国情咨文报告，阐述内政外交政策，政府成员要答复国会议员的质询。在内地，国务院向全国人民代表大会负责，全国人民代表大会有权罢免总理和其他政府组成人员。

澳门特别行政区政府向立法会负责，介乎于内阁制与总统制之间，是一定范围、一定程度的负责。

第一，政府对立法会不负连带政治责任，政府主要官员对行政长官负责。立法会对政府无不信任权，不能罢免行政长官和政府主要官员。但政府负责执行立法会通过并已生效的法律；定期向立法会作施政报告；答复立法会议员的质询，有类似总统制的一面。

第二，政府的重要法案、财政预算不获立法会批准，行政长官解散立法会后，而新的立法会仍不通过政府的原案，行政长官个人就要辞职，负上政治责任，与内阁制有相似的一面。

这就是澳门行政与立法关系的特点。

（二）政府对立法会负责的前提和目的

1. 以符合政治体制安排为前提

行政机关与立法机关的关系受政治体制的约束，不同的政治体制有不同的行政与立法关系。比如，人民代表大会制度下的全国人民代表大会与国务院的关系是全国人民代表大会监督国务院，国务院对全国人民代表大会负责。英国的议会制下国会与政府的关系是政府对国会负责、受国会监督，国会可以对政府不信任，要求政府下台，但政府可以解散国会。美国总统制下的总统与国会的关系是总统不对国会负责，也不能解散国会，而国会对总统也无质询权，无不信任权要求总统下台。因此，必须在既有的政治体制下处理行政与立法机关的关系，不能抛开政治体制谈行政与立法机关的关系。否则，变成了重新设计政治体制的问题了。

行政机关与立法机关的关系会影响政治体制的运作。不论行政与立法关系如何，它终究是政治体制中的一部分，如果出了问题，政治体制运行就会困难，甚至停顿。比如，行政与立法冲突，就会出现政府的施政不畅，议而不决，决而不行。更严重的使政府下台或议会解散出现政治动荡，社会不稳，最终危及政治体制本身。

2. 以行政活动合法合理有效为目的

行政机关与立法机关的关系是政治体制中的一个重要和基本的关系。这种关系主要体现在两个方面。第一，立法机关制定法律，行政机关负责执行法律。立法机关对行政机关的监督就是为了保障行政活动在法律范围内进行，做到依法、合法地行政。第二，行政机关对社会进行管理，立法机关对行政管理进行监督就是为了促进行政机关的活动能够合理、有效地实现社会的公共利益。因此，立法机关对行政机关的监督就是为了行政机关的活动能够实现合法、合理、有效，绝对不能偏离这个目的。

所以，研究和处理行政与立法关系不能离开政治体制这个前提，也不能偏离有利于政治体制运行的目的。

五　政府的咨询组织

基本法第 66 条规定："澳门特别行政区行政机关可根据需要设立咨询组织。"政府设立咨询组织，主要是吸引社会各界人士参与社会事务的管理，为社会发展献计献策。通过咨询组织，一方面，听取各方面的意见，了解民情、民意，为政府制定政策出谋划策，使政府的政策更符合实际和居民的意愿。另一方面，也通过他们宣传政府的政策，解释政府的政策，协助政府实施政策。这是民主管理社会的较好形式和渠道。

目前，澳门政府有不少咨询组织直属行政长官领导，如安全委员会、科学、技术暨革新委员会。有不少属各司司长领导，如行政法务司属下的法律改革咨询委员会；经济财政司属下的经济发展委员会、社会协调常设委员会、统计咨询委员会；保安司司长属下的保安协调办公室、司法暨纪律委员会；社会文化司司长属下的非高等教育委员会、精神卫生委员会、体育委员会、青年事务委员会、文化咨询委员会、旅游发展委员会、社会工作委员会、总档案委员会；运输工务司司长属的土地委员会、交通咨询委员会、环境咨询委员会、燃料安全委员会。在特别行政区应发挥咨询组织在政府与居民之间的桥梁作用，加强互相沟通，政府要主动听取和咨询意见，咨询组织的成员也要注意收集社会意见，及时向政府反映，共同协力建设美好的澳门。

六　公务人员

（一）公务人员的范围

基本法对公务人员没有下一个定义，是采用了中葡联合声明中的提法。

但是中葡联合声明和基本法有一个基本原则，就是原有的公务人员可以继续留用，原有的公务人员制度基本保留，所以，就要参照原有法律的规定确定公务人员的范围。

根据《澳门公共行政工作人员通则》的规定，公务人员应是指受公法上的行政公职法律制度约束的人，即凡是按公职法律制度规定任职、工作的人员，就属于公务人员，应等同于公共行政人员概念。只有这样，才能将基本法的规定适用于他们，如果将范围缩小，一些人的利益会受到损失，如果扩大，一些不该享有权益的人也包括进来，法律上均会造成混乱。

据此，特别行政区公务人员具体包括公务员、服务人员（或称公职人员）、散位人员三类。公务员是以确定委任或定期委任方式所任用的人员。服务人员是以临时委任或以编制外合同方式任用的人员。散位是以散位合同方式临时聘用的一种非编制的人员。上述人员的区别，关键是由他们的任用的方式决定的。

确定性委任是表示被委任者与行政当局具有永久性联系，公务员的身份是永久的。

定期委任是对公务员中的领导和指导级人员有限期的作出委任，被委任者有两种情况：一种是已具有永久公务员身份，不获继续委任仍回原职位工作；另一种是无永久公务员身份，不获委任可能就不再是公务员。如过去从葡国招聘以定期委任方式任用的领导及主管级人员，离开原职位就不再保留公务员。临时委任是进入公务员前的一个实习阶段，两年考核良好者，转为确定性委任，成为永久性公务员。

编制外合同与散位合同的共同点，都是聘请非公务员职位，它们的区别主要是任用的对象不同，编制外合同是聘用服务人员，散位合同主要是聘请工人及助理员职级的人员，聘用期不超过一年，他们在公务人员职程中为最低的一些职位。

必须强调的是，公务人员与公务员既有联系又有区别。公务员是公务人员中的一部分，而且是比较重要的一部分。他们的入职条件、职位、晋升、福利待遇等与其他公务人员不同。

（二）公务人员资格

公务人员的资格，根据基本法第 97 条的规定，首要条件必须是澳门特别行政区永久性居民，这也是"澳人治澳"的要求。但有三种特殊情况除外。

第一，在特别行政区成立时，已任职公务人员，无论是中国籍还是葡国籍或其他国籍，虽不是永久性居民，但可以继续留用，体现平稳过渡的精神，也欢迎他们继续为特别行政区政府服务。

第二，根据需要，特别行政区政府有关部门可聘请葡籍和其他外籍人士担任顾问和专业技术职务，体现开放和使用一切有利于澳门发展的人才，不排斥外籍人士。但他们必须是以个人身份受聘，对特别行政区负责。

第三，可聘请某些专业技术人员和初级公务人员。当然，专业技术人员必须是澳门缺乏，又需要的人，不是一般的专业技术人员，是要严格控制的。初级公务人员，主要是指一些勤杂人员。这些职位的共同特点是，既不是制定政策，也不是领导执行政策的职位，只是提供技术上的帮助，不会影响"澳人治澳"。相反，对"澳人治澳"是一种积极的协助。

基本法规定公务人员的资格，与原澳门公职法律制度规定的公务人员资格有一个重大不同，不是以国籍而是以是否具备永久性居民资格作为条件，以国籍作为任用公职的条件是各国的普遍规定，实行文官制度的国家同样如此，但澳门情况不同，在法律关系中公民作为主体的情况不多，而一般法律关系的主体均是居民。将永久性居民资格作为任职公务人员的条件，也与基本法关于居民是基本权利和自由的主体一致起来。

（三）公务人员的留用和待遇

基本法为了保障公务人员的利益，稳定公务人员的队伍，规定澳门特别行政区成立时，原在澳门任职的公务人员，包括警务人员和司法辅助人员，均可留用，继续工作，其薪金、津贴、福利待遇不低于原来的标准，原来享有的年资予以保留。依照澳门原有法律享有退休金和赡养费待遇的留用公务人员，在澳门特别行政区成立后退休的，不论其所属国籍或居住地点，澳门特别行政区向他们或其家属支付不低于原来标准的应得的退休金或赡养费。基本法的规定体现了两个方面。一是公务人员的留用，实现平衡过渡。二是公务人员的待遇不变，不降低原有标准。

1. 公务人员的留用

澳门特别行政区成立时，除政府主要官员外，其他公务人员均留用，实现了公务人员工作岗位的平衡过渡，不仅得到公务人员的拥护，也为公

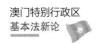
务人员安心工作更好地进行行政管理创造了条件。

2. 公务人员的待遇

基本法规定说明了两层意思：一是原公务人员享有待遇的范围基本不变，过去有什么，今后仍予保留。二是公务人员享有待遇的标准不低于原来的，不降低待遇的水平。

特别行政区成立后，澳门立法会对《职业税章程》进行修改，其中废除了豁免公务人员纳税的规定，引起了社会的争议，是否降低了公务人员的待遇？涉及对基本法第98条的理解。

对澳门特别行政区基本法第98条的疑问，主要集中在两个方面。第一，豁免缴征公务人员职业税是否属于基本法第98条中规定的公务人员享有的"薪金、津贴、福利待遇"的范畴？第二，如果向公务人员征收职业税是否降低了基本法第98条中规定的公务人员已享有的"薪金、津贴、福利待遇"的标准？

这两个疑问，集中到一点，就是政府若改变豁免公务人员缴纳职业税的规定，是否违反基本法中有关不低于"原来标准"的规定。

（1）待遇的理解

应从法律上理解薪金、津贴、福利待遇这三个概念。澳门第87/89/M号法令《澳门公共行政工作人员通则》是我们参考的主要依据。该法令第174条规定："一、报酬系指因担任公共职务而获得之任何收入。二、薪俸系指因担任某官职而按薪俸表收取之相应报酬。三、附带报酬属特别及例外情况之报酬，仅在法律有所规定时，方得支付。四、津贴及补助属福利性质之报酬或旨在补偿工作人员因担任公共职务而作出之负担之报酬。"根据上述法令的规定，薪金是按薪俸表取得的报酬。津贴和其他补助是属于福利性质的报酬。法令虽没有对福利待遇及范围作一个解释，但通篇法令除了规定薪酬外，就是规定津贴，从法令中可以看出，津贴是福利待遇的一个主要内容，而且薪金、津贴、福利待遇均是一种报酬，即公务人员获得一种物质上或金钱上的利益。所以，它们是权益，是属于人的权利范畴。

正是基于上面的认识，在法令中没有将公务人员豁免缴付职业税作为公务人员的福利待遇加以规定。这不是疏忽，也不是因为有了税法的规定不必重复，而是保持了法律的严谨性和逻辑性。依据法律的理论，不论是大陆法系还是英美法系，不论是国际法还是国内法，不论是过去的法还是现代的法，一个国家的公民或一个地区的居民纳税始终是属于公民或居民的义务范畴，并且纳税是被作为义务来规定的。权利和义务属于两个不同的范畴，义务意味着只有履行或被豁免，与权利意味着获取或放弃正好是对应的。所以，不能把义务纳入权利的范畴来规定。澳门第 2/78/M 号法律（核准职业税章程）在第 9 条中也是从豁免义务的角度，规定公务人员及其他一些人员免缴职业税。我们举一个实践以上说法的例子印证，就能更清楚地说明问题。根据澳门第 10/82/M 号法令，原邮电司的公务人员转入澳门电讯有限公司，可以继续享受与原政府雇佣关系时获得的一些福利待遇，但不能免除缴纳职业税的义务。从这个案例中可以看出，原澳门政府就不把豁免纳税作为福利来处理的。

所以，政府豁免公务人员纳税，是免除公务人员的一种义务，而不是给予一种福利，把豁免职业税作为福利待遇认识，实际上是一种误解，是把权利与义务两者混为一谈，无法律依据。由此可以明确地说，"原有标准"的范围不包括豁免纳税的内容。

（2）原来标准的理解

基本法中"原来标准"的含义。要弄清楚这个问题，必须明白中葡联合声明和基本法有关文字及原有澳门法律的意思。基本法第 98 条第 1 款主要有三层意思：①在 1999 年 12 月 19 日前，原澳门政府的公务人员可以在特别行政区政府留用，继续工作；②留用和继续工作的雇用条件（薪金、津贴、福利待遇）不低于原来标准，也就是说不能因为留用而改变原来的雇用条件；③"原来标准"是以原有法律和政府委任、聘用的合同为根据，指在法律上和合同上确定的标准。如原厅长的薪俸标准是 770 点，那么留用的厅长薪俸标准依旧应是 770 点，原厅长享有的各种津贴，留用后继续享有，这就是"原来标准"。所以，"原来标准"是客观的，可以掌握的。由于是法律上的标准，是客观的标准，自然适用于所有的公务人员，相反也就不涉及不考虑获取报酬后，在不同条件和情况下，每一个公务人员的实际支付能力强弱或实际收入多少这些不确定的因素，否则，法律标准就难于确定，难于掌握。

"原来标准"就是法律上的标准，这种说法有根据吗？有，可以从基本法与中葡联合声明的不同文字表述的比较中得出结论。基本法第 98 条与中葡联合声明附件一第 6 条的文字和内容相比较有三处不同：一是留用人员中增加了司法辅助人员；二是明确了享受退休金的公务人员必须是依原有法律规定享受退休的人员，而不是所有公务人员；三是增加了原有年资予以保留。基本法之所以对中葡联合声明的规定作出增加内容，明确概念的补充，就是考虑了澳门原有法律的规定，凡是原有法律已有明确规定的，就以原有法律作为依据，在对待留用公务人员的范围、薪金、津贴、福利待遇、年资、退休问题上，既不缩小也不扩大。所以，按照原有法律的规定，我们不难得出两点看法，首先，"原来标准"是以政府和公务人员之间的雇佣关系为基础，专指政府按原有法律标准继续聘请原有公务人员，没有雇佣关系，就没有"原来标准"。其次，"原来标准"的内容是指法律规定的，由雇佣关系产生的薪金、津贴及其他补助的标准，与雇佣关系无关的内容不属于"原来标准"的范畴。

因此，"原来标准"是解决从雇主那里能获取多少物质和金钱上的利益，至于按"原来标准"获取报酬后，需要支出哪些项目，不是雇佣关系所要解决和所能解决的，也就不是"原来标准"所包含的因素，自然也就不是评价"原来标准"高或低的因素。"原来标准"只是衡量是否达到法定的收入标准，不是衡量实际支付能力和实际收入的标准。

（3）公务人员纳税与报酬的不同法律关系

①个人纳税和工作报酬是两种不同的法律关系，由不同的法律调整。

纳税是一种在个人与社会之间产生的财富再分配的权利义务关系，薪金、津贴等报酬是一种基于政府对公务人员的雇用而产生的权利义务关系，它们之间是完全不同性质的，不能张冠李戴，不能因肯定法定报酬的标准没有降低而否定实际生活标准的变化，也不能因肯定实际生活标准的变化而否定法定的客观标准的不变。正如我们不能混淆收入与支出两者关系一样，不能因为支出，多花了钱，存款少了，就说自己收入的标准降低了。

②征税关系不同于雇佣关系。

为什么会产生政府向公务人员征税就是降低了"原来标准"的看法呢？关键是不能准确分辨出政府在不同关系中的角色地位。从表面上看，在雇佣关系和征税关系中政府均是一方主体，但事实上政府在不同的关系中其地位是不同的，在雇佣关系中，政府是雇主，在税收关系中政府是社会管理者。政府作为雇主，向公务人员支付了原定的薪金、津贴及补助，就是依法坚持了"原来标准"，履行了雇主对雇员的法律义务。政府作为社会管理者，为维护社会整体利益，他有权决定税收，这时的政府和公务人员身份地位均已发生了变化，政府不再是雇主，公务人员不再是雇员，政府不是以雇主身份向雇员收税，公务人员也不是以雇员身份向雇主纳税，他们之间是个人与社会之间的关系，政府是否对公务人员征税是属于政府税收政策，不是属于政府雇用人员的政策范畴，自然就不能把税收政策的变化等同于雇佣关系条件的变化。

从以上三个方面分析，可以说明，基本法第 98 条中的"原来标准"不包括豁免公务人员纳税内容；"原来标准"是指以政府和公务人员雇佣关系为基础的由法律确定的标准，不是实际收入的标准；只要政府不改变"原来标准"中的项目内容和薪金、津贴及补助的法定标准，就是做到了基本法关于不低于"原来标准"的规定。因此，政府修改原有税务法律，对公务人员征收职业税是不抵触基本法第 98 条的规定。

所以，基本法没有限制，相反是赋予了特别行政区政府根据需要调整、修改原有澳门税法的权力。澳门特别行政区基本法第 106 条第 2 款规定，"澳门特别行政区参照原在澳门实行的低税政策，自行立法规定税种、税率、税收宽免和其他税务事项"。公务人员是否纳税是属于税收宽免的内容，税收宽免是属于税法调整的对象，是税法的一部分内容，既然基本法赋予特别行政区政府可自行立法，政府就可依需要，对原有税法中的宽免事项作出调整，当然包括是否继续对公务人员实行税收宽免。因此，澳门特别行政区立法会通过的第 12/2003 号法律关于《修改〈职业税规章〉和〈所得补充税规章〉》，将豁免公务员纳税改为需要纳税是符合基本法的规定。

（四）公务人员的制度

公务人员履行着政府对社会管理的重要职能，公务人员的素质和水平的好坏直接关系到居民的利益和社会的发展，所以，就需要有一套比较完善的公务人员管理制度。对此，基本法第 100 条做出了三项原则性的规定，"公务人员应根据其本人的资格、经验和才能予以任用和提升。澳门原有关于公务人员的录用、纪律、提升和正常晋级制度基本不变，但得根据澳门社会的发展加以改进"。

1. 公务人员的任用和晋升应以本人的资格、经验和才能为标准

对领导而言，突出强调了要任人唯贤，不是任人唯亲，让每一个德才兼备的人有用武之地，施展他们的才能。对公务人员而言，提出了公平竞争的要求，以自己的才能而不是靠关系和其他不正当的手段去获得职位。所以，公务人员制度必须解决好公平、公正、公开任用和晋升公务人员的问题。基本法作为一项原则也是一个要求，是非常必要的。

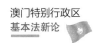

2. 原有公务人员的制度基本不变，包括录用、纪律、提升和正常晋级

录用要进行开考，开考分普通开考，用于填补职位出现的空缺。特别开考，是一次开考以保留一定数额的人才作为储备，一旦出现空缺，立即填补。普通开考又分为入职开考和晋升开考。公务人员违反法律规定的义务，要受到纪律处分，有书面申诫、罚款、停职、强迫退休、撤职。对公务人员的工作每年进行评核，分为"优异"、"十分满意"、"满意"、"不大满意"、"不满意"，对评为"不满意"者，属确定性委任的公务员，提起纪律程序，对临时委任或编制外合同或散位者终止职务。只有不低于"满意"者有机会晋升。

3. 公务人员制度，随着社会发展加以改进

保留公务人员制度基本不变，不等于不用改进，实际上由于历史的原因，原有公务人员制度中存在一些不尽合理的东西，随着中国对澳门恢复行使主权和澳门回归后的情况发展，居民对公务人员的期望，必须作出逐步的改进。在公开考试、择优录用，严格考核，论功行赏，公务员知识化、专业化方面都有待完善和提高。按照基本法的要求，居民的愿望，社会的发展，建立起有澳门特色的公务人员制度。

近年特别行政区政府对公务人员制度进行了改革。

第一，设立了公积金制度。第 8/2006 号法律《公务人员公积金制度》规定，凡为公共部门服务的人员均享有公积金，以保障公务人员退休后的生活。其目的和意义在于，扩大有退休保障的公务人员范围，改变了过去编制内的公务员有退休金，编制外的其他人员没有退休金的差别，体现平等对待为政府工作的人员的原则。向工作人员提供一个更具弹性的退休制度，供款人可根据自己的实际需要，如选择离职，可收取全数的个人供款及按供款年期所定的比例收取政府供款，令公务员对自身退休保障享有更高程度的自主。为政府的人才流通创造更有利的条件，消除现行退休及抚恤制度对政府财政负担造成的不确定因素。

第二，改革了对公务人员的考核制度。在评核原则上体现公平公正，评核项目划分和内容上注重责任感和工作成效，评核的等级标准上更加细化，评核的程序设计上评核领导与下属的双向互动，评核的方法上年度与平时结合做了改善。第 8/2004 号法律《公共行政工作人员工作表现评核原则》第 2 条提出了评核的目标是：激励工作人员；改善工作人员的工作表现；促进上下沟通；改善人力资源综合管理；提倡优质服务。第 3 条规定了评核的原则是，评核工作根据客观标准，并着重以公正、平等、无私和具适当说明理由的原则进行。评核工作人员的工作表现应按被评核人的具体情况，并考虑其职务范围和性质，以及其所属部门或实体的架构、目标及活动计划而作出。工作表现评核是持续而有系统的程序，评核人必须定期跟进由其负责评核的工作人员的工作表现。在给予评核结果前，应确保工作人员可借适当的自我评核程序，让评核程序的参与人知悉该工作人员就有关评核期间对本身工作表现的评价。如工作人员不同意所获得的评核结果，尚应获确保可由一个有工作人员代表参与，且能对评核发表参考性意见的独立及自主的委员会介入评核程序。对最后评核结果，可提起司法上诉。第5条明确了评核的结果是：获"优异"评语者可获奖赏。获"优异"或"十分满意"的评语者，则合同获续期，但具适当理由证明对部门工作显然无需要者除外。对获"不大满意"评语者，如按适用法例其职务未被立即终止时，有关部门应采取改善其工作表现的措施，尤其是培训、重新定职、转职、重新分配工作或将该人员调往其他附属单位。确定委任的公务员或工人及助理员获评语为"不满意"时，则开展简易调查程序；如工作人员在调查期间上班对部门造成不便，则构成防范性停职的依据。为落实上述法律，澳门特别行政区第11/2007号行政法规《公务人员工作表现的奖赏制度》规定了具体的奖赏办法。对公务人员履行职务的情况进行科学化管理，提升公务人员的素质和行政管理的效率。

第三，完善公务人员职程制度。第14/2009号法律《公务人员职程制度》对公务人员入职的学历和专业资格条件，中央统一公开招聘和考试，垂直职程的晋阶和同阶程的晋级的条件及培训作了调整和规范。对入职和晋升更加公平公正。

第四，完善政府领导和主管人员的制度。第15/2009号法律《领导及主管人员通则的基本规定》引入了新的内容：制定领导及主管人员的"调职"制度，让其不用在结束一个部门的委任后再重新委任到另一个部门，使有关人员的资历更多元化。制定领导人员的"工作表现评审"制度，将工作表现评核制度延伸至主管人员。引入"过冷河"制度，规定领导人员于终止职务后半年内若拟从事私人业务，必须先取得行政长官许可。若被拒绝，有权收取赔偿。除明确规定领导及主管人员须受刑事、民事、纪律和财务责任的规定约束外，认定领导人员"问责制度"，建议可对其公开告诫，以及于必要时可作为立即终止定期委任且不获补偿的依据。规定禁止出任领导及主管官职或因无专业能力而不能出任的情况，尤其是之前的定期委任是基于工作表现不佳或纪律原因而被终止的情况，视乎担任领导或主管官职的职务而定，禁止期为 3 年或 5 年等。

第六节　立法机关

澳门特别行政区实行的以行政为主导，行政、立法、司法三权互相分工、互相配合、互相制衡的政治体制，立法机关在政治体制中占有重要的地位，是政治体制中的一个重要组成部分。对此，基本法对澳门特别行政区立法机关的性质、地位、作用、产生、组成、职权、立法程序、活动方式等内容作了明确的规定。

一　立法会的性质和地位

（一）立法会的性质

澳门特别行政区基本法第 67 条规定："澳门特别行政区立法会是澳门特别行政区的立法机关。"根据这一规定，立法会的性质是属于立法机关，行使澳门特别行政区高度自治权的一个重要方面，即制定法律的立法权。

（二）立法会的地位

1. 在政治体制中与政府处于平等地位

由于澳门特别行政区实行的政治制度同我国内地实行的人民代表大会制度是不同的。

我国宪法规定：国家权力统一由人民代表大会行使，人民代表大会是国家的权力机关。我国宪法第 101 条、第 104 条、第 110 条、第 133 条规定：地方各级人民政府、人民法院、人民检察院由地方各级人民代表大会选举产生，对本级人民代表大会及其常委会负责并报告工作。地方各级人民代表大会监督本级人民政府、人民法院、人民检察院的工作，可撤销行政机关的不适当的决定和命令，对不称职的国家机关工作人员可以罢免等。人民代表大会处于最高地位。

但澳门特别行政区实行的是行政、立法、司法既互相分工、又互相制衡和配合政治体制，立法会没有超越行政机关之上的主导地位。

2. 在政治体制中的地位得到了加强和提高

澳门特别行政区立法会与原澳门立法会相比，在政治体制中的地位得到了加强和提高。立法会和行政机关分工明确，基本法规定立法会制定法律，行政长官制定行政法规。此外，基本法还明确规定，行政机关须对立法会负责：执行立法会通过并生效的法律，定期向立法会作施政报告，答复立法会议员的质询。

但在澳门原有的政治体制中，《澳门组织章程》并没有规定澳门总督及其领导下的政务司须对立法会负责，实际上总督既不对原澳门立法会负责，也不向澳门居民负责，根据《澳门组织章程》第20条的规定，总督直接向葡萄牙总统负责。因此，基本法规定澳门特别行政区立法会是澳门特别行政区的立法机关，澳门特别行政区的行政机关要对立法机关负责，保证了澳门特别行政区立法会在政治体制中发挥积极的作用。

在基本法起草时，有意见要求将立法机构列入政治体制第一节，没有被采纳。因为澳门特别行政区政治体制是以行政长官为主导的体制，不同于内地以人民代表大会为权力主导的体制。

二 立法会的产生和任期

澳门特别行政区基本法第68条规定："澳门特别行政区立法会议员由澳门特别行政区永久性居民担任"，"立法会多数议员由选举产生"，"立法会的产生办法由附件二《澳门特别行政区立法会的产生办法》规定"。基本法的这个条文对立法会产生作了原则性的规定，包含了立法会议员的资格、立法会产生的方式等主要内容。

（一）立法会议员的资格

基本法第68条第1款规定："澳门特别行政区立法会议员由澳门特别行政区永久性居民担任。"这是对立法会议员资格的明确规定。

第11/2008号法律《修改第3/2001号法律〈澳门特别行政区立法会选举法〉》第5条规定，年满18周岁的永久性居民有被选举权。无被选资格的是，行政长官、主要官员、在职法官和检察官，任何宗教或信仰的司祭。

澳门基本法没有规定非中国籍议员的人数比例，即没有规定被选举人必须是中国籍居民的条件，这主要是考虑了澳门的历史和现实情况与香港不同。

（二）立法会议员的产生

根据澳门特别行政区基本法的规定，立法会议员经三种方式即直接选举、间接选举、行政长官委任产生。它是根据中葡联合声明中立法会"多数成员通过选举产生"的规定和参考原澳门立法会产生办法规定的，符合澳门的实际情况。采取直接选举、间接选举、行政长官委任的混合办法产生立法会议员，对澳门社会的平稳过渡、选举制度的循序渐进发展、兼顾社会各阶层的利益是有利的。

1. 符合澳门的实际情况，保持原澳门立法会产生办法基本不变

原澳门立法会根据《澳门组织章程》第21条规定，由23名议员组成，均在有选举资格的居民中产生，组成方式如下：①7名由总督在当地社会上具有功绩及声誉的居民中任命；②8名以直接和普遍选举产生；③8名以间接选举产生。原澳门立法会的直接选举，其候选人的提名权属于公民团体或提名委员会。提名委员会由已作选民登记而不属于公民团体的选民组成，人数不少于一百人。提名委员会需将一份同全体成员签署的书面通知书交与政府有关部门后才能合法成立。任何公民团体和提名委员会只能提交一份至少有三名候选人的名单，投票是采用一人一票办法。间接选举除接受政府预算或其他公共团体预算津贴而通过公共机构设立的团体外，是由享有法人资格、在确定选民登记日期开始前已在澳门政府公报公布其成立、代表道德文化及经济利益的社团理事会和监事会成员行使选举权。间接选举的选举人只能由间接选举的团体理事会和监事会提名。采用间接选举的目的，如第8/84/M号法令（修正有关办理选民登记及澳门立法会暨咨询会成员之选举应遵规则）第42条所说，是"为保证经济、道德、救济及文化利益方面能有代表"。

此外，澳门总督根据直接选举和间接选举的情况，从社会人士中委任一部分立法会议员。委任议员在世界上的一些国家也是采用的，如印度联邦院中12名议员由总统指定，加拿大参议员由总督任命，马尔代夫共和国国民议会中有8名议员由总统指定。

自澳门有立法会以来，用直选、间选、委任混合产生立法会议员办法，对澳门稳定和发展起了一定的作用。根据澳门的这一实际情况，不能够采

取完全直接选举的办法来取代这种混合产生办法。

2. 兼顾了澳门社会各阶层的利益

采用直选、间选、委任的方式，可以使各阶层代表通过不同的渠道进入立法会，参与社会事务的管理，在立法会中能反映不同阶层的要求、愿望和利益，协调他们的关系，避免社会矛盾激化和对抗。

3. 反映了循序渐进发展民主制度的要求

虽然澳门特别行政区立法会采取直选、间选和委任三种方式产生，但是直接选举与间接选举的比例，选举产生与委任产生的比例是随着社会发展而变化的。根据澳门特别行政区立法会的产生办法，第一届立法会议员23 人，其中直接选举议员 8 人、间接选举议员 8 人、委任议员 7 人；第二届立法会议员增至 27 人，其中直接选举议员 10 人、间接选举议员 10 人，委任议员仍为 7 人；第三届立法会议员再增为 29 人，其中直接选举议员 12 人、间接选举议员 10 人，委任议员 7 人不变。从以上三届立法会议员人数来看，总人数逐步增加、委任议员人数始终不增加，而选举的议员人数却逐步增加。这个发展速度与原澳门立法会议员比例变化相比，是比较快的。原澳门第一届立法会是根据 1976 年颁布的《澳门组织章程》产生，议员总数为 17 人，其中直接选举议员 6 人、间接选举议员 6 人、委任议员 5 人。到了 1990 年，修改了《澳门组织章程》，从第四届立法会的第三年才将议员增至 23 人，其中直接选举议员 8 人、间接选举议员 8 人、委任议员 7 人。这个变化，期间经过 14 年共四届立法会。而澳门特别行政区基本法规定的立法会产生办法，从第一届至第三届，每届议员的比例均有变化，平均每四年一小变，反映了循序渐进的原则，逐步建立适合澳门社会经济、政治、文化发展和居民参政议政意识逐步成熟的立法制度。为了贯彻循序渐进的原则，基本法附件二《澳门特别行政区立法会的产生办法》第三点规定："2009 年及以后澳门特别行政区立法会的产生办法如需修改，须经立法会全体议员三分之二多数通过、行政长官同意，并报全国人民代表大会常务委员会备案。"这个规定比基本法条文的修改程序简单，无须经全国人民代表大会修改，其目的是为了能比较灵活地适应澳门特别行政区的民主发展。

（三）第一届立法会的产生办法

澳门特别行政区基本法附件二《澳门特别行政区立法会的产生办法》第一点规定："澳门特别行政区第一届立法会按照《全国人民代表大会关于

澳门特别行政区第一届政府、立法会和司法机关产生办法的决定》产生。"根据这个决定，第一届立法会产生办法主要有两条途径。一是由全国人民代表大会设立的澳门特别行政区筹备委员会负责确认原澳门最后一届立法会选举产生的议员可否成为特别行政区第一届立法会议员。二是由行政长官对原澳门最后一届立法会委任议员确定是否重新委任。所以，根据这个规定，澳门特别行政区筹备委员会于 1999 年 4 月 10 日通过了澳门特别行政区第一届立法会具体产生办法。

第一届立法会的产生办法体现了两条基本原则。第一，体现国家主权原则。1999 年 12 月 20 日中国恢复对澳门行使主权，澳门特别行政区立法会需由全国人民代表大会设立的澳门特别行政区筹备委员会筹组，原澳门的立法会到 1999 年 12 月 19 日终止，议员的任期结束。第二，有利于平稳过渡。1999 年 12 月 20 日前，在澳门产生第一届特别行政区立法会有一定的困难，而 1999 年 12 月 20 日立法会必须成立，不能出现真空。为了平稳过渡，原澳门最后一届立法会组成，只要符合基本法的规定，其议员可以成为第一届立法会议员，但必须符合一定的条件，经过一定的程序。首先，原澳门最后一届立法会组成必须与基本法规定的第一届立法会组成相符合，包括议员产生办法和比例。如果不一致，就不能过渡。其次，原澳门最后一届立法会议员，其资格必须符合基本法规定的立法会议员条件，如必须是澳门永久性居民，还必须拥护澳门特别行政区基本法，愿意效忠澳门特别行政区。如有议员不符合这些条件，也就无资格成为第一届立法会议员。再次，原澳门最后一届立法会议员，必须经过确认或委任的程序，才能成为第一届立法会议员。凡是选举产生的议员，经澳门特别行政区筹备委员会确认，才能成为第一届立法会议员。凡是委任的议员，任期终止。因为原澳门最后一届立法会的委任议员是由总督委任，到了 1999 年 12 月 20 日总督已不复存在，那时取而代之的是行政长官。行政长官可以从原委任的议员委任，也可以从社会人士中委任。此外，如果届时选举议员有缺额，那么将进行补充选举。补充选举必须根据公平、公开、公正、民主和廉洁的原则进行。这一原则充分反映了澳门居民的意愿和要求。因为澳门 1996 年的立法会选举中出现了一些有违公平、公正、公开、民主和廉洁的原则的行为，造成了不良的影响，大家希望作为澳门特别行政区第一届立法会的产生办法和补选过程应有好的选举文化和体现出新的形象。

根据第一届立法会具体产生办法第 5 条的规定，1999 年 7 月 23 日筹委会秘书处发表公告，并分别致函原澳门最后一届立法会选任议员，凡有意过渡为特别行政区第一届立法会议员者，均须在 8 月 9 日至 20 日期间亲自前往筹委会秘书处澳门办事处领取、填写、交回议员过渡资格确认申请表，表明有过渡为特别行政区第一届立法会议员的意愿。逾期不办理，即视为无此愿望。在 16 位原澳门立法会选任议员中，有 15 位在规定的期间内办理了这一手续。筹委会主任委员会议对他们的申请表及有关证明材料进行了审核，认为他们符合有关资格的规定，提请筹委会全体会议确认。8 月 29 日筹委会第十次全体会议作出决定，确认原澳门最后一届立法会由直接选举产生的议员冯志强、吴国昌、周锦辉、高开贤、唐志坚、梁庆庭、廖玉麟；由间接选举的议员许世元、刘焯华、关翠杏、吴荣恪、欧安利、林绮涛、崔世昌、曹其真为澳门特别行政区第一届立法会议员。由于有一位直选议员未按有关要求提出过渡为澳门特别行政区第一届立法会议员的申请，由此产生的一名缺额需要进行补选。8 月 31 日筹委会秘书处发表公告，凡有意参选补充一位直选议员的缺额的人士，请于 1999 年 9 月 1 日至 15 日亲自前往筹委会秘书处澳门办事处领取《澳门特别行政区第一届立法会议员缺额补选报名表》并按表中要求填写及征得提名，连同有关证明材料一并附上。

根据《中华人民共和国澳门特别行政区第一届立法会具体产生办法》第 6 条的规定，议员缺额补选，由特别行政区第一届政府推选委员会负责产生。议员缺额补选为什么由推委会来产生呢？主要有两个考虑：一是在 1999 年 12 月 19 日之前，由澳葡管治的情况下，不具备普选的条件产生澳门特别行政区立法会议员。因为特别行政区立法会议员既不可能在澳葡政府主持下产生，也不可能在澳葡管治下由我们自己用普选的方式来产生，这在政治上是不可行的。二是考虑到推选委员会具有广泛的代表性，由澳门工商金融界、文化教育专业界、劳工社会服务宗教界的人士组成，他们在完成了推选特别行政区行政长官人选之后，再负责产生特别行政区立法会缺额议员是比较适宜和可行的。

直选议员出现缺额，根据产生办法规定，其候选人由 20 名或 20 名以上推委会委员联名从澳门符合资格的人士提出，每名委员的提名不得超过缺额人数。由于出现一位直选议员的缺额，补选只能产生一位议员，所以每位委员只能提一名候选人。结果有 4 位参选人分获 20 名以上的提名，成为候选人。9 月 19 日至 20 日在筹委会主任委员会议的主持下，推选委员会召开了第四次会议，4 位候选人分别回答了推选委员会委员的提问，畅谈了自己参选的抱负。经过无记名投票，候选人容永恩以 71 票的最高票当选，并获得筹委会主任委员会议的确认，成为特别行政区第一届立法会议员。9 月 24 日，特别行政区行政长官委任了 7 名立法会议员，至此，特别行政区第一届立法会顺利组成。

为了保证平稳过渡，政权顺利交接，筹委会作出决定，特别行政区第一届立法会在其全部议员产生后，1999 年 12 月 19 日前开展工作。第一，互选立法会主席、副主席；第二，制定立法会议事规则；第三，审议在澳门特别行政区成立时须通过的必备法案等。根据这个决定，特别行政区立法会在 10 月 12 日互选曹其真为立法会主席、刘焯华为立法会副主席，并制定了立法会临时议事规则，审议了特别行政区必备的法案，为特别行政区成立时能顺利运作作出了贡献。

（四）第二届及以后的立法会产生办法

1. 选民资格

第 9/2008 号法律《修改第 12/2000 号法律〈选民登记法〉》第 2 条规定，凡具有选举资格的自然人或法人，均有权利和公民义务作选民登记。第 3 条规定，选民登记具永久效力。虽符合选举权资格，但未作登记，不能行使投票权。第 10 条规定，自然人选民除年满 18 周岁外，还须以永久性居民为条件享有选举权是基本法与澳门原立法会的选举权规定的最大不同之处。根据原澳门选举法，凡年满 18 周岁、居住在澳门并持有葡国行政机关发出的有效身份证明文件，无论是葡国籍、中国籍或其他外国籍人士均有选举权。第 11 条规定，以下三种人无选举权：经确定判决宣告为禁治产人、被确认精神错乱无行为能力人、经判决宣告被剥夺政治权利的人。第 26 条规定，法人选民的资格需符合以下三个条件，在政府身份证明局登记，获确认相关界别至少 4 年，取得法律人格至少满 7 年。

2. 选举方式

第 11/2008 号法律《修改第 3/2001 号法律〈澳门特别行政区立法会选举法〉》第 14 条规定，直接选举的议员透过普遍、直接、不记名和定期的选举产生。第 15 条规定，直接选举是在澳门独一选区内，候选人需要由最少 300 及最多 500 名选民组成的提名委员会提名。按比例代表制，以多候选人名单方式选出。按每一候选名单的得票数目顺次除以 1、2、4、8 及续后的 2 的乘幂。第 22 条规定，间接选举的议员通过选举组别选举，雇主利益选举组别选举四名议员。劳工利益选举组别选举两名议员。专业利益选举组别选举两名议员。慈善、文化、教育、体育利益组别选举两名议员。每一个社团或组织有最多 11 票投票权，由社团或组织的领导或管理机关成员行使投票权。

3. 选举方式的完善

第一，正确处理扩大选举范围与提升选举质量的关系。在循序渐进发展选举民主的同时，注重提升选举民主的质量，以确保选举的公平、公正和廉洁。建立良好的选举制度，不仅要关注扩大选举的范围，也要关注提升选举的质量，这是缺一不可的。对此，特别行政区通过对选举法的修改，对选举的不法行为处罚作出了新的规定，对贿赂候选人或准候选人入罪；对不当透过他人做宣传以规避选举开支上限行为处罚；对受贿者"将功赎罪"可以免责；延长对贿选犯罪的追诉时效。实践证明，法律的修改对提高选举的公正起到了正面的作用，贿选的投诉明显降低。

第二，正确理解基本法正文与基本法附件的关系。根据澳门基本法第 68 条第 2 款的规定，澳门特别行政区立法会多数议员由选举产生，此外，行政长官根据基本法第 50 条第 7 项规定，可以委任部分立法会议员。所以，需要正确理解基本法第 50 条、第 68 条和基本法附件二的关系。选举办法可根据澳门社会的实情和社会的共识修改，通过对澳门基本法附件二的修改方式进行。但是，需要指出，附件二仅仅规范由选举产生的议员产生办法，如要全面检讨立法会议员产生办法，则首先需要对基本法第 68 条规定检讨。而基本法第 68 条的效力要高于基本法附件二，修改的程序完全不同。修改基本法第 68 条的权限在于全国人民代表大会，修改基本法附件二的程序是立法会三分之二多数通过、行政长官同意，报全国人民代表大会常务委员会备案。

（五）立法会的任期

澳门特别行政区基本法第 69 条规定："澳门特别行政区立法会除第一届另有规定外，每届任期四年。"世界上绝大多数的立法机构的议员，均有一定的任期，虽然长短不一。短的只有两年，一般四年或五年，长的达九年，但除世袭者外，不是终身制。根据基本法的规定，在正常的情况下，立法会每四年换届一次，与澳门原立法会议员任期四年的做法是相同的，但是，除了正常的任期外，基本法还规定了两个特殊情况：

第一，基本法第52条规定，行政长官在遇有两种情况时，即拒绝签署立法会再次通过的法案和立法会拒绝通过政府提出的财政预算案或行政长官认为关系到澳门特别行政区整体利益的法案，经协商仍不能取得一致意见，可解散立法会。这种情况下，不论该届立法会议员任职多长时间，任期均告结束，并按基本法第70条规定，在90日内依法重新产生新一届立法会。但立法会解散的程序与原澳门立法会解散的程序不同，《澳门组织章程》规定，由葡萄牙总统根据总督以公共利益为理由的建议，命令解散立法会，并命令重新选举，总督对解散建议应详细列明理由，并通知立法会。立法会将对总督的解散建议进行讨论，并通过决议提交葡萄牙总统。所以原澳门立法会的解散权是由葡萄牙总统行使。特别行政区立法会的解散权则由行政长官行使。此外，原澳门立法会的委任议员的任期，总督随时可以中止或终止。

第二，在《全国人民代表大会关于澳门特别行政区第一届政府、立法会和司法机关产生办法的决定》中规定："澳门特别行政区第一届立法会议员的任期至2001年10月15日。"也就是说，第一届立法会从1999年12月20日至2001年10月15日，为期一年零十个月。正如在阐述第一届立法会产生办法时所分析的，为了体现国家主权，保证平稳过渡，原澳门最后一届立法会选举产生的议员由澳门特别行政区筹备委员会依照基本法的规定确认，委任议员由行政长官重新委任，均可成为第一届立法会议员。因此，作为过渡和承前启后，第一届立法会的任期只能作特别规定，与第二届立法会开始每届四年不同，为一年零十个月。

三　立法会的职权

根据澳门特别行政区基本法第71条第1款规定，立法会享有比较广泛的职权，归纳起来有立法权、批准权、监督权、弹劾权。

（一）立法权

1. 立法权含义

立法会"依照本法规定和法定程序制定、修改、暂停实施和废除法律"。根据基本法的规定，立法会的立法权包含四个方面的内容。第一，对属立法会负责的事项，可制定法律；第二，对已制定的法律，可根据情况进行修改；第三，对正在实施的法律，可依法定程序暂停实施，根据情况，修改后继续实施或废除；第四，对过时的、不合时宜的法律可以废除。所以，立法权限是立法会的一项最主要和基本的权力。

根据基本法的规定，立法会的立法权限充分体现了高度自治精神，立法的范围是比较广泛的。如，我国省级地方人民代表大会及其常委会可以制定地方性法规，但是不能制定刑法、民法这类属于国家立法机关的立法权限范围内的基本法律，而澳门特别行政区立法机关可以制定本地区的刑法、民法，不受这些范围的限制。再如，各国地方议会的立法权大都受到许多限制，美国、法国、德国等宪法都明文规定，税收、金融、航运、外贸等方面的立法事项，属于国家的立法机关，地方议会无权立法。原《澳门组织章程》对立法会的立法权限作了限制，不能涉及葡国主权机构管理的事项，比如，不能制定有关澳门司法组织方面的法律。但是，上述所列事项，基本法均授权特别行政区立法会自行立法。

当然，立法会的立法权限并不是无限制的，澳门毕竟是中国的一个特别行政区，凡属有关国防、外交和不属于特别行政区自治范围内的事项，立法会无权立法，必须由全国人民代表大会及其常务委员会立法，并可将有关在澳门特别行政区适用的全国性法律，由特别行政区在当地公布或立法实施。

2. 立法程序

立法会制定法律，须遵守一定的立法程序。基本法对立法会的立法程序作了原则性的规定，包括了提案权、审议、表决、签署和公布几个环节，具体的内容由立法会自行制定的议事规则规定。根据基本法的规定和现澳门特别行政区立法会议事规则，立法会的立法程序有法可依。

（1）法律草案的提出

根据基本法第 64 条第 5 项规定，政府可以提出法案、议案。基本法第 75 条的规定，立法会议员依基本法和法定程序也可以提出法案。立法会议事规则第 1 条和第 101 条规定，议员和政府有权提出法案和议案。

①政府提案权。

第一，提案的内容。根据基本法第 75 条的规定，以及立法会议事规则第 104 条规定，特别行政区政府对立法会选举法、公共收支、政治体制、政府运作事项享有专属提案权，专属提案权包括随后修改提案权也属于政府享有。另外，对属于行政管理的其他事项，政府也有提案权。

第二，提案的程序。政府在向立法会提交法案前，行政长官须征询行政会的意见，由行政长官签署。上述的规定基本上与原澳门立法会的做法相似。原《澳门组织章程》规定，由总督提出建议案经听取了咨询会的意见，总督提出的法案称法律建议案，需由总督签署。

②议员提案权。

根据基本法第75条以及立法会议事规则第105条规定，议员行使提案权涉及政府政策时，须得到行政长官的书面同意。

议员提出的法案，称法律草案，须由不超过九名议员签署。

对议员提案内容作出限制，是立法机关的通常做法。原澳门立法会的章程规定，议员提出的法案不属于立法会专有职权的事项，立法会不予接纳。绝大多数国家议会规定议员不得提出有财政收支后果的议案。如奥地利、比利时法律规定，议员不得提出减少公共收入或增加公共支出的法案；在巴西，议员不得提出有关公共服务和军队的法案；在英国，下议院议员不得提出增加开支和增加税收的法案。有些国家法律规定，对应由政府提出的对外条约，对行政机关的人员任命，议员无提案权。

基本法对议员提案内容的限制，主要是体现行政主导的要求，公共收支、政治体制、政府运作均涉及社会的重大政策和重大事项，在行政主导体制下，由政府主动提案，既不妨碍行政机关和立法机关之间互相制约，立法会可对政府的提案提出修改意见或否决，也能有利于政府站在社会整体利益上推行公共政策，避免立法会议员不受制约的提出议案，影响行政机关的正常运作。而属于政府专门负责的事项，有政府提出法案或议员征得政府同意后提出法案，通过后的法律也较易在今后政府负责实施过程中执行，实现行政机关与立法会的配合。

③法案的形式要件。

立法会议事规则第108条规定，法案与一般议案不同，须具备四点形式要求，即书面形式，以条例编写，有反映法案主要标的的名称，立法理由陈述。

（2）法律草案的审议及通过

基本法对立法会审议法律草案没有具体的规定，由立法会议事规则规定。

原澳门立法会关于审议法律草案的做法是：第一，法律草案或法律建议案提出后，送交立法会执行委员会，刊登在立法会会刊上，并由立法会主席在 48 小时内通知提案人是否接纳。第二，法案或建议如被接纳，由立法会主席送交有关委员会审议，并通知立法会。基于重要性或专门性，立法会可组织一临时委员会审议。在立法会一般性讨论时，提案人向全体会议作法案或建议案的介绍和解释。第三，有关委员会在立法会主席所规定的期限内写出附有充分理由的意见书。如未规定期限的，应由原案交付委员会之日起 30 天内将审议意见书交立法会主席，如属修订法律建议案的意见，则应在 5 天内呈交。委员会也可向立法会主席申请处长审议的期限。委员会经过审议表决后，可向全体会议提出新的草案或建议案代替原案。

《澳门特别行政区立法会议事规则》有了一些新规定。关于法案和建议案是否接纳，第 111 条规定，法案一经接纳或拒绝，立法会主席即将有关批示通知全体议员，并附法案副本。如接纳则定出审议法案的期限。议员在上述期限内可要求提案人提供所需的资料。议员有权对是否接纳法案向全体会议提出上诉。如全体会议通过决议确认接纳，主席应将法案的一般性讨论列入议程。第 112 条规定，任何法案和建议案，均需在《立法会会刊》上公布或分给议员，否则不得对法案和建议案进行一般性和细则性的讨论和表决。

法案的审议须经三个阶段。

①立法会全体会议的一般性审议。

关于对法案和建议案的一般性审议，立法会议事规则第 113 条至第 118 条作了规定。一般性讨论主要是针对法案和建议案的立法精神和原则，以及其在政治、社会和经济上的适时性作出评价。一般性讨论分两个阶段进行。首先是由提案人就法案和建议案作引荐，其次就法案和建议案作一般性讨论。讨论结束后，主席将法案和建议案列入全体会议议程作一般性表决。如获得通过，主席将法案和建议案交有关委员会进行细则性审议。

②立法会委员会细则性审议。

关于对法案和建议案的细则性审议，立法会议事规则第 119 条至第 126 条作出了规定。细则性审议主要是审查法案的具体内容与获一般性通过的法案的立法精神和原则是否相符，法案的内容在立法技术上和实施中的可行性等。细则性审议也分两个阶段。首先是委员会逐条讨论，其次在讨论结束后，逐条进行表决。表决按删除提案、替代提案、订正提案、已作了各项修订的文本、对已表决的文本的补充提案的次序进行。委员会的审查是一个非常重要的阶段，它有权对原案作出修改或另提出一个新的法案。经委员会细则性表决通过的法案文本送交立法会主席，以便安排全体会作总体最后表决。

③立法会全体会议细则性审议及通过。

根据基本法第77条规定，立法会的法案经讨论后，其通过分两种形式：一是全体议员过半数通过；二是重要法案，如通过修改行政长官产生办法，立法会产生办法或对行政长官发回重议的法案均需全体议员三分之二多数同意，才能通过。《澳门特别行政区立法会议事规则》第81条规定，主要法案需全体议员三分之二多数通过，其他事项需全体议员半数以上通过。全体会议表决按删除提案、替代提案、订正提案、修订文本、补充提案的顺序进行。

（3）法律草案的签署和公布

基本法第78条规定："澳门特别行政区立法会通过的法案，需经行政长官的签署、公布，方能生效。"根据基本法的规定，只有行政长官的签署和公布才算完成了立法程序，法案成为法律而生效。如果行政长官不予签署，法案就不能成为法律而实施。行政长官除了签署、公布立法会通过的法案外，根据基本法第51条的规定，对立法会通过的法案还可以采取两个办法：一是不予签署，认为立法会通过的法案不符合澳门特别行政区的整体利益，可在90日内提出书面理由并将法案发回立法会重议；二是解散立法会，如立法会对行政长官发回重议的法案仍以三分之二多数再次通过，行政长官又不愿签署，可解散立法会。

基本法的这些规定，与原澳门立法会议事规则有一些不同。原《澳门组织章程》规定总督的一项权力是签署法律及法令，并命令公布。需经总督签署而未签署的法案无法律效力。原澳门立法会通过的法案送交总督，总督须在15日内签署颁布，如总督不同意签署，将法案送交立法会重议，如立法会再以三分之二多数通过，总督不得拒绝签署、公布。但同时又规定，如总督不签署理由是基于有关法案与葡萄牙宪法和葡萄牙主权机构规定的澳门管理机关不得违反的规定以及与《澳门组织章程》抵触，总督可送交宪法法院审查是否违宪或违法，无权解散立法会。

基本法规定行政长官拒绝签署立法会再次通过的原案，可解散立法会，而原《澳门组织章程》规定总督必须签署或送交葡萄牙宪法法院审查是否违宪，这之间差别的主要原因是由澳门特别行政区的高度自治权决定的，即属于澳门特别行政区自治范围的事务，应由澳门自行解决。当在制定法律的问题上行政长官与立法会意见不一致时，实际上是涉及澳门的重大事项上行政长官与立法会存在矛盾，交由澳门特别行政区居民来决定，居民通过选举，产生新的立法会，立法会议员将根据选民的意愿和要求来选择对原案是否赞成，因而通过澳门自身的机制解决行政长官与立法会的矛盾。

3. 立法权限的范围及效力

在澳门基本法起草过程中，对立法权的问题有不同意见。有意见主张，在立法会授权范围内行政长官制定补充法例。有意见主张，规定追认行政长官立法制度，有意见主张行政长官制定行政法规。最后，基本法采纳了行政长官制定行政法规的意见①。根据基本法的规定，立法会制定法律，行政长官制定行政法规，既然法律和行政法规并存，就需要明确两个问题。第一，两者之间调整的范围如何划分，界限在哪里？第二，两者之间的效力如何？对此，基本法并没有作出明确的划分，引起了争论。

要解决这个问题，应该从三个方面分析：

第一，从政治体制中分析立法体制，将立法体制放在政治体制中去理解。

第二，分析法律保留的原则，解决法律和行政法规之间调整的范围问题。

第三，分析法律优先原则，解决立法会制定的法律与行政长官制定的行政法规之间的效力问题。

（1）政治体制与立法制度的关系

①立法制度是政治体制的一部分，受政治体制的制约。在不同的政治体制下会产生出不同的立法制度。比如，美国的"三权分立"政治体制，形成了国会享有立法权的制度，唯有国会议员有法案的提案权，由国会制定法律。英国的"议行合一"政治体制，虽然形成了国会制定法律的制度，但是，法案提案权既可有议员行使，也属政府享有。除此之外，政府有委托立法权，有制定附属条例和规章权。法国的"半总统半议会"政治体制，产生了二元立法制度，将立法权分属于国会和政府，国会对属于它的专有事项制定法律，政府对它的专有事项制定条例，两者互不干预，法律效力

---

① 《澳门基本法起草委员会政治体制小组第六次会议纪要》，1990 年 11 月 13 日。

相等。中国的人民代表大会制确立了立法权属于全国人民代表大会及其常务委员会，宪法在保证全国人大及常委会制定法律具有上位法效力的前提下，授权国务院根据宪法和法律制定行政法规。地方人大及常委会可以制定地方性法规，国务院组成部门可以制定规章。体现了立法制度纵横关系的多样性。

②澳门特别行政区立法制度是澳门政治体制的一部分，理解澳门特别行政区的立法制度，必须先理解它的政治体制。澳门特别行政区的政治体制是以"一国两制"为基础，以行政主导为核心，行政与立法互相制约、司法独立为内容的一种政治体制。在这种政治体制下，特别行政区的立法制度，首先，以"一国两制"为基础，特别行政区的立法要受到中央，即全国人大常委会的监督，对特别行政区的立法进行审查，如认为违反基本法的，可以发回特别行政区立法会。其次，以行政为主导，行政长官领导的政府有向立法提出法案权，对立法会通过的法案有拒绝签署和发回权，对法案有公布权。同时，行政长官根据基本法有制定行政法规权。再次，在行政与立法互相制约下，政府对立法会负责，执行立法会通过并已生效的法律。所以，特别行政区立法制度既要处理中央与特别行政区的关系，也要处理行政与立法的关系，从而形成了澳门特别行政区独有的立法制度。

③由于澳门特别行政区行政主导的政治体制与国内人民代表大会制的政治体制有所不同，所以，立法制度也有所区别。特别行政区立法会在政治体制中的地位与全国人民代表大会在政治体制中的地位不同，后者在国家政治体制中是权力机关，具有最高性和全权性，其他机关不能超越全国人大，其他机关由全国人大产生，受它的监督，对它负责。由于一切权力属于人民代表大会，其他机关的权力来源于人大的授权。而澳门特别行政区立法会仅仅是立法机关，它在政治体制中的地位不能与人民代表大会同日而语，不是特别行政区的最高权力机关。它的权力是有限的，主要是立法权和对政府的监督权，而行政长官和政府既不是由立法会产生，它的权力也并非由立法会授予，立法会对他们并非具有临驾性。体现在立法制度上，宪法明确规定，全国人民代表大会及其常务委员会有权撤销国务院制定的行政法规和地方人大制定的地方性法规，国务院必须根据法律制定行政法规，地方政府必须根据法律和行政法规制定地方性法规。但在基本法第 11 条中仅规定，一切法律和行政法规、其他规范性文件均不得抵触基本

法，凡抵触者均为无效。基本法没有赋予立法会可以撤销行政长官制定的行政法规，也没有赋予法院可以宣布行政法规无效。

④澳门基本法中的"行政法规"不同于一般法理中的"行政法规"。

第一，"行政法规"在基本法的不同条文中多次出现，是否就是一个含义？

首先，基本法中的"行政法规"不同于原澳门法律体系中的"行政规章"，应该是两个不同的法律术语。这方面的误解可能是葡文用了同一个词所致，而中文是不同的词，有不同的意思。

其次，基本法第8条中所述原有的"行政法规"与第50条行政长官制定的"行政法规"含义是不同的。前者是《澳门组织章程》第16条中"为实施在当地生效但欠缺规章的法律及其他法规而制定的规章"。现行政长官制定的行政法规可以是独立于法律的规范。

第二，基本法中的"行政法规"与一般法理上的"行政法规"也不尽相同。尤其与内地"行政法规"不同。

虽然，宪法中的"行政法规"与基本法中的"行政法规"从字面上看完全一致，基本法在制定过程中，也参照了宪法的规定；但是，当我们将"行政法规"的概念放入不同的政治体制中比较分析，就可以发现它们之间的差别。按照中国的宪法：第一，行政法规制定的主体是国务院；第二，行政法规制定的依据是宪法、基本法律、法律；第三，行政法规不得与宪法、基本法律、法律抵触。这三点是宪法明文规定的。

宪法对行政法规的性质、地位的规定是由中国的人民代表大会制度决定的，全国人民代表大会是国家最高权力机关，国务院由全国人民代表大会产生，对全国人民代表大会负责，全国人民代表大会常务委员会可以撤销国务院制定的行政法规、决定和命令。

但是，澳门实行的不是人民代表大会制度，行政长官不等同于行政机关，行政长官与立法会的关系不是国务院与全国人民代表大会之间的那种负责关系和从属关系。对基本法中的"行政法规"，许多人将"行政"两字与"行政机关"联系在一起理解并不准确，"行政"两字与"行政长官"联系在一起理解更加科学。所以，用内地"行政法规"的概念理解澳门的"行政法规"脱离了澳门基本法规定的政治体制，是不恰当的。不能只看名称相同，忽视其中的内容不同。

综上所述，处理法律与其他法规的关系，必须结合一个国家或地区的

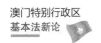
立法制度，讲到澳门的法律与行政法规的关系，必须以基本法为依据。

（2）法律保留原则与法律和行政法规的范围划分

①独立行政法规的含义。

为解决法律与行政法规的关系，澳门立法会制定了第 13/2009 号法律《关于订定内部规范的法律制度》，希望能够解决立法会的立法权限与行政长官的立法权限之间，法律和行政法规之间的关系。在澳门第 13/2009 号法律第 4 条第 3、4 款中规定："三、独立行政法规得就法律没有规范的事宜设定初始性的规范。四、补充性行政法规得为执行法律而制订所必需的具体措施。"澳门立法法把行政法规分为"独立行政法规"和"补充性行政法规"两种，事实上清楚地确认了行政法规有两种的立法依据。一个是以基本法作为直接立法依据，在没有法律的情况下，对行政长官管理的事务进行立法。另一个是法律的依据，在立法会制定了法律的情况下，为执行法律而制定行政法规。

由于行政长官有权制定独立的行政法规，独立行政法规不同于补充性行政法规，它根据基本法授予的权限，可以无需法律的依据加以制定。所以，就存在独立行政法规调整的范围。但是，在确定独立行政法规调整范围之前，需要证明，行政长官为什么可以制定独立行政法规。如果行政长官不能制定独立的行政法规，行政法规只能根据法律制定，那么就根本不存在法律与行政法规调整范围的划分问题。

这样就涉及澳门是"双轨立法"与"单轨立法"的争议。

虽然澳门流行"单轨立法"和"双轨立法"这种说法，但是，还没有找到一个明确的界定"单轨"与"双轨"立法的概念和标准。被广为引以为理由的就是，所谓"双轨立法"是指过去《澳门组织章程》规定，立法职能由总督和立法会行使，立法会制定法律，总督制定法令，所以就是双轨立法，现行澳门特别行政区基本法没有立法职能由立法会和行政长官行使的类似规定，就是意味着不采用双轨立法，故是单轨立法。

第一，立法权含义的理解。

立法权是指国家有权限的机关制定的有国家强制力保证实施的规范性文件的权力[1]。在西方早期的分权理论下，将制定规范性文件的权力赋予了

---

[1] 《牛津法律大辞典》"立法职能"条目，光明日报出版社，1989。《中华法学大辞典》"立法"、"立法权"条目，中国检察出版社，2003。

议会，所以，议会被称为立法机关。而政府是执行议会通过的法律进行国家管理，所以，政府也被称为执行机关。随着社会的发展，议会难于胜任全部的立法工作，开始将部分立法工作委托政府进行，产生了委托立法，但仍不能应付社会发展的需要。因此，许多国家宪法规定政府也可以制定规范性文件的权力，这种立法权被称为行政立法。由于议会和政府均可立法，为了区分两者之间的不同，法理上将立法权分为广义立法权和狭义立法权。

广义立法权是强调国家机关能够制定出具有抽象性的，并具有强制性的行为规则的权力，它以能否产生规范性文件为标准界定，不论是立法机关还是行政机关。

狭义立法权是强调只有立法机关制定法律的权力才是立法权，它以制定规范性文件的主体性质为标准界定。

在广义立法权的概念下，立法主体是指国家机关，制定的规范性文件是属于广义的法律范畴。在狭义立法权概念下，立法主体限于立法机关，制定的规范性文件是狭义的法律范畴。

所以，立法权与立法机关不能画等号，有立法权不等于就是立法机关，而立法机关不等于垄断立法权。

那么"广义立法"和"狭义立法"与澳门所说的"单轨立法"和"双轨立法"是什么关系呢？有两种可能的关系。

第一种可能是相同关系。"广义立法"，说明除了立法机关外，还有其他国家机关行使立法权，在这种情况下，至少存在两个立法主体，所以，"广义立法"等于"双轨立法"。"狭义立法"，说明只有立法机关行使立法权，在这种情况下，只有一个立法主体，所以，"狭义立法"等于"单轨立法"。这样一来，"单轨立法"与"双轨立法"只是广义立法和狭义立法的另一种说法而已。"单轨立法"和"双轨立法"理论没有独立存在的意义，显然不是提出"单轨"、"双轨"立法论所期望的结果。

第二种可能是不同关系。因为"单轨"想表达的只有一个立法主体，"双轨"是要说明有两个立法主体。但在狭义立法权概念下，只有一个主体，不能有双轨。在广义立法权概念下，有两个或两个以上主体，不会是单轨。所以，要确立"单轨立法"和"双轨立法"的理论，就必须在广义立法和狭义立法的理论之外去寻找答案，另立"单轨立法"与"双轨立法"的标准，才能构建"单轨立法"和"双轨立法"的理论。

但是，为什么原有立法会和总督制定法律和法令就是双轨，现在立法会和行政长官制定法律和行政法规就不是双轨了呢？核心问题就是行政长官制定行政法规的权力是否属于立法权，要搞清这一问题，就要解决"单轨"和"双轨"立法体制下的立法权是什么含义？判断的标准是什么？对此，有不同的解说。

首先，一种意见认为，判断是"单轨立法"还是"双轨立法"，以立法主体属性为标准。只有立法机关，才能成为立法主体。所以，该意见认为，特别行政区的立法会是唯一的立法机关，立法权唯一属于立法会，不存在与其他机关分享，行政长官没有立法权，所以是单轨立法体制①。这种说法实质上是采用了狭义立法权的概念。但是，我们已经知道，狭义立法权不能作为区分单轨还是双轨立法的标准，因为按照这一标准，原有的立法会是立法机关，但是总督绝对不是立法机关（主张澳门原是双轨立法体制的意见，亦明确承认总督是行政权的代表），不是立法机关就没有立法权，哪还有双轨立法体制可言？如果过去本身就不是双轨立法体制，怎么能说现在与过去不同呢？这种解释是自相矛盾，难于说明问题。另外，以立法主体的属性为标准，还产生另一个难于自圆其说的问题。认为过去是双轨立法体制的意见，经常以原来的立法会制定的法律与总督制定的法令属于狭义的法律范畴，所以，是双轨立法体制的一个标志。但是，按照原有的葡国法学理论，法律规范可以分为最广义、广义、中间、狭义四类②。虽然，在中间含义范围上法律与法令同属一个层次，但是在狭义层次上只有法律，没有法令。所以，中间含义的法律规范只是一个中间标准，不是一个穷尽到不能再分的最后标准，如果按狭义的法律规范标准，法令就不属于法律同一个层次，将两个不在最终层次上的法律规范，当做双轨立法来说，就成了问题。

其次，判断是"单轨立法"还是"双轨立法"，不应以立法主体属性为标准，应该以制定规范性文件的权力属性为标准。无论是立法机关还是其

① 《八成行政法规或违法》，载 2006 年 5 月 11 日《澳门日报》。
② 〔葡〕孟狄士（Dr. João Castro Mendes）著《法律研究概述》，黄显辉译，澳门大学法学院，1998，第 51 页。

他机关，行使制定规范性法律文件的立法权是有别于行政权①，并且是独立的，彼此之间没有从属性，才能形成两个不同性质的机关享有相同属性的独立的立法权，构成双轨立法体制。它应有的特征是，两个不同的主体，享有相同性质的立法权，彼此独立，互不从属，形成双轨。它的必要条件是：第一，两者的立法权来源于同一个宪制性的文件授权，而不是其中的一个向另一个授权立法；第二，两者行使独立的立法权的依据是宪制性文件，不是其中一个以另一个法律文件为立法依据；第三，两者行使独立的立法权制定出来的规范文件的法律效力相等，如果规范之间产生冲突，不是由其中一个服从另一个，而是最终依宪制性文件为标准，判断哪一个法律规范性文件违反了宪制文件而无效，即合宪性审查，而不是合法性审查。因此，任何一个国家机关制定规范性文件的权力只要具备上述三个条件，就是一项独立的立法权。

以上标准是由实证的例子支持。

当今世界采取双轨立法体制的有代表性的主要国家有法国和葡国。

依照法国宪法第 34 条规定，"法律均由议会通过"。第 37 条规定 "不属于由法律规定的范围事项，其特点由条例来规定"。立法权由议会和政府分别以法律和法令（有将 "法令" 译成 "条例"）形式行使。两者立法权由宪法授予；两者有各自的立法范围；两者效力相等；两者是否违宪由宪法委员会决定②。

依照葡国宪法第 115 条规定，"法律、法令及区立法命令均为立法行为"。它们分别由议会、政府、地方制定。法律与法令具有同等效力，但不影响立法许可的法令和充实法律大纲的法令对法律的从属性。第 164 条、第 167 条、第 168 条分别规定了议会的绝对保留和相对保留立法权限、授予政府的立法许可权限，第 172 条规定议会除由政府专属立法权制定的法令外对法令的追认权限，第 201 条规定政府的立法权限。

从上述法国和葡国宪法的介绍，可以看出不同的国家主权机关，可以分别行使国家的立法权，形成双轨的立法体制。

---

① 立法权概念，是要具体解决立法机关和行政长官有无制定对外效力的独立规范的权力问题。而立法权的范围概念，是要解决立法会和行政长官制定规范时的权限范围和分工问题。两者之间既有联系，又有区别。没有立法权，当然谈不上立法权的范围和分工。有立法权，不等于立法权可以不受范围的限制。

② 参见《法兰西第五共和国宪法》第 34 条、第 37 条、第 38 条、第 41 条。

第二，行政长官有制定独立行政法规的立法权。

澳门特别行政区立法会制定法律的权力是属于立法权，毫无争议。

澳门特别行政区行政长官制定独立行政法规的权力是否属于独立的立法权，引起了争议。应该说，行政长官制定独立行政法规的权力是一项独立的立法权。

首先，行政长官制定独立行政法规的权力直接来源于澳门基本法的授权，是独立的立法权，不是立法会授予的立法权。

其次，行政长官制定独立行政法规的法律依据是基本法。

再次，如果行政长官行使立法权制定的独立行政法规与立法会制定的法律之间发生矛盾，依基本法解决。凡违反基本法规定的法律或行政法规应为无效。

澳门立法会有立法权，但不是唯一有立法权的机关。

有意见认为，只有立法机关才有立法权，行政长官不是立法机关，所以，行政长官无立法权。

根据世界宪政的实践和宪法的理论，立法权可以由立法机关行使，也可以由其他国家机关行使。立法机关与立法权不能画上等号，关键要看一个国家的宪法是怎么规定，对澳门而言，要看基本法是怎么规定。

首先，葡国宪法学家 J. J. Gomes 在《宪法的依据》一书中指出，"宪法不仅把立法职能赋予具代表性的议会（即传统上所指的'立法权'），亦赋予拥有'执行权'的政府"[1]。所以，葡国议会和政府均有立法权。

其次，除了上述引证的法国和葡国的宪法规定外，芬兰宪法第 2 条规定，"立法权由议会和总统共同行使"[2]。

因此，提出只有立法机关才有立法权的论断是不能成立的。同理，不能因此推断澳门特别行政区立法会是立法机关，就是唯一享有立法权的机关。

有人提出，如果行政长官有立法权，为什么基本法没有采取原《澳门组织章程》的表述方法，直接规定特别行政区立法权由立法会和行政长官行使？质问是想说明，没有这种表述就没有立法权。这是值得商榷的。法律规范的内容是主要的，法律表述的方式是次要的，重要的是看在行政长

---

① J. J Gomes 著《宪法的依据》，澳门大学法学院，2004，第 151 ~ 152 页。

② 限于篇幅，不再大量引用资料。

官的职权中有没有这种权力规定。澳门基本法第 50 条第 5 项赋予行政长官制定行政法规的权力，就是独立的立法权的法源规定。在基本法中没有类似《澳门组织章程》中"立法职能由立法会及总督行使"的那样规定，并不能否定特别行政区行政长官有立法权，如果仅从字面理解，基本法也没有规定立法权由立法会行使的表述，是否可以说，立法会也没有立法权了呢？当然不能得出这样的结论。基本法采取的是在立法会和行政长官的职权中规定立法会可制定法律，行政长官可制定行政法规的方法，说明特别行政区立法权的归属和行使问题。所以，这仅仅是立法技术和表述的方法不同而已。比如，法国宪法和葡国宪法也没有类似的表述，并不否定政府有立法权。所以，问题的关键不在如何表述，而在具体的职权中有没有规定立法的职能。

现在我们来具体分析基本法的规定。

首先，澳门基本法第 2 条规定："中华人民共和国全国人民代表大会授权澳门特别行政区依照本法的规定实行高度自治，享有行政管理权、立法权、独立的司法权和终审权。"

根据中央授权，基本法第 17 条规定："澳门特别行政区享有立法权。"①那么立法权是由特别行政区立法机关唯一享有，还是行政长官也享有呢？虽然，基本法没有直接的表述，但在基本法第 71 条关于立法会的职权中规定了立法会有制定法律的权力，在第 50 条关于行政长官的职权中规定了行政长官有制定行政法规的权力。所以，基本法是从立法机关和行政长官的职权角度对立法权的归属作出了明确规定，立法会以法律形式行使立法权，行政长官以行政法规的形式行使立法权。因此，立法会制定法律是依基本法规定的职权，行政长官制定行政法规也是依基本法规定的职权，两者没有差别，法源是出自一个，即澳门基本法，而且这两个条文又源自于基本法同一条的规定（即基本法第 17 条），这两个条文在基本法中的地位是相等的。所以，立法会制定法律的权力与行政长官制定行政法规的权力的性质是相同的，是同一个范畴的两种形式。

其次，还可以从另外一个角度进一步论证基本法中的立法权含义和归属。关于澳门特别行政区立法权的表述，基本法与中葡联合声明中的规定

---

① 基本法第 17 条的"立法权"概念可以理解为《澳门组织章程》中的"立法职能"概念，相对于行政权而言。

有所不同,其不同正是为了更加科学确定立法权的含义和归属。下面将完整地引述联合声明和基本法的相关规定,通过比较,可以得出客观的结论。

联合声明附件一第 1 节第 2 款规定:"澳门特别行政区的立法权属于澳门特别行政区立法机关。""澳门原有法律、法令、行政法规和其他规范性文件,除与《基本法》相抵触或澳门特别行政区立法机关作出修改者外,予以保留。"

基本法第 8 条规定:"澳门原有的法律、法令、行政法规和其他规范性文件,除同本法相抵触或经澳门特别行政区的立法机关或其他有关机关依照法定程序作出修改者外,予以保留。"第 17 条规定,"澳门特别行政区享有立法权"。第 50 条规定,行政长官"制定行政法规并颁布执行"。第 71 条规定,立法会"制定、修改、暂停实施和废除法律"。

经过对联合声明和基本法的比较,可以发现有两个不同点。

首先,基本法将联合声明中的"立法权属于澳门特别行政区立法机关"改为"澳门特别行政区享有立法权"。联合声明的表述是排他性,容易被理解除了立法机关有立法权外,其他机关没有立法权。而基本法的表述是立法权属于特别行政区,具体由立法机关制定法律,行政长官制定行政法规。

其次,由于联合声明规定立法权由立法机关行使,所以,对原有的法律、法令、行政法规和其他规范性文件的修改由立法会负责。但是,由于基本法规定了由立法会和行政长官行使立法权,所以,修改原有的法律、法令、行政法规和其他规范性文件除了立法会外,基本法第 8 条中增加了"其他机关"。虽然,在澳门基本法起草中,有意见不赞成增加写入"其他有关机关依照法定程序作出修改"的规定,理由是立法权唯一属于立法机关。但是,这种意见没有被基本法采纳。按基本法规定,特别行政区除了立法机关外,还有行政长官、行政机关、司法机关。而行政长官又有制定行政法规的权力,所以行政长官当然属于"其他机关"。

上述两点变化正好说明特别行政区的立法权是属于立法会和行政长官的。

那么,有人可能会提出,"其他机关"只能修改原有的行政法规和其他规范性文件,不包括法令,并不能证明行政长官有立法权。但是,这个判断不符合逻辑。道理很简单,澳门原有的行政法规是属于行政规章的范畴,亦即行政权可以修改的范畴,既然行政权属于政府,有无此规定,行政机关依职权都是可以修改的,不需要另作规定。只有对原有法令作修改,超出了行政权的范畴，才需要明确除了立法会外，还有其他机关作修改。

所以，行政长官享有立法权，制定独立行政法规。

如果认为行政长官制定行政法规的权力与立法会制定法律的权力，是性质不同的权力，那么，基本法就必须规定它们之间的从属关系，否则无法解决法律规范的冲突。

根据葡国宪法和《澳门组织章程》的理论，如果行政权制定规范性文件，必须明确规定其立法的依据，立法内容的范围，以避免与立法权制定的规范冲突。所以，葡国宪法第 115 条第 6、7 项规定，"六、如法律内订明应以规章命令之形式为法律制定规章，又或系独立规章者，政府之规章方能以规章命令形式出现"。"七、规章应明文标出其本身系为哪一法律而制定，或应明文标出曾发出本规章之主体权限及客体权限加以界定之法律"。《澳门组织章程》第 16 条第 1 款 C 项，对总督行使执行权制定规章也是有明确限制，"为实施在当地生效但欠缺规章的法律及其他法规而制订规章"。

根据基本法的规定，行政长官制定行政法规是依基本法规定的职权行使立法权。综观基本法，并没有发现对行政长官制定行政法规的权力有类似葡国宪法和《澳门组织章程》的限制。如果基本法原意是把行政法规视作仅仅是执行法律的"补充法规"，那么，不可能没有明确的限制，因为这是必不可少的前提和必要条件。同样，限制行政长官必须在法律的框架内制定行政法规，实际上就是将基本法赋予行政长官制定行政法规的权力，变成由立法会授权行政长官制定行政法规，这完全不符合基本法的规定，因为行政长官制定行政法规的"主体权限"和"客体权限"是源于基本法，不是法律。

第三，独立行政法规受中央的监督。

有人认为，如果行政长官有独立的立法权，为什么基本法在第 17 条只规定，立法会制定的法律要向全国人民代表大会常务委员会备案，接受中央监督，而不同时规定行政长官制定的行政法规需要向全国人民代表大会常务委员会备案？如果行政法规不需要备案，不是意味可以摆脱中央监督？中央与特别行政区关系就出现漏洞，所以，行政法规不能离开法律而独立，行政法规必须依立法会通过的法律制定，法律受中央监督，行政法规依法律制定，也就受中央的监督。

这里，提出了两个问题：一是，行政法规受不受中央的监督？二是，行政法规如何受中央的监督？

　　行政长官有独立的立法权制定行政法规，并不排斥中央的监督。行政法规受中央的监督是毫无疑问的，但是，中央对行政长官制定的行政法规的监督形式与对立法会制定的法律的监督形式是不同的。这完全由中央与特别行政区关系的内容决定的。

　　首先，根据基本法的规定，中央与特别行政区的关系是中央与地方的关系，两者之间是领导与被领导的关系、负责与被负责的关系、监督与被监督的关系。这一点不容置疑。但是，具体到特别行政区的行政长官、立法会、法院与全国人民代表大会常务委员会、中央政府的关系的内容和监督的形式并不一样。

　　其次，由于行政长官是特别行政区的首长，由中央政府任命，基本法规定，由行政长官对中央负责，而不是其他机关对中央负责。所以，基本法规定的"负责"，是中央对行政长官监督的法律基础。中央政府依据基本法第50条第12项规定，可向行政长官发出指令，要求行政长官"执行中央人民政府就本法规定的有关事务发出的指令"。

　　由于行政长官由中央政府任命，当然受中央政府的直接领导和监督，按照领导和负责的法律关系，行政长官对中央政府负责，自然包括行政长官制定的行政法规也要向中央负责，接受中央政府的监督。如果中央政府认为行政法规违反基本法有关中央管理的事务和中央与特别行政区关系的条款的规定，可以发出纠正的指令。所以，基本法不再规定行政法规报全国人大常委会备案。

　　此外，由于全国人大常委会拥有对基本法的最终解释权，如果行政法规涉及是否符合基本法的规定引起争议时，提请全国人大常委会解释基本法，同样受全国人大的监督。所以，不存在行政法规不受中央监督的问题。

　　至于特别行政区立法会，由于基本法没有规定它要向全国人民代表大会常务委员会负责和中央政府负责，接受全国人大常委会和中央政府的直接领导，但为了保障基本法的权威性，确保立法会制定的法律必须符合基本法，所以，要求立法会制定的法律向全国人大常委会备案，接受监督，凡发现抵触基本法的，将发回处理。

　　至于特别行政区法院，基本法明确规定法院对国家行为和国家行为事实的案件无管辖权，对法院解释基本法的行为有最后的审查权和解释权，这也是一种形式的监督。

　　因此，中央对行政长官的指令，对立法会立法的备案审查，对法院管辖权的限制和对基本法的最终解释权，是不同形式的监督。

第四，独立行政法规是立法权的产物。

有人认为，如果行政法规不受法律的约束，不是违反了基本法关于政府须执行立法会通过的法律的规定了吗？

行政长官不能简单地与政府画上等号。基本法第65规定，政府对立法会负责，负责的内容之一是执行立法会通过的法律。但要清楚，本条规定向立法会负责的主体是政府，政府对立法会负责，是在其职责和权限范围内承担责任。正如上述，制定行政法规是行政长官的专有权力，政府执行法律是制定行政规章或执行性行政法规。

如果混淆了行政长官与政府的区别，就会误解基本法的规定。根据基本法规定，政治体制的第一节是行政长官，第二节是行政机关，第三节是立法机关，第四节是司法机关。这四个机关是并列的，行政长官是一个独立的机关，虽然行政长官是行政机关的首长，但不能将行政长官说成就是行政机关。因为两者的法定职权是不同的，制定行政法规是行政长官的专有权力，根据基本法第64条第5项规定，政府只有草拟行政法规的权力。有人认为行政长官制定行政法规是以政府首长的身份制定①，那么就变成行政长官（政府首长身份）自己草拟行政法规，自己制定行政法规，基本法就没必要写政府草拟、行政长官制定，直接写政府草拟并制定即可，又何必在行政长官和政府职权中分别规定呢？

行政长官的职权不限于行政权。有意见认为，行政长官的权力是属于行政权，行政权只能在法律的框架内制定行政规章，即无法律授权，不能制定有对外效力的规范，只能制定内部运作的规范。

对此，应该具体分析，正确理解。

将行政长官的职权限定为行政权是错误的。按照基本法第45条第1款的规定，"行政长官是澳门特别行政区的首长，代表澳门特别行政区"。基本法第62条规定，"澳门特别行政区政府的首长是澳门特别行政区行政长官"。根据基本法的规定，行政长官有两个身份。因为有两个身份，决定了他有双重性的权力，不限于行政权。我们可以举出几项基本法的规定加以说明。基本法第50条第2项规定，行政长官"负责执行本法和依照本法适用于澳门特别行政区的其他法律"，第3项规定，"签署立法会通过的法案，

---

① 笔者过去也持这种看法，现在认为有矛盾，改变看法。

公布法律"，第17项规定，"依法赦免或减轻刑事罪犯的刑罚"。既然行政长官除了行政权以外，还有其他权力，从逻辑上就不能说制定行政法规的权力就是行政管理权。事实上，我们前面的论证已经说明它是一项立法权。

有意见认为，既然基本法没有规定立法会追认行政法规的程序，也就意味行政长官制定行政法规不是一项独立的立法权。对此意见有商榷的余地。原有立法体制中的追认程序，是以立法会的立法许可和立法会与总督的竞合立法为基础的，只有上面两种情况的存在，即立法会授权总督制定法令，或总督制定了立法会也可以制定的法律规范，才会产生立法会的追认，如果与立法会无关，何来立法会的追认？所以，属于行政法规专属立法事项的（过去的总督专属立法事项制定法令同样如此），也就无须立法会的追认。这是互相尊重、互相制约的制度安排，不存在谁架空谁的问题，相反，如果立法会对行政长官制定的行政法规（在无立法许可的情况下）追认，那才是有违立法会与行政长官的制约关系。

②独立行政法规调整的范围。

在法律保留原则下，独立行政法规调整的范围有哪些事项？独立行政法规有没有保留的事项？

第一，独立行政法规调整的范围。

《中华人民共和国立法法》对行政法规的事项范围作出了规定，凡是法律已有规定，为执行法律需要均属于行政法规可规范的事项。凡是属于行政管理范围的事项行政法规均可规范。但是，行政法规不能涉及《中华人民共和国立法法》第8条规定的只能制定法律的事项。所以，我国立法法对行政法规的立法范围采取的是原则列举，具体排除法。

澳门第13/2009号法律对独立行政法规和法律的事项范围作出了分工，采取具体列举和具体排除的方法。第7条规定了七项属于独立行政法规规范的内容："（一）充实、贯彻和执行政府政策的规范；（二）管理各项公共事务的制度和办法；（三）政府的组织、运作及其成员的通则；（四）公共行政当局及其所有的部门及组织单位的架构和组织，包括咨询机关、具法律人格的公共部门、公务法人、公共实体、自治部门及基金组织、公共基金会、其他自治机构及同类性质机构的架构及组织，但不包括属于立法会、法院、检察院、审计署及廉政公署的机构或纳入其职能或组织范围内的机构，以及对基本权利和自由及其保障具有直接介入权限的机构，尤其是刑事调查机关；（五）行政会的组织、运作及其成员的通则；（六）行政违法行为及其罚款，但罚款金额不超过澳门币 500000；（七）不属于本法第六条规定的其他事项。"按照第 7 项的规定，具体排除了行政法规不能规范的具体事项①。这种对立法权限的分工，与独立行政法规的立法依据有关。独立行政法规不同于补充性行政法规，它根据基本法授予的权限，可以无需法律的依据加以制定，立法法第 4 条第 3 款规定，独立行政法规可以创设"初始性的规范"。所以，哪些事项可以由行政法规设立初始性规范，哪些事项不能设立初始性规范，必须进行清楚的分工，才能保证初始性规范的合法性。从这个意义上说，澳门特别行政区立法制度非常类似于法国宪法确定的二元立法体制，国会制定法律，政府制定条例，法律和条例依据宪法的规定，均有专属的立法事项②。

第二，独立行政法规有没有保留的事项？

根据澳门第 13/2009 号法律对法律和独立行政法规调整事项的规定，是否可以从逻辑上推出既有法律保留的事项，也有行政法规保留的事项？还是说，只有法律保留的事项，没有行政法规保留的事项？或者说，法律保留的事项是绝对的，行政法规保留的事项是相对的，如果法律认为有需要可以规范行政法规的事项？这些问题是需要研究明确的。

我国立法法规定，全国人大制定基本法律，全国人大常委会制定基本法律以外的法律，国务院制定行政法规。从我国立法法第 56 条的表述看，国务院可以就有关事项制定行政法规，但不等于该等事项唯一由国务院规定，因为人民代表大会制度决定全国人大是国家的权力机关，只要它认为需要，对任何事项，包括国务院行政管理的事项都可以制定法律。我国立

---

① 特别行政区立法法第 6 条规定："（一）基本法和其他法律所规定的基本权利和自由及其保障的法律制度；（二）澳门居民资格；（三）澳门居留权制度；（四）选民登记和选举制度；（五）订定犯罪、轻微违反、刑罚、保安处分和有关前提；（六）订定行政违法行为的一般制度、有关程序及处罚，但不妨碍第七条第一款（六）项的规定；（七）立法会议员章程；（八）立法会辅助部门的组织、运作和人员的法律制度；（九）民法典和商法典；（十）行政程序法典；（十一）民事诉讼、刑事诉讼和行政诉讼制度和仲裁制度；（十二）登记法典和公证法典；（十三）规范性文件和其他正式公布的文件格式；（十四）适用于公共行政工作人员的基本制度；（十五）财政预算和税收；（十六）关于土地、地区整治、城市规划和环境的法律制度；（十七）货币、金融和对外贸易活动的法律制度；（十八）所有权制度、公用征用和征收制度；（十九）基本法赋予立法会立法权限的其他事项。"

② 法国宪法第 34 条和第 37 条。《澳门特别行政区法院司法年度年报 2006～2007》，澳门特别行政区终审法院院长办公室，2008，第 90～1163 页。或见 http://www.court.gov.mo/c/cdefault.htm。

法法第 56 条并不能排除全国人大立法的可能性。

那么，澳门立法会对独立行政法规的事项是否可以制定法律呢？澳门第 13/2009 号法律第 5 条"立法会行使《澳门特别行政区基本法》赋予的职权，有权就澳门特别行政区自治范围内的任何事宜制定、修改、暂停实施和废除法律"中的"任何事宜"是否也包括独立行政法规的事项呢？从字面上理解，"任何事宜"应可包括独立行政法规的事项，但是，如果包含了独立行政法规的事项，就构成了两者之间的内在矛盾。因为存在"任何事宜"就不应该存在"独立行政法规"，反之亦然。所以，不能简单地从字面上理解"任何事宜"与"独立行政法规的事项"关系，而应该从实质内容上理解两者的关系。

解释它们之间的实质关系，需要注意以下三点：一是澳门行政主导的政治体制不同于国内人民代表大会制度，人民代表大会不仅仅是立法机关，而且是权力机关。而澳门立法会仅仅是一个立法机关，权力有限。二是国内立法法对行政法规并没有区分"独立"和"补充"两种形式，但澳门立法法是作出了区分，既然有"独立行政法规"，所谓"独立"就应该有排他性，不具有"共享"性。所以，澳门行政法规有保留事项是可以成立的。三是"任何事宜"与"独立行政法规"的提法在形式上是有矛盾的，但在事实上不会造成冲突。原因是，根据澳门基本法第 75 条的规定，凡涉及公共收支、政治体制或政府运作的法案，立法会议员不能提出。凡涉及政府政策的法案，议员在提出前必须得到行政长官的书面同意，因而，当行政长官已经制定了行政法规或认为应该制定行政法规，政府不会向立法会提出法案进行立法，从立法程序上排除了冲突。

第三，独立行政法规不能规定法律的事项。

有人认为，行政长官可独立制定行政法规，不就意味行政长官可以通过行政法规随意修改法律了吗？行政长官虽可以独立制定行政法规，但是，行政法规是有自己的调整对象和范围。事实上基本法有原则规定，基本法第 75 条规定，"公共收支、政治体制或政府运作"方面的事项，政府提出法案，立法会制定法律。虽然，过去对这一条的理解，比较多的侧重是对立法议员提案权的限制的解释上，但从另一方面说，也是对行政法规的立法范围作出限制。所以，也不存在行政法规可以对任何事项立法，可以废除立法会制定的法律。属于立法会专属立法事项的，行政法规既不能代替立法会立法，也不能修改立法会的法律。

（3）法律优先原则与法律和行政法规之间的效力问题

为了维护法律的统一性，在立法制度中，均会明确规定不同规范性文件的位阶和它们之间的效力关系，以及当规范性文件发生冲突时如何处理的原则和办法。

①法律优先原则的含义。

我国立法法不仅对规范性文件的位阶作出了明确规定，如，第78条规定："宪法具有最高的法律效力，一切法律、行政法规、地方性法规、自治条例和单行条例、规章都不得同宪法相抵触。"第79条规定："法律的效力高于行政法规、地方性法规、规章。行政法规的效力高于地方性法规、规章。"而且，对规范性文件的冲突规定了处理的原则和办法，如，第88条规定："改变或者撤销法律、行政法规、地方性法规、自治条例和单行条例、规章的权限是：（一）全国人民代表大会有权改变或者撤销它的常务委员会制定的不适当的法律，有权撤销全国人民代表大会常务委员会批准的违背宪法和本法第66条第2款规定的自治条例和单行条例；（二）全国人民代表大会常务委员会有权撤销同宪法和法律相抵触的行政法规，有权撤销同宪法、法律和行政法规相抵触的地方性法规，有权撤销省、自治区、直辖市的人民代表大会常务委员会批准的违背宪法和本法第66条第2款规定的自治条例和单行条例；（三）国务院有权改变或者撤销不适当的部门规章和地方政府规章；（四）省、自治区、直辖市的人民代表大会有权改变或者撤销它的常务委员会制定的和批准的不适当的地方性法规；（五）地方人民代表大会常务委员会有权撤销本级人民政府制定的不适当的规章；（六）省、自治区的人民政府有权改变或者撤销下一级人民政府制定的不适当的规章；（七）授权机关有权撤销被授权机关制定的超越授权范围或者违背授权目的的法规，必要时可以撤销授权。"从上述的规定中可以清楚地看到规范性文件的位阶和效力，取决于立法主体在政治体制中的地位，权力机关制定的规范性文件高于行政机关制定的规范性文件，上级机关制定的规范性文件高于下级机关制定的规范性文件，前者有权撤销后者的规范性文件。由于法律是由全国人大及常委会制定，效力自然高于行政法规，所以，法律优先原则是绝对的。

澳门第13/2009号法律第3条规定："一、澳门特别行政区的法律、独立行政法规、补充性行政法规及其他内部规范性文件须在符合基本法的前提下方为有效。二、法律优于其他所有的内部规范性文件，即使该等文件

的生效后于法律。"所以，澳门立法法也确立了法律优先原则。

②在澳门，法律优先原则是否有条件？

分析澳门第 13/2009 号法律第 3 条第 1 款和第 2 款的关系，法律优先原则是相对的不是绝对的。因为在基本法第 11 条第 2 款中规定，法律、法令、行政法规和其他规范性文件均不得同基本法相抵触，所以，澳门立法法规定，规范性文件须在符合基本法的前提下有效。因此，基本法的最高效力和优先地位是十分肯定和清楚。至于法律与行政法规的优先地位在基本法中没有直接而明确的规定，主要原因是，以立法主体的地位高低来决定规范的地位和效力的原则与澳门的政治体制不适应，也难以运用，所以要另谋出路。

澳门立法法提出了法律优先的原则，那么法律为什么优先？优先是有条件的还是无条件的？从澳门立法法的规定看，补充性的行政法规一定以法律为优先，是无条件的。独立性的行政法规以法律为优先是有条件的。

第一，由独立行政法规的立法依据决定。

澳门立法法明确规定制定行政法规有两个立法依据，有独立行政法规和补充执行法律的行政法规两种形式。立法依据的概念，其实包含了两层含义，一是立法权依据，二是立法内容依据，实有必要分清楚它们之间的区别。立法权依据是讲立法权的来源是否合法，比如，立法会制定法律的权力来源于基本法的第 71 条的规定，行政长官制定行政法规的权力来源于基本法第 50 条的规定。凡无权或者越权制定规范性文件，其结果必然无效。虽然依法行使立法权，但并不等于制定的规范性文件一定是具有合法性的。所以，才有立法内容的依据，以便保证规范性文件的合法性。行政长官和立法会均是依基本法赋予的立法权制定规范性文件，属于职能立法，即同一个基本法赋予的职权，同一个基本法作为立法依据。所以，它们都需要向基本法负责，任何一方违反基本法的规定，都将是无效的。换言之，法律和行政法规是否有效，不取决于对方的规定（除了执行性行政法规外），取决于是否符合基本法的规定。

第二，法律与行政法规冲突的三种情况需要区别对待。

从逻辑上分析，法律与行政法规冲突可能出现三种情况：首先，当法律和行政法规都符合基本法的规定，但行政法规与法律出现不一致；其次，当法律符合基本法，行政法规不符合基本法出现不一致；再次，当行政法规符合基本法，法律不符合基本法出现不一致。对于第一和第二种情况，法律优先应该可行。对于第三种情况，如果法律优先就有问题了，法律不符合基本法却可优先符合基本法的行政法规，岂不变成了法律高于基本法了？为了避免这种逻辑上的矛盾，不能以法律优先原则来处理，应该以基本法优先原则来解决。因此，处理澳门立法制度中规范性文件的冲突，应该坚持两项原则，首先是适用基本法优先原则，其次才适用法律优先原则。从这个意义上说，法律优先原则是以基本法优先原则为条件的。

（二）批准权

基本法第71条第2项和第3项分别规定立法会"审核、通过政府提出的财政预算案；审议政府提出的预算执行情况报告"，"根据政府提案决定税收，批准由政府承担的债务"。从基本法的规定可以看出，政府的预算、税收、借贷均须经立法会批准才能执行。

1. **批准权的含义**

未经立法会同意，不得进行公共收支、税收、举债的行为。批准不同于许可。基本法规定立法会的这一权力与原澳门立法会的有关权力相比，更体现了立法对行政的监督制约、行政对立法的负责。原《澳门组织章程》规定，每年12月25日为立法会核准行政当局按照总督为翌年财政预算而作的建议的期限。在1983年以前，政府每年的财政预算方案由财政司统一编制，从1983年开始，改由各政务司分别拟订本部门的财政预算方案，然后呈送总督，总督交咨询会通过后提交立法会讨论核准。但政府向立法会提交年度预算案，只是提及一些公共收入和支出的原则和标准。立法会对该预算案进行讨论，然后通过一个决定，主要包括以下几个内容：第一，准许政府按照法律规定征收澳门地区的税捐、其他收益，并将所得供作已列于本地区的总预算册的公共费用支付。第二，只对法律许可的范围征税。第三，政府遵守本法所定的原则及按照为本法律一部分并附同本法律公布的政府施政方针政策来编制财政总预算。因此，根据《澳门组织章程》第31条所指之许可征收收入及作出开支之法律获核准后，始得编制本地区总预算的规定，由此可以看出立法会通过的只是政府制定预算的建议及一般原则和标准，然后政府在此基础上编制总预算，而不再需立法会批准。在实际运作中，政府经常超过原有的预算。而基本法规定的是特别行政区立法会审议、通过政府提出的财政预算案，即经立法会通过后，政府必须执行。因此，立法会通过的不是制定财政预算的原则和标准，而是一个预算法案，这就是两者之间的一个区别。

正如上述所说，由于特别行政区立法会与原澳门立法会在财政预算方面的权力不尽相同，所以在年度财政预算不能按时实施时，采取的措施也就不同。原《澳门组织章程》规定，不论什么原因，当预算不能在新年度开始实施时，不附期限或跨越新年度所订的收入，应继续根据原有法律征收。关于平常开支，可暂时继续运用上年度预算开支的十二分之一，以及在上年度已批准用作支付新长期性负担的款项之十二分之一。基本法第53条规定："澳门特别行政区行政长官在立法会未通过政府提出的财政预算案时，可按上一财政年度的开支标准批准临时短期拨款。"行政长官的临时短期拨款是有限制的，具有过渡性质。虽然行政长官可以临时拨款，但特别行政区的年度财政预算，最后还要由立法会批准。立法会通过的财政预算案，需行政长官签署，并报中央人民政府备案。这是因为任何一个国家的地方议会通过本地区财政预算后不能立即生效，需呈中央有关部门核实后才能实施。我国省级地方人民代表大会要根据国家财政的有关规定和总编制，审核批准地方财政预算，而澳门特别行政区立法会是根据澳门的财政状况审核政府的财政预算，因其财政独立于中央，所以通过后即生效，无须中央人民政府批准，但为了让中央人民政府了解澳门特别行政区财政情况，所以需要备案。

2. 批准权的内容

（1）财政预算

财政预算包括编制原则和主要内容。澳门基本法第105条规定："澳门特别行政区的财政预算以量入为出为原则，力求收支平衡，避免赤字，并与本地生产总值的增长率相适应。"所以，澳门财政预算编制的原则是，收支平衡，收入和支出分开列明。由财政司会同有关部门研究及编制。先由各公共部门上报新财政年度工作计划及开支提案，总预算涉及的各个部门根据财政司的报表和要求，提交所需资料及有关解释。然后，财政司根据行政长官的施政方针，汇总协调各级预算，各部门的开支提案、投资发展计划以及预算编制对新财政年度收入规模的预算，拟定新财政年度的总预算。政府向立法会提交总预算草案前，必须检讨财政形势，并对各级预算的综合平衡效果作出测定。

为监督政府执行财政预算的情况，立法会要审议政府的预算执行情况报告。原澳门的预算执行情况是由澳门政府财政司编订审计账目，由总督提交审计法院审核，经审核后送立法会审阅，无需通过。特别行政区政府执行财政预算的情况，由政府提交立法会审议，同样无需批准。

为了特别行政区政府能够执行好财政预算，行政长官通过了第 6/2006 号行政法规《公共财政管理制度》，具体对财政的会计制度，开支的支出，预算修改和补充预算，政府投资和发展开支计划，预算的监控，出纳活动等作出了明确规定。

（2）税收

根据基本法第 106 条的规定，"澳门特别行政区实行独立的税收制度"，"自行立法规定税种、税率、税收宽免和其他税务事项"。通过立法会制定法律加以规定。澳门的税种主要有以下几种。

职业税，澳门职业税是以工作收益（劳动所得）为课征对象的一种直接税。工作收益是一切契约性的或非契约性的、金钱的或实物的、固定的或偶然的、定期的或额外的报酬的总和，但不包括医疗费、药费、住院费、补助、抚恤金、退休金、残疾金、遗属赡养金或其他类似的补助。职业税的纳税人分为两组：第一组为在澳门从事由他人负担支付薪酬的营业活动的人；第二组为在澳门从事自付薪酬且以科研、艺术或技术为特征的营业活动的人。

营业税，在澳门经营工业、商业或者任何其他工商业性质活动的个人或团体，均须缴纳营业税。澳门营业税的课征对象不是营业活动的收入或利润，而是每一个营业机构缴付固定数额的税款，因此可被视为营业机构注册税。

房屋税，澳门的房屋税是对澳门市区房屋收益征收的税。市区房屋收益是指在发生租赁关系时的租金及无租赁关系时使用人所取得的或可能取得的经济利益。

所得补充税，所得补充税又被称为纯利税，是对个人或团体（不论其住所或总部所在地为何处）在澳门所取得的总收益课征的税。其中，个人总收益是指个人工商业活动收益和工资收益的总和减去有关负担后的所得；团体总收益是工商业活动全年经营所得的纯利。个人总收益和团体总收益均不包括房屋收益。

印花税，课税对象是公民之间、公民与政府之间在特定经济活动中所书立、领受的证书、文件、不动产的有偿转让等。凡书立、领受应税项目的个人或团体都是澳门印花税的纳税人。例如，执照印花税纳税人是执照的领受人；合同印花税的纳税人是合同签署人；赋税印花税纳税人是该税

负的纳税人。在缔结契约转让不动产时，纳税人为不动产的受让人；在交换、拍卖与司法裁定转让中，物业转移税由各参与方分担。

车辆使用牌照税，澳门车辆使用牌照税的课税对象为在澳门地区根据法律规定使用发给执照、注册或登记的车辆（包括机动车辆及工业机械）。车辆使用牌照税以车辆的所有人为纳税人，包括取得车辆执照、注册及登记的人，以及融资租赁中的承租人。

消费税，澳门消费税以三组 22 项消费品和消费行为为课税对象。这三组产品分别是：酒类及其他含酒精饮料、烟草、其他产品（包括水泥、汽油等）。纳税人为进口和生产应税产品的个人和团体。消费税的征收采用从量征收与从价征收两种形式。旅游税，澳门旅游税的课税对象为酒店及同类场所、健身房、桑拿浴室、按摩院和卡拉 OK 场所在其特定活动范围内提供的服务。纳税人是提供应税服务的个人或团体。

离境税，包括从机场、港口离开澳门的税费。

专营税，澳门专营税分为博彩专营税和公用事业（包括公共工程和公共服务）专营税两种，其中博彩专营税在澳门财政和税收当中的重要性十分突出，对其税收不受低税制的限制。

对以上税种或税率进行调整均需要通过立法会加以规范。

（3）债务

除了政府的财政预算、税收需经立法会批准外，政府承担的债务也需立法会批准。原《澳门组织章程》也有同样规定，政府依照规定借入和借出款项、进行其他信用活动，均应由立法会批准才能进行。立法会对政府的借债监督，是执行其批准的财政预算政策的重要保证，也是特别行政区财政健全发展的一个条件。

不论政府是实有债务，还是或有债务，均需要立法会批准。如政府为了支持澳门的中小企业发展，向立法提出法案，立法会通过了第 5/2003 号法律《批准澳门特别行政区政府承担债务》，行政长官在第 19/2003 号行政法规《中小企业信用保证计划》作出了具体的实施规定。如，政府为有关企业向获得在澳门特别行政区营运的银行贷款提供保证，承担总额为澳门币 3 亿元的债务。

（三）监督权

基本法第 71 条第 4 项和第 5 项规定，立法会听取行政长官的施政报告并进行辩论，就公共利益问题进行辩论。按照基本法的规定，立法会对行政机关的监督，主要体现在对行政机关的施政方针等监督和对行政机关工作的监督。

1. 监督权的含义和界限

（1）立法会的监督权是指立法机关对行政机关依法行使权力的行为进行监察与督促的权力

监督关系体现在不同主体和不同权力之间。如果同一主体（自身）行使同一权力就不是监督权，也就不存在监督的关系。因而，不要将监督权与上述的立法权、批准权混为一谈。

立法会的监督权不同于它的立法权和批准权。如立法会制定法律，政府行使的是提案权，立法会行使审议、通过权，这种权力不是监督权，是属于立法会的立法权，因而，立法会要由此负上政治责任。同理，政府提出财政预算案，由立法会审议通过，也是立法会的批准权，不是监督权。虽然，监督权可以渗透、配合立法权和批准权的使用，或者两者交替使用，如，在立法过程中要求政府解释，回答质询。但是，两种权力的性质仍然是可以区分的，不能互相替代。批准权是自我实现的一种权力，而监督权是实现对其他主体权力制约的一种权力，如立法会对政府执行法律、执行预算的情况进行监督。

所以，不要把监督权强化为决定权，也不要将决定权弱化为监督权。要做到职权分明，各司其职。

（2）立法会监督权是一种公权力

立法会作为制约行政机关而获得基本法规定的监督权，议员因公职而获得基本法规定的质询权。所以，立法会的监督权作为公权力，必须是由法律明确规定和授权，并具有强制性。它不同于社会监督，社会监督是指居民的个人权利对公共权力的监督，如，居民对政府的批评式监督，它不具有强制性的效力。

权力对权力的监督与权利对权力的监督之间的区别除了有无法律的强制力和法律的后果外，社会监督的范围和手段要远比权力监督的范围更广泛，手段更多样。政府的任何行为都可以成为社会监督的对象，社会可以采用不为法律禁止的各种手段监督政府。

所以，讨论立法会对政府的监督不要混同于社会监督，要求立法会像社会监督那样做到不受限制地对所有事项进行全面监督，既不符合政治体

制的安排，也无能力做到，更不利于加强立法会的监督和制度建设。

立法会对行政机关的监督是必要的，是立法对行政制约的一种形式。立法会对行政的监督，其目的是通过监督，协助行政机关做好工作。而行政机关通过接受立法机关的监督，争取立法机关的支持，这样才不会相互扯皮，影响行政工作的效率。

2. 监督权的内容

（1）政府行为受监督

根据澳门基本法第65条的规定，政府对立法会负责，自然政府的行为受立法会监督。基本法第71条规定了立法会职权，可对施政报告辩论，对公共利益辩论，弹劾行政长官。基本法第76条规定，立法会议员有权对政府的工作提出质询。所以，政府的工作受立法会的监督。

对政府工作的监督，主要是对政府在执行立法会通过的法律、执行政府施政方针政策过程中的行为进行监督，及时纠正偏差，以保证法律和方针政策的正确执行。

（2）行政长官作为政府首长的行为（或领导政府的行为）受监督

行政长官代表行政权作出的行为，属于行政活动的范畴，应受立法会监督。如，立法会对行政长官的施政报告进行辩论，通过辩论，对不够完善的政策使之更加完善，不太符合实际情况的政策使之修改后适应实际情况。经过修改、补充、完善，使政府的政策有利于社会的稳定发展。再如，立法会对行政长官决定的政府政策，发布的行政命令，代表政府处理对外事务等行为进行监督。

但是，行政长官还有另一个重要的身份，他是特别行政区的首长。作为特别行政区首长的行为受不受立法会监督呢？比如，行政长官负责实施基本法的行为，签署立法会通过法律的行为，行政长官提名主要官员的行为，委任部分立法会议员的行为，任免行政会成员的行为，任免司法官的行为，执行中央政府就基本法规定的有关事务发出的指令的行为等。按照基本法规定，并没有赋予立法会有权力对行政长官行使上述职权进行监督。所以，不能笼统讲立法会对行政长官进行监督，否则，扩大立法会的监督范围，不符合基本法规定。虽然如此，并不妨碍社会的监督，居民、团体可行使权利对行政长官行使权力的监督，如批评、发表意见等。

3. 监督的具体权力

监督的具体权力指质询权、辩论权、调查权。

综观世界各国议会的监督权，主要包含三方面的权力，即质询权、辩论权、调查权。

质询权是议员对政府的政策和工作提出问题，要求政府改善。质询不同于咨询，不是了解问题，而是针对问题。质询权是议员个人的权利，质询不代表议会。所以，质询不需要议会同意。质询的对象主要指向政府总理和政府部长。质询的形式分为口头和书面两种。对一些质询可要求辩论，但有些质询不可辩论。质询的内容主要包括政府公共政策、社会重大事件、官员的行为。质询的后果可以导致议会辩论，在一些国家的政治体制下可以导致政府的下台。所以，有些国家法律要求质询需要一定数量议员联署。

辩论权是议员与政府共同讨论公共政策的制定，通过辩论，监督政府的政策制定。辩论可以要求政府制定一项政策，也可以对政府拟议或制定的政策进行讨论。

调查权是由议会的专门委员会或成立的临时委员会对专门的或特定的事项进行调查。调查对象为政府官员、社会组织。调查方式是听证，调查手段有传唤、取阅资料等。

虽然，各国议会均有监督权，包括质询权、辩论权、调查权，但是权力却有大小分别。监督权的大小与政治体制的结构有关。在英国的议会制下，监督权是建立在政府由议会产生的基础上，所以，议会对政府的监督权相对较大，议会有倒阁权，议员对政府官员有质询权。在美国总统制下，由于总统不是由国会产生，所以，国会对总统无罢免权，对政府官员也无质询权，但是国会有听证权，要求官员在听证时作出解释。

澳门立法会议事规则对议员的监督权及行使监督权的程序作出了规定。

（1）对政府工作的质询及程序

基本法第76条规定："立法会议员有权依照法定程序对政府的工作提出质询。"立法会议事规则第二章监察程序第一节对政府的质询程序规定，议员可就政府工作的事项提交全体会议进行质询，负责有关工作范畴的政府官员应参与质询。

立法会第2/2004号决议《对政府工作的质询程序》第2条、第3条对质询的范围和限制做出了明确规定。质询只能对政府已经采取或将采取的政策、措施进行质询。质询不能针对个人隐私、法律规定需要保密的事项。

上述决议第5条、第9条对口头质询的申请和举行做出规定。口头质询由议员或最多六名议员联署提出质询申请书，由立法会主席发给其他议员并通知行政长官，以及决定召开质询的全体会议。提出质询的议员首先发言 5 分钟，政府官员回答 10 分钟，议员随后发言不超过 2 分钟，政府官员再答复不超过 4 分钟。其他议员补充澄清不超过 1 分钟。最后政府官员有 10 分钟回应。第 11 条、第 12 条、第 13 条对书面质询的申请和答复作出了规定。每一位议员每周可向立法会主席提出一个书面质询，由主席送交行政长官，政府应在行政长官收到 30 日内作出书面答复。

加强质询，应该在质询的质量上下工夫，提高水平，包括议员的质询和政府的回复两个方面。议员问题问得好是提高质询质量的基础，这需要做好调查研究的工作，有事实，有理据。在这个基础上要求政府答复不能敷衍了事。为此，立法会可以考虑制定一定条件，如属重大事件、社会普遍关注的问题、有一定数量议员联署的质询，可以进行质询的辩论，取得监督的效果。

（2）公共利益的辩论及程序

立法会议事规则第二章第二节"公共利益问题的辩论程序"对辩论的内容和程序作出了规定。第 137 条规定，应政府和议员的要求可举行公共利益问题全体会议。第 139 条规定，在提出公共利益问题辩论申请后，由全体会议决定是否进行辩论。第 140 条和第 141 条规定，如立法会决定辩论，立法会主席须通知行政长官。在辩论进行前应向议员提供所需要的资料。在辩论时，先由政府代表回答议员的提问，然后议员进行互相辩论。

澳门存在不少社会关注的公共政策是可以辩论的，适当增加次数是可以做到的。但是，立法会应该形成一种文化，议员也应该自律，尽量避免提出以谋取团体政治利益或以取悦部分选民偏好的辩论议题，因为对这种辩论议题议员之间本身也不易达成共识，最终妨碍立法会辩论的效果。

（3）施政报告的审议程序

立法会议事规则第二章第五节施政报告的辩论程序第 152 条规定，先由行政长官发言，后由立法会议员要求解释。辩论最多为期 10 日。立法会对施政报告中的每一基本政策进行讨论，并可要求政府的有关官员到立法会进行答辩。行政长官为了加强与立法会的沟通，每年度的上半年和下半年分别一次到立法会进行答问，介绍政府执行政策的情况和拟定的政策和采取的措施，并回答议员的提问。

（4）听证的程序

为了保证立法会对政府的监督，对社会关注的政府行为的重大事件，确有需要就应该行使调查权，查明原因，吸取教训，制定措施，防止再犯。基本法规定了立法会在行使职权时，如有需要，可传召和要求有关人士作证和提供证据，有关人士是不能拒绝的。立法会第 4/2000 号决议《听证规章》对听证的内容和程序作出规定。听证不得针对特别行政区自治范围以外的事项，不得涉及个人隐私和法律规定保密的事项。听证由不少于两名议员向立法会主席提出，然后由全体会议决议是否举行听证。全体会议批准后，由立法会常设委员会或临时委员会进行并提交报告。

4. 监督的形式

议会的监督主要有两种形式。一是主动式，又称巡警式，即立法机关如同巡逻的警察一样，积极主动地审查行政机关的行为，以查明其是否违反授权目的，并对违法的行为采取一定的补救措施[①]。另一是被动式，又称报警式，即立法机关无需主动审查行政机关的行为是否违反授权的目的，而是通过建立一套规则、程序以及非正式的惯例，赋予单个公民和有组织的团体一定的权力，使他（它）们可以审查、检举、揭发行政机关的违法行为（包括预期违法行为）和其他目标偏离行为，立法机关或其他国家有关机关根据公众的报警而采取一定的补救措施[②]。这两种形式各有长短，前者主动，但未必有能力事事监督。后者被动，但针对性强，监督相对有效。

结合澳门基本法的规定和立法会的情况，以哪一种形式为主？如何具体运用这两种形式？

巡警式监督和报警式监督的倾向明显不同，巡警式监督要求事前监督，所以容易导向参与行政权的决策，结果有可能出现立法会监督的角色要么减弱，要么消失。报警式监督属于事后监督，重在对行政权决策过程的监督，而不是参与决策，始终保持监督者的角色，有利于实现权力分工、互相监督的原则。所以，考虑行政主导体制，报警式监督为主，巡警式监督为辅。当前，立法会对政府的监督确实需要加强，但不能因此走向了另一个极端，在社会不断要求加强立法会对政府监督的时候，导致立法会过度

---

① 谢艳、杨君：《立法机关对行政机关的监督：巡警式监督与火警式监督》，载《人大研究》2008 年第 9 期。见 http：//www.bob123.com/lunwen23/18739_ 2.html。

② 谢艳、杨君：《立法机关对行政机关的监督：巡警式监督与火警式监督》，载《人大研究》2008 年第 9 期。见 http：//www.bob123.com/lunwen23/18739_ 2.html。

采用巡警式监督，如果政府不接受事前监督，就被指责为不尊重立法会，逃避立法会监督，引致行政与立法的对立，这样做，长远而言，对改善行政与立法关系并不会有益。

当然，做好报警式监督（事后监督），政府务必要做出努力，在态度上，要主动和自觉地与立法会沟通，接受立法会监督。在做法上，要提高决策和施政的透明度，让议员和居民有充分的知情权与表达意见的参与权。在对待监督结果的处理上，要及时纠正过错，承担相应的责任。

5. 立法会的监督权不能偏离特别行政区的政治体制

（1）加强立法会的监督权不能违背行政与立法关系的原则

基本法规定，立法会听取行政长官的施政报告并进行辩论，就公共利益问题进行辩论，立法会议员对政府工作提出质询。

虽然立法会监督权中的质询权、辩论权、调查权与议会制国家议会的监督权的名称相同，但具体的形式和内容不同。由于特别行政区政府不是由立法会产生，政府对立法会负责有范围的限制，立法会不能对政府投不信任票、要求政府下台，立法会的质询、辩论、调查也不能导致主要官员的罢免。两者监督权的法律效力和后果明显不同。

澳门与美国也不同，虽然特别行政区政府不是由立法会产生，但需要向立法会负责，立法会享有对政府的质询权等，政府也应该自觉接受立法会的监督。基本法的这种安排与行政主导的政治体制有关，既要受立法会监督，体现权力之间的制约，又要实现行政主导，监督需要有适当的范围，监督的权力也要有限度。

（2）加强立法会监督权不等于扩权或重新分权

立法会的监督权需要加强，但不能将监督权变相扩展为控制权和管理权。

控制权实质是批准权，当立法会行使控制权，原本对行政管理的行为进行监督，就变成了对行政管理行为的批准。这时，由于立法会的角色发生了变化，从监督者变成了决定者，它不再是监督别人，应该受他人监督，因为决定者本身同样面临是否有滥权的问题需要接受监督。

管理权是亲力亲为处理行政事务，如果立法会将监督权变成管理权，亲自处理行政事务，对自己管理的事务当然也就不适合自己监督，何况，立法会的运作方式也不适合管理。

所以，加强立法会对行政机关监督，重在监督上下工夫，如果离开这个中心，不适当地增加其他权力，或者将监督权改变为其他权力，不仅不能加强监督，反而削弱了监督，甚至产生新的不受监督的情况。从整个政治体制上说，变成了没有监督者，是十分危险的。

因此，立法会监督的角色定位一定要清晰。比如，主张立法会不仅要决定财政预算，而且要求执行财政预算过程中的每一项支出经立法会批准，从权力的属性上说已经不是监督权的范围，是属于决定权的范围，是要求重新对行政权与立法权之间进行一种权力再分配。核心问题不是政府要不要接受立法会的监督，而是政府现有权力应该不应该转移给立法会的问题。从本质上说，这涉及制度安排，需要慎重考虑。

6. 监督权的两个基础

（1）监督的共同基础和目的——为了公共利益

行政权与立法权的区别，在政治体制中仅仅是分工不同，角色不同。但是，服务社会的任务相同。虽然它们之间存在监督与被监督的关系，其目的是为了实现公共利益。

所以，监督的出发点和归宿既不是为议员个人或集团利益服务，也不是争取立法会自身的利益，而应该以公共利益为依归。一旦偏离公共利益这个目标，监督难以取得效果，争议就会不断。假设议员的质询是为了自己的利益，不会得到社会和公众的支持，从而影响立法会对政府的监督效果。

同样，对选民交差式的、为监督而监督，追求质询的数量，轻视质量，也达不到监督的目的。

（2）监督的定位——为了改善政府的工作

立法会对政府的监督，"挑刺"少不了，忠言逆耳不可避免。这是正常的，为的是"惩前毖后"，不是为了"置人死地"。只有这样，监督者与被监督者之间才能建立自觉的合作关系。

对澳门特别行政区而言，特别行政区政府与立法会之间的监督，由于不是执政党和在野党的竞争关系，所以，立法会对政府的监督不是对抗，应该是制约，通过制约最终互相配合。对此，政府不应认为立法会监督是搞对立，立法会也不应利用监督搞对抗。双方要有基本的立场和认识，监督是为了更好的施政为民，不是为了互相取代、轮流执政。政府不必担心监督有损权威，议员也不要对政府过失幸灾乐祸。特别行政区应该，也更有条件建立制约式监督，而不是对抗式监督。对抗式监督是博弈的零和游戏，一方赢，一方输，轮流执政。制约式的监督是双方共赢，政府在立法会监督下改进工作，提高效率，为居民提供更好的服务，而立法会在监督中发挥了纠错的功能，起到了保障依法行政、居民合法权益的作用，确立应有的公信力和地位。因此，在制约式的监督过程中不宜采用竞争式监督的一些不适合澳门行政立法关系的手段，如夸大问题、无限上纲、攻其一点不及其余等。

所以，立法会的监督只要始终坚持为了公共利益，为了改善政府的工作这两个关注点，就会取得良好的成效。

（四）弹劾权

基本法第71条第7项规定，行政长官如有严重违法或渎职行为，立法会可以进行弹劾。这是立法会对行政长官进行监督的重要手段。

1. 弹劾权的含义

弹劾不同于不信任，也不同于罢免。在西方议会制下，议会可以对政府的政策投不信任票，迫使政府下台。但是，弹劾必须是政府首长有严重违法行为的存在，才能进行审查，作出弹劾。两者之间的基础不同：前者是基于政治原因，后者基于违法原因。同样，行政长官对中央负责，如果行政长官不履行基本法的职责，虽然没有严重违法行为，中央政府也可以进行罢免。但立法会对行政长官不能基于不认同、不接受政府的政策对行政长官罢免，只能对有严重违法行为的行政长官进行弹劾。

2. 弹劾的程序

原澳门立法会对总督并无弹劾权，只是对政府施政方针可以提出不信任，该项动议需列明详细理由，并立即通知葡萄牙总统和总督。特别行政区立法会弹劾行政长官的规定有自己的特点，与外国议会对政府官员的弹劾有所不同。如，在美国分两个阶段进行，第一是提出和通过弹劾的程序，首先由众议院议员提出弹劾，由众议院司法委员会听取证据和确定有无弹劾根据。如认为有充足的理由，提交众议院审议，经出席议员过半数同意，弹劾案成立，并选出众议院代表7人担任弹劾检察官，然后将弹劾案送交参议院审判。第二步是弹劾审判程序，众议院将弹劾案送到参议院后，由联邦最高法院院长担任审判长，众议院代表7人担任检察官，参议院全体议员为陪审员。经出席议员三分之二同意，通过弹劾案。在日本是从参众两院中互选20人组成追诉委员会，负责对应受弹劾官员的调查，同样从两院中各选7人组成弹劾裁判所，负责审判。

3. **澳门特别行政区立法会对行政长官提出弹劾是分两个阶段进行的，但它同外国一些议会的做法有所不同**

第一阶段是提出弹劾案，分几个程序进行：

一是提出动议，必须是立法会全体议员三分之一联合动议，指控行政长官有严重违法或渎职行为。

二是通过动议，经立法会讨论，全体议员过半数赞成，动议成立。

三是调查弹劾事实，立法会委托终审法院院长负责组成独立的调查委员会进行调查，查明弹劾理由的事实是否证据确凿，提交立法会审议。

四是提出弹劾案，如调查委员会认为有足够证据证明行政长官有严重违法或渎职行为，提交立法会决定是否提出弹劾案。如立法会全体议员三分之二多数通过，弹劾案成立。所以，立法会议员只是提出弹劾的动议，而经立法会通过后才提出对行政长官的弹劾案。

第二阶段是审理弹劾，它不是由立法会产生的机构或其自身组织的机构审理，而是报请中央人民政府决定。因为根据基本法的规定，特别行政区的行政长官是由中央人民政府任命的，所以他的去留也应由中央人民政府决定，中央人民政府将在研究立法会提出的弹劾理由和证据的基础上，作出行政长官去留的决定。采取这种严格的程序，是为了体现它的严肃性，防止轻率地对行政长官提出弹劾而影响他的威望。

（五）其他职权

根据基本法第 71 条的规定，立法会可接受澳门居民的申诉并作出处理。根据基本法第 87 条的规定，参与对终审法院法官的免职程序，行政长官根据立法会议员组成的审议委员会建议决定对终审法院法官的免职。根据基本法第 144 条规定，参与对基本法修改的提议。澳门特别行政区如提出对基本法的修改，需经立法会议员三分之二多数通过。

四 立法会的组织和运作

（一）立法会议员

为了保证立法会议员参加立法会工作，行使好立法会的职权，基本法规定了议员享有一定的权利，同时也要履行相应义务。

1. 议员的权利

（1）提案权

基本法第 75 条规定，立法会议员可以根据法律规定和法定程序个人或联名提出法案或议案。立法会议事规则第 1 条对此作出了规定，议员在行使立法会的立法权时，具体享有三方面的权利：一是提出议案、法案；二是对议案、法案提出修订案；三是要求以紧急程序处理所提的议案、法案。议事规则对提案权的范围、人数均作了明确规定。第 10 条规定，法案或其修订提案得由不超过六名议员签署。议员不能就政府专属提案权范围的事项作出提案。

这些规定与原澳门立法会议事规则相似。原澳门立法会章程也从提出议案的范围和议员人数两个方面作了规定。凡议员提出的议案，抵触葡萄牙宪法和《澳门组织章程》、属于葡萄牙主权机构处理的事项、不属于立法会专有职权的事项，立法会均不予接纳。议员提出的法律草案，须有三名议员签名。

其他国家议会的议事规则也有相似规定。如，为了保证法案的严肃性，规定议员提案须有一定数量议员的附议，日本《国法令》规定，议员提出议案，在众议院必须有 20 人以上，在参议院必须有 10 人以上附议方能提出。

（2）质询权

基本法第 76 条规定，立法会议员有权依照法定程序对政府的工作提出质询。受质询的机关或人员必须作出答复。但是，如果涉及特别行政区的安全或重大公共利益的需要，由行政长官决定政府官员或其他负责政府公务的人员是否向立法会作证和提供证据。立法会议事规则第 2 条规定，议员有权要求召集专为质询政府工作和辩论公共利益问题的全体会议。

基本法的这些规定与原澳门立法会的一些做法相似。原澳门立法会议员可以对总督或行政机关任何行为提出书面质询，以便向市民解释。但是，质询涉及国家机密，须预先获得总督的许可，否则，行政机关或政府官员可以拒绝作答。在外国，有的国家议会每周专门有一次会议，供议员提出质询和政府进行答辩，议员可以采取书面或口头方式提出质询。但质询只能以议员个人身份提出，不能用决议的形式提出，并且不进行表决。

（3）辩论表决权

立法会在行使职权、作出决定时，议员有权对有关问题进行辩论、发表意见、参加表决。所以，为了让议员充分发表意见，自主作出决定，基本法第 79 条规定，立法会议员在立法会会议上的发言和表决，不受法律追究。法律的规定目的是为了保障议员有充分的议论自由，履行议政、监督的职责，所以，议员本身应该有道德的约束，社会的责任感，不能滥用这种自由，发表不负责的言论，影响立法会的声誉。

对议员的议论免责权，原《澳门组织章程》亦有类似规定，立法会议员不因其在任期内作出的意见或表决而受追究。各国法律基本上均有这类规定。

（4）豁免权

为了保证议员的人身自由，履行职责，基本法第 80 条规定，立法会议员非经立法会许可不受逮捕，但现行犯不在此限。

对议员的豁免权，原《澳门组织章程》亦有类似的规定，未得立法会许可，任何议员不得遭受拘捕、羁押或监禁。但犯有重罪，又系现行犯时，则不在此限。如立法会议员一经受到刑事起诉，法官应将该事实通知立法会。为了保证法院的审理，立法会将决定应否终止该被控议员的职务。许多国家的法律也都作了明确的规定，议员在出席会议的期间及在往返途中，除犯有叛逆罪、重罪及破坏治安罪外，享有不受拘捕的权利。

2008 年澳门修改立法会选举法时，就议员任期期间是否可以对其进行司法调查、刑事追究引起了争议。一种意见主张在不中止议员职务时可进行刑事调查。另一意见主张只有在中止议员职务后才能进行刑事调查。

对此，各国法律规定有所不同，有三种处理办法。第一，规定未经立法机关许可，议员不受刑事追究。如，德国基本法第 46 条规定，议员有触犯刑法的行为，除在现场或犯罪的次日被逮捕外，只可在联邦议会的批准下，才能对其指控或逮捕。对议员的任何刑事追究，任何拘捕和对其人身自由的任何其他限制，都可根据联邦议院的要求而停止。第二，没有规定需经议会许可方对议员进行刑事追究。如，普通法系国家或地区普遍没有将刑事诉讼的豁免权给予议员。英国《权利法案》第 9 条仅规定，"国会内之演说自由、辩论或议事之自由，不应在国会以外之任何法院或任何地方，受到弹劾或讯问。"实际中，下议院坚持监禁或拘留议员必须立即通知下院，并附具理由①。新加坡国会仅规定，议员不得因任何民事程序而遭逮

① 刘建飞、刘启云、朱艳圣编著《英国议会》，华夏出版社，2002，第 114 页。

捕、拘留及受干扰。香港基本法参照原有法律的规定，第78条规定，立法会议员在出席会议和赴会途中不受逮捕。香港立法会条例第5条规定，议员前往、出席会议和回程中，可免因民事债项（如订约承担则构成刑事罪行的债项除外）而遭逮捕。议员刑事豁免权的内容很有限。第三，曾经规定，后来根据情况变化取消了刑事追究豁免权。如，法国宪法第26条第1款规定，任何议员都不得因他在履行自己职权时的言论和投票而被跟踪、调查、逮捕或审判。第4款规定，对议员的拘禁或起诉，如果议员所属议院提出请求，应该中止执行。但自1995年法国国民议会实行长达9个月的统一会期制度后，取消了不受刑事调查的规定。否则因为时间关系便无法对议员可能的违法行为进行真正的调查了[①]。

而澳门基本法第80条的规定，从文义上分析，采取了保护立法会议员未经立法会许可不受逮捕的豁免权，并没有涉及保护议员不受刑事追究的豁免权。第一，从逮捕的概念分析。基本法中的逮捕概念，是借用了内地法律的概念，在澳门的刑事诉讼法中虽然没有逮捕的概念，但有含义相同、表述相近的羁押的概念。不论是逮捕还是羁押，均是指对嫌犯采取暂时剥夺其人身自由的一种强制措施。采取这种强制措施有三个条件：嫌犯的行为属于刑事违法行为；该行为将受刑事处罚，澳门具体规定为可处最高逾三年徒刑的犯罪；而其他强制措施对防止嫌犯的社会危害性已经不足够，才予以逮捕或羁押[②]。所以，逮捕或羁押概念并不包含其他的刑事诉讼程序，也不排除逮捕或羁押以外的刑事诉讼程序的进行。第二，从第3/2000号法律《立法会立法届及议员章程》立法背景分析。该法案提案人在理由陈述中指出，"只要不抵触基本法，尽可能按照法制延续性原则，保留原有法律所规范的实质制度、权利、豁免、特权和履行职务时的其他条文"。为了达到目的，"纳入了很多基本法没有规定但载于原有法律甚至《澳门组织章程》的内容"。提案人非常清楚，《立法会立法届及议员章程》中有关议员豁免权的规定，有些内容是基本法没有规定的，是延续了原有法律中的一些规定，而立法会通过这个法案，事实上也认同了提案人的看法。因此，《立法会立法届及议员章程》中有关议员豁免权第26条"不可侵犯"的规定，即任何议员非经立法会许可不受逮捕、拘留或羁押，属于基本法的内

① 许振洲编著《法国议会》，华夏出版社，2002，第105页。
② 《澳门刑事诉讼法典》，第186条。

容。第 27 条 "刑事程序的许可" 的规定，即议员在特别行政区被提起刑事诉讼程序，审理该案的法官在已作出控诉批示，但无展开预审；或已进行预审，并作出确定性的起诉批示或同类批示的情况下，应将该事实通知立法会，由立法会决定是否中止有关议员的职务，但尚属现行犯，且为可被处最高三年徒刑罪行的情况，则不在此限。立法会中止议员职务具有批准针对议员的刑事程序继续进行的效果。不中止职务，则刑事程序的时效中止，诉讼程序中止。该内容不是基本法的规定，仅是立法会的法律规定。所以，修改这一规定不存在抵触基本法的情况。

为了加强对选举中的贿选行为的打击，立法会通过了第 13/2008 号法律《修改第 3/2000 号法律〈立法会立法届及议员章程〉》，补充了第 27 - A 条款，即议员在特别行政区被提起刑事诉讼程序，审理该案的法官在已作出控诉批示，但无展开预审；或已进行预审，并作出确定性的起诉批示或同类批示的情况下，中止议员的职务属于强制性，在接到审理有关案件的法官通知后开始生效。修改后与修改前的主要分别就是无需立法会决议，就可强制中止议员职务，进行刑事调查追究。

2. 义务

基本法除了规定立法会议员享有的权利外，也规定了立法会议员必须履行相应的义务。如果议员不能履行义务，就可能丧失立法会议员的资格。基本法第 68 条第 4 款规定，立法会议员就任时应依法申报经济状况。其含义就是议员必须按照法律公开自己的经济利益关系，诸如是否担任某公司的董事或股东等，目的是让居民监督议员在立法会中的言行是否公正、是否存在谋取私利的情况，以约束议员的不正当行为。基本法第 81 条还规定，议员有下列情况之一者，经立法会决定，即丧失立法会议员的资格：

①因严重疾病或其他原因无力履行职务。因出现这种情况，丧失了担任立法会议员的能力。

②担任法律规定不得兼任的职务。因为议员兼任了与其身份不相符的职务或有碍于议员公正行使权利的职务。对立法会的工作会带来不利影响，议员就必丧失其资格。

③未得到立法会主席同意，连续 5 次或间断 15 次缺席会议而无合理解释。因为出席会议既是议员的权利，也是议员的义务，不履行义务，也就丧失了议员的作用。

④违反立法会议员的誓言。因为立法会议员就任时要宣誓，如效忠澳

门特别行政区、拥护澳门特别行政区基本法。所以，议员违反誓言是一个严重的问题，不仅损害了议员应具备的尊严和名誉，而且也违反了法律的规定，必须免除其议员的资格。

⑤在澳门特别行政区内或区外犯有刑事罪行、被判处监禁三十日以上。因为立法会议员不仅不能遵守法律，而且还犯有刑事罪行，自然就要被剥夺其议员的资格。

立法会议事规则还补充了这方面的内容。如议员要出席委员会会议，参加表决，遵守议事规则所定的秩序及纪律，尊重立法会主席及执行委员会的权责，遵守全体会议的决议。

（二）立法会主席和副主席

1. 产生和资格

根据基本法第72条规定，澳门特别行政区立法会设主席和副主席各一人。主席、副主席由立法会议员互选产生。

（1）产生

基本法规定，立法会主席、副主席由立法会议员互选产生。立法会议事规则第6条据此作了进一步的规定。主席由议员以不记名方式互选产生，获得过半数有效票的议员当选。如无任何议员获得该票数，则对得票最多的两位议员进行第二次选举，获得多数有效票者当选。

原澳门立法会主席、副主席是由议员采用秘密投票的方式选举产生，得票多的当选。基本法参考了这种做法，从有利于立法会对行政机关的监督、互相配合、互相制约出发，规定立法会主席、副主席从议员中互选产生是适宜的。否则行政长官兼任立法会主席，那么就很难互相监督和制约了。在外国的议会中，议长的产生有各种不同的办法，有的是从议会议员中选举产生，如英国下议院院长；有的议会议长由国家元首任命，如泰国、西班牙；有的议会议长由政府官员兼任，如美国参议院议长由副总统兼任。

基本法第73条规定，立法会主席缺席时由立法会副主席代理，立法会主席或副主席出缺时，另行选举。按照这一规定，立法会主席缺席时由副主席代理其职权，立法会主席出缺时，不是副主席自然替代主席，副主席只是暂代理主席，立法会要重新选举主席。立法会副主席出缺时，也要重新选举，以避免立法会主席出缺或缺席时无人代理。立法会议事规则还规定，主席可以放弃其职位，如出现主席放弃其职位或丧失议员资格或终止其议员资格，需在 15 日内重新选举，如在有关事实发生时，立法会的会届余下时间不足 6 个月，则由副主席担任主席职位，直到该届立法会结束。

（2）资格

立法会主席和副主席由在澳门通常居住连续 15 年的澳门永久性居民中的中国公民担任。

规定居住年限和中国公民这两个条件，主要原因是立法会主席和副主席地位十分重要，主持立法会工作，必须对澳门社会有较深的了解，熟悉澳门的情况，所以规定一定的居住年限就很有必要。

另一方面，作为中华人民共和国澳门特别行政区的一个立法机关，行使特别行政区的立法权，其主席和副主席由中国公民担任也是应当的，符合中国对澳门恢复行使主权的原则。而且在世界任何一个国家的立法机关中也找不到由外国公民担任其主席的先例。

2. 职权

根据基本法第 74 条的规定，立法会主席行使的职权有：①主持会议；②决定议程，应行政长官的要求将政府提出的议案优先列入议程；③决定开会日期；④在休会期间可召开特别会议；⑤召开紧急会议或应行政长官的要求召开紧急会议；⑥立法会议事规则所规定的其他职权。

由于立法会采取合议制度，不是个人负责制，所以，立法会主席的职权主要是决定程序性的问题，基本体现在三个方面。一是主持会议，包括讨论、表决、休会等；二是决定会议议程，哪些法案列入会议讨论，哪些法案需优先讨论等；三是决定召开会议，包括特别会议、紧急会议等。当然基本法对立法会主席的职权只是一个原则性规定，还须有立法会议事规则作具体规定。

特别行政区立法会根据基本法的规定，参考原立法会的做法，立法会议事规则第 9 条、第 10 条、第 11 条、第 12 条从三个方面对主席的权限作出了具体规定。

第一是在立法会工作方面，主席代表立法会；主持全体会议，许可议员发言，维持辩论秩序，安排表决事项的次序等；主持执行委员会工作；根据议事规则接纳或不接纳法案、议案；将法案、议案、决议的文本发给有关的委员会审议；接受向立法会提出的请愿、申诉，并派发有关的委员会；将立法会的决议公布于《澳门特别行政区公报》；维持立法会的秩序、纪律，并采取适当的措施；确保议事规则的执行和遵守。

第二是在处理与议员关系方面，审核议员缺席的理由；接纳议员放弃议员资格的声明书；公布议员中止职务和丧失资格的决议；处理议员提出的申请。

第三是在处理立法会以外机构的关系方面，将通过或拒绝通过的法案通知行政长官；将通过的法案送交行政长官签署和公布；主动或应议员的要求邀请其他人士参加立法会会议；签署以立法会名义发出的文件。

根据立法会议事规则的规定，立法会主席代表立法会、领导及协调立法会工作，对所属的全部工作人员及如有在立法会服务的保安人员行使监管权。

（三）立法会的委员会

立法会为了有效地开展工作，均设立一定数量的委员会给予协助。基本法虽然没有对立法会设立委员会作出专门的规定，但是在第50条第15项中关于政府官员或其他负责政府公务的人员向立法会作证时，提及了立法会委员会的问题。立法会设立多少委员会、设立哪些委员会由立法会根据工作需要自行决定。

在国外议会里委员会名目繁多，一种是常设性的委员会，另一种是临时性委员会。常设性委员会可以分为专门委员会和非专门委员会。专门委员会是就一定的问题进行初步审议而成立的委员会，如外交委员会、财经委员会等。非专门委员会可以审议任何议案，如英国下议院设立的非专门委员会以英文字母顺序排列。临时性委员会是就解决某一具体问题而成立的，如调查委员会。

原澳门立法会设立三类委员会。

第一类执行委员会，由立法会主席、副主席、第一秘书、第二秘书共四人组成。执行委员会主席由立法会主席兼任。执行委员会的职权是声明议员任期丧失；负责立法会行政及财政管理；保证立法会办事处能处理其业务；管理立法会的辅助人员，协助立法会主席执行任务。

第二类是常设专门委员会，一般由不少于三名不多于九名议员组成。有专门负责审查议员资格，对议员暂停任期可丧失任期提供意见，对影响议员声誉或尊严的事件从事调查的任期委员会。也有审查法案、监督政府对法律执行情况的法律委员会。

第三类是临时委员会，即为特定的目的而组成的委员会。临时委员会除属调查性质外，由议员提出动议组织，并按立法会所规定的时间提交报告书。

澳门特别行政区立法会参考了原澳门立法会的做法，结合新的情况，对立法会设立委员会作出了具体规定。根据立法会议事规则第16条的规定，立法会设立执行委员会，它是一个处理日常工作的机构，委员会由立法会主席、副主席、第一秘书和第二秘书组成。第17条规定委员会的职权有：维护立法会的尊严和声誉；为每一会期的开始做准备；建议暂停及延长立法会会期；指派议员团及代表团；对立法会服务人员行使领导；就针对主席行为的上诉作出决定；一般性协助主席、副主席行使职能及就主席或全体会议审议的所有事项发表意见等。

立法会议事规则第四章还对设立其他委员会作出了多方面的规定。关于委员会成员的人数由执行委员会建议制定，议员可以为一个以上委员会服务。委员会设主席及秘书一名，在第一次委员会会议中由议员互选产生。委员会成员不得少于五名，也不得多于九名。目前有章程及任期委员会，负责开展对议员资格丧失与职务中止的程序，并发表意见；对在立法会范围内发生影响议员名誉或尊严的事件进行调查；对修改议事规定发表意见；应立法会主席、执行委员会或任何其他委员会主席的要求，对委员会之间权限冲突作出决定等。

此外，有三个不冠名的常设委员会。这是对原澳门立法会委员会制度的一个改变。冠名委员会实质上是专业化分工，每一个委员会根据分工的范围，对属于该范围的法案审议。但是，由于澳门立法会议员人数不多，实行专业分工，法案审议可能分配不均，有的委员会法案多，有的委员会法案少，影响审议的效率。所以，采用不冠名的好处是，委员会对所有法案均可审议，立法会主席根据需要和委员会工作量分派审议的法案，工作量平均，有利于提高审议的效率。委员会的权限有：对向立法会提交的法案、议案及修订提案进行审议并发表意见，提交报告书；审议向立法会提出的请愿；经委派负责对全体会议一般性通过的文件作细则性表决；对全体会议或主席派发审议的问题一般性发表意见。

在常设委员会之外，立法会还可以设立临时委员会，设立临时委员会的动议应至少由五位议员提出。临时委员会有权对导致其设立的事项作出审查，并在全体会议或主席规定的期间内，提交报告书。

2009年1月立法会设立了"土地及公共批给事务跟进委员会"，对政府就土地法的修改进展，政府对土地使用的规划，对博彩公司土地批给和利用的情况以及存在的问题与政府展开讨论，提出了完善的建议，发挥了对政府的监督作用。

委员会在审议法案、议案时，非其成员的提案议员可列席会议。委员会可要求或允许立法会以外的人士参加其工作。委员会还可要求有关方面提供资料，传召任何人士作证和提供证据。

（四）立法会的会议

1. 立法会的全体会议

（1）三类全体会议

立法会的主要形式是举行会议，通过会议形成的法案或决议，体现集体负责、少数服从多数的活动原则。根据基本法的有关规定，特别行政区立法会的会议有三种形式，即例行会议、特别会议、紧急会议。

例行会议按照法律规定定期举行。

特别会议在立法会全体会议休会期间由立法会主席召开。

紧急会议是在立法会会期中依照特别程序，为解决紧急事项由立法会主席或行政长官的要求召开的会议。

原澳门立法会也基本上分为例行会议、特别会议和紧急会议。例行会议的会期通常不超过八个月，但可以分几个阶段，一般在当年10月15日到第二年的6月15日内举行。如要延期或暂停，须有立法会主席或不少于五名议员动议，方可延续或暂停，但每一会期暂停不得超过三次，每次不得超过20天。在会期内召开的每次会议，一般分议程前和议程两段时间进行。议程前这段时间不超过1小时30分钟，主要宣读文件，由议员对有关政治、经济、文化等事项发表意见。议程前时间结束后，就进入会议议程，讨论会议所决定要求解决的事项。特别会议和紧急会议由立法会主席或过半数议员动议召集，以便议决会议召集书内明确指出的事项。

外国议会的会议一般分两大类：例行会议和非常会议。例行会议一般每年至少一次或一次至两次，会期长短不一。非常会议，包括特别会议、临时会议，是在一定条件下举行，各国的情况不同，基本上由国家元首或政府或一定数量的议员要求才能召开非常会议。

澳门特别行政区立法会议事规则第37条规定，立法会正常会期由10月

16 日始，至翌年 8 月 15 日止。如经执行委员会或至少九名议员提出动议，可由全体会议决定延长，最长延至 9 月 15 日。平常会议由立法会主席或至少九名议员要求召集。特别会议由主席或过半数的议员动议在立法会休会期间召集。紧急会议可在任何一日举行。

（2）全体会议的程序和法定人数

①会议程序。

特别行政区立法会会议一般分三个阶段进行。

第一阶段是由主席宣布放弃议员资格的事项；宣布对主席的决定向执行委员会提出上诉及执行委员会对该上诉的议决；通告、简述或宣读各委员会的通知；通告已提交的法案、议案；宣布对法案、议案的接纳或拒绝等；由议员提议表达心意，如祝贺、致意、抗议等。

第二阶段是议程前，由议员发表政治声明，发表与澳门特别行政区或居民有关事宜的意见。

第三阶段是议程，处理有关具体的法案、方案、决议案等事项。

②法定人数。

第一，出席会议的法定人数。

立法会需要有一定数量的议员出席，方可议事，其作出的决定才能有效。所以，对出席会议的议员人数要作出规定。基本法第 77 条规定立法会举行会议的法定人数不少于全体会议议员的二分之一。立法会议事规则第 44 条也作了相应规定。在外国，有的国家议会规定全体议员半数以上，有的规定三分之一以上。立法会议事规则第 92 和 94 条规定，立法会会议一般是公开举行的，居民可以旁听，经立法会同意，电台和电视台还可以转播。但为了维护公共利益，由主席提议或议员提出有理由的建议，经主席决定，会议可不公开进行。

第二，表决的法定人数。

立法会在作出决议、通过法案时，也要有法定人数的规定，以体现它的严肃性和公正性。基本法第 77 条规定，除弹劾行政长官，再次通过行政长官发回的法案，修改基本法附件一、二的内容需由全体议员三分之二通过外，立法会的其他法案、议案由全体议员过半数通过。特别行政区立法会议事规则第 81 条也作了类似的规定。但规则规定，议员不得放弃投票，不得以授权或函件的方式投票，议员可投弃权票。投票的方式可以是举手或电子方式。对一些事项，如选举、《议员章程》所规定的议决必须是不记名方式投票。在外国，多数国家规定，一般议案、法案是出席议员的过半数通过，重要法案需全体议员三分之二以上多数通过。原澳门立法会也是采取两种办法：一是一般议案、法案以简单多数决定，二是对总督的借贷，以及通过有关人的身份及能力、权利、自由及保障、刑种、开罚、保安处分、公共行政制度、设立公职新职级等，必须由全体议员三分之二多数同意方有效。

2. 立法会的委员会会议

由委员会的议员参加，非其成员可以列席会议，但无表决权。委员会也可邀请立法会以外的人士参加。委员会在审议法案、议案时可要求提供资料或意见，传召有关人士作证或提供证据等。委员会每一次会议需要有会议纪要。

第七节　司法机关

司法机关是指代表国家行使法律审判权和法律监督权的机关。在一些国家具体指法院，在另一些国家除法院外，还包括检察院。根据基本法的规定，澳门特别行政区司法机关由法院和检察院组成。法院是澳门的审判机关，法院的任务是，确保维护受法律保护的权利和利益，遏止对法律的违反及解决公、私利益冲突。检察院是澳门的法律监督机关，检察院的任务是在法律上代表澳门特别行政区政府，实行刑事诉讼，维护合法性和法律规定的利益，以及依法监察法律的实施。

一　司法机关的特点

（一）原有司法机关的特点

澳门受葡萄牙法律制度的影响，具有大陆法系的特点，其司法制度也不例外。

第一，在法院机构的设置上，澳门除设立普通法院外，还设立负责行政和税务诉讼的行政法院。

第二，在审判的依据上，澳门法院以成文法为主，依法律判决，原则上不承认判例。

第三，在审判的组织上，澳门不采用陪审员制度，以定型的法庭组织进行。多数案件以合议庭方式审理，轻微案件才采用独任法官审理。

第四，检察机关属于司法机关，澳门检察院独立行使法律检察职能。

第五，法官和检察官由在大学法律专业毕业后，经过澳门司法官培训中心的专门课程训练，成绩合格的人员担任，而不是从律师中选任。

（二）特别行政区司法机关的重新筹组

澳门原有的司法机关经历了一个相当长的历史发展过程逐步建立，从无独立的司法组织到拥有本身的司法组织。但到1999年12月19日止，也没有建立起一套完整的司法制度。

1976年《澳门组织章程》并没有赋予澳门有自主的司法权，澳门法院仍然属于葡国的一个普通法区。在1987年4月中葡关于澳门问题的联合声明签署后，葡国于1989年通过修改宪法，才规定澳门可有本身的司法组织。1990年《澳门组织章程》作出同样修改，但规定司法制度的法律需由葡国议会制定。1991年，葡国议会通过了《澳门司法组织纲要法》。根据这一法律，澳门法院由初级法院和高等法院两级组成。检察院享有自治权，具有的独立性不受任何干涉。司法机关就是法院和检察院。但是，澳门最终也没能建立起与基本法规定衔接的，包括享有司法终审权的终审法院在内的完整的司法体系。

司法权是高度自治权的一个重要部分，建立独立完整的司法机关是行使司法权的重要保障。由于历史的原因，澳门原有的司法制度不够完善，有些规定也不符合中国对澳门恢复行使主权的要求，必须根据基本法的规定和澳门的实际情况进行重组。《全国人民代表大会关于澳门特别行政区第一届政府、立法会和司法机关产生办法的决定》第七点规定，澳门特别行政区法院由澳门特别行政区筹备委员会负责筹组。1999年7月3日全国人民代表大会澳门特别行政区筹备委员会第九次全体会议通过澳门特别行政区司法机关具体产生办法，根据这个产生办法，完成了澳门特别行政区法院和检察院的组建。1999年12月20日立法会通过了第9/1999号法律《司法组织纲要法》，就法院和检察院的组织、职权和运作作出了具体的规定。

二 法院的组织

设置澳门法院的组织，必须从澳门的实际出发，澳门的实际是什么？第一，澳门地域小，人口少，法院的组织系统不宜复杂，种类不宜太多，应相应的简单。第二，澳门本地的司法人才短缺，法院系统如过于庞大，无足够的人力资源支持。第三，澳门原有法院系统存在需要调整和完善的地方，如，取消审计法院，设立终审法院。考虑了上述的因素，基本法规定了设置澳门特别行政区法院组织的一些基本原则。

根据基本法第84条、第85条、第86条的规定，澳门特别行政区的法院组织，从纵向可区分为初级法院、中级法院和终审法院。从横向可区分为普通法院和行政法院。

（一）初级法院

初级法院是第一审法院，包括普通管辖法院和行政法院。

1. **普通管辖法院负责刑事、民事案件的审判**

澳门特别行政区成立之初，普通法院没有采用民事法庭和刑事法庭分别设立的做法，而是合二为一。法庭既审理民事案件，也审理刑事案件。第9/2004号法律对《司法组织纲要法》第27条进行修改，规定初级法院由民事法庭、刑事起诉法庭、轻微民事案件法庭、刑事法庭、劳动法庭、家庭及未成年人法庭组成。从此，民事和刑事案件分别由民事和刑事法庭审理。

普通管辖法院由院长一人、法官数十人组成。法院以合议庭或独任庭方式运作。合议庭由三名法官组成，其中一名为合议庭主席，并主持合议庭工作。独任庭由一名法官组成。

合议庭的管辖权范围是：①应由合议庭参与的刑事诉讼程序；②共同进行民事诉讼的刑事诉讼程序，但以损害赔偿超过第一审法院法定上诉利益限额为限；在利益值超过第一审法院法定上诉利益限额的民事及劳动性质诉讼中的事实问题，以及在附随事项、保全程序及依宣告诉讼程序的规定进行的执行程序且利益值超过上指法定上诉利益限定的程序中相同性质的问题；③在属行政法院管辖利益值超过第一审法院法定上诉利益限额的诉讼程序中的事实问题；④法律规定的其他诉讼程序和问题。概括地说，在刑事诉讼中，有可能被判三年以上刑期的较严重犯罪，由合议庭审理。

在民事诉讼中，超过一定利益值的，则由合议庭审理。轻微案件由独任庭法官审理。

2. 专门法庭

普通管辖法院根据需要，可设立若干专门法庭。专门管辖或特定管辖某一类案件。基本法规定，原刑事起诉法庭的制度继续保留。澳门特别行政区初级法院中保留了较有特色的刑事预审制度。行使刑事预审权的应是法院还是法庭，曾有不同的看法。主张是法院的认为，原有制度就是法院，既然是保留，就应将制度和法院一并保留。主张是法庭的认为，基本法的规定有两层意思：第一，保留刑事预审的制度，也就是说刑事案件在法院审理前，须经过由法官参与的预审阶段。保留这种制度不等于原封不动地保留原有的机构。制度和机构不是一回事。第二，体现法院组织系统精简原则，将行使刑事预审权的机构放在初级法院设立专门法庭一条中规定，清楚明白地作为专门法庭存在。应该说保留刑事预审制度，建立刑事起诉法庭是符合基本法的原意。事实上这一变化，并不改变刑事预审制度的实质，它仍作为一个独立的程序存在和运作。根据法律的规定，刑事起诉法庭的管辖权有两项，在刑事诉讼程序中行使侦查方面的审判职能、进行预审以及就是否起诉作出裁判；执行徒刑及收容保安处分。第一项包括进行预备性预审和辩论预审，听取嫌犯、证人的供词，裁定对嫌犯采取预防措施和是否交法院审判。第二项包括认可及执行重新适应社会的个人计划；对被囚禁的人提出的投诉审理；给予及废止刑罚的灵活措施；给予或废止假释；延长刑期；终止、重新审查、复查及延长收容；给予及废止考验性释放；对保安处分者赦免等。

为了提高司法审判效率，第 9/2004 号法律对《司法组织纲要法》第 27 条进行修改，设立了轻微民事案件法庭，审理利益值不超过 5 万元的民事纠纷案件。并增加第 29 条 A 款，规定该法庭按照轻微案件特别诉讼程序的步骤进行诉讼，包括审判该等诉讼的所有附随事项及问题。

3. 行政法院是第一审法院，管辖行政诉讼、税务诉讼、海关诉讼。如不服行政法院的判决可向中级法院上诉

行政法院的组织比较简单，由两名法官组成，院长现由普通管辖法院院长兼任。对行政行为的诉讼管辖，世界上有两种制度。一种是在普通法院之外，设立独立的行政法院。另一种是不设独立的行政法院，行政诉讼与民事诉讼、刑事诉讼一样由普通法院管辖。澳门属设立专门法院的做法，

但与设立完整一套行政法院体系的国家不同，如法国、葡国有行政法院、最高行政法院，澳门没有自下而上独成一体。当然，这种规定，也是适合澳门的情况。

在行政诉讼方面，行政法院管辖两类诉讼：①对行政行为或属行政事宜性的行为提起的诉讼，包括政府的局长及行政当局中级别不高于局长的其他机构、公务法人机构、被特许人、公共团体的机构、行政公益法人、市政机构作出的行为。②对要求保护权利的诉讼，包括确认权利或受法律保护的利益诉讼，关于提供资讯、查阅卷宗或发出证明的诉讼，关于行政合同的诉讼，关于公共管理行为中受到损害而提起非因合同而产生的民事责任诉讼及求偿权诉讼，要求勒令作出一行为的诉讼等。第一类主要是行政部门作为而产生的诉讼，第二类主要是因行政部门不作为而产生的诉讼。

在税务诉讼方面，行政法院管辖三类诉讼：①涉及行为内容产生的税务诉讼，包括涉及税务、准税务的行政行为提起的诉讼，税务收入及准税务收入的结算行为提起的诉讼，对可独立提出司法争执的确定财产价值的行为提起诉讼，以及对与此相关进行行政申诉被驳回的行为提起的诉讼。②涉及行为程序而产生的诉讼，如在税务执行程序中对禁止、执行的反对，债权的审定及债权受偿顺序的制定，出售的撤销等附随事项提出诉讼。③对保护利益的诉讼，要求作出一行为，为担保税务债权采取保全措施的请求。

在海关诉讼方面与行政诉讼一样，行政法院管辖两类诉讼：①对行政部门的行政行为提起诉讼，如对海关收入的结算行为以及提出申诉被驳回的行为提出诉讼。②要求确认权利，提供资讯、发出证明等诉讼。

除此之外，行政法院还可受理不同公法人机关出现职责冲突而提出的诉讼、对市政机构制定的规定提出的诉讼，以及对行政机关处理行政违法行为时科处罚款和制裁行为提起的诉讼。

初级法院院长的职权有对外代表初级法院、对案卷分发作出安排、监管初级法院办事处等。

（二）中级法院

中级法院是普通管辖法院和行政法院的上诉审法院，也是较重大案件的第一审法院。中级法院采取合议庭方式运作。中级法院由院长一人、法官四人组成。2010年9月新增两位中级法院法官。中级法院由七名法官组成。

中级法院最初不设分庭，但对法官进行分工。所有行政、税务、海关方面的诉讼案件卷宗交由法官委员会预先指定的两名法官处理，同时该两名法官也审理其他民事、刑事案件。这与原澳门高等法院的组织相比有所变化，不再分一般审判权分庭和行政、税务、海关审判权分庭。第9/2009号法律对《司法组织纲要法》第38条第2款进行修改，规定中级法院由一个具管辖权审判刑事性质案件的刑事诉讼案件分庭，以及一个具管辖权审判其他案件的分庭组成。这样，中级法院由专门审理刑事案件和其他案件的两个分庭组成。

中级法院的管辖权有：作为上诉审，①管辖对第一审法院的裁判提起的上诉，包括对处理行政违法行为科处罚款及附加裁判提起的诉讼；②对自愿仲裁裁决可提起上诉的案件；③许可或否决对刑事案件再审、撤销不协调的刑事判决，以及在再审期间中止刑罚的执行。作为第一审，①管辖对第一审法院法官、检察官履行职务行为提起的诉讼；②对第一审法院法官、检察官作出犯罪及轻微违法的案件；立法会议员、廉政专员、审计长担任职务时的犯罪行为及轻微违法案件；③对上述行为进行预审是否起诉作出的裁判，以及行使侦查方面的审判职能；④对行政长官、司长、立法会主席及执行委员会、推荐法官独立委员会及主席、法官委员会及主席、廉政专员、审计长、中级法院院长、第一审法院院长等所作的行政行为或属行政事宜的行为提起上诉的案件；⑤对行政机关履行职能时制定的规定提出争议的案件；要求中止行政行为及规范效力的请求；⑥审判及确认澳门以外地区法院和仲裁员作出的裁决；⑦审理行政法院与税务、海关部门之间的管辖冲突。

中级法院院长职权有：对外代表中级法院；主持卷宗的分发工作；定出开会和开庭的日期。在参与审理案件过程中，重要的权限有主持合议庭和听证并投决定性一票、行使助审法官的权利。

（三）终审法院

终审法院是澳门最高等级的法院，行使司法终审权。终审法院作出的判决为终局判决。终审法院在澳门是一个新的司法机构，意义重大。作为一个国家内的地区，享有司法终审权，在世界上是独一无二的。

终审法院由院长一人、法官两人组成。终审法院采取合议庭运作。终

审法院在作出统一司法解释时，召开的评议会除终审法院法官参加外，中级法院院长和中级法院中年资最久的法官也参加。如遇回避，依法递补。

终审法院的职权可分为：①行使司法解释权。根据诉讼法的规定作出统一的司法解释，指导法院正确适用法律。司法解释或称司法见解，是指在同一法律范围内，就法律的同一基本问题出现相对立的裁判时，终审法院可作出判例来统一有关司法解释，这项判例公布于政府公报，并有法律约束力，法院在今后审理案件时须遵循这一判例。②作为三审法院行使的职权：审理依法对中级法院作为第二审级所作的属民事和劳动事宜或对行政、税务、海关的判决提起的诉讼，以及依法对中级法院作为第二审所作的刑事判决提起的诉讼。③作为二审法院行使的职权：审理对中级法院作为第一审所作民事、行政、刑事判决提起的诉讼。④作为第一审法院行使的职权：审理对终审法院法官、中级法院法官、检察长履行职务作出行为的诉讼，以及他们的犯罪和轻微违法案件；审理对行政长官、司长与立法会主席在担任职务期间而作出行为的诉讼，以及他们的犯罪和轻微违法案件；对上述人员进行预审，就是否起诉作出判决。⑤专有管辖权：审理人身保护令；审理法官委员会和检察官委员会选举的司法争讼；审理中级法院与初级法院之间的管辖冲突；审理中级法院与行政、税务、海关当局之间的管辖权冲突。

终审法院的院长权限有：代表澳门各法院；主持分卷工作；主持评议会、听证，并投决定性一票；行使助审法官的权限；对所有法官授予职权；监管终审法院办公室。

三　法院的独立审判

（一）法院独立工作

澳门基本法第83条规定，澳门特别行政区法院独立进行审判，只服从法律，不受任何干涉。澳门《司法组织纲要法》对法院的独立审判规定为，根据法律对属其专属审判权范围的问题作出裁判，不受其他权力干涉，亦不听从任何命令或指示。法院审判工作的核心是依照法律，独立进行审判。只有做到这一点，才能保证司法独立和审判公正。各国法律对审判独立都十分的重视，明确规定两条原则，即审判权由法院独立行使，不受行政、立法的干预，一个法院的审判活动也不受其他法院的干预，除依法上诉作出的判决外。

所以，独立审判有三个基本点：

第一，法院行使审判权不受行政机关、立法机关的干涉，也不受任何社会组织和个人的干涉。任何机关和个人既不能给法院发指示或命令，也不能对审判人员施加压力或威胁或利诱，这些行为都是对独立审判的限制或干扰。如果出现这类违法行为，妨碍司法公正，则要受法律的制裁。

第二，上级法院对下级法院，一法院对另一法院也不能干预审判活动。上级法院与下级法院在审判活动中不存在领导与被领导的关系，是不同审级的关系。上级法院可根据法律规定对下级法院的判决作出维持原判、改判、重判的判决，这属于行使自己的管辖权。对此，下级法院须遵守上级法院的判决。除此之外，上级法院也不能对下级法院的审判发出指令。

第三，独立审判必须是依法审判。独立审判不是法官随心所欲，想怎么判就怎么判，必须是严格依照法律规定审判。在服从法律的内容上，大陆法系国家与普通法系国家略有一点不同。大陆法系国家的服从法律主要是成文的法律，司法的判例对其他案件的审理并没有约束力。普通法系国家法院审理案件时，除服从有效的成文法之外，还要受判例的约束，遵从先例。一定意义上说，法院不仅确立了解释法律的权威，实际也在没有成文法的情况下部分地进行立法，长年累月就形成了"普通法"。不管两大法系在"法律"这一形式上有什么差别，法院都必须依法审理。而依法审判，是人们对审判独立尊重和维护的基础，如果法院不依法判案，谁也就不会尊重，也不需要或更不会去维护这种独立。因此，独立和依法是相互联系、不可分割的有机整体。保证法院独立就是为了依法审判，而依法审判也就体现和实现了法院的独立。

（二）法官独立审判

为了真正做到审判独立，还必须保证法官的独立。为此，各国法律都作出了保证法官独立的具体规定。规定法官不可更换，非经弹劾不得免职、提前退休。一般实行法官终身制，采取任期制度的，年限也比较长。同时规定法官专职制度，不得兼任行政、立法职务。也不得从事赢利活动和以政党身份活动。

澳门基本法对法官独立审判作出了具体的规范，主要体现在以下几个方面。

1. 法官任用和免职的独立程序

澳门基本法第 87 条规定，法官由一个独立的委员会推荐，行政长官任命。一般法官的免职需由三位法官组成的审议庭建议，终审法院的法官免职需由立法会议员组成的审议委员会建议，行政长官决定。第 10/1999 号法律《司法官通则》对法官的资格、任用、免职及权利义务有更具体的规范。

（1）资格

对法官的资格，基本法第 87 条只作了原则的规定，须符合专业资格的标准。法官的专业标准是什么呢？正如前面已有论述，普通法系和大陆法系制度对法官的专业资格就有不同要求，那么在不同国家或地区，自然也就会根据自身的情况，规定不同的标准。由于澳门长期以来，不重视本地法律专业人员和司法人才的培养，法官、检察官均由葡国直接委派，由于他们仍属于葡国司法人员编制，所以，基本法没有规定对葡国编制的法官和检察官予以留用的规定。至 1996 年，澳门既无本地编制的法官和检察官，也无一位本地的法官和检察官。但是，中国对澳门恢复行使主权，必然要改变这种不合理的现象，建立起以本地法官、检察官为主体的司法人员队伍。为了实现这个目标，除了加快人才培养之外，在法官、检察官的任用资格上须作出特殊的安排，除去限制本地司法官的一些规定。与原澳门《司法组织纲要法》作一比较的话，一方面，法官、检察官的入职资格没有实质变化：第一，仍需具有法律学士专业学位。第二，经过司法官培训中心为期两年的培训和实习，成绩合格。这也是符合大陆法系制度下对入职法官、检察官的标准规定，没有降低条件。另一方面，对中级法院和终审法院法官及相应的检察官所需的年资要求作出修改。如果仍然保留只有具备 10 年和 15 年以上资历的法官、检察官才能被委任初级以上的法官、检察官的规定，那么本地的法官和检察官则无一人可被委任为中级以上的法官和检察官，司法机关仍旧由非本地编制的司法官掌管，不符合中国对澳门恢复主权的要求，也不符合"澳人治澳"的原则。作出改变是必要的，也是合理的。

各级法院的院长由行政长官从法官中委任，终审法院院长须是永久性居民中的中国公民担任。终审法院法官和院长的任免须报全国人民代表大会常务委员会备案。

（2）推荐

对法官的委任必须经过推荐法官的独立委员会的推荐程序。依照基本法第 87 条规定，各级法院法官，根据法官、律师和知名人士组成的独立委员会的推荐，由行政长官任命。司法官通则第 91 条规定，澳门推荐法官的独立委员会由七名澳门当地人士组成，其中属澳门编制法官一名，律师一名、其他方面人士五名。独立委员会的组成结构与原澳门司法委员会组成的结构有所不同，没有立法会选出的代表，也没有政府的代表和检察官的代表。这是与独立委员会的性质和职能相联系的。因为独立委员会与原司法委员会不同，原司法委员会既负责推荐法官和检察官人选，也负责对法官和检察官的管理和处分，现行的独立委员会只负责推荐法官人选，不推荐检察官，也不负责对法官的管理和监督，更没有对法官和检察官的处分权。所以，上述方面的代表可不参加独立委员会。为什么独立委员会成员中社会人士比例多一点，是因为他们没有利益冲突，相对客观、公正，同时独立委员会成员也是以个人身份履行职责。独立委员会成员由行政长官委任，在委任法官和律师前应咨询相关界别的意见。独立委员会主席由委员互选产生。

根据《推荐法官独立委员会内部章程》①的规定，独立委员会会议，必须有五名委员参加会议方为有效。法官人选由委员提出候选人，各级法院法官人选名单应分别列出和表决，表决以秘密投票方式进行，所作出决定，须获多数票同意才有效，参加会议的委员不得投弃权票。行政长官根据独立委员会的推荐，对法官进行任命。

（3）任用

《司法官通则》第 14 条规定，对法官的任用方式有三种，即确定委任、定期委任、合同委任。确定委任是对完成司法官培训和实习，成绩合格者的委任方式，一旦被委任，实际就是终身制，解除法官工作的后顾之忧。定期委任是对未完成司法官培训和实习者，一次委任期为三年的方式。合同委任是对澳门以外编制的人员聘任方式，为期两年。

（4）调任、停职和免职

《司法官通则》第 5 条规定，除有法律规定的情况下，不得将法官调任、停职、命令退休，也不得将其免职、撤职，或以任何方式使其离职。

---

① 澳门特别行政区法院网，见 http：//www. court. gov. mo/c/Law/lawCIIJ. htm。

如法官是定期委任的，在任期内也不得任意调动。如果法官的职务没有法律的保证，那么法官很难做到独立审判，独立审判的可能性几乎等于零。试想法官不如某人或某机构之意，或对某人、某机构不利，就可以被调动职务，或被停止职务，不让其审理某一案件，也就没有法官独立审判了。如果更有甚者，可将法官任意免职或责令退休，法官的审判权也没有了，还谈什么独立审判？所以，保障法官职务的稳定是十分必要的。根据澳门《司法官通则》第56条规定，法官只有下列情况方可被停止职务：①故意犯罪已被批准起诉，或已被确定了审判听证的时间。②被拘留或羁押，被开始执行实际徒刑或实际收容保安处分。③因纪律程序而作的防范性停止职务，或科处导致须暂时离职的处罚。④因无能力的防范性停止职务。第57条规定，如果法官因就任其他新的职务、离职、到法定退休年龄可以被终止职务。

2. 法官审判不听从任何命令或指示

基本法第89条规定，澳门特别行政区法官依法进行审判，不听从任何命令或指示。《司法官通则》第4条也作了相应的规定。但是，按照基本法第19条规定有一个例外，法官在审查案件时涉及国家行为的事实时，由于不属于法院管辖的事项，必须报告行政长官，得到行政长官就该等问题发出的证明文件。该证明文件就事实的认定对法官审理案件有约束力。

3. 法官履行审判职责的行为不受法律追究

基本法第89条规定，法官履行职务的行为不受法律追究。《司法官通则》第6条作出了相应规定，只有在法律规定的情况下，可就司法官因履行职务的行为追究民事、刑事和纪律责任。因为法官在认定事实、适用法律上，认识上有偏差或失误，导致判决被上级法院改判或发回重判，不能因此追究法官的责任。因为人无完人，谁也不能保证不犯认识上的错误，如果都要追究，那么势必人人自危，担惊害怕，就不可能独立自主地进行审判。这是法官履行职务应有的豁免权。如果法官故意或恶意，徇私枉法，那要受法律追究刑事责任。因法官的违法造成政府对受害人赔偿，政府可向当事法官提出求偿的追究，承担民事责任。如果法官违反义务，也要受到纪律的处分：对轻微违法处警告；对疏忽的情况或履行职务义务的不关心处罚款；对严重疏忽的情况或履行法官的义务极不关心处停职或休职；对不诚实、不道德、不名誉的行为，严重滥用职权而被判刑，处强迫退休或撤职。所以，可以看出，对法官追究责任是针对法官违法行为和不履行法官义务的行为，而不是履行职务的行为。

4. 法官任职期间不得兼任其他公职或任何私人职务

基本法第89条规定，法官在任职期间不得兼任其他公职或任何私人职务。《司法官通则》第22条也规定，不得兼任公共和私人职务，但教授法律、法律培训或法律学术研究的职务，立法、司法见解或学说上的研究及分析职务，以及自愿仲裁职务不在此限。在其他国家和地区也有类似的规定。如，德国基本法规定，所有法官除可兼任高等学校法律教师外，不得兼任其他职业。日本鼓励和推动法官、检察官等具有实务经验的职业法律家到法学院任教。法国法官可以从事讲学、文学艺术创作活动。香港特别行政区终审法院首席法官是法律改革委员会的当然成员。

法官的责任是要做到公正无私，法官的形象也应该是公正、客观，而法官兼任公共和私人职务，有利益关系，也就会产生利益冲突，影响独立审判工作，那么就要禁止。所以，法官要独立，就要排除外界的干扰，专心自己的工作，这是必要的。

5. 法官在任职期间不得在政治性团体中担任任何职务

基本法第89条规定，法官在任职期间不得在政治性团体中担任任何职务。《司法官通则》第24条也规定，不得从事政治活动，或于政治团体中担任任何职务。法官从事政治活动，势必受政治理念的左右，也会影响公正、客观地审判。

（三）法官委员会

《司法官通则》第93条、第94条、第95条规定，为了保障法官的独立性，约束法官的行为，设立法官委员会，负责对法官的管理和纪律的监督以及提出对法官免职的建议。

1. 法官委员会的组成

法官委员会由终审法院院长任主席，由法官选举产生两名法官代表，由推荐法官的独立委员会推荐，行政长官委任两名社会人士组成。

2. 法官委员会的职权

法官委员会的职权主要有：①对法官的处分，建议对法官的免职、因无能力退休、强迫退休、撤职；对法官采取纪律处分。法官委员会对法官的免职只有建议权，对终审法院法官的免职建议须交由立法会处理，立法会成立一个由五人组成的委员会审议，行政长官根据该委员会建议作出决定。对其他法官的免职建议交由终审法院院长设立的一个由三名本地编制

的法官组成的审议庭审议，行政长官根据该庭的建议作出决定。②调查权，对法官进行查核、专案调查。③评核法官的工作，每年对法官工作作出评定。④安排法官的工作，指定组成合议庭的法官；指定法官以兼任职务，决定其负责案件的种类；指定中级法院法官负责行政、税务、海关的争诉卷宗。

四　检察院的组织和活动原则

检察院是行使法律检察职能的机关。各国的检察制度不尽相同。主要分为属司法系统和属行政系统两大类。属行政系统的，如美国、法国、日本等把检察机关列入行政系统。而中国、葡国等把检察机关列为司法机关。不论采取何种制度，作为检察机关一般有三项职能：一是代表国家参与刑事诉讼，提起公诉。二是监督法院审判活动是否合法，是否正确适用法律。三是监督法院判决的执行。

（一）　检察院的组织

澳门检察院作为司法机关，一院建制，三级派驻，是对原有检察院制度的继承和创新。具体而言，检察院采用单一组织架构，不设立对应于三级法院的三级检察分院，这是创新。同时，保留由三个不同级别的检察官分别派驻三级法院内代表检察院履行职责，这是对原有制度的继承。为此，检察院内部设立了独立运作的刑事诉讼办事处，专责刑事案件的侦察和起诉工作。同时，在三级法院内设立了多个办事处。

检察院由检察长一人、助理检察长若干人、检察官组成。

检察院工作统一由检察长领导。终审法院由检察长代表，中级法院由助理检察长代表，初级法院由检察官代表派驻。

（二）　检察院的职能

在法庭上代表特别行政区，实行刑事诉讼，维护合法性及法律规定的利益，以及诉讼法律规定检察院行使监察基本法实施的权限。为此。检察院的权限有：①代表权，在法庭上代表特别行政区、特别行政区公库、市政机构、无行为能力人、不确定人、失踪人，以及代理劳工及家属维护其利益。②保护权，在法律规定的情况下，维护集体和大众的利益，参与破产或无偿还能力的程序以及所涉及公共利益的程序。③诉讼权，参与刑事诉讼。④调查权，依法领导刑事调查。⑤监察权，对刑事警察机关的行为进行监察，对法院是否依法履行职责和法院判决的执行进行监督。⑥提供咨询权，在法律规定的情况下，应行政长官、立法会主席的请求，提供法律意见。

（三）检察院独立工作

根据基本法第 90 条的规定，检察院独立行使法律赋予的检察职能，不受任何干涉。

检察院的独立与法院的独立还是有一点区别。从组织上说检察院是独立的，不从属于其他机构。《司法组织纲要法》第 55 条表述为，检察院是自治的。但从检察院的检察权限上说独立性又受一定的约束，检察院的独立性受合法性准则及客观准则所约束，以及检察官须遵守法律所规定的指示。检察院独立性的这种特点是由它的职能所决定的。

1. 行政长官与检察院的关系

检察院在代表政府利益、公共利益的时候，就要接受行政长官依法发出的指示，包括诉讼中的承诺、和解、撤回诉讼、放弃请求。《司法官通则》第 9 条规定，检察院在民事诉讼上代表特别行政区公库时，行政长官可向检察院发出指示。在特别行政区为被害人，许可在举报或自诉的刑事诉讼程序中撤回诉讼。可要求检察长提供一般性报告书、报告或解释。

2. 检察长与检察官的关系

检察院一般都实行垂直领导的体制，检察长领导检察院和检察官的工作。检察官有义务遵守上级发出的指示。《司法组织纲要法》第 62 条规定，检察长为检察院最高领导和代表，有权领导和查核检察院各部门的运作和助理检察长、检察官的工作；发出助理检察长和检察官应遵守的一般和特定的指示；分派工作予助理检察长和检察官。《司法官通则》第 8 条规定，检察院司法官具等级从属关系，下级司法官从属上级司法官，有义务遵从所接获的指示。

此外，对检察官职务的稳定性法律同样予以保护，除非在法律规定的情况下，不得将检察官停职、命令退休、免职、撤职或以任何方式使其离职。

根据基本法第 90 条的规定，检察官经检察长的提名，由行政长官任命。

检察长由行政长官提名，中央人民政府任命。检察长也必须由永久性居民中的中国公民担任。其原因与行政长官、主要官员、立法会主席和副主席的资格一致：司法机关行使司法权，也是一个极重要的部门，中国公民担任是必要的。

3. 检察官委员会

《司法官通则》第105条、第106条、第107条规定了检察官委员会为管理检察官和纪律处分的机构。检察官委员会由检察长任主席，由检察官选举产生的两名检察官、推荐法官独立委员会推荐行政长官委任的两名社会人士组成。它的主要职权有：①处分权，建议对检察官的免职、因无能力而退休、强迫退休、撤职；对检察官采取纪律处分。②考核权，对检察官工作作出评核。③调查权，对检察官进行查核、专案调查。

五　司法机关的对外联系

法律关系是以一定的经济关系和其他社会关系为基础的，澳门与内地的经济及其他社会关系越来越多，人员的交往也越来越密切。同样，澳门与国际上的经济、文化、科技等领域的交往也会越来越频繁。由此必然会产生相应的法律关系，而法律关系的主体权利和义务出现问题，自然产生法律的诉讼，这种诉讼不再限于本地，可能涉及其他地区，如何解决这些问题，就需要不同地区的司法机关进行合作，也就形成了司法合作的制度。所谓司法合作是指不同国家或不同法域地区的司法机关之间，根据缔结或共同参加的国际条约，或在互惠的基础上双方互相协助，为对方代为一定的诉讼上的行为。司法合作可分为国际司法互助和区际司法协助。

（一）澳门与内地的司法协助

澳门实行"一国两制"，保留了与内地不同的法律制度和享有司法独立权及终审权。澳门的法院和检察院不受内地最高人民法院和最高人民检察院的领导，适用的是澳门特别行政区的法律。所以，不在一个相同的法域内和相同的法律制度下，内地司法机关在审理案件或执行任务时，涉及澳门地区的人或事，不能直接到澳门逮捕人、调查取证、执行判决等，需要请求澳门的司法机关协助。反之亦然。为此，基本法第93条规定，"澳门特别行政区可与全国其他地区的司法机关通过协商依法进行司法方面的联系和相互提供协助"。

由于内地与澳门司法协助的性质是一国之下的两个不同法域之间的协助，不同于国与国之间的司法协助，必须遵守和符合"一国两制"的原则。

根据"一国"的原则，两地的司法协助不能照搬国际司法协助的模式，也不能采用国际公约作为调整两地司法协助关系的依据，更不能用与国家主权原则抵触的理由拒绝协助。

根据"两制"的原则，两地的司法协助要互相尊重对方的法律制度以及存在的差异，只要不违反国家主权原则，只要法律已有明确规定，尊重和遵守对方司法机关依法作出的决定，不能强求对方作出或不作出一定的行为。

因此，"一国两制"的原则也就决定了双方司法协助的渠道、办法、内容必须通过协商解决，既不是由中央政府制定一套制度，也不是由哪一个地区制定一套办法由双方执行，而是通过双方协商，共同建立一套制度。

如何解决特别行政区与内地司法协助中的问题呢？

1. 用新思维面对差异

两地由于对法律价值的认识不同，形成了法律观念上的差异，自然在法律基本原则的内容理解和范围界定上并不一致。如，博彩在澳门受法律保护，但在内地受法律禁止。某些组织或团体在内地受法律禁止，但在澳门却不被禁止。反映在立法时，其价值取向有差异。何况，公共秩序的范围涉及社会制度、政治制度、经济制度等根本性问题，其差异更大。此外，就是道德的基本观念也不同。虽在"一国"之下，但实行"两制"，不同社会制度，是它们之间差别和冲突的根本原因。

那么，两种价值观念在什么层面上可以协调？在什么层面上可以保留？总体上说，按照"一国"的前提需要调整不同的价值观念，维持"两制"的存在又需要保留各自的价值观念。所以，可行的办法是要在两者之间寻找一个平衡点，这就要用新思维来解决。新思维是什么呢？突出一个"新"字，跳出旧的框框。价值观念由不同的因素组成，有的属于道德范畴、文化范畴等，也有属于政治或意识形态范畴的。应该放弃或排除由政治或意识形态的价值来决定是否运用公共秩序保留原则，并决定协助的思维。这样既不损及"一国"的原则，又兼顾到"两制"的不同，容易找出共同点。

2. 用尊重的态度互相包容

两地的法律规定、法律制度的不同是客观的事实，关键是如何处理两者之间的不同。一个正确的态度才是解决问题的根本。双方应该抱着尊重的态度，尊重是解决问题的开始，承认有差异，才能寻找共识。尊重不是鄙视，我们可以不认同对方的规定，但不能有偏见的否定。面对法律的矛盾和冲突，如果愿意为对方考虑，愿意包容对方，愿意作出妥协，冲突也可以转化为和谐。如果总以为自己的规定和制度是最合理、最好的话，总想改变对方的规定和制度，必然加深彼此之间的冲突，结果必然会拒绝与对方的合作。"公共秩序保留原则"其含义，原本应该是一个不妥协的原则，不论对方是否需要，凡不符合我的规定就拒绝合作，但在"一国两制"下，应该改变这种态度，不能以狭隘的心态，理解公共秩序保留的原则，不应采取凡是规定不一致的，就加以拒绝的态度。

尊重的态度，采取的是缩小双方不同点，扩大双方共同点，在承认差异的基础上寻找共识的方法，所以是解决问题的态度，不是制造矛盾的态度。互相妥协、协调，可能是一方自我限制，满足另一方的要求，也可能是双方分别作出一些限制，满足各自最低的需要。本人相信，有正确的态度，就会寻找到正确的解决办法。

3. 用互相合作的意愿寻求共识

由于双方在实体法和程序法上，均会有一些不同，就是司法制度本身也有所区别，如果没有合作的意愿，没有配合的愿望，都可以找到理由对另一方的请求拒绝。所以，面对如此复杂的问题，我们解决问题的勇气和动力，完全有赖于我们彼此是否有合作的意愿谋求双赢。没有合作意愿，一切无从谈起。

合作应该是互惠互利的双赢。反之，一方在这一问题上不合作，另一方可以在其他方面不合作，就是"双输"。

合作应该要务实，要真正解决存在的问题。务实就是能灵活的一定要灵活，创造出一定的空间，才能提出具体解决问题的办法。

合作应该要适度，把握好分寸。既不能滥用公共秩序保留原则，扩大拒绝面，只有当出现明显抵触的情况加以使用。也不能强人所难，盲目顺从，付出制度性的代价，应该保持最低的底线。

4. 用公正建立互信

解决差异和矛盾，还有赖于彼此之间的互信。一方对另一方没有信任感，必然缺乏解决问题的基础。总以怀疑的眼光、怀疑的思维看待问题，这种心理未必明示于外，却藏于内，就是合作的障碍。

要互信，就要公正。公正才能取信于民心，才能取信于对方，说服对方。所以，必须严谨地履行司法职责，客观公正地作出裁判、裁决，这一点确实需要高度重视。如果出现司法不公，就会影响合作的意愿。长此以往，情况堪忧。

所以，只要我们能够建立起这种互相协助的法律文化，能够做到在法律观念上以新思维考虑新问题；在法律规定上以诚意和尊重化解分歧；在法律制度上以灵活和务实互相配合；在法律互信上以谨慎和公正取信对方。那么，没有解决不了的问题，司法协助一定能顺利进行。澳门与内地最高法院签订了《关于内地与澳门特别行政区法院就民商事案件相互委托送达司法文书及调取证据的安排》、《内地与澳门特别行政区关于相互认可和执行民商事判决的安排》、《关于内地与澳门特别行政区相互认可和执行仲裁裁决的安排》就是最好的证明。

（二）澳门与其他国家和地区的司法关系

澳门实行"一国两制"，有需要也有必要与外国就司法互助关系作出安排。作为中国的一个特别行政区，澳门与外国签订司法协助的协定，或参加有关国际条约，必须得到中央的授权，因为澳门对外的司法协助涉及国家主权的问题，司法权是国家主权的一个组成部分，特别行政区承诺的义务，要符合中国与他国的国与国之间的关系，符合中国的对外政策。同时，中央政府也会协助特别行政区政府与外国的谈判，或将有关国际条约适用澳门，无论是技术上的协助，还是安排上的协助。总之，中央政府将在"一国两制"的原则下，授权和协助特别行政区与外国开展司法协助。

澳门立法会制定第 3/2002 号法律《司法互助请求的通报程序法》，为澳门与其他地区的司法合作提供的法律规范。该法规定，司法互助请求指民、商事司法文书的送达和调取证据的请求以及刑事司法互助请求，尤其是：①移交逃犯及过境请求；②移交被判刑人及被判刑人过境请求；③刑事司法文书的送达和调取证据的请求；④该法经适当配合后适用于法院民事、商事、刑事裁判和仲裁裁决的审查、确认与执行。法律还规定具体负责司法合作的机关是澳门特别行政区有权限当局，具体指澳门特别行政区

司法机关或行政机关。

第 6/2006 号法律《刑事司法互助法》对司法互助的内容、司法互助的范围和限制、司法互助的原则作了规范。

该法第 1 条规定了司法互助的内容，包括：①移交逃犯；②移管刑事诉讼；③执行刑事判决；④移交被判刑人；⑤监管附条件被判刑或附条件被释放的人；⑥其他的刑事司法合作。

第 2 条、第 8 条规定司法互助的限制，适用该法时，必须保障中华人民共和国的国防、外交、国家的主权、安全或公共秩序，以及保障澳门法律体系内所确立的澳门的安全利益、公共秩序利益及其他利益。如有关程序涉及下列事实，亦须拒绝刑事司法互助请求：①基于澳门法律的理念，构成具政治性质的违法行为的事实，或构成与政治违法有牵连的违法行为的事实；②构成军事犯罪的事实，而对该犯罪未同时在普通刑事法律中作规定。下列者不视为具政治性质：①灭绝种族、违反人道罪、战争罪以及 1949 年《日内瓦公约》所指的严重违法行为；②联合国大会于 1984 年 12 月 17 日通过的《禁止酷刑和其他残忍、不人道或有辱人格的待遇或处罚公约》所指的行为；③根据适用于澳门的国际协约不应视为有政治性质的其他犯罪。

第 5 条规定了司法互助的互惠原则，本法所规范的刑事司法互助，须以互惠原则为前提。行政长官视需要可请求其他国家或地区给予互惠保证，并可向其他国家或地区提供互惠保证。符合下列任一条件时，即使不存在互惠待遇，亦可满足有关的刑事司法互助请求：①基于有关事实的性质或打击某些形式的严重犯罪的需要，宜提供该刑事司法互助；②提供刑事司法互助有利于改善嫌犯或被判刑人的状况或有助被判刑人重返社会；③提供刑事司法互助有利于查清归责于某一澳门居民的事实。

特别行政区政府在法律规范下签订了一些司法互助的协议。如，《中华人民共和国澳门特别行政区与葡萄牙共和国法律及司法协助协定》、《中华人民共和国澳门特别行政区与东帝汶民主共和国法律及司法互助协定》等。

第八节　行政主导与制度建设

社会上有一种意见认为，行政主导成败取决于个人权威，非为制度性的安排，因而不是最好的制度选择。这种看法是一种误解。事实上，行政主导倚重制度的构建。

一 行政主导的权力设定与权力关系的结构

综观宪政实践，行政主导，需要制度安排。就制度本身而言，主要依赖两方面的因素。第一，是行政与立法之间权限的设定。第二，是行政与立法之间关系的结构。

议会制与总统制作为目前两种典型的政治模式，能够发展出行政主导的形式，与上述两个因素是分不开的，虽然侧重点并不相同。英国议会制，行政发挥主导作用，主要是通过行政与立法之间关系的结构进行。"议行合一"的结构，即行政与立法的融合，使行政主导立法。美国实行总统制，虽然行政与立法分立，在行政与立法结构上与英国议会制不同，其行政主导作用，是通过设定总统的权力和保持总统的独立性实现的。总统无需向国会负责，就是没有掌握国会中的多数，国会也不能罢免总统。总统既是国家元首，又是政府首脑，因而总统的实际权力足以影响国会制定法律，通过政策。

港澳的原有行政主导制度，实际上是将行政与立法关系的结构和权力的设定，两者集于一身，行政权既在两者关系的结构中处于优势地位，又在两者权力关系中占据主导。当然，行政主导仅仅有优势地位和主导权还是不够的，还要有其他的制度配合。如行政局（咨询会）的咨询、协助；政务官的辅助；公务人员的凝聚力；社会咨询组织的合作等。

二 港澳行政主导体制变化的原因及挑战

面对港澳的回归，原先的管治者，开始改变行政主导的体制。港英自中英开始谈判香港问题之时就酝酿改革，当中英关于香港问题的联合声明签署以后，加快了改革速度。英国在交出对香港的管治权时，通过削弱行政主导，加强立法职能，保护其在香港的利益。过去突出行政主导，现在弱化行政主导，都是由英国的国家利益决定的。港英在 1985 年推出立法局民选议员。同年 10 月，通过立法局（权力与特权）法案，扩大立法局权力，还在 1988 年安排直选。1991 年实行分区直选。1995 年增加直选议席，占立法会总议席一半。这些做法都改变了原有的行政与立法之间的结构，权力关系也发生了一些变化。因此，特别行政区的行政如何主导，就要面对一些新的问题，需要创造新的条件，在行政主导制度重构时，必须考虑如下这些因素：如何保持行政长官为核心的强势政府；如何争取政治同盟支持；如何争取广泛的社会基础，赢得民望等①。

因此，我们又可得出一个结论：一方面，只要对行政与立法的权力作出适当的规定，在行政与立法之间的关系上构建出恰当的结构，行政主导是能够维系、能够实行的。另一方面，由于港澳回归的因素，面对原有行政主导制度的一些变化，特别行政区要面对挑战，作出回应，进行一定的调整。

三 行政主导的权力设定和权力关系的安排

特别行政区必须坚持行政主导原则和体制，但是，对行政主导的体制和运行有改进的需要。

（一）行政主导体制的构建和有待改进的思考

特别行政区行政主导体制构建时，一方面，吸收了原有港澳行政主导体制的有效部分，另一方面，因应情况变化，也作出了相应调整。

在行政与立法的权力设定上，主要是反映在行政长官与立法会制约关系的权力设定上，基本法规定，行政长官对立法会制定的法律有否决权，对立法会也有解散权。立法会对行政长官的拒绝签署仅有再次通过权，对行政长官无罢免权，只有在行政长官违法情况下方可进行弹劾。此外，行政长官有立法提案权、人事提名权和任命权及某些公职的委任权、负责基本法的实施权等。虽然澳门基本法改变了过去的做法，将财政批准权给予了立法会，但立法议员的立法提案权同时受到限制，如议员不得对公共收支、政治体制、政府运作事宜提出法案。如果涉及政府政策的法案，必须得到行政长官书面同意，才可提出。

在行政与立法关系的结构上，基本法坚持了行政主导原则。第一，确立行政长官的双重地位，既是整个特别行政区的首长，也是特别行政区政府的首脑。行政长官对中央负责，明确了他在特别行政区占据最高地位。

---

① 陈弘毅：《行政主导概念的由来》，载 2004 年 4 月 23～26 日《明报》。

第二，行政与立法关系上，明确行政对立法负责的范围，不同于议会制下的行政与立法的关系，最主要的是，立法会无权要政府下台。政府对立法会负责，只包括执行立法会通过的法律、向立法会作施政报告，接受立法会议员的质询。第三，立法机关的产生、组成和表决上作限制性的规定。立法会议员由直接选举产生，也由功能组别间接选举产生，在澳门还保留了委任议员。在立法会运作上，香港规定了分组投票计票办法，互相制约。

基本法的这些规定，与原有港英的《英皇制诰》、《皇室训令》，澳葡的《澳门组织章程》比较，不难发现，有变化的一面，也有不变的一面。

在行政权力的设定上，过去港督对立法局制定条例有绝对的否决权，现在行政长官只有相对的否决权。过去港督主持立法局会议，并可投下关键一票，后来逐步淡出。现在行政长官无此权限。所以，香港特别行政区行政长官对立法机关的制约权力是被削弱了一些。但是，澳门的情况有一点相反。过去澳督不能否决立法会制定的法律，如认为违反宪法，只能提请葡国宪法法院决定，现在行政长官可以拥有相对的否决权。过去立法会对澳督的立法行为，可以提请葡国宪法法院审议是否违宪，现在立法会无此项权力。过去立法会对政府施政方针可以提出弹劾动议，现在无此权限，只能对行政长官的违法行为提出弹劾。所以，澳门特别行政区行政长官对立法会的制约权力，增加了一些，而不是受到更多限制。

在行政与立法关系上，过去与现在变化相对较大。过去不存在行政对立法负责的规定，现在基本法规定行政要对立法负责。过去香港立法局没有选举议员，后来产生了选举议员，但也保留了部分委任议员。现在香港基本法规定，立法会所有议员由选举产生。在这一点上，澳门基本法维持了原有的做法，保留了行政长官委任部分议员的权力。从反省的角度说，有些变化对行政主导造成了掣肘。

比较香港与澳门基本法规定的不同，从中也能发现问题，值得我们思考。如果将香港与澳门比较，就能看出香港的行政主导体制受到冲击比较大，带来的变化比较多，实际运行时，困难就比较大。澳门基本不变，甚至向着更有利于行政主导的方向变化，实际运行就比较顺利。所以，权力设定的大小不同，会影响行政主导的效果。权力关系的结构不同，也会妨碍行政主导的运行。香港和澳门行政主导制度运行的情况不同，效果不一，其中一个主要原因，就是制度上的一些差异决定的。这个实际情况，启发我们思考，我们应该想一想有关制度完善的问题。从长远考虑，应结合实

践中的问题，继续研究，寻找解决的办法。

（二）总结落实基本法行政主导原则的经验与教训

我们应该指出，行政主导运作如何，不仅取决于基本法规定，更决定于基本法实施的好坏。基本法规定得再好，不落实也将一事无成。所以，实有必要对基本法规定的行政主导原则和具体规定是否真正落实进行检讨。

如果作一番粗略分析，在香港，行政的权力在实际政治生活中并没有完全落实，有的被不适当地限制了，有的甚至被放弃了，而立法会的权力在没有基本法依据的情况下，依自身的议事规则被扩张了，此消彼长，行政主导就出现了危机。在澳门，行政权力得到了强有力的执行，政府在制定政策、拟定法律、决定重大公共问题上，掌握主动权。立法会按基本法履行职责，议事规则严格按基本法重新制定，废除了原有不符合基本法的一些规定，没有借此扩张自身的权力。因而，使得行政主导运行比较顺畅。

虽然，港澳两个基本法规定基本相同，但行政主导的运作情况有差别，当然有许多因素，其中执行上是否有力应是结果差异的一个原因。所以，有必要查找落实行政主导原则中的问题所在，采取措施解决，提高行政主导的水平。

（三）创造行政主导运行的其他必要条件

以上两点，涉及制度确立和制度运行，是行政主导的基础，但是仅限于此是不够的，还需要其他条件的配合。

1. 发挥行政主导作用，必须"以民为本"制定切合民众要求和利益的政策

现在，在社会上有一种相当流行的说法，要实行行政主导制度，就必须实行行政长官普选制，只有一人一票选举产生的行政长官，才有认受性，才有民望，才能发挥行政主导。一句话，行政主导必须以普选作为基础。否则，行政主导面对选举产生的议员将陷入困境，走入死穴。普选是特别行政区政治体制的长远目标，在没有普选之前，就不能有行政主导吗？或者行政主导就不能发挥作用吗？这是我们要回答的问题。

从港澳过去实行行政主导的历史看，普选与行政主导并没有必然联系。在原有的行政主导制度中，行政主导是否受到民众接受并不是一个决定性因素，也不影响行政主导的实际作用。在没有民选产生立法机关议员前，它是排斥民众参与的。所以，从另一角度说，过去港澳的行政主导并不是以民众参与为基础的，也不将其作为一个必然的条件。因此，没有选举不等于不能有行政主导。

从宪政实践看，实行行政首长由选举产生的政治制度，也未必产生出行政主导，或者真正能实现行政主导。因为，任何一种选举只是决定由谁来制定政策、执行政策，但并不能证明，执政者的政策是否反映民意，是否代表民意，是否能得到民意的支持。如果执政者违背民意的话，行政主导同样缺乏民意基础，也就发挥不了行政主导作用。所以，有选举也不等于就一定能做到行政主导。选举仅仅是发挥和保障行政主导作用的因素之一，不能夸大它的作用。

由此可见，发挥行政主导的作用，关键取决于政府的政策是否反映民众的愿望、要求和利益。迈克尔·罗斯金等指出，"政府的任务是为所有公民提供生存、稳定以及经济和社会福利。这是现代世界中绝大多数国家的最高目标"。"维持合法性的一个办法是成功实现国家的目标"[1]。所以，只要政府政策符合民意，就会得到民众支持，行政主导就能发挥作用。在这一点上，特别行政区需要吸取教训。引起民怨，主要不是民众是否参与选举，就是选举出来的政府，同样会产生民怨，关键是政策要合乎民意。今后，行政主导的政府应该在制定政策上下苦功，争取民众支持。

2. 发挥行政主导作用，有赖于公务人员对政府的凝聚力、合作精神、工作效率，构建好以权威为主的等级结构

不论是政府制定政策，还是执行政策，都离不开公务人员。正如迈克尔·罗斯金等揭示的一个真实的现象，国家权力在向行政权倾斜的同时，"在行政机关内部，权力正在流向那些非经选举产生的文官——官僚手中"[2]。如果公务人员不认同、不支持、不执行政府的政策，具体要实施的好政策不可能出台，就是政府有了再好的政策也枉然。

如何实现这一目标呢？在行政主导体制内应该建立起严格的等级结构，牢固确立从属型的关系。行政长官必须是行政主导的核心，掌握好控制职能。主要官员协助行政长官工作，各级公务人员在行政长官和主要官员领导下工作，上级领导下级，下级服从上级。如果没有这种结构性的制度保

---

① 迈克尔·罗斯金等著《政治科学》，华夏出版社，2001，第39页。
② 迈克尔·罗斯金等著《政治科学》，华夏出版社，2001，第321页。

障，就建立不起权威，内部消耗，公务人员将是一盘散沙。更危险的是，在一盘散沙的情况下，公务人员又掌握了权力，包括在一定范围内制定具体政策，自由裁量解释和执行政策，一定是政出多门，损害政府形象，影响行政效率。要人们接受行政主导，而行政主导却一事无成，一定得不到支持。因此，有系统的行政体系、有效率的公务人员队伍、精诚合作的团队支持，是行政主导赖以存在的重要性条件。在这方面也有经验教训可以总结。

3. 发挥行政主导作用，妥善处理与立法机关的关系，搭建以合作为主的同级结构

既然基本法规定了行政机关对立法机关负责，立法机关也由选举的议员组成。为了争取民意，立法机关有自己的立场也是正常的。行政主导就要从处理等级结构下服从关系转移到处理同等结构下的合作关系。不能使用上下级的控制职能，以命令方式解决问题，只能运用协调职能，以平衡利益方式解决问题。

行政主导，争取立法机关合作是有一定的客观基础。绝对不是行政一主导，必然与立法势不两立。立法是民意机构，行政是以民为本、代表民意，实现人民利益是二者共同的目标。所以，不存在只有立法机关可以代表民意，行政机关就不能代表民意的问题。杜撰出来的"民意论"，无非是想要证明行政主导行不通，披上行政必须屈服于立法的道德外衣。但是，事实并非如此。立法制约行政的唯一力量在于民意，立法议员也以代表民众利益自居。然而，立法议员是否反映民意，主要不是因为他是选民选出来的，而是决定于议员主张什么样的政策。"输入什么（选举）与输出什么（政策）之间并没有必然的联系"[1]。所以，高呼我是民选议员，我就代表民意，政府就得服从，并没有充分的理由支持，否则，就不可能有行政主导的立锥之地。事实上，民众在行政与立法的政策之争中，不会简单地以"立法议员是我选举的"就不分对错而支持，不顾自己的真实利益而盲动。相反，他们关注、追问的是政策的合理性，这就是行政主导可行性的立脚点和发力点。当行政主导的政策是代表民众利益时，立法机关不会冒犯民众利益反对，与行政对着干，这就是行政与立法选择合作的理由。如果行政与立法长时间的对立紧张，行政主导将受到掣肘，最终损害的是民众的

---

[1] 迈克尔·罗斯金等著《政治科学》，华夏出版社，2001，第89页。

利益。因此，行政主导要理直气壮，敢于坚持正确的政策，才能争取到立法机构的合作。凡事迁就，放弃原则，不可能有行政与立法合作。

行政主导，应该做好与立法的沟通工作，争取多数的支持。虽然不会因得不到立法机关内稳定多数的支持而垮台，但是，没有多数的支持，实行起来会困难重重。政府需要运用各种方法进行沟通，做好公关的工作，诚意协商，化解矛盾。同时，为了防止"多数决民主制"[①] 的弊病，防止把少数团体或利益代表长久排拒在权力核心之外，避免忽视其存在的危险，对立法议员的组成，不宜轻率地改变基本法的现行规定，具体地说，在香港要继续保留功能组别的议员，在澳门要保留间接选举的议员和委任议员，以利立法机关内的多元化。立法机关内部应有不同利益的代表，建立利益平衡的机制，以发挥"共识决民主制"[②] 的长处，包容而非排斥，尽量扩大共识的基础。同样，这种多元化，也有利于行政与立法的合作。

行政主导，在特别行政区的现有条件下，不能轻易照搬政党政治。主张行政长官有自己的政党，才能实行行政主导，则弊大于利。在一个地区，政党不成熟、政党派别多，不能建立起稳定的多数党，将造成政局的更加动荡，把政府建立在多党联合基础之上，是不能长久的，行政主导根本无从谈起，法兰西第四共和国的历史经验值得汲取。目前，行政主导应该以利益共同体作基础，不以某党某派作基础；应以多数人的共同利益，争取立法议员的支持。

行政要化解与立法的这种紧张关系，最终还必须从立法机关之外争取民众支持。政府政策要赢得民众支持，就必须向民众解释。同时，也要向媒体推销政府政策，这个环节不能忽视。一个公开、透明、合理，在咨询基础上求得的共识政策，能够得到社会的支持。

因此，我们又可形成一个结论：既要搞好行政主导的制度建设，也要完善其他的条件，有利于争取到立法机关、社会大众的合作、支持。

第九节　澳门民主选举应循序渐进发展

澳门特别行政区基本法附件一第 7 条规定，"二〇〇九年及以后行政长

---

① 李帕特著《民主类型》，台湾桂冠图书股份有限公司，2001，第 36 页。
② 李帕特著《民主类型》，台湾桂冠图书股份有限公司，2001，第 37 页。

官的产生办法如需修改，需经立法会全体议员三分之二多数通过，行政长官同意，并报全国人民代表大会常务委员会批准"。附件二第 3 条规定，"二〇〇九年及以后澳门特别行政区立法会的产生办法如需修改，须经立法会全体议员三分之二多数通过，行政长官同意，并报全国人民代表大会常务委员会备案"。

2008 年 2 月 27 日，特别行政区政府发表了《努力提高选举质素，稳健推进民主发展》，修改《选民登记法》、《行政长官选举法》、《立法会选举法》咨询文件，向社会各界广泛征求意见，随后通过了上述修改的法律。那么，今后澳门民主选举制度如何发展呢？

一　政治体制与民主发展的关系

在检讨选举办法修改之前，首先要明确，必须将选举办法放在政治体制中检讨，不能离开政治体制孤立地讨论选举办法的修改。

（一）选举制度必须适合及服务于政治体制

近代选举制度是伴随代议政治制度而产生，没有代议制就没有选举制。选举制度的变化是由政治体制及其发展的需要来决定的。从西方国家选举办法的变化，可以看出这一规律。英国选举制度中的多数代表制，选区划分的不断调整，美国选举中的总统和国会分别选举，参众两院选举产生的办法不同，是由英国采取议行合一的议会制和美国采取三权分立的总统制的政治体制决定的。而法国 1958 年宪法规定总统与国会分别选举，德国战后的一人两票、多数代表制与比例代表制混合，是法、德改变了原有的政治体制引起选举制度改变的结果。

选举制度又受制社会政治因素和政治力量对比的影响。如，一般而言，选举制度中的多数代表制是两党政治的产物。比例代表制是多党政治的产物。

基本法中规定的选举办法也是由政治体制所决定的，"一国两制"，行政主导，均衡参与的政治体制决定了现行的选举办法。从分析行政长官的选举办法和立法会选举办法的内容可以看出，行政长官与立法会分别选举产生，有利行政长官的独立性和行政主导。行政长官通过一个选举委员会选举，有利于确保中央的任命，对中央负责。立法会产生通过直选、间选和委任，有利于兼顾各阶层利益和均衡参与。

（二）选举办法的修改不能脱离政治体制

选举办法修改要考虑政治体制中的各种关系，并正确处理。在讨论澳门选举制度修改的时候，不能违背政治体制的基本原则，不能因选举制度的修改而损害政治体制的稳定。

在"一国两制"的政治体制中，有三种政治力量关系，即中央与特别行政区关系；特别行政区行政与立法关系，政府与市民的关系，这三种关系是不能忽视的。

第一，在中央与特别行政区之间的关系上，要体现"一国两制"，就要确保国家利益，确保中央对特别行政区的领导，确保行政长官对中央的负责。选举制度的规定必须满足三个确保的需要。当然，特别行政区在选举过程中，依据的是特别行政区的选举法，按选举法规定，确保选民完全依自己的意志选举，实现公正、公平和廉洁的要求。

澳门的民主选举制度是地方性的民主选举，不是国家型的民主选举，受"一国两制"的规限。在"一国两制"的理论下构建澳门的民主选举制度，不能照抄国家型的民主选举制度，也不能以西方民主为标准来推行和衡量澳门的民主制度。这是一个基本的前提和出发点。

澳门作为地方性的民主，根据"一国两制"，澳门特别行政区的高度自治权来自中央的授权，中央的授权是澳门特别行政区自治权的正当性来源和基础，所以，在澳门特别行政区民主选举的意义并不是提供公权力的正当性，而是选择由谁具体行使管治权。因为自治权的正当性是由中央决定，所以，行政长官最终由中央人民政府任命。因为要选择管治者，所以，行政长官和立法会由选举产生。这样，澳门选举制度不仅涉及特别行政区的事务，也涉及国家事务，需要处理好"一国"与"两制"的关系。行政长官由选举产生，需要中央的任命，以确保选举与国家统一的平衡。如果将选举与任命对立起来，势必要冲破"一国两制"的界限，当选举破坏这种平衡，民主选举就危害到国家统一，民主选举对"一国两制"就失去了正当性。这是澳门民主选举形式不能逾越的一个边界。

第二，在行政与立法关系上，行政与立法互相分工、制约和配合。既要维护行政主导、有效管理，行政又要受到立法的监督。选举制度要有利于行政主导，行政与立法两者之间平衡。

行政主导从形式上看是特别行政区内部的行政与立法的关系，但透过形式看本质，也是"一国"与"两制"的关系、中央与特别行政区的关系。行政主导破坏了，不能运作，势必影响中央对特别行政区的领导，削弱中央对特别行政区监督。这是澳门民主形式不能逾越的另一个边界。

第三，在政府与市民关系上，要兼顾各阶层的利益，均衡参与社会的管理。政府的管制要体现市民的均衡参与，政府的政策要反映市民的意愿，政府要受市民监督。

兼顾社会各阶层的利益，保持均衡参与是澳门选举制度应该实现的目标之一。"一国两制"的精神就是和而不同，相互包容。西方文化中信奉强权政治合理性，谁获得的选票多，谁当领袖，谁就有"合法性"。中国文化则主张兼容，实现均衡参与，民主选举的具体制度可以采用不同的形式。这是澳门民主需要确立的边界。

在处理以上政治体制中的三个基本关系时，基本法设计政治体制时提出了三项基本的原则，就是"一国两制"，行政主导、行政立法互相制约，及均衡参与，这些基本原则至今并没有过时，选举办法的修改是需要依循的。

（三）选举制度在一定程度上反作用于政治体制

正因为存在作用与反作用的关系，选举制度的改变取决于政治的需要，选举制度的改变也会变动政治的格局。要谋定而后动，不要因轻言修改选举办法而动摇了政治体制。

二 循序渐进地创造条件发展民主选举

（一）民主选举是有条件的

有人说，民主选举是公认的普世价值，凡讲条件地实行民主选举，就是反民主。其实，实现民主选举一定是有条件的。所谓无条件的普世价值论是空中楼阁，有害无益。就是移植也不能盲目，照抄照搬。

为什么民主选举在西方一些国家成功，在拉美、非洲一些国家失败了呢？不是民主选举本身有什么不好，只是说明，它们之间在实行民主选举时，条件不同，影响了民主选举所要达到的效果。所以，不顾条件，可以做到形式相同，但不能保证结果一样。就是民主选举本身也是要受到一些限制的。如美国宪法保留总统选举中的选举人团制度，总统既不由国会选举产生，也不由一人一票直接选举产生，而是由各州选举人选举产生，在这种选举办法下，哪怕出现少数票总统与一人一票的平等原则相矛盾也在所不惜。其原因就是美国宪法的制定者认为，联邦的稳定，各州的平等，权力的限制，防止多数对少数的暴政的"共和的价值"与"民主的价值"是同样重要的，不能偏废，应该兼顾，对民主选举理所当然要有所限制。

有人说，循序渐进发展民主是一种托辞，一种借口。历史说明，任何一个国家的民主制度发展都是循序渐进的，西方国家选举发展到今时今日，经历了百年以上的时间。

仅举英国和美国为例。

在英国，1688 年建立君主立宪制就有了选举，但至 1831 年选民只有 25 万，有选举权的人数占总人口三十五分之一。对选民资格规定了财产限制、居住年限限制。直到 1918 年议会方通过了人民代表法，实行一人一票制。而在 1928 年才通过男女平等选举法，1948 年才落实一人一票制，取消职业、双席选区和大学选区①。

在美国，1787 年宪法确定了平等原则，但选民资格受人头税、文化测试、祖父条款、白人预选会限制却长期存在②，直至 1920 年，妇女才享有选举权。1962 年才取消财产限制。1970 年后才解决了印第安人和黑人的选举权问题③。

有人说，既然西方国家已经实现了普遍和平等的选举，我们为什么还要循序渐进？合理性在哪里？问题的关键是我们怎么认识民主选举所需要的条件。

过去大家讲得比较多的是选民个体的素质，如选民的经济水平、教育程度、公民意识等因素，即能够使选民具有选出真正代表人民利益的代表的能力。如果选民素质不高，缺乏这种能力，难有公正廉洁的选举结果。所以，这些是重要的条件。但是，具备了这些条件，为什么一些国家和地区的选举还出现乱象？选民不分是非，不问政策对错，不看政绩好坏；政客为什么能挑动选民对立、族群对立、阶层对立、撕裂社会？说明以上的条件并不能保障民主选举的顺利进行，以实现民主选举的真正目标。

---

① 刘建飞等编著《英国议会》，华夏出版社，2002，第 158～161 页。

② 王雅琴著《选举及其相关权利研究》，山东人民出版社，2004，第 96～97 页。

③ 王雅琴著《选举及其相关权利研究》，山东人民出版社，2004，第 88～91 页

那么，除了选民个体素质的条件外，还需要什么条件呢？与选民个体素质相对应的是社会整体素质。这种社会整体素质，纵观世界民主选举的发展历史，就是表现在社会成员中的绝大多数具备对社会共同体所需要的共同的价值理念、共同的目标、共同的利益能够达至基本共识的能力。反过来说，缺少社会共同体应有的共同价值理念、目标、利益的分裂的社会、冲突的社会，不具备社会整体素质，选举不仅不能解决问题，反而可能引发的是更大的冲突。如，早年的美国因民选的林肯总统限制南方奴隶制的扩张爆发了南北战争，当今一些国家因选举导致内战、种族屠杀，甚至国家分裂，选举变成了一个生死战场，有你没我，选举不是选民选择政府的政策，而是决定社会的主流价值，决定社会制度的选择，结果以形式上的民主开始，以实质上的不民主结束。选举不是凝聚了社会的共识，相反，加剧了社会的分裂。不是促进社会的进步，反而窒息了社会的发展。所以，只有在社会消除了结构性的社会矛盾的情况下，各阶层对社会发展、社会利益有一个基本共识，才会有真正意义上的民主选举，这就是民主选举的必要条件。

我们必须思考一个问题，为什么西方选举制度经历一个半世纪后，才做到了普遍和平等的选举？这是一个认识问题吗？还是一个实际条件的问题？客观地说，平等原则早就被认为是个好东西，在西方国家的宪法中都有清楚明确的规定，这不是一个认识问题，相反只是一个实际问题，也就是条件问题。在一个半世纪前不实行平等选举，他们担心的是什么？最常见的财产限制、教育程度限制、种族限制，虽然形式不同，实质就是一个核心，保护有产者的利益，确保有产者决定社会的政策。如果在当时条件下，无产者有选举权，结果会是怎样？是阶级斗争，社会分裂，最后的可能性就是社会制度的颠覆。只有当西方社会经过一个较长时期的发展，在这种有产者与无产者之间社会结构性矛盾基本缓和并逐步控制的情况下，才做到了普遍平等的选举。历史上和现实中已经证明，社会矛盾越尖锐的地方，选举冲突就越多，选举不是解决了社会的矛盾，相反加剧了社会的矛盾。因为选举只是解决由谁来制定和执行政策，本身并不能解决社会的对立。而在社会对立下，选举的结果，只能是社会强势的力量压制社会的弱势力量，以维护自身的利益，而不会是社会的整体利益。选举是要形成社会的公意，实现社会的公共利益，如果不能做到这一点，选举就是生死战场，社会必然冲突，动摇整个政治体制和社会的稳定，与选举的目的背道而驰。这类例子比比皆是。

讲澳门民主要循序渐进，总被片面地认为是时间问题，因而将循序渐进简单化为制定时间表的问题。其实，除了时间外，更应该关注循序渐进的条件问题。

所以，我们要处理好"应然"与"实然"的关系。也就是应该与实际的关系。"应该"不等于现在就能实现，有一个时间和条件的因素。

（二）循序渐进发展选举民主需要处理的问题

1. 正确处理中央与特别行政区，不同阶层与平衡参与两个关系

（1）在国家与特别行政区之间的关系上，必须进一步加强和提高市民对国家统一的认同，对中央政府领导的认同，对爱国爱澳的认同

形式上的回归，不等于人心的回归，只有人心回归，以上三个认同的社会共同价值才能够确立起来，民主选举的进一步发展就具备了必要的条件。

澳门选举行政长官是在"一国两制"下进行，行政长官是一国之下的特别行政区首长，所以，产生出来的行政长官必须能做到三个确保，即确保国家利益，确保中央对特别行政区的领导，确保行政长官对中央的负责。行政长官的选举，不仅涉及特别行政区利益，也涉及国家利益，两者要兼顾结合。这应该成为澳门社会的共识，是行政长官选举办法的基础，如果否定这个基础，任何选举办法均不可行。

对行政长官候选人产生的程序上，需要保留一定的机制，以确保中央的任命。有人说，基本法对行政长官的资格作了规定，无需在其他方面，包括程序上设定限制。但基本法规定的资格比较原则，在实施过程中需要有一定的程序保障。如，基本法规定，公共职位的据位人必须拥护基本法，必须效忠国家，但在香港有人反对基本法第23条，照样做议员。有人反对国家的基本制度，也称是爱国。所以，没有具体的程序，是难以真正落实基本法的。所以，"一国两制"下的选举，需要规定必要的程序。

（2）在特别行政区各阶层之间的关系上，对公共政策的选择，不同阶层、不同界别能够理性、包容，以公共利益为优先，而不是仅以自身利益为唯一选择

无论是参选人还是选举人都应有这样的品格和认识，选举才是促进社会稳定和进步的重要手段，否则，选举不可避免地会出现不公正、不公平、

不廉洁，有违选举的崇高目标。所以，需要提升参选人和选举人的素质，直接选举和间接选举办法的修改应该有利于公正和廉洁，为普选创造条件。

所以，澳门既有提升选民个体素质的问题，也有完善社会整体素质的问题。

2. 正确处理民主与法治的关系

（1）民主与法治各有其价值和取向

"民主"和"法治"有各自的价值内涵。民主的价值是要求公共权力属于人民，确定权力的正当性。法治的价值是要求公共权力行使的合法性，限制权力的滥用。法治既要约束权力者的意志，也要约束人民的意志。

"民主"和"法治"的取向也各有侧重。"民主"的取向是通过选举，更换管治者。如亨廷顿所说，"民主并不意味着问题必将得到解决；……民主行为的实质是更换统治者"①，民主本身具有"人治"的因素。

法治的取向是依规则办事，实现法的统治，法律至上，不论是多数还是少数的意见均应在法律之下活动。法治是一种以法的统治为特征的社会统治方式和治理方式。如英国宪法学家戴雪所言，法治至少有三层含义：①人人皆受法律的统治而不受任性统治；②人人皆须平等地服从普通法律和法院的管辖，无人可以凌驾于法律之上；③宪法为法治的体现或反映，个人权利乃是法律之来源而非法律的结果②。所以，法治将人治的因素减少到最低限度。

所以，"民主"和"法治"是两个独立的价值，不能混为一谈，也不能互相替代。

（2）民主与法治并不对立，需要互相为条件

虽然"民主"和"法治"是社会的两个不同价值，但是，它们并不对立，而是互为条件。对于民主与法治的关系，学术界主要从四个方面阐明："第一，民主和法治相互依存，不可分离……第二，民主和法治相互渗透，彼此补充……第三，民主和法治相互保障，彼此促进……第四，民主和法治相互制约，彼此平衡。"③

---

① 〔美〕亨廷顿著《第三波：20世纪后期民主化浪潮》，刘军宁译，上海三联书店，1998，第317页。

② 〔英〕戴雪著《英宪精义》，雷宾南译，法律出版社，2001，第231～244页。

③ 赵震江、付子堂著《现代法理学》，北京大学出版社，1999，第377～378页。

（3）民主与法治的结合在于法制化

虽然"民主"与"法治"可以兼容，但并非天然合一。如果民主与法治不能结合，就会出现两种情况。如霍姆斯指出："有些理论家担心宪法上的约束会窒息民主。而另一些人则害怕宪法之堤会被民主的洪流冲决。"所以，民主与法治需要一个结合起来的过程，它的唯一路径就是民主的法制化。"尽管双方各持己见，但都一致认为在宪政与民主之间存在着深层的和不可调和的张力"。的确，他们接近于认为："'立宪民主制'是对手之间的联姻，是一种矛盾修饰法。"① 因此，民主需要法制化。

（4）民主发展，法治先行

①民主内涵的不确定性需要法制规范。

美国学者达尔在《论民主》中说，"民主已被人们探讨了大约 2500 年，照理应该有足够的时间提供每个人或几乎每个人都赞同的一套有关民主的理念才对。然而具有讽刺意味的是，恰恰是民主所具有的这一悠久的漫长历史导致了在民主问题上的混乱和歧义，因为对不同时空条件下的不同人们来说，'民主'意味着不同的事物"。美国政治学者乔·萨托利则在《民主新论》中更加明确地写道，人们生活在一个"民主观混乱的时代"，因为"民主的概念注定会产生混乱和歧义"。毋庸置疑，"'民主'的定义几十年来一直是争议不休的问题"。以不同的历史传统、文化渊源、民族宗教、经济社会、政治哲学、政治实践，乃至国家外部环境、国际因素等都会对人们理解和解释民主概念产生至关重要的影响，因此"迄今还没有一个关于民主的定义为人们普遍接受"②。那么，怎样才能将各种各样对民主的理解转化为一个可操作的民主呢？看来从意识形态、价值观念层面是难以做到，也没有可能。因为对民主的理解往往是有分歧的、嬗变的，不具有预定性、明确性。所以，民主不能成为人的具体行为的规范，操作性不够强。而法治要求的是合法性，合法的标准是客观的，以法律文本和规范为准，不受人的主观意愿的影响，法律有预期性、明确性和稳定性。法律可以成为人的具体行为的规范，容易掌握，容易操作。只有从法律层面，建立民主的法律制度，民主才有确定性和可行性。

---

① 〔美〕史蒂芬·霍姆斯著《先定约束与民主的悖论》，潘勤译，载〔美〕埃尔斯特、〔挪〕斯莱格斯塔德编《宪政与民主——理性与社会变迁研究》，生活·读书·新知三联书店，1997，第 225 页。

② 李林著《当代中国语境下的民主与法治》，载《法学研究》2007 年第 5 期。

②民主是个好东西，从价值角度说的，但是，民主要真正成为好东西，需要法治的条件。

因为从理论上说，民主可以成为好东西，也可以成为坏东西。民主可以成为"人治民主"，民主不受法律的约束，同样会产生多数人的暴政，事实上，西方式的民主确曾导致过"多数人的暴政"（托克维尔语）或"多人的专制主义"（孟德斯鸠语）①，因为民主容易成为民意优先，民意优先往往导致民主不受法律限制，否定法治。如果行使民主权利不受法律约束，等于自由不受约束，最终没有自由。民主没有程序和制度，多数人想怎么做就怎么做，没有秩序，最终没有民主。民主先行导致民主失败，得不偿失。一些所谓的民主国家出现了社会秩序动乱，政治腐败（金钱收买）、经济危机、种族冲突、极端贫困、降低效率等就是证明。

当然，民主也可以成为"法治民主"。由于法治民主强调在法律确定后，民主必须在法律的框架下运行，强调社会稳定是发展民主的前提，强调法治对自由的规范，强调政府管制的有效性，强调保障事关国计民生的重大经济及社会事务决策与执行的效率②。虽然，法治在执法程序上限制了民主和民意，但是，它不限制通过民主修改法律。而被执行的法律本身也是民主的产物，执法从根本上说，也是民主的要求。一句话，民意可以修改法律，但不能违背法律。法治不会导致否定民主，它能够让法治的价值和民主的价值共存。

在实践民主的过程中，西方社会出现了两种形式。

一种是美国的"法治优位"模式，美国宪法采取共和制，而非民主制。立宪者"他们对共和和民主作了非常清晰的区别，而且反复强调他们建立的是一个共和政体"③。共和制是法律至上。对政府的权力和人民的权利给予限制，强调分权和制衡。

另一种是法国的"民主优位"模式，民主不受法治约束，结果正如托克维尔指出的那样，法国大革命既是强大的，又是脆弱的。说它强大，是因为它是一场民主革命；说它脆弱，则是因为它是一场缺失了法治的民主革命。它留给人们的启示是：没有法治的约束，民主是脆弱的，甚至会沦

---

① 杨建平著《法治民主：后发国家的政治选择》，载《战略与管理》2001 年第 6 期。
② 杨建平著《法治民主：后发国家的政治选择》，载《战略与管理》2001 年第 6 期。
③ 美国军人训练大纲第 2000～2025 条引言。朱崇毛：《"美国民主"？一个百年大谎！》，载"多维新闻网"，2008 年 7 月 17 日。

落为暴政的工具①。

两种模式经过历史的检验，"法治优位"明显优于"民主优位"的模式。

有学者将世界上有民主无法治的模式（如拉美、非洲及第三波民主的一些国家）和有法治少民主的模式（如新加坡）作比较分析，就社会的自由度、社会经济的发展水平和社会的稳定度，市民的幸福度而言，得出后者的表现优于前者的结论②。

法治优先不是在价值层面上优于民主，民主与法治有同样重要的价值，但是在操作层面上法治应该优先。打个比喻，民主与法治就好比水和渠的关系，水到渠成，如果没有渠，水就会泛滥成灾，水不是利而是患。如果有渠，水就是利，所以，人类需要的是水利工程。民主也好比市场经济、自由竞争，但是，市场经济也是法制经济，没有法制，犹如金融海啸，失去控制，最终破坏经济。"没有法治的支持与约束，民主固有的缺陷必然使它夭折或发生蜕变；没有建立在法治基础上的民主无法正常运作并真正收到成效。"③ 所以，我们需要的是法治民主。民主要想成为好东西，必须法制化，即制度化，制度就是法制。

（5）法治先行，从实际出发

民主选举的价值有普世性，但民主选举的形式绝没有普适性。实行民主选举的原则，不能照搬其他国家和地区的模式，一切从实情出发。

①亨廷顿在《文明的冲突与世界秩序的重建》中关于不同的文化导致不同的政治选择进行了论述，西方民主政治是竞争政治，一如其自由竞争的经济。但政治竞争"不是日本文化，也不是中国或亚洲文化搞政治的方式。这会导致争议和混乱"④。由衷推崇美国民主的托克维尔并没有把美国模式放之四海，他决不认为"美国人发现的统治形式是民主可能提供的唯一形式"⑤。从理论上说，既然世界的文化是多样性的，民主制度作为政治文化也就应该是多样的。如果只有一种特定的文化才能形成西方式的民主，

---

① 佟德志：《民主与法治的冲突及其均衡》，http://www.aisixiang.com/data/32839.html。
② 潘维著《法治与未来中国政体》，http://new.21ccom.net/articles/zgyj/xzmj/article_2010070512640.html。
③ 麻宝斌：《论民主的法治前提》，载《吉林大学社会科学学报》2001年第5期，第20页。
④ 亨廷顿：《文明的冲突与世界秩序的重建》，新华出版社，1998。
⑤ 〔法〕托克维尔著《论美国的民主》，董果良译，商务印书馆，1988，第16页。

那么等于说西方民主没有普遍意义；如果若干不同的文化都可以成就民主，那么民主就不只是一种形式。

②英国《金融时报》2001 年 3 月 1 日刊登了一篇对李光耀的专访。李光耀提出了一个带总结性的论点："我不认为通往民主的道路只有一条，也不认为只有一种民主。"从民主的实践上说，民主制度已经因国情的不同而各有精彩。

所以，不同的经济和文化，不同的政治信仰和政治结构，决定了达到民主的途径、方式可以不同。重要的是，民主制度能如何实现国家或一个地区的目的。以民为本，为人民谋求美好生活，才是各国各地区选择民主形式的根本出发点。因此，法治先行，民主选举法制化，应该从实际出发。

在澳门，建立民主选举相关的法律制度主要从两个方面努力。一是，选举制度，解决由谁来行使管理社会的权力。选举制度既是属于技术性的程序，又有属于政治性的平衡。一方面通过不断完善技术性的程序，以提高选举的质量，如改善选民登记、便利选民投票、打击贿选等。另一方面选举要达到凝聚社会共识，避免社会分裂，就要平衡利益，它涉及政治的稳定和社会的安定。否则，民主发展欲速则不达，背离它的目标。二是，行政权、立法权和司法权正当行使的制度。只有在完备的法制下，民主选举产生的当权者才不会滥用权力为恶。

第八章
经济、社会和文化

　　经济是社会的基础，澳门的稳定发展与经济的发展密不可分，"一国两制"能否成功，很大程度上取决于经济能否不断地发展，居民的生活水平能否逐步地提高。所以，基本法对澳门的经济给予了高度重视，以"一国两制"的方针政策为原则，以澳门的实际情况为出发点，以有利于澳门长远发展为目标，规定了经济一章的内容。它的逻辑体系主要有四方面构成基本法的调整对象：第一，维持资本主义制度五十年不变，保护私有财产制度和私有权。第二，原有经济方面的一些具体制度基本不变，如财政、税收、金融等。同时，根据澳门的实际和发展，作一些必要的完善，如预算制度。第三，经济领域实行高度自治，特别行政区自行制定政策，自行管理。第四，为澳门未来发展留有余地，创造条件，提供法律的基础。

　　经济是社会的物质文明，文化是社会的精神文明。澳门实行"一国两制"，不仅要保证社会的经济能够进一步地发展，而且也要保证社会的文化不断地进步和提高。使居民在享受物质生活的同时，也能满足精神生活的需要。所以，基本法对澳门的文化和社会事业予以重视。因此，基本法按照"一国两制"的原则，从澳门的实际出发，赋予澳门特别行政区管理文化和社会事务的高度自治权，自行制定政策，保留、完善或建立相应的制度，根据需要和可能发展文化和社会事业。

第一节　维护私有制的经济制度

澳门实行私有制和自由经济。在澳门，除了机场、码头极个别的企业由政府所有或政府握有部分股权外，绝大多数的生产和经营单位都是私人所有和管理。私有经济和个体经济的比例在澳门经济中占绝对优势，澳门经济成分以私有制为主体，这是澳门经济赖以发展的基础。

一　私有财产权受法律保护

在近代宪法产生前，封建社会无私有财产权的保障，私有财产随时可以被王权没收。所以，资产阶级革命提出的要求就是私有财产神圣不可侵犯，人权的四大权利（生命权、财产权、自由权、追求幸福权）中就有财产权。法国《人权宣言》宣布，财产是神圣不可侵犯的权利，除非当合法认定的公共需要所显然必要时，且在公平而预先赔偿的条件下，任何人的财产不得受到剥夺。美国宪法修正案规定，凡私有财产，非有相当赔偿，不得占为公有。所以，宪法规定财产权的意义在于，宣示财产权是人的基本权利，除依法律规定，不得剥夺。而法律必须依宪法规定，保护财产权，也就成了法律的一条基本原则。

基本法作为特别行政区的根本法对保护财产权是十分重视的，并且作出了相应的规定。

在澳门基本法第一章总则中的第 6 条规定："澳门特别行政区以法律保护私有财产权。"把保护私有财产权放在总则中规定是有特殊意义的，一是要突出保护私有财产权是"一国两制"国策中的一项基本原则，不能改变。正如基本法第 144 条第 4 款规定，"本法的任何修改，均不得同中华人民共和国对澳门既定的基本方针政策相抵触"。二是要体现保护私有财产权的重要性，相对而言，列入基本法总则的条文对其他条文具有统领性和指导性。基本法中有关居民基本权利中的私有财产权和经济制度中的私有财产制度规定，均建基于此。此外，基本法总则中保护私有财产权的规定是采用了"以法律保护"的表述，而非"依法保护"的表述，更要求特别行政区应主动、有效保护私有财产权。当没有法律或法律保护不足够的情况下，要制定法律加以保护，不是停留在"依法保护"的层次上。

在澳门基本法第三章居民的基本权利和义务中，保护居民的财产权是适用两个国际人权公约的标准。基本法第40条规定："《公民权利和政治权利国际公约》、《经济、社会与文化权利国际公约》和国际劳工公约适用于澳门的有关规定继续有效，通过澳门特别行政区的法律予以实施。澳门居民享有的权利和自由，除依法规定外不得限制，此种限制不得与本条第一款规定抵触。"澳门居民的财产权受到国际人权公约的保护，如果要限制居民的财产权，只能以法律形式加以限制，而限制的理由必须符合国际人权公约所规定的要求。

在澳门基本法第五章经济中，对私有财产的保护与公益征用财产的补偿作出了原则性的规定。第103条第1款和第2款规定："澳门特别行政区依法保护私人和法人财产的取得、使用、处置和继承的权利，以及依法征用私人和法人财产时被征用财产的所有人得到补偿的权利。征用财产的补偿应相当于该财产当时的实际价值，可自由兑换，不得无故迟延支付。"

二 保护私有财产权的内容

澳门经济成分主要有两部分构成，一部分是个体经济，其特征是，生产资料和产品归个体者所有，以个体劳动为基础，所得收益也归个体支配。澳门的许多商号或个体作坊属于此种性质。另一部分是私有经济，其特征是生产资料和产品归业主所有，以雇工生产和经营为基础，所得收益除一部分用于支付雇工的报酬外，归所有主支配。澳门的许多企业和较大商店属于此类性质。无论是个体还是私有经济，基本法把它们归为私人财产和法人财产。根据澳门民法典的规定，私法人主要有社团法人、财团法人、经营组织法人。社团法人是指以人为基础且非以社员经济利益为宗旨的法人，如澳门的街坊会、工会、教育会、妇联会等各种社会团体。财团法人是指以财产为基础且以社会利益为宗旨的法人，如私人捐款设立的基金会等团体。除此之外，大量的是经营组织的法人，它以人为基础，成员有义务提供财产或劳务，以共同从事某种经济活动，谋求达到从经营活动中分配所获得的利润或积聚资金，主要以公司形式出现。

财产权的具体内容包括对财产的取得、使用、处置和继承的权利。财产权既可以存在于有形财产，如建筑物、动物等，也可以存在于无形财产，

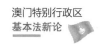
如知识产权、债权。

（一）基本法规定的财产权的三项原则

1. 财产权作为基本人权不可侵犯

因为财产权是居民行使其他权利和自由的物质基础，离开物质基础，权利和自由只能停留在纸面上，没有实际的意义和作用。所以，财产权对保障其他权利和自由行使的作用是显而易见的。

保护财产权的具体内容是：第一，保护一切合法取得的财产。可以是通过合同、继承、取得时效、先占、添附及法律规定的其他方式取得。第二，保护财产的合法使用。可以自主地使用财产去生产或经营，不受他人的限制。第三，保护处置财产的权利。可以将财产捐赠、遗赠等，不受干涉。第四，保护继承的权利。可以是法定继承，也可以是遗嘱继承，继承的权利不能被非法剥夺。第五，保护补偿的权利。政府根据公共利益的需要，可以对私人和法人的财产进行征用，但不能是无偿的，必须给予补偿。

法律不仅保护澳门居民和企业的私有财产权，而且还保护外来投资者的财产权。这对澳门吸引外资是很重要的。澳门的进一步发展，需要外来投资，要使外来投资者放心，就要保护他们的财产权。澳门是一个自由港、自由经济的社会，所以，应该一视同仁地对待本地和外来的投资，保护他们的合法权益。

2. 财产权因公共利益依法受限制

政府为了公共利益的需要可依法征用。这一点的规定与各国法律制度是一致的。随着经济的发展需要，国家对经济的干预，为了公共利益，对最初的财产权神圣不可侵犯做了一点修正，财产权不再是绝对权，因公共利益受一定的限制。所以，在20世纪中叶，许多国家的宪法作出了这类规定。如意大利宪法规定，为了公共利益，私有财产在法定情况下得有偿征收。日本宪法规定，私有财产在正当的补偿下得收归公用。

3. 财产被征用时有得到补偿的权利

如果任意或无偿的征用财产也就侵犯了财产权。补偿要符合三个条件。一是补偿的标准，应是该财产征用时的实际价值，既不能是该财产购买时的价值，也不能是财产将来的价值，因为财产有升值或贬值的可能，否则就可能剥夺了投资者应得的增值部分，造成所有人的财产损失或者是政府多付了钱款，糟蹋了纳税人的钱，也就不符合公平的原则。二是补偿的货币可自由兑换，如果不能自由兑换和自由汇出，实际上限制了财产所有人的可能的再投资，如果该地区经济有问题，也就变相地承担风险，甚至是损失。第三，及时支付，不得无故迟延支付，不得拖欠。

所以，这三项原则是有机的整体，互相关联，互相制约，一环扣一环。

（二）澳门现行法律中的公益征用财产的制度

澳门第 12/92/M 号法律《因公益而征用的制度》和第 43/97/M 号法令《充实公用征收法律制度》对公益征用财产的制度作了规范。这两个规范性文件，与上述基本法的规定并无抵触。所以，全国人民代表大会常务委员会经过审查，将其采用为澳门特别行政区的法律。

第 12/92/M 号法律主要有三个方面内容构成。

第一，对公益征用财产明确规定了两项原则，即依法保护私有财产权和通过合理赔偿可征用私有财产。

第二，对公益征用财产的程序、形式、范围等作出规定。从程序上讲，先经过协商，协商不成才可申请公益的声明及行政占有。如对不当情事有争议，可通过仲裁和法院解决。就形式而言，区分为一般性公益征用和特殊公益征用，后者指因公共灾难或公共安全需要，政府可立即取得有关财产而不需任何手续，只按一般规定赔偿有关财产权所有人。征用的范围可以是局部，也可以是整体。

第三，对因公益征用补偿的规定，其中规定补偿的目的、补偿的标准、补偿计算的因素、付款的方式。

第 43/97/M 号法令是对上述法律的具体化，是实施的细则规范。总体而言，澳门在公益征用财产方面是有法可依的，不存在法律的空白。其中两个方面的内容值得关注。

第一，公益的范围。征用财产的前提是因公益需要，如果不是公益，征用就成了不公义之举，产生许多争议。所以，确定什么是公益就成为关键。第 12/92/M 号法律对什么属于"公益"，并没有直接作出明确的界定。但是间接有所表述。如法律第 3 条规定，"公共灾难"或"内部保安"需要属于公益范畴。法律第 5 条规定，"施行本地区重整计划或公共利益的设备或基建方案"也属于公益。

第二，公益征用的补偿制度。公益征用的补偿问题处理的好坏，直接关系到公益征用能否顺利进行的关键。公益征用过程中虽然出发点是从澳门整体利益考虑，但对被征用者来说，为了社会利益作出了特别牺牲，对他们给予公平的补偿，体现了政府对私人财产的保障，符合公平原则。第12/92/M 号法律第 18 条规定"一、任何财产或权利因公益而被征用时，赋予被征用事物的拥有人收取合理赔偿而同时支付的权利。二、合理的赔偿并非因令征用者得益而基于被征用事物的拥有人的损失作补偿，该项补偿是按被征用事物的价值计算，同时要考虑公益声明当日所存在事实的情况和条件。三、为订定征用财物的价值，不能考虑公用声明中被征用楼宇所处地区内所有楼宇的增值。"根据上述法律的补偿原则，第 43/97/M 号法令第 8、9、11、12、13、14、15 条就征用土地的分类，土地价值计算，建筑物价值的确定，不动产租赁的损失赔偿，因工商业、自由职业业务中断而引致的赔偿，及征收所有权以外的其他权利损害的赔偿作出了具体规定。

但是，在补偿的标准上，主要有两种做法。一是实际损失的补偿。二是可能得益的损失部分的补偿。前者是所有国家都采用，后者在部分国家采用。法律所确定的补偿范围，是否只考虑实际"损失"部分，不考虑"得益"损失部分，还是两者兼顾，是需要讨论的。所以，在完善澳门公益征用法律时，基本法规定的"相当于该财产当时的实际价值"中的实际价值以什么因素来计算呢？是否应该兼顾考虑预期升值的因素？因为公益征用对被征用者带来损失，可能是有形价值，也可是无形价值，可能是实际损失，也可能是增值的损失，只按实际损失，远不能满足被征用者的利益，因为被征用者完全是出于公益才转让自己的所有权，只有让被征用者分享公益征用带来的利益，才能体现公平的原则。

因此，可分为两种情况处理。一种是因公益而非营利的情况，如政府征地建图书馆，那么被征用者作为市民，可牺牲个人的利益，而为公用利益，因此按市场价格将产业转让给政府，并给予实际损失补偿即可。另一种是虽因公益，但征用者也以营利为目的，如旧城区改造，政府将征得的土地批给开发商，由于在开发过程中可获得利益，如果被征用者在获得补偿时能有这方面的适度补偿，是比较合适的。

（三）保护私有制就要保护自由经济制度

企业所有人如何投资，如何生产，如何交易，从生产到流通，从分配到再投资，完全由所有者根据市场的需求自行决定，只要合法，不受政府和任何团体或个人的干涉。这是私人财产权必然的要求，也是财产使用所需的必备环境。所以，政府要实行自由企业、自由贸易、自由外汇政策，不干预企业的经营和贸易自由。自由经济市场，也要形成公平竞争、公平交易的机制。只有这样，才能发挥出私有财产权的作用，才能产生经济和社会的效益，保护财产权的终极目的才能实现。因此，私有财产权和自由经济是澳门经济制度的两个基本点，是互相联系不可分割的整体，不仅要用法律予以保护，加以调整，而且还要根据经济的发展，不断完善，创造出良好的法律环境，为澳门的经济发展保驾护航。

第二节　保留和完善经济产业发展的制度

澳门建立了一些有自身特点的财政、金融、税收、贸易、娱乐博彩、土地等制度。由于基本法与普通法律不同，它只能规定一些主要的内容和原则，然后由普通法律具体化。所以，基本法不是对经济制度作全面的规定，而是重点地规定了对澳门根本利益和长远发展必需的内容，且已经为澳门经济发展证明是行之有效的那些制度。对这些制度，一方面基本保留，另一方面要根据澳门特别行政区发展的需要进行完善。同时，基本法的规定还突出了一个精神，就是澳门所实行的这些制度是独立的，自行管理，自行制定政策，中央政府既不干预澳门的自治事务，也不动用或享用澳门的资源。对特别行政区政府而言，赋予了更大的责任，应以高度的负责态度管理好这些领域的事务，不给中央政府造成负担。

一　财政制度

基本法第 104 条和第 105 条对澳门特别行政区的财政制度作了原则规定，主要有三点：

（一）财政独立

1. **特别行政区财政收入全部由特别行政区自行支配，不上缴中央人民政府**

从体制上说，澳门的财政制度与中央的财政制度没有联系，更不是从属关系。从权力上说，财政预算由特别行政区独立编制，财政收入和支出自行决定，中央人民政府不向特别行政区政府发出指令。从责任上说，特别行政区政府对中央人民政府不承担任何财政义务，财政收入全部自行支配，不上缴一分一毫。

澳门的财政收入主要来源为征税收入和非税收入，后者包括政府的各种服务收费、发行货币利润、土地收益、公物出售和转让等。这与内地的地方政府相比，有根本的不同。内地地方政府的财政是国家财政的一部分，从属于国家财政，根据国家的财政编制本地区的财政，地方财政收入要上缴中央一部分。在外国，宪法和法律不仅要求地方财政编制要适应中央政府的财政编制，如意大利宪法第 119 条规定，共和国的法律应使省在财政上的自治权同国家财政获得协调，而且在很多国家，中央政府总是照例对地方政府提供地方预算的模式，以为地方政府编制预算的准则。中央政府批准地方预算也是普遍现象。如法国省议会批准预算后，不能立即生效，须报内政部核准。然而，澳门特别行政区由立法会通过财政预算，由行政长官签署，报中央人民政府备案，无须批准。

2. 中央人民政府不在澳门特别行政区征税

在澳门没有中央的税项，只有澳门法律规定的税项。与内地区分中央税和地方税是不同的。就是在外国，中央政府都是在全国范围内征税，相反，地方税项是受严格控制的。法国宪法第 34 条规定，由中央政府决定各种税收的征税基数、税率和征税方式。意大利宪法第 75 条规定，有关税收的立法是中央政府的专有权力，地方行政区没有独立税收权。

（二）财政收支平衡原则

澳门的财政预算以量入为出为原则，力求收支平衡，避免财政赤字，并与本地生产总值的增长相适应。这是对原澳门财政收支原则的一个调整，也是一种完善。事实上原澳门政府也是采取量出为入的原则，先确定当年的支出，再决定当年所需的收入，在一些年份因收入不抵支出，将历年滚存的财政结余拿出来作收入，实质就是一种变相的赤字。为了避免这种不健全的财政收支，所以要量入为出，有多少钱办多少事，做到收支平衡。当然收支平衡不是绝对的，也不意味着年年必须平衡，在特殊情况下，如进行大型的公共工程，某一年可能不平衡，但只能是个别情况，多数情况下和长远要求必须是平衡的。平衡是建立在与澳门生产总值的增长率相适应基础上，收支增长超过生产总值的增长，一定出现赤字，反之控制在生产总值增长的幅度内，财政略有结余，就比较稳健。

从澳门特别行政区成立十年看，澳门的财政收入不断增长，1999 年实际总收入是 169.42 亿元，2009 年是 698.70 亿元。1999 年实际总开支是 166.36 亿元，2009 年是 354.47 亿元[①]。从中可以看出，第一，特别行政区财政收入增长较快。第二，特别行政区财政有很大的盈余。政府收入多了，投入公共建设的支出也随之增加，这种稳健地理财，保持了澳门经济的持续发展。

澳门的财政制度，既要保持它的独立性，又要保证它的稳健性，遵守和执行稳妥的财政政策，这将是澳门长久发展的保障。

二 税收制度

基本法第 106 条规定，澳门特别行政区实行独立的税收制度。参照原在澳门实行的低税政策，自行立法规定税种、税率、税收豁免和其他税务事项。专营税由法律另行规定。基本法对澳门的税收制度作出了三个主要方面的规定：

（一）税收独立

澳门税收制度自成一系，与国家税收制度无从属关系。澳门有自己的税收法律，一种是税务章程，规定税种、税率。另一种是税务规则，如固定资产重置和折旧的税务规定。此外还有税务鼓励政策。澳门的税种、税率及税收政策自行制定，不受国家税收政策的约束，与内地的税种和税率也不相同。

澳门按税种性质主要分为直接税和间接税。直接税是由政府向纳税人对其工作、产业、公司收益等定期征税，包括职业税、营业税、所得补充税、房屋税、物业转移税、专营税。间接税是由政府向生产部门征收，与生产者生产成本挂钩，包括消费税、印花税、旅游税。澳门实行后收税制度，第二年按期征收上年纳税人应缴的各类税款。

澳门的税收管理机构是政府的财政局，负责税务管理和税务法律的执行。

---

① 《港澳经济年鉴 2010》，港澳经济年鉴社，第 623 页。

(二) 低税政策

澳门对进出口采取低税政策，配合自由港的地位和澳门对外经济的发展。除了对烟酒、汽车、燃料等征收消费税外，其他进口工业原料和消费品全部免税，产品出口全部免税。对内一般涉及公众的税务税率最高不超过16%。企业的利得税也只在2%至15%之间。低税政策是澳门自由港和自由贸易的重要组成部分，也是澳门经济发展，吸引外来投资的一个有利条件。特别行政区将继续实行低税制。

但是，对专营企业实行专门税率。专营税是澳门税收制度最具特点的税种。由于专营企业从事政府特许的经营项目，有的是独家经营，由于专营企业都有较高的盈利，对他们的收入征税，不能是低税。加上各专营企业经营的事项不同，也不可能税率划一，政府在授予特许经营的时候，只能分别规定税率。尤其是博彩专营税是政府财政收入的主要来源，必须有一个合理的税率。根据2001年博彩法规定，按经营博彩毛收入征收35%的特别税。1999年博彩税总收入是47.67亿元，2009年是456.97亿元[①]。

基本法的"但书"规定，一方面，为对专营税制可以根据实际情况，不受低税制影响作出特殊规定提供了法律的依据。另一方面，也表明了专营税制，尤其是博彩税可以进行调整，由特别行政区用法律予以规范。专营税不仅对政府财政影响很大，对低税制度而言是赖以存在的基础，没有博彩税提供的巨额税金，低税制就没了经济基础。所以，实行专营税制有利于澳门税收制度的稳定和更好地实行低税政策。

三 金融制度

基本法第107条、第108条、第109条对澳门金融制度中最重要的三个方面作出了规定，为澳门金融制度的稳定和发展奠定了基础。

(一) 金融管理自主

政府既要保障金融市场和金融机构的经营自由，也要依法对金融市场

---

① 《港澳经济年鉴2010》，港澳经济年鉴社，第625页。

和金融机构进行管理和监督。

澳门的金融机构由银行、非银行信用机构、金融中介机构、保险机构组成。规范金融机构经营活动的相关法律有金融体系法律制度、风险资本公司法、离岸银行法、融资租赁法律制度、保险制度法、保险中介人及经纪人法、金融管理局通则等。这些法律一方面保障了金融机构的经营自由，另一方面也赋予了政府对金融机构的管理和监督权。这里要指出，金融机构的经营自由与其他行业的企业经营自由有所不同，要受到政府严格的监管，因为金融风险不仅对社会经济，而且对广大居民都将造成严重后果。金融机构出现问题与一般企业出现问题所涉及的方面及杀伤力是不能同日而语的。所以，基本法突出政府依法管理和监督十分必要。

当然，澳门政府对金融机构的管理和监督具体由金融管理局依据澳门的法律进行，国家的中央银行不领导特别行政区的金融管理机构。因此，澳门的金融制度也是独立的。

（二）自行发行货币

基本法规定，澳门货币发行权属于澳门特别行政区政府。澳门可以有自己的货币，不与内地的人民币挂钩，澳门货币发行也是一个独立的系统。在外国，发行货币是中央政府的权力，法国宪法规定，议会决定货币发行制度。美国宪法第1条规定，铸造货币、厘定国币及外币价格，是国会的专有权力。

基本法授权澳门政府可以自行发行货币，也可以授权指定的银行发行货币，包括可以继续授权原已承担发行澳门货币的银行发行货币，也可根据需要和情况授予新的银行参与发行货币。这是对原澳门发行货币体制的一个变化。据此，现行流通的硬币辅币继续由政府金融管理局发行。纸币则分别由中国银行澳门分行和澳门大西洋银行发行。原大西洋银行已发行并流通的货币可继续流通，但货币图案抵触中国对澳门恢复主权的，则应退出流通。

银行发行货币，是经政府授权，行使代理职能，而不是银行本身有发行货币的权力，政府有权收回货币发行权。

发行货币必须有百分之百的准备金。准备金必须是可兑换的外币，以保证发行货币的稳定。2011年4月，特别行政区外汇储备资产总额继续增

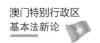

加，达 2000 亿澳门元①。外汇资产总额相当于澳门流通货币的 35 倍。

澳门的外汇储备由特别行政区政府管理和支配，不纳入国家的外汇管理体系中，也是独立的。外汇储备作为澳门的财政和稳定经济的保障，必须管好用好。如何保值和增值，由特别行政区政府有关部门具体操作。

（三）外汇自由

基本法规定，澳门不实行外汇管制，澳门元自由兑换。政府保障资金的流通和进出自由。澳门元与港元挂钩，并通过港元间接与美元挂钩，在澳门的金融市场，澳门元可自由兑换其他的外币。此外，外汇也可以自由进出澳门，不受限制。保持外汇自由不仅有利于企业的对外贸易和金融机构的经营，而且也有利于居民自由选择货币使用和保值，方便他们的生活、外出就学、经商、旅行。

虽然澳门法律规定，出口商把所得外汇的 40% 按官定汇率向政府兑换澳门元，旅游业和博彩业收入的一部分也要向政府平兑澳门元。但是，这种措施与外汇管制有区别，因为它的目的不是限制外汇自由流动和进出，而是为了保证澳门元可随时、无限量地兑换成其他外币，作为外汇储备的一部分，属于稳定澳门货币的一项措施。

四 自由港和自由贸易制度

基本法第 110 条、第 111 条、第 112 条和第 113 条，对保持澳门自由港地位和自由贸易制度作出了原则性的规定。

澳门作为自由港地区，允许货物可自由卸港、搬运、制造和转口，不受海关的干涉。澳门实行自由贸易，政府对进口商品不加歧视，对出口商品不加干涉，除了出口受入口国配额限制外，不实行许可制度。对进出口商品，一般采取基本免税或少数低税。加上澳门实行企业经营自由、外汇和资本进出自由、人员进出自由，使澳门的自由港和自由贸易具备了较好的条件。这对澳门经济的发展是极其有利的，根据基本法的规定，不仅要继续保持这些有利条件，而且还应该充分地发挥它的作用，促进澳门经济的发展。

---

① 《澳门外汇储备超 2000 亿澳门元》，http://finance.jrj.com.cn/2011/04/1517219745357.shtml。

与此相适应，澳门也继续保持单独的关税地区的地位。没有单独的关税，也就不可能有自由港和自由贸易。澳门的免税和低税与内地的关税制度不同，保有自己单独的税率和贸易规则，符合有关国际公约对单独关税地区的规定。为此，澳门可设有自己的海关，对进出口货物和关税实行管理，不受内地海关的领导。在外国，关税是中央政府掌管，瑞士宪法第28条规定，关于关税的一切事项，统属联邦管理。美国宪法第1条规定，无论何州，未经国会核准，不得对进出口货物征收进口税。

此外，澳门可继续以中国澳门的名义参加世界贸易组织及其他相关的国际组织和贸易协定。澳门已经取得或将取得的出口配额、关税优惠和其他安排由澳门享有，包括纺织品出口到欧盟成员国免缴关税，享有欧美国家给予的普及优惠税制带来的免税或低税，内地的企业不能分享。出口产品的产地来源证也由澳门政府签发。这些贸易安排和优惠将对澳门的对外贸易发展继续发挥积极的作用。

五　娱乐博彩业制度

娱乐博彩业是澳门的一大经济支柱，博彩业不仅带动了相关行业的发展，如旅游及酒店、饮食、交通的发展，而且解决了相当一部分人的就业，对澳门经济发展举足轻重。

澳门博彩的种类有三类：幸运博彩、跑狗和赛马、彩票。博彩业的经营是采取专营制度。政府与专营公司签订专营合约，规定专营的年期、专营税、专营的内容、专营者的权利和义务。

政府对博彩业的监管，一是通过立法，规范该行业的经营活动。二是通过设立专门的政府部门博彩监察局，派专人监督。

根据澳门的实际情况，基本法第118条规定，澳门特别行政区根据本地整体利益自行制定旅游娱乐业的政策。基本法的这条规定，包含两层意思，一是博彩业可以继续存在和发展。二是特别行政区政府可根据澳门经济和社会发展的要求，以澳门的整体利益为标准，制定博彩业的政策，包括对博彩专营制度可以进行必要的改进和完善。为什么要提出以整体利益为标准？因为博彩不是任何个人或企业都可自由经营，是特许经营，所以，它是社会的公共资源，先有政府的特许行为，才有私人的经营行为，如何使用，自然以社会的整体利益为准则。另外，采取何种专营制度及利弊，也只能以是否符合社会整体利益作评判。从最终目的来说，实行博彩专营制度最大受益的应是澳门社会和经济的发展，社会的整体利益得到满足。

2000 年 7 月，行政长官颁布第 120/2000 号行政长官批示，成立 5 人博彩委员会研究博彩业政策。2001 年立法会通过第 16/2001 号法律《娱乐场幸运博彩经营法律制度》，将过去一家专营改为多家专营，形成一定的竞争局面，使博彩业发展进入了一个新的时期。实践证明，这一政策取得成效，使澳门经济进入了一个新的阶段，地区人均 GDP 在 2009 年达到了 3.1 万美元，是 1999 年的 2.8 倍[1]。

六　土地制度

基本法第 7 条、第 120 条对澳门特别行政区的土地制度作了原则性规定，主要内容有：

第一，澳门特别行政区境内的土地，由特别行政区政府负责管理、使用、开发、出租或批给个人、法人使用和开发，其收入全部归澳门特别行政区政府支配。根据这一规定，土地所有权虽属国家，但特别行政区享有土地的使用权。在政府直接开发或使用土地的同时，可批给私人使用或开发，批给的方式主要有租赁和租借，私人在一定年限内享有土地的使用权。

第二，澳门特别行政区政府依法承认原澳门政府批出的年期超过 1999 年 12 月 19 日的土地契约及有关的权利。根据基本法的规定，原澳门政府批出的在 1999 年 12 月 19 日以前期满的土地契约，可以续期，但年期不得超过 2049 年 12 月 19 日。自联合声明生效之日起至 1999 年 12 月 19 日止，原澳门政府可依法批出年期不超过 2049 年 12 月 19 日的新土地契约。所以，土地使用者的合法权益是得到特别行政区法律的承认和保护的。投资者可安心地进行投资，为澳门经济发展作出努力。

上述财政、税收、金融、自由贸易、博彩和土地制度，对保护和促进澳门旅游博彩业、金融业、出口加工业、建筑房地产四大经济支柱产业，是至关重要的。只要依照基本法的规定，完善相关制度，健全有关法律，

---

① 《港澳经济年鉴 2010》，港澳经济年鉴社，第 213 页。

政府创造条件和环境，澳门经济一定能稳步地发展。

第三节　制定政策，促进经济适度多元发展

基本法在制定时，不仅考虑了保留和完善澳门原有制度，而且也从澳门长远发展的需要出发，赋予特别行政区自行制定发展经济政策的自主权。

在澳门历史上，工业的发展经历了几个阶段，从最初的铸造铜炮和制造木船，到生产神香、鞭炮、火柴的手工业，再到 20 世纪 60 年代后期初步形成以纺织、玩具、电子电器、皮革、手袋、人造花为主的新型出口加工业。澳门利用欧美国家提供的特惠税等优惠贸易条件及纺织品出口配额，吸引了香港的大量投资，加上低廉的劳动力和生产成本，利用中国对外改革开放，使澳门工业突飞猛进。到 20 世纪 80 年代，澳门的工业进入全盛时期，工厂由不到 1000 家增至 2000 多家，工业产值由约 30 亿澳门元增至 130 多亿元，占本地生产总值的 37%，成为澳门第一大产业。但是进入 20 世纪 90 年代，澳门工业发展放缓，生产成本上升，工厂外移，工业规模缩小，面对周边地区的竞争，需要寻找新的出路，进行产业的转型，调整产业的结构。

澳门特别行政区成立后，政府制定了"以博彩旅游业为龙头、以服务业为主体，其他行业协调发展的产业结构"的经济发展政策，这是正确的。但是，经济发展的实际情况并不平衡，博彩业"一业独大"，其他行业的发展相对落后。因此，澳门再次明确提出了以适度多元化作为产业发展战略，即以博彩业为基础，带动旅游业和会展业的发展，使博彩、旅游休闲、会展产业联动发展，构建澳门产业结构的横向适度多元。上述经济发展政策是符合基本法有关经济发展的原则精神的。

基本法第 114 条规定政府有责任和义务改善经济环境，提供法律保障，促进工商业的发展。改善经济环境，就是给企业投资和企业经营创造好的条件，改革政府不必要的烦琐手续，建立公平竞争的机制。提供法律保障，就是对原有法律中不利于经济发展的，或者束缚经济发展的规定进行修改，与国际通行做法接轨，发挥出澳门自由港和自由贸易制度的作用。基本法的这一规定是有针对性的，也回应了当时社会的要求。改善经济环境和提供法律保障的目的是什么呢？就是要促进工商业的发展，鼓励投资和技术

进步，开发新产业和新市场。走经济适度多元化道路，不能仅依赖过去传统的工业，要开拓新的产业领域，特别是要抓住澳门经济发展的特色，建成世界级的旅游休闲中心。

第四节　文化和社会事务

一　教育、科技

教育是社会之本，不仅对提高整体社会的文化水平起着重要作用，而且对社会生产力的发展，培养有知识和文化的劳动者有决定的作用。现代社会都高度重视教育。根据基本法第 121 条、第 122 条的规定，特别行政区在管理和举办教育事业方面有三个特点：

（一）特别行政区政府可自行制定教育政策

教育政策，包括教育体制和管理、教学语言、经费分配、考试制度、承认学历和学位等政策。

澳门的教育机构可分为三类：由政府开办的公立学校；由社会团体和私人开办，经费自筹，实行自己教学计划的私立学校，私立学校又分为加入公共教育网络接受免费教育的学校和没有加入公共教育网络的学校；由特殊实体开办，接受政府财政支持，实行公立学校教学计划的学校。

澳门的学制多种多样，目前有中文教育体系、葡文教育体系、英文教育体系，采用内地学制、香港学制、台湾学制、葡国学制。

由于教育体系和学制的多样化，教学语言和考试制度也就多样了，没有统一的教学水平会考。

政府对高等教育和中小学教育的管理，分别通过高等教育办公室和教育局负责。此外，政府设立由政府、教育团体、学校和社会人士代表组成的教育委员会，对教育政策提供意见。有关教育方面的法律规范性文件有澳门教育制度法、高等教育法。

根据基本法的规定，一方面，特别行政区政府有权自行制定教育政策，不受国家教育政策的影响，因而在教育制度上澳门可形成独自的体系，对上述列举的事项均可制定相应政策。另一方面，特别行政区政府有责任和义务，推动教育的发展，制定有效的政策，采取可行的措施把教育越办越好。为此，特别行政区政府对现行的教育制度中行之有效的做法可以保留，对不适应教育发展要求的东西就要进行改革，以提高整体教育水平。

（二）特别行政区办学自由

第一，只要符合法律的规定，社会团体和私人均可举办各种学校。澳门原有的各类学校可以继续开办，享有办学的自主性。澳门目前的学校大部分是民间社团举办，私立学校是中小学校的主体，政府办的中小学校不多。但在高等教育方面，政府办的大学为主，规模也较大，多数私立大学规模比较小。这是澳门教育的一个特点。对社会办学法律应予保护和鼓励。特别行政区成立不久，政府就批准私人创办澳门科技大学。

第二，法律保证私立学校由权利人自由选择及委托学校管理机构，享有行政和财政自主，自行管理。政府除了依法监督外，不加干涉。

第三，学校教学自由。教学自由就是有教的自由和学的自由。在基础教育和高等教育中表现形式和要求可以不同。一般在大学，学生的学习自由程度就要大一点。依照教育方面的法律规定，学校可自行选择教材，决定课程设置，组织教学活动，教师享有学术自由，可将研究的成果运用于教学之中，学生有提问、讨论自由。教学自由作为言论和思想自由在教学上的体现，应当得到尊重。只有教学自由，才能办出有特色的教育，才能培养出不同的人才。当然，教学自由同样不能传播法律禁止的内容。

（三）依法推行义务教育

义务教育是指受教育者有免费受教育的权利，同时也有接受教育的义务。换句话说，既是免费教育，也是强制教育。依法实行义务教育，对提高全社会的教育水平是必要的。

基本法规定的义务教育，必须注意两点，一是要依法，没有法律规定，任何团体和个人不能享有这项权利，而享有这项权利也要依法律的具体规定办理，如免费的标准、范围等。目前澳门的法律规定的是免费教育，不是完全的义务教育，政府和居民就按有效法律执行。从1997年开始，澳门实行10年免费教育。2007年澳门实行15年免费教育。凡非牟利的私立学校加入免费教育网，通过与政府签订协议，承诺有关义务，政府拨款。二

是推行义务教育的"推行"两字，其含义既是一个方向，也是一个过程，需要考虑社会的各方面情况，尤其是政府的财政能力，逐步进行，从小学到中学，再到高中教育。

（四）科技政策

与教育紧密相连的就是科学技术。科技是第一生产力，在澳门面临经济适度多元发展的时期，科技的作用对澳门尤为重要。根据基本法第 124 条规定，澳门特别行政区自行制定科学技术政策，依法保护科学技术的研究成果、专利和发明创造。

澳门的科技发展比较晚，水平比较低。到了 20 世纪 80 年代中叶，才有从事科学技术研究的机构。政府制定科技政策，要从澳门的实际出发，一方面，澳门工商业发展迫切需要科技，提升生产力，开发新产业；另一方面，澳门科学研究机构少，科技人才不足，科技水平低。所以，科技政策，一要将科技与经济发展结合，能够解决工商业发展的实际问题，产生效益，不宜追求脱离澳门能力的高新科技；二要发挥澳门在科技转化为生产力，转化为产品上的能力，积极引进科技和科技人才，为澳门所用。

特别行政区政府为了促进科技发展，设立了科学、技术革新委员会和科技发展基金会，就科技发展政策提出意见和提供支持。

为促进科技的发展，就要依法保护科技成果、专利和发明创造。澳门现行的工业产权法典是保护科技成果、专利和发明创造的主要法律。法典规定，凡发明活动并可应用于工业的新发明均可成为专利的标的。凡新发明体现在给予某一物体外形、结构、机制或配置，因而带来其实用性的增加或对利用的改善，作为实用新型保护。凡工业的型式和设计图作为外观设计保护。侵犯工业产权，要依不同情况受到刑事或民事的法律追究。随着澳门科技和经济的发展，对外交往的加强，保护知识产权的法律制度需要不断完善。

经过努力，澳门在科技方面取得了不小的进步和发展。澳门在微电子和中医药研究领域居全世界领先水平，在海内外产生了广泛影响，因此，获科技部批准建立两个国家重点实验室，分别与复旦大学联合筹建的模拟与混合信号超大规模集成电路国家重点实验室，以及与北京大学等联合筹建的中药质量研究国家重点实验室，前者为广东省唯一的微电子国家重点实验室，后者则是全国首个中医药领域的国家重点实验室，① 实现澳门在科技领域的零的突破。

二　文化、新闻出版

文化、新闻出版属于意识形态领域，在不同的社会制度下，有不同的价值标准和观念。此外，澳门的文化还体现中西文化交融，以中国文化为主的特点。所以，基本法第 125 条规定，澳门特别行政区自行制定文化政策和新闻出版政策。在"一国两制"下，继续保持不同于内地的具有澳门特点的文化和新闻出版的制度。在继承和发扬中国文化的同时，保护和尊重几百年来在澳门形成的外来文化的精华。

政府的文化政策，一方面是自己举办文化事业，如各种艺术节和大型文化活动，比较有影响的有澳门国际音乐节、澳门艺术节。政府还建立各类博物馆，较具规模的有澳门博物馆、海事博物馆、大赛车博物馆、葡萄酒博物馆、住宅博物馆、消防博物馆、通讯博物馆。政府图书馆也有 8 座。另一方面是资助民间社团举办文化活动，使文化活动体现群众性，产生了众多的文化团体。政府不干预文学艺术的创作，居民的文化活动自由、艺术创作自由得到充分的保障，产生了一批较具影响的作品。

澳门的新闻出版历史悠久，回归以来，澳门出版的报纸及期刊约有 109 种，题材以澳门旅游、时事及机构通信为主。回归前，澳门已有日报 10 种，如《澳门日报》、《华侨报》、《大众报》等。回归后，共有 3 种新日报出版，即《澳门邮报》（英文）、《澳门每日时报》（英文）、《濠江日报》。周报 5 家，葡文日报 6 家，葡文周报 2 家，电台电视 1 家，卫星电视 2 家和有线电视 1 家，出版社 4 家。

政府对新闻和出版通过制定广播电视法和出版法予以规范，保障居民有创办报纸、电台电视和新闻社的自由，传媒有批评政府的自由、不受任何检查、接近资讯来源的自由。除依法律，政府不干预新闻出版自由。澳门的文化和新闻出版形成了一个比较宽松的环境。

为推动文化事业的发展，对文学艺术及其他创作成果应依法进行保护。

---

① 《澳门大学获批建设两个国家重点实验室》，http：//www. sina. com. cn/gaokao/2010 - 12 - 30/150428071. shtml。

澳门现行法律有防止录音及录像制品非法翻版的保障法律，保护文学艺术作品伯尔尼公约、世界版权公约已适用澳门，但就从完整保护著作权的要求看，法律制度需进一步完善。

根据基本法的规定，特别行政区政府依法保护名胜、古迹和其他历史文物，并保护文物所有者的合法权益。澳门既有中国式的文物，也有葡国式的文物。这些文物是历史文化遗产，也是澳门的旅游资源。无论从历史的、文化的角度，还是从旅游经济的角度看，保护历史文物是非常必要的，对澳门的文化和经济发展都将产生积极的作用。再从另外一个角度看，澳门有许多葡萄牙后裔居民居住，特别行政区欢迎他们留下来，保护他们的合法权益，尊重他们的习俗和文化传统。保护有代表性的葡式文物，最具体地体现了上述政策。这对建立澳门居民的和睦、互助关系，共建美好的家园是一个必需的条件。政府除了保护文物外，还要保护文物所有者的合法权益，一是防止对文物所有者的侵犯，破坏文物的行为；二是对文物所有者的合法合理要求，如出售、修缮等也应保护。

经过中央政府和特别行政区政府的努力，"澳门历史城区"作为2005年中国申报世界文化遗产的唯一项目，在第29届世界遗产大会上获准列入世界遗产名录。"澳门历史城区"以澳门的旧城为中心，通过相邻的广场和街道，串联起逾20个历史建筑，成为澳门的旅游景点。

三 卫生、体育

澳门的医疗卫生涉及千家万户，与居民的健康直接相关。澳门的医疗卫生工作主要由政府的卫生局负责。根据澳门法律的规定，医疗卫生分为提供卫生、预防疾病和提供基本保健、医院保健两大类。基本保健由卫生局属下的卫生中心，社团举办的诊疗所、医疗所和私人开业诊所承担。医院保健由政府的仁伯爵综合医院和镜湖慈善会的镜湖医院承担。为了保障居民健康，政府还实行免费医疗政策，凡孕妇在妊娠、分娩及产褥期间，13岁以下儿童，就读、任教在教育局注册的非牟利中、小学校的学生、教师，65岁以上的居民，传染病者，恶性肿瘤患者，政府公务员享有免费医疗。澳门医疗机构有三类：一类是公立机构，由政府举办。另一类是社团经办，如镜湖医院、工人医疗所、街坊会医疗所、归侨总会诊疗所。再有一类是私人的诊所。所以，基本法规定，社会团体和私人可依法提供各种医疗卫生服务。

澳门的医疗卫生服务还有一个特点是，除了西医西药外，还有中医中药。中医中药是中华医学的宝库，有其特点，应予发扬。所以，基本法第 123 条规定，政府自行制定促进医疗卫生服务和发展中西医药的政策。对中西医药都应发展，互相交流，吸收对方的长处，共同发展，造福澳门居民。

澳门的体育事业经过发展，也有一定的规模，参加体育活动的人日益增多，成立了许多体育团体。澳门有 26 个体育总会加入了亚洲和国际体育组织，有亚洲奥林匹克委员会、武术、田径、羽毛球、篮球、保龄球、桥牌、独木舟、健美、自行车、足球、曲棍球、柔道、空手道、游泳、排球等联合会。澳门运动员在国际比赛中也获得过出色成绩。澳门的体育运动属于业余性质，政府的体育发展局负责制订计划和安排训练，并给予资助。根据澳门民间办体育、政府组织和资助的这个特点，基本法第 127 条规定，政府自行制定体育政策。同时，民间体育团体可依法继续存在和发展。

2005 年 11 月澳门成功举办了第五届东亚运动会，作为本次东亚运动会的东道主，澳门不仅以 11 枚金牌、16 枚银牌和 17 枚铜牌的出色成绩列金牌榜第五位，创造了澳门在东亚运动会历史上最辉煌的体育成绩，也依靠务实、高效的工作，让世界对这个东方小城刮目相看。无处不在的澳门东亚运志愿者，以他们的热情、尽职和奉献，让各路东亚客人满意而归。

四 宗教

宗教在澳门有其特殊性：第一，澳门宗教多元化，信教者众。目前有影响、有规模的宗教主要有：天主教、基督教、佛教、伊斯兰教、巴哈伊教。各种宗教组织和团体有 200 多个，信徒近 20 万之众。第二，宗教团体与教育、社会服务机构联系密切，举办了许多学校和社会服务机构。天主教办的学校，就读学生占澳门学生总数的约 50%，基督教学校学生占 15%。其他宗教组织也办有学校。宗教组织还办有社区服务中心、慈善机构等。第三，宗教组织在澳门的长期发展中，尤其是天主教在历史上享受了政府的照顾，还拥有许多财产，有不少教堂。根据澳门的情况，基本法规定了特别行政区政府对宗教的基本政策。

(一) 政府不干预宗教组织的办教自主和办教自由

基本法第 128 条第 1 款规定，政府根据宗教信仰自由的原则，不干预宗教组织的内部事务，不干预宗教组织和教徒同澳门以外地区的宗教组织和教徒保持和发展关系，不限制与澳门特别行政区法律没有抵触的宗教活动。"三不"精神的实质是办教自主、办教自由。

根据澳门的《宗教及礼拜的自由》法律，宗教组织是指：目的为传播及支持宗教教派或任何宗教活动的礼拜的社团及机构。只要不与法律抵触，宗教教派可独立自主办宗教组织，行使其职能及进行礼拜。宗教教派在向政府登记后，获得法律人格，可按其内部规定，组织及在法律限制下自由管理，政府不干预，也不对宗教问题作出宣示。宗教组织举行宗教仪式和其他宗教活动同样自由，可以是单独或集体，公开或私自，传播宗教信仰，宗教的集会和巡游，除在公众场合须依集会示威法规定之外，政府不予限制。宗教组织还可设立及使用从事其活动的传播媒介，如办报纸、刊物。宗教组织与外国的宗教组织可以保持和发展关系，政府亦不干预。

(二) 政府允许宗教组织兴办公共教育和提供社会服务

基本法第 128 条第 2 款规定，宗教组织可依法开办宗教院校、医院和福利机构以及提供其他社会服务。宗教组织开办的学校可以继续提供宗教教育，包括开设宗教课程。特别行政区将依照法律，保持原有的办法，继续承认或允许宗教组织开办学校、医院和福利机构，并依法给予资助。对宗教组织而言，其活动范围没有缩小，不限于宗教活动本身，依旧可兴办社会服务机构。在实行公共教育与宗教分离的原则下，作为特殊情况，允许宗教组织办的非宗教学校提供宗教教育，体现了尊重信仰宗教者自愿接受宗教教育的自由。

(三) 政府保护宗教组织的财产所有权

基本法第 128 条第 3 款规定，宗教组织依法享有财产的取得、使用、处置、继承以及接受捐献的权利。宗教组织在财产方面的原有权益依法受到保护。在特别行政区宗教组织与其他社会组织一样，在法律面前一律平等，宗教的财产权与其他社会组织一样，均依法受到保护。如果法律作了新的规定，宗教组织依原有法律已取得的权益仍受保护。

五　专业制度

专业制度包括专业资格确认和执业资格授予两个方面。专业资格是指经过一定的专门知识的教育和培训，考核合格，经申请确认其具备从事某一职业的能力。如做律师、医生、工程师等首先要有专业资格。执业资格是指具备专业资格者经申请被授予从事某一专门职业的工作，并有承担法律责任的能力。有专业资格不等于可以执业，专业资格只是取得执业资格的条件。关于专业资格的确认，主要有两种模式。一种是由政府审批确认专业资格。另一种是由专业团体审批本专业的专业资格。如律师团体审批律师专业资格，医生团体审批医生专业资格。澳门除律师专业外，均由政府审批专业资格。

根据基本法第129条的规定，由特别行政区政府自行确定专业制度，根据公平合理的原则，制定有关评审和颁授各种专业和执业资格的办法。所以，澳门是继续保留由政府评审专业资格，还是改变现行做法，完全由特别行政区政府自行决定。但是，原评审专业资格的制度中，确有不公平和不合理的规定，应予改进。由于历史的原因，原澳门政府在评审专业资格时，凡具有葡国学历和文凭者，当然可获专业资格。而非葡学历和文凭者，有的要认可学历，有的还要求再培训，方可获取专业资格，没有体现一视同仁，也欠缺公平。所以，要求改革的呼声较高。政府在制定评审和颁授专业、执业资格的办法时，一定要坚持公平合理的原则。无论特别行政区政府如何制定评审和颁授专业和执业办法，过去已经取得的资格，可以保留，已获承认的专业和专业团体也继续承认。政府还将根据发展的需要，承认新的专业和专业团体。

六　社会福利和社会服务

社会福利是指由政府和民间社团所提供的各种物质和精神的服务。澳门原有的社会福利，根据澳门的有关法律，主要有社会保障服务，这种服务分为两种形式：一是供款式社会保障，主要对象是劳工，劳资双方向社会保障基金供款，当劳工年老、伤残、生病、失业时，可得到养老金、残疾金、救济金、失业津贴、疾病津贴等。二是非供款式社会保障，服务对

象无须供款，生活遇到经济困难时，政府扶助，可得到老人福利金、贫困援助金、无工作能力援助金、失明人士援助金、补充性援助金、临时津贴、紧急津贴等。此外，有幼儿及家庭服务、儿童及青少年服务、安老服务、康复服务、社区服务等。还有政府提供免费医疗、公共房屋等。

根据基本法第 130 条的规定，原有社会福利制度基本保留。它对保障澳门居民的安定生活是有积极意义的。政府在经济条件许可、社会发展有需要时，还可制定发展和改进社会福利的政策。第一，政府要发展社会福利，让居民享受到经济发展、社会进步的果实。第二，政府发展社会福利，要以经济条件能够承受为限。脱离经济能力，搞高福利政策，最后损害的是经济发展和居民福利，不符合澳门整体利益。所以，社会福利政策要量力而行，积极稳妥。

澳门的社会福利除了政府直接提供服务外，还有三种方式，第一，政府提供设施，交由社会团体负责执行某项福利服务，如兴建托儿所，交妇联会管理。第二，向民间举办的某一项社会福利服务，提供财政支持。第三，对社团的福利服务提供纯技术的帮助。所以，社会福利服务有相当一部分工作由社团承担。同善堂、镜湖慈善会、仁慈堂、工联会、街坊会、澳门日报读者公益基金会、教会的明爱中心、宣明会等对市民提供了大量的服务。社会团体对社会服务作用很大，是不可少的一支力量。所以，基本法第 131 条规定，社会服务团体，在不抵触法律的情况下，可以自行决定其服务方式。首先，肯定了社团服务的作用。其次，要发挥民间社团的作用，就要尊重社团服务的方式。因为不同的社团有不同的服务方式，不同的服务对象本身也要求有不同的服务方式，有的需要登门服务，有的需要入住有关场所接受服务，完全由社团自行决定。只有这样，才能发挥社团的作用，协助政府搞好社会福利的工作。

七　社会团体与对外联系

根据"一国两制"的原则，基本法对澳门的社会团体与澳门以外地区的民间团体的关系，以及国际非政府组织的关系作出了规定。

基本法第 133 条规定，澳门的民间团体与宗教组织与全国其他地区的团体和组织，以互不隶属、互不干涉、互相尊重的原则为基础。第一，澳门的民间组织与内地的民间组织在组织关系上没有从属关系，互相独立。虽然在内地全国性民间组织在各地方都有分会，上级领导下级，但澳门的民间团体不是分会，自主独立。第二，澳门的民间组织与内地的民间组织在互相联系和交往中，互不干涉，互相尊重。一是互不干涉对方的管理事务，各自决定自己的发展和会务。二是内地的民间组织不到澳门去发展和建立组织，澳门的民间组织也不到内地来发展和建立组织。两地民间组织在互相联系和交往中要互相尊重，在自愿的基础上进行合作。基本法规定这些原则，主要是保证澳门的高度自治，中央政府依据基本法不干预澳门特别行政区自治范围内的事务，同样内地的民间团体也不能去干预澳门民间团体的事务。坚持这些原则，有利于保证中央人民政府对澳门特别行政区的统一领导，排除各种不必要的干扰对高度自治的影响；也有利于澳门民间组织的自主发展，不用担心被内地的民间组织收编。

基本法还规定，澳门的民间组织可同世界各国、各地区及有关国际组织保持和发展关系。保持和发展什么性质的关系由澳门民间组织自行决定。在澳门一些民间组织是国际民间组织的分会，如狮子会、扶轮社等，这种关系可以继续保留和发展。澳门的宗教组织也可与国际宗教组织保持关系，如澳门天主教可继续与梵蒂冈教廷发生联系，作为教区之一，接受教皇的指示。澳门的民间组织参加国际民间组织的活动，可以"中国澳门"的名义开展活动。基本法是充分保障了澳门民间组织的对外联系，以利于澳门的民间与国际交往和发展，促进澳门经济、旅游的发展，提高澳门在国际上的形象。

第九章
基本法解释和修改

　　基本法的解释制度按照"一国两制"原则，既不同于内地的法律解释制度，又不能照搬其他国家的法律解释制度，创新性地构建了具有"一国两制"特点的法律解释制度。它的逻辑是，按照"一国"的原则，坚持全国人民代表大会常务委员会享有基本法的解释权，它可对基本法的所有条款进行解释，其解释具有最终最高的效力，从而确保全国人大常委会的职权。同时，依据"两制"的要求，赋予特别行政区法院在审理案件时可以解释基本法，并正确处理了基本法的解释权与法院审判权的关系，尊重法院的司法职能。

　　对基本法的修改，坚持了"一国两制"的原则，规定基本法的修改不得抵触"一国两制"的基本方针政策，从而体现了国家实行"一国两制"的决心和诚意。

第一节　法律解释和修改的概述

　　对于宪法和宪法性法律的解释，各国通常规定了特殊的主体享有对国家根本法律（如宪法）的解释权。这种解释权所作的解释具有最高的效力。这个主体在宪法实施过程中对宪法规范的内容、含义、界限作出说明。

对宪法的解释，可以是宪法原则、宪法条文和宪法规范。宪法之所以需要解释，主要原因是，第一，宪法在实施过程中面对社会千变万化的情况，需要解释才能适用于社会；第二，宪法规范的原则性和概括性决定了宪法在适用具体情况时作出解释。通过对宪法的解释能够阐述宪法精神、明确含义；补充原有规范的缺漏，适应社会发展，维护法制和宪法权威。

目前，从各国的宪法解释制度看，主要有三种模式。

第一种是英国式的，由议会行使对宪法性法律的最终解释权。由于立法机关是制宪机关，负责宪法性法律实施的监督责任，且英国是议会至上，议会本身就是高级法院。所以，议会享有宪法及宪法性法律解释权。比利时、泰国、瑞士等国家采用此制。

第二种是美国式的，由普通法院行使对宪法的最终解释权。此制由1803年联邦最高法院确立。理由是法院作为司法机关，虽然不能立法，但它的本分就应该解释宪法和法律。所以，解释法律是法院的专有权也是不能推卸的责任。日本、加拿大等国家采用此制。

第三种是法国或德国式的，由宪法委员会或宪法法院行使对宪法的最终解释权。此制度由1920年奥地利设立宪法法院确立，现有27个国家实行此制度。理由是，司法是适用法律，不是审查法律，不能由法院对宪法作最终解释。司法不得干预立法，立法是人民意志的体现。所以，有专门机构解释宪法才合适。

因此，采用什么样的宪法和法律解释制度，是根据各国的具体情况决定的，并没有统一的模式。

对于宪法和宪法性法律的修改，各国有不同的规定。有的对宪法修改的范围没有作出明确限制，但有的国家对宪法修改的范围作了清楚的限制，即对宪法精神和宪法基本的规范不能修改。因为制宪与修宪有区别，制宪权是原始性的，修宪权是以宪法为依据的被设立的权力，不是立宪权的重复。修宪是在宪法基础上进行，如果把宪法的根本改了，就成了制宪，而不是修改宪法。宪法修改不能针对宪法的核心规范进行。如法国宪法规定，对宪法的基本精神或原则不能修改，一些特别条款不能修改。如共和国政体、国家性质的规范。

第二节　基本法解释制度的特点

在不同的法律解释制度下，法律解释的主体、解释的效力、解释的方法会有差异。所以，必须准确地理解和把握基本法解释制度的特点。

按照澳门基本法第143条的规定，第一，全国人大常委会享有基本法的解释权；第二，全国人大常委会授权特别行政区法院对基本法自治范围的条款进行解释；第三，特别行政区法院对基本法其他条款也可解释，但在终局判决前，须提请全国人大常委会先行立法解释，然后法院根据全国人大常委会的立法解释再作适用法律的解释。

从比较法的研究角度分析，基本法的解释制度，既以中国宪法和全国人民代表大会常务委员会关于法律解释的规定为基础，又吸收了其他法律解释制度的一些做法，既不是完全的立法机关解释模式，也不是普通法院解释模式，更不是专门机关解释模式。它是全国人大常委会的立法解释和特别行政区法院司法解释两者结合而成的模式，形成了具有独特性的基本法解释制度。

一　体现中国宪法的原则

（一）全国人大常委会享有法律的最终解释权

根据中国宪法第67条第1项和第4项的规定，全国人民代表大会常务委员会行使"解释宪法，监督宪法的实施"和"解释法律"的职权。因此，解释宪法和解释全国人民代表大会及其常务委员会制定的法律，是属于全国人民代表大会常务委员会的专属权力，它的解释是具有最高法律效力的。因为澳门基本法是全国人民代表大会制定的全国性法律，所以基本法第143条第1款自然规定，"本法的解释权属于全国人民代表大会常务委员会"。

（二）行政机关和司法机关也可以解释法律

根据《中华人民共和国立法法》的第42条的规定，"法律有以下情况之一的，由全国人民代表大会常务委员会解释：（一）法律的规定需要进一步明确具体含义的；（二）法律制定后出现新的情况，需要明确适用法律依据的。"此外，根据全国人民代表大会常务委员会1981年6月10日通过的关于加强法律解释工作的决议，"二、凡属于法院审判工作中具体应用法律、法令的问题，由最高人民法院进行解释。凡属于检察院检察工作中具体应用法律、法令的问题，由最高人民检察院进行解释。最高人民法院和最高人民检察院的解释如果有原则性的分歧，报请全国人民代表大会常务委员会解释或决定。三、不属于审判和检察工作中的其他法律、法令如何具体应用的问题，由国务院及主管部门进行解释。四、凡属于地方性法规条文本身需要进一步明确界限或作补充规定的，由制定法规的省、自治区、直辖市人民代表大会常务委员会进行解释或作出规定。凡属于地方性法规如何具体应用的问题，由省、自治区、直辖市人民政府主管部门进行解释"。据此，法律解释是以全国人大常委会的立法解释为主导，具有最高性。同时赋予行政、司法机关解释法律，受全国人大立法解释的监督。立法解释是解决明确法律规范的界限，行政、司法解释是解决法律规范的具体适用。正因为中国的法律解释制度中，在立法解释之外，行政和司法机关也可对法律进行解释，所以，澳门基本法第143条第2款规定："全国人民代表大会常务委员会授权澳门特别行政区法院在审理案件时对本法关于澳门特别行政区自治范围内的条款自行解释。"

（三）对基本法解释的例外

由于澳门特别行政区法院享有司法终审权，一方面，法院在审理案件时需要对基本法的所有条款进行解释。另一方面，法院的解释又不能损害中央的权力和利益。所以，基本法第143条第3款规定："澳门特别行政区法院在审理案件时对本法的其他条款也可解释。但如澳门特别行政区法院在审理案件时需要对本法关于中央人民政府管理的事务或中央和澳门特别行政区关系的条款进行解释，而该条款的解释又影响到案件的判决，在对该案件作出不可上诉的终局判决前，应由澳门特别行政区终审法院提请全国人民代表大会常务委员会对有关条款作出解释。……澳门特别行政区法院在引用该条款时，应以全国人民代表大会常务委员会的解释为准。但在此前作出的判决不受影响。"因此，澳门特别行政区法院解释基本法的范围、效力与内地法院解释法律的范围、效力有所不同。第一，特别行政区法院一方面可对基本法赋予特别行政区自治范围事务的条款自行解释，另一方面又可对基本法的其他条文解释，只是在最终判决时，该解释将影响判决的结果，由终审法院提请全国人民代表大会常务委员会解释，并以全国人大常委会解释为准。第二，法院的解释，不仅是限于对基本法具体条文适用的解释，也涉及对基本法自治范围条文的内容、界限的解释。

二 借鉴吸收欧盟法律解释制度做法

既要让特别行政区法院在审理案件时对基本法解释，符合"两制"的需要，又要保障全国人大常委会有最终解释权，体现"一国"的要求，在两者中取得平衡和兼顾，所以借鉴了欧盟的法律解释制度。

欧盟是一个政治联合体，是由一些国家组成的。为了欧盟的统一，欧盟制定了一些欧盟条约，需要成员国遵守和实施。但是，欧盟成员国又是享有独立司法权的，如何保障各成员国在审理案件时，对欧盟条约的解释是一致的，避免不同解释影响条约的执行，欧盟建立了法律解释的提请制度。欧盟法院解释欧盟条约的做法，即各国法院在解释欧盟条约时，如果是终审判决的话，必须提请欧盟法院先行解释，然后成员国法院按立法性解释再作适法性解释。

"一国两制"在"统一"和"自治"关系方面与统一的欧盟和各国的司法权关系有相似的地方，所以，欧盟的法律解释制度有可借鉴的地方。为了"一国"，对基本法有关中央管理事务的条款和中央与特别行政区关系事务的条款的解释必须由全国人大常委会最终解释。为了"两制"，允许法院解释基本法有关自治事务的条款，法院如涉及中央管理事务的条款和中央与特别行政区关系事务的条款，应提请全国人大常委会作立法解释，然后根据全国人大常委会的立法解释再作适用法律的司法解释。

三 有特色的基本法解释制度的模式

该模式的特点是，按基本法规定的范围，全国人大常委会和法院分别解释，并以全国人大常委会立法解释为最终解释。法院在审理案件时，在对基本法规定的自治范围内的条款，既可作立法性解释[①]，也可作适法性解释[②]。在对自治范围以外的条款，立法性解释由人大常委会进行，法院只能按人大常委会解释再作适法性解释。

基本法的解释制度既符合中国宪法关于人大常委会行使法律解释权的规定，也吸收了欧盟的法律解释制度的有益成分。但是，基本法解释制度与欧盟法律解释制度既有相同点，也有不同点。

第一，全国人大常委会对基本法享有解释权，作出的解释具有最终性和权威性。同样，欧盟法院对欧盟条约享有解释权，"在欧洲法院作出那些裁决的同时，它或明或暗地将自己放在了这样一个权力位置上，即它是拥有作出这类结构性或实质性决定的最终权力的共同体机构。"[③] 在这一点上两者是相同的。但是，全国人大常委会是立法机关，欧盟法院是司法机关，这一点并不相同，也就决定了下面两点的不同。

第二，解释基本法有三种程序，一是，全国人大常委会可根据需要主动解释基本法有关中央管理和中央与特别行政区关系的条款。二是，全国人大常委会经特别行政区终审法院提请被动解释基本法。此外，行政长官根据澳门基本法第 50 条第 2 项赋予的职权，为实施基本法需要，也可提请全国人大常委会解释基本法。三是，特别行政区法院只能在审理案件时解释基本法。而欧盟解释法律的程序中只有欧盟法院解释和成员国法院提请解释，他们只能在审理案件时被动解释，而且也没有其他的主权机关可以参与提请解释。

第三，全国人大常委会解释基本法，可以通过特别行政区法律备案主动审查和解释基本法，所以在没有争讼的情况下，可以抽象地对基本法解释，也可以在法院提请下，对基本法争议的条款进行具体的解释。抽象和具体解释方法并存。而欧盟解释法律制度中，法院只能作出具体解释，不能进行抽象解释。

所以，基本法解释制度的核心是：第一，全国人大常委会行使最终

[①] 所谓立法性解释，就是对原有条文的原意作出解释，包括扩大或缩小的解释，涉及法律应该是什么的层面。

[②] 所谓适法性解释，就是将法律的规定适用于案件的具体事实，它不涉及法律应该是什么。

[③] 〔美〕约瑟夫·威勒著《欧洲宪政》，中国社会科学出版社，2004，第109页。

的解释权；第二，特别行政区法院对基本法的解释受全国人大常委会的监督；第三，法院提请全国人大常委会解释后，必须以全国人大常委会解释为准。

第三节　基本法解释权和基本法解释的含义、效力及关系

一　全国人大常委会解释权的含义

根据基本法的规定，全国人大常委会享有基本法的解释权。在这里，基本法解释权是指对基本法有最终解释的权力，而行使该权力所作的解释具有最高的效力。正如中国宪法的规定，法律的解释权属于全国人大常委会，它的解释具有最高的效力。但是，全国人大常委会享有对法律的解释权，并不排斥其他政权机关可对法律作出解释。所以，解释权属于全国人大常委会，意味着，第一，对基本法最终解释应以全国人大常委会的解释为准。第二，凡因解释基本法发生争议时，由全国人大常委会解决。

二　特别行政区法院解释的含义

全国人大常委会享有基本法的解释权，所以，它可以授权特别行政区法院对基本法进行解释，请注意，法院不是掌握基本法解释权。在这里，法院只是根据全国人大常委会授权对基本法解释，既然是授权解释，法院解释基本法的范围就有限制，解释基本法的效力也就不能超越授权者所解释的效力。

特别行政区法院解释基本法分为两种情况，第一种情况是对自治范围的条款自行解释；第二种情况是对基本法其他条款也可以解释，但需要以全国人民代表大会常务委员会解释为准。

三 全国人大常委会解释基本法与特别行政区法院解释基本法之间的关系

（一） 立法解释与司法解释的效力问题

1. 全国人大常委会解释基本法的效力高于特别行政区法院的解释

既然全国人民代表大会常务委员会解释基本法与特别行政区法院解释基本法同时存在，两者之间的效力如何呢？两者是平等的？还是有高低之别？这是基本法解释制度运作时首先要解决的问题。

由于基本法的解释制度涉及中央与特别行政区的关系，涉及授权与被授权的关系，也涉及特别行政区权力之间的分工，所以，它们之间的权限关系，首先，是一个国家纵向权力的划分；其次，才是特别行政区权力横向的分配。在纵向的权力结构关系中，宪法赋予全国人民代表大会常务委员会的宪制地位和基本法规定的解释权，必然高于特别行政区法院的地位和解释。根据澳门基本法第143条的规定，基本法的解释权属于全国人民代表大会常务委员会，而特别行政区法院对基本法解释是全国人大常委会转授权的产物，在解释的范围和效力上都有一定限制。因此，第一，对基本法最终解释应以全国人大常委会的解释为准。第二，凡因解释基本法发生争议时，不论行政与立法之间，还是中央与特别行政区之间，应由全国人大常委会裁决。

虽然，在澳门的司法实践中就这一原则没有发生争议，但是在香港的司法实践中曾经有过一时的疑问，然而，1999年2月26日因终审法院发表的声明而得到解决，最终确立了这一原则的不可动摇。香港终审法院应港府要求对此前的判决作出澄清，声明"我等在1999年1月29日的判词中，并没有质疑人大常委会根据第158条所具有解释基本法的权力，及如果人大常委会对基本法作出解释时，特区法院必须要以此为依归。我等接受这个解释权是不能质疑的，我等在判词中，也没有质疑全国人大及人大常委会依据基本法的条文和基本法所规定的程序行使权力。我等也接受这个权力是不能质疑的"①。因此，在法理上和司法实践

---

① 引自香港特别行政区政府网（www.justice.gov.hk），"司法机构"之"终审法院裁判书"或1999年2月27日的香港报章。

上，这一原则已经无可争辩。

但是，目前仍有部分人士坚持自己认同的法律观念，质疑这个制度，对全国人大常委会解释基本法持否定态度。或者认为全国人大常委会行使违反基本法的审查权就是干预了法院的独立性，妨碍了法院审判权，主张由特别行政区法院唯一行使解释基本法的权力。其实，这种意见在基本法起草时就有人提出，经过讨论被否定了。如果再坚持这种意见显然与现行的基本法规定的解释制度产生冲突，以至影响全国人大常委会解释和审查的权威性，是需要澄清的。因为在世界上并存着以立法解释为主的制度、以司法解释为主的制度、以专门机构解释为主的制度，其中的利弊各有评说，背后的理论互有长短，难以统一。所以，各国均根据自身的情况选择适合自己的制度。因此，对现行的基本法解释和审查制度，不应该用某一种理论加以否定，这于事无补。我们应该采取现实的态度，探讨如何让全国人大常委会的解释和审查更加科学，更加符合正当程序，才有助于完善对基本法的解释和审查制度。

2. 全国人大常委会监督法院解释

基本法的解释权属于全国人民代表大会常务委员会，全国人大常委会又授权特别行政区法院对基本法解释。所以，在全国人大常委会与特别行政区法院之间存在一种授权与监督的关系，即授权者对被授权者解释基本法有监督权。授权者有权决定争议，明确自治范围的界限，被授权者应该服从授权者的决定。如果法院解释基本法存有问题，全国人大应可作出正确的解释。法院在以后的审理中，应以全国人大常委会解释作为判决的依据。

(二) 立法解释与司法解释的范围界定问题

1. 全国人民代表大会常务委员会解释基本法是全面的

全国人民代表大会常务委员会解释基本法是全面的，还是有范围的？亦即可对基本法所有条文解释，还是限于对中央管理及中央与特别行政区关系条款的解释？

澳门基本法第143条的规定，对全国人民代表大会常务委员会和特别行政区法院解释基本法的范围作出了划分。实践中要解决的是，当有争议时，谁有权作出最后决定，并以什么标准作出决定。

在一般情况下，第一，全国人民代表大会常务委员会解释基本法中关于中央人民政府管理的事务及中央与地方关系的条款；第二，根据全国人民代表大会常务委员会的授权，特别行政区法院可解释基本法中有关自治范围的条款。如需对基本法中关于中央人民政府管理的事务及中央与地方关系的条款进行解释，需提请全国人民代表大会常务委员会解释，并以其解释为准。

在特殊情况下，遇有对特别行政区法院解释基本法有争议时，全国人民代表大会常务委员会可行使基本法的解释权，对基本法中的自治条款进行解释。其逻辑是，基本法的解释权是属于全国人民代表大会常务委员会的，所以，授权特别行政区法院对自治范围的条款解释，并不排除全国人大常委会可以对自治范围的条款作最终解释。

因此，基本法赋予全国人民代表大会常务委员会解释基本法的权力范围是不限的，既可以是关于中央人民政府管理的事务及中央与地方关系的条款，也可以是基本法中有关特别行政区自治范围的条款。而基本法授权特别行政区法院解释基本法的权力范围是有限的，限于特别行政区自治范围的条款。如要解释自治范围以外的条款，需要提请全国人大常委会解释。

2. 全国人民代表大会常务委员会决定争议

当在界定基本法规定的特别行政区自治范围的条款时，发生疑问如何解决？香港终审法院在1999年审理"吴嘉玲案"中解释基本法第22条和第24条时，确定了一个标准，认为基本法第22条虽然是属于中央与特别行政区关系的事务，但不属于本案解释的"主要条款"，本案最关键需要解释的是第24条，属于特别行政区自治事务，因此决定，无需提请全国人大常委会解释[①]。法院提出的以主要和非主要的标准确定是否属于法院解释的自治范围的条款，实际是变相扩大了自治条款的范围。但是，全国人大常委会对特别行政区法院按自己的标准，决定自治范围的条款并不认同和接受，随后的全国人大常委会解释对此作出否定[②]。因此，在把握自治范围的条款时，应该严格按基本法的规定准确理解，既不扩大解释，也不缩小解释。如果法院以有利于维护自治权为标准，那么全国人大常委会就会以有利于维护国家主权为标准来确定范围，这种抽象性标准并不能解决具体问题。

[①] 张千帆主编《宪法学》，法律出版社，2004，第513页。

[②] 第九届全国人民代表大会常务委员会第十次会议通过全国人民代表大会常务委员会《关于〈中华人民共和国香港特别行政区基本法〉第二十二条第四款和第二十四条第二款第（三）项的解释》（载"中国人大网"www.npc.gov.cn），1999年6月26日。

所以，还是应该从条款本身的真实含义去解释和确定为妥。只要涉及与中央管理的事务或中央与特别行政区关系条款，有关联性，不论多少，则提请全国人民代表大会常务委员会解释。凡无任何关联性，则由特别行政区法院确认为自治范围条款进行解释。如果存在争议的话，由全国人大常委会解释和确定自治范围条款比较合适，因为自治范围是由全国人大常委会授权确定的，最终由授权者解释是合理的。

（三）立法解释与司法解释的程序问题

根据上述的分析，不同情况应该有不同的启动程序。

1. 全国人民代表大会常务委员会解释和审查的启动程序

第一，全国人大常委会解释中央管理的事务、中央与特别行政区关系的条款时，启动程序应是由全国人大常委会主动进行，可以是对抽象行为的审查，也可以是对具体行为的审查。如全国人大常委会根据澳门基本法第 17 条的规定，对特别行政区立法会备案的法律进行审查，其对象就是抽象行为。不论该法律有没有引起司法诉讼，全国人大常委会均可以法律违反基本法终止其效力。而全国人大常委会对香港基本法第 22 条的解释，其对象是针对特别行政区法院作出的具体解释的行为进行审查。所以，某些人提出的全国人大常委会在任何情况下均不得主动启动解释和审查程序的意见，与基本法规定的制度不符，是不能被认可的。

当然全国人大常委会的主动，也是在社会有需要或具体要求下为之。所谓需要，如 2004 年 4 月，全国人大常委会对香港基本法附件一、二的解释[①]，就是在香港社会对基本法附件一、附件二有关规定存在不同的理解和认识情况下进行的。通过解释，明确 2007 年香港特别行政区第三任行政长官的选举，不实行由普选产生的办法；2008 年香港特别行政区第四届立法会的选举，不实行全部议员由普选产生的办法，功能团体和分区直选产生的议员各占半数的比例维持不变，立法会对法案、议案的表决程序维持不变。所谓具体要求，如 2005 年 4 月，香港特别行政区署理行政长官曾荫权向国务院呈送了报告，请求国务院提请全国人民代表大会常务委员会就香港特别行政区基本法第 53 条第 2 款作出解释，以明确新的行政长官的任期

---

① 第十届全国人民代表大会常务委员会第八次会议通过全国人民代表大会常务委员会《关于〈中华人民共和国香港特别行政区基本法〉附件一第七条和附件二第三条的解释》（载"中国人大网" www. npc. gov. cn），2004 年 4 月 6 日。

为原行政长官的剩余任期。根据请求，全国人大常委会对香港基本法有关规定进行解释，平息了纷争①。因此，排除全国人大常委会主动解释，是不可行的，但是，对全国人大常委会主动启动解释和审查，可设立一定的条件，如社会上对基本法条款已经产生了争议，无法共识；或存在要求全国人大常委会解释的具体提议才可启动。

第二，全国人大常委会解释基本法自治范围条款，启动程序应该是被动的。只有产生具体的争议，并由特别行政区行政长官向全国人大常委会提出要求时，才可作出解释。1999 年 1 月 29 日，香港特别行政区终审法院对 4 宗无证儿童争取香港居留权的个案进行了终审裁决。香港终审法院法官一致裁定，任何在港居留达 7 年的港人，他们的子女无论何时出生，都应享有居港权，港人在内地所生子女无须经内地公安部门审批，即可享有在香港的居留权。1999 年 5 月 18 日，特别行政区政府行政会议决定，由行政长官向国务院请求全国人大常委会解释基本法。5 月 19 日，香港立法会通过决议，支持政府要求全国人大常委会释法。6 月 28 日，全国人大常委会释法：第一，明确港人在内地所生子女要求进入香港，需要经过内地机构审批，并持有有效证件方可进入香港；第二，明确基本法第 24 条第 2 款第 3 项规定，是指无论本人是在香港特别行政区成立以前出生还是以后出生，在其出生时，其父母双方或一方须是香港永久居民②。

为什么全国人大常委会对有关自治范围条款解释必须依被动程序进行呢？因为：

第一，体现尊重司法审判权。基本法规定特别行政区法院自行解释自治范围的条款，意味法院在无须请示全国人大常委会的情况下，可解释基本法条款。一方面，自行解释，意味全国人大常委会不能先于法院而作出解释，否则，如果全国人大常委会主动解释，也就改变了自行解释的性质了。另一方面，从自行解释的条件和程序看，法院对基本法的自行解释必须是在审理案件时进行，对自行解释发生争议，只能在法院作出判决后出现。在此之前，不能够由法院以外的机构进行解释，影响法院的独立审判。所以，全国人大常委会对基本法自治范围条款的解释，也只能在法院判决

① 第十届全国人民代表大会常务委员会第十五次会议通过全国人民代表大会常务委员会关于《中华人民共和国香港特别行政区基本法》第五十三条第二款的解释》，2005 年 4 月 27 日。
② 《澳门回归十周年：数字说话　见证澳门十年发展变化》，http://www.gov.cn/zmyw200912b/content_ 1486392. htm。

后，经特别行政区的请求作出。

第二，体现尊重高度自治。根据基本法第 17 条规定，全国人大常委会对自治范围条款不作抽象解释。从全国人民代表大会常务委员会审查特别行政区立法会备案的法律范围看，也体现对特别行政区自治范围的条款不主动解释的精神。基本法第 17 条第 3 款规定，全国人大常务委员会仅对"认为澳门特别行政区立法机关制定的任何法律不符合本法关于中央管理的事务及中央和澳门特别行政区关系的条款，可将有关法律发回，但不作修改"。反过来说，对立法会制定的法律，如属于自治范围事务的条款，并不审查。不审查，也就意味不对基本法有关特别行政区自治范围内的条款主动解释。

2. 特别行政区法院解释和审查程序

法院解释基本法的自治范围条款，启动程序应是被动的，只有存在审理具体的法律诉讼案件时，作出解释。这一程序在特别行政区的诉讼法律制度中已经有清楚的规定，依法办理即可，不再叙述。

3. 法院的提请程序问题

第一，法院对应否提请解释，应该是十分谨慎处理。原则上，在诉讼过程中对自治范围产生争议的，以提请全国人大常委会解释为妥，也就是说，法院对自己的解释范围以从严掌握为原则，自我节制。因为扩大自治范围的理解，必然侵犯中央的权力，造成特别行政区与中央的矛盾，后果严重，所以，必须防止。遇有问题提请解释是必要的，首先，因为中央的事务、中央与地方的关系是由中央决定，按基本法规定的，属于中央权限范围，自然特别行政区法院不能自行解释。其次，提请解释也是符合法律解释制度中的权限原则，特别行政区法院不能解释中央的事务。特别行政区终审法院认为可以自行决定将犯越权的错误。最后，提请解释也是符合法律解释制度中的程序规定的，遇有问题或争议，应提请最终解释权者解释，或经具体授权后解释。

第二，法院在诉讼过程中，有权决定提请全国人大常委会解释。但是，诉讼中的当事人，是否有权要求法院提请解释呢？基本法对此没有规定，特别行政区的法律也没有规定。在诉讼过程中，当事人提出要求法院向全国人大常委会提请解释时，法院应该作为一个独立的诉讼权利处理，必须作出接受与否的裁决，还是作为整个诉讼中的一个问题处理，一并在判决书中解决，值得考虑和研究。从理论上讲，作为一个独立的诉求处理较为妥当，第一，当事人的主张是一种诉讼权利，针对法院而不是诉讼中的另一方，虽然与进行中的诉讼有关，但主张的要求与实体权利有别。第二，基本法规定，特别行政区各级法院都可对基本法解释，如作为独立诉求处理，当事人对法院解释有异议，就法院的裁决可上诉，不必等到法院作出判决后再行上诉。这样有利于法院谨慎处理，只有当事人提出的请求是明显的错误时，方可驳回。所以，在今后构建和完善提请程序时应包括三方面的内容：当事人的请求权和请求条件；法院审理程序；法院作出裁决。如当事人符合程序的条件，提出请求，法院在对案件作出判决前，需要先审理请求事项，并作出提请与否的裁决。通过这个程序，使法院更加谨慎地处理自治范围的条款，避免法院应提请而没有提请，错误解释基本法而遭到全国人大常委会否决的结果发生。一旦出现这种情况，已经不能挽回当事人利益的损失，因为法院审案已经结束，判决已经生效。

4. 全国人大常委会审查的咨询程序

根据基本法第143条的规定，全国人大常委会在解释基本法前，需咨询基本法委员会的意见，所以，这个环节也是很重要的。要真正发挥它的作用，需要委员们的努力。

（四）法院解释的先例限制

法院未提请全国人大常委会解释而作出的判决，对诉讼当事人生效。当事人不能因为法院没有履行提请的义务，而主张判决无效。基本法第143条第3款规定，在全国人大常委会作出解释前，"在此以前作出的判决不受影响"。以后，全国人大常委会根据基本法规定，对中央管理的事务和中央与特别行政区关系的条款作出了解释后，法院必须以全国人大常委会的解释为准，进行审判。法院的判决不能成为以后审判的先例。所以，不能事前防止，只能事后纠正法院的错误解释。

（五）在全国人大常委会与法院解释关系中需要正确理解和认识的问题

从基本法的解释实践看，全国人大常委会解释基本法比较少，特别行政区法院对基本法的解释比较多。全国人大常委会对香港基本法作过三次解释，对澳门基本法一次也没有。全国人大常委会解释香港基本法，有一次是主动解释，即对基本法附件一、附件二是否应该修改并规定在2007年和 2008 年实行普选问题，由全国人大常委会主动解释。有两次是行政长官提请下由全国人大常委会对永久性居民的资格和行政长官任期的争议作出解释。而法院解释基本法的情况相反，在香港，法院对基本法三分之一条款作了解释，但无一次请求全国人大常委会解释基本法，哪怕审理案件中的当事人要求，法院也没有接纳。在澳门，法院也有数十次以上解释基本法，在下级法院审理案件中曾有一次主张提请全国人大常委会解释基本法，终审法院没有接纳。

社会对全国人大常委会解释基本法的评价处于两极分化，社会意见截然对立。一极认为，全国人大常委会有权和有需要解释基本法，这是正常的，应该理解和支持。一极认为，全国人大常委会解释基本法影响了司法独立和特别行政区高度自治，反对全国人大常委会解释基本法。所以，对全国人大解释基本法与法院解释基本法应该有正确的认识。

1. 正确理解全国人大常委会对基本法的解释权

（1）误区一，全国人大常委会解释基本法是干预特别行政区法院的司法独立

①法律的解释权与审判权是两个不同性质的概念。

把全国人大常委会解释基本法看作是干预特别行政区法院的司法独立，是完全不了解、不认识基本法的解释制度，缺乏法理上的说服力。

法律的解释权与审判权是两个不同性质的概念。解释权是通过对法律的解释，明确法律条款的真实含义、界限。审判权是解决具体的法律如何适用于案件，解决和排除纠纷。前者是法律自身的问题，后者是法律适用的问题。其次，因为两者性质不同，就不存在解释权干预审判权的问题。如果采用司法机关行使法律解释权制度的，法院既享有对法律的最终解释，又可根据自己的解释审理案件，作出判决，两者合而为一，自然不会产生干预的看法。如果采用立法机关行使法律解释权制度或者特别机关（如宪法法院、宪法委员会）行使法律解释权制度的，虽然不能合而为一，但属于各司其职，互不干预。法律解释机关作出解释后，如何将法律适用个案，完全由法院自行决定，不受其他机关干涉。

②全国人大常委会解释基本法的目的是要准确阐明基本法条款的内容，明确它的含义，正确执行基本法。

它的解释属于立法性解释，为法院的适法性解释提供准则，但它并不代替，也不妨碍法院的适法性解释。正如欧盟法院解释欧盟条约，也是属

于立法性解释，它为欧盟各国法院适用欧盟条约的适法解释提供基础，目的是了确保成员国统一执行欧盟条约，防止成员国法院对欧盟条约内容有各自不同理解，影响欧盟条约的正确实施，而不是代替成员国法院的适法性解释，所以，也就不存在欧盟法院干预成员国法院的司法独立。按相同的标准和原理，也就不存在全国人大常委会干预特别行政区法院的司法独立。

所以，全国人大常务委员会只对特别行政区法院解释基本法进行监督，不对特别行政区法院审判权进行监督。

（2）误区二，全国人大常委会解释基本法是不讲法治精神

把全国人大常委会对基本法的解释泛政治化，甚至妖魔化，是一种偏见。这种偏见认为，全国人大常委会不是司法机关，是权力机关和立法机关，它的解释不是法律解释，是政治解释，所以，法律归法律，政治归政治，全国人大常委会不应该解释基本法。那么，什么是法律解释？就是确定法律原文含义的过程①。确定法律原文含义的主体性质不同，必然会产生出政治解释或司法解释吗？如立法机关、专门机关解释法律就产生政治解释，司法机关解释就产生法律解释？事实上没有必然的联系。在实行宪法委员会或宪法法院的国家，这些机关对法律的解释，没有被冠以政治解释，而实行普通法院解释法律的国家，也没有一概被认为是司法解释，与政治无关。问题的关键不取决于解释法律的主体的性质，而是决定解释法律的内容是立法性的，还是适法性的？因此，只要对法律的解释，涉及法律应该是什么，就是司法机关作出解释，也将包含一定的政治选择性。如果对法律的解释，不涉及法律应该是什么，哪怕它是立法机关或专门机关，也不会具有政治选择性。事实上，任何一种法律解释制度，不论是立法机关、专门机关还是司法机关解释法律，都可能涉及立法性解释或适法性解释，也有可能既包含了立法性解释，也包含了适法性解释。如果以法律解释中包含政治性选择就反对法律解释，那么，就没有办法建立起法律解释制度。

（3）误区三，全国人大常委会解释基本法越少越好

全国人大常委会解释基本法是它的宪制责任。从宪制责任角度说，不存在解释基本法越多越好，或者越少越好，关键是否做了应该做的事，负

---

① "解释或释义"，《牛津法律大辞典》，光明日报出版社，1988，第463页。

起了应该负的责任。应该解释而没有解释，就是没有尽职。不应该解释而解释，就是越权。全国人大常委会解释基本法是十分严格的。一是，一般情况下只有终审法院可以提请全国人大常委会解释基本法，而终审法院提请的条款仅涉及中央管理和中央与特别行政区关系，范围有限。二是，行政长官根据基本法规定提请全国人大常委会解释基本法，必须是行政、立法之间，或者社会对法院解释基本法产生重大分歧，概率不高。三是，全国人大常委会主动解释基本法范围仅限于中央管理和中央与特别行政区关系范围。全国人大常委会对基本法解释，有利于基本法的发展和实施。因为基本法作为特别行政区的大法，条款相对比较原则，引起歧见在所难免。而且，为了维护基本法的权威性，也不宜轻易地修改基本法。为了解决歧见，为了适应社会的发展，通过加强基本法解释是一个比较好的办法，能保持基本法的活力。

2. 尊重全国人大常委会对基本法的解释权

特别行政区行政长官和终审法院应该履行提请的责任。

全国人大常委会和终审法院解释基本法虽然有相对的专属范围，如中央管理事务和中央与特别行政区关系的条款，属于全国人大常委会解释。特别行政区自治范围事务的条款由法院解释。但是，为了保障基本法的正确实施，保障全国人大常委会解释基本法的权威，在基本法的解释制度中设立了一个提请的程序，使相对的专属范围在以下两种条件下，会产生全国人大常委会与特别行政区法院重合解释的情况。第一种条件是，因行政长官提请全国人大常委会解释，全国人大常委会就会对特别行政区自治范围内的条款在法院解释后再释法。第二种条件是，特别行政区法院在提请全国人大常委会立法解释中央管理和中央与特别行政区关系条款后，根据全国人大常委会的解释再作适法解释。一旦出现重合解释，必须以全国人大常委会的解释为准。所以，特别行政区行政长官和法院履行提请责任，提请全国人大常委会解释是再平常不过的事，它既不干预高度自治，也不妨碍司法独立。

（1）行政长官就自治范围的条款向中央政府提请解释

中央依法治澳就是依基本法治澳。所以，基本法必须在特别行政区全面落实。由谁来负责呢？根据基本法第50条第2项规定，行政长官"负责执行本法和依照本法适用于澳门特别行政区的其他法律"。既然行政长官负责基本法的实施，对基本法实施中的问题就有义务解决。由于行政长官没有解释基本法的权力，不能自行对基本法解释，所以，就可通过提请全国人大常委会解释基本法的条文来解决矛盾。行政长官提请全国人大常委会解释基本法，不是以诉讼当事人身份，如作为诉讼中的政府代表，而是以特别行政区首长的独立身份提请的，是站在客观、公正的立场上，履行义务，目的是维护基本法的权威，不是维护政府的权益。有意见反对行政长官的提请权，是对基本法解释制度的内在关系不了解所致。

基本法的解释制度需要这个机制，是因为：

①保障对基本法解释的全面性，即对所有条款可以解释。因为从程序上说，全国人大常委会对基本法自治范围的条款不能主动解释，但从实体权利上说，全国人大常委会对基本法所有条款，包括自治范围的条款有权解释，但在程序上需要有行政长官提请。如果法院解释有问题，全国人大常委会又不能主动纠正，怎么办呢？所以，需要在程序上有一个安排。行政长官提请，正是为全国人大常委会行使对自治范围条款的解释提供机会。

②保障全国人大常委会对基本法解释权的最终性。因为没有提请程序，全国人大常委会不能对法院的解释再作释法，法院的解释就成了最终性，造成在自治范围的条款上全国人大常委会的最终解释流于空话。

③保障法院解释的正确性。按照基本法解释制度，法院是可以对自治范围的条款作出立法性解释的，这一点与欧盟成员国法院无权对欧盟条约作出立法性解释不同，由于立法性解释涉及基本法条款的原意，法院错误理解基本法条款的原意完全有可能发生，而这种错误不加纠正，对基本法条款将有长期的影响，唯有提请全国人大常委会解释，方能防止。没有这个机制就没有基本法的统一实施，如果允许法院在解释基本法的问题上享有最终话事权，又接受全国人大常委会对基本法也有最终解释权，那么两者的分歧就无法解决，基本法的统一实施就没有可能。所以，不能由两个机关都说了算，法院的解释必须以全国人大常委会解释为准。如果没有这个安排，基本法解释制度就会崩溃。正如欧盟法律解释机制一样，如果各成员国法院不受欧盟法院解释的约束，欧盟条约就不能统一实施。在欧盟法律解释制度建立之初有过争论，在学术理论方面，有学者以国家主权为依据，反对欧盟的篡权[①]。在实务上，有的国家以自裁管辖权反对欧盟法院

---

① 〔美〕约瑟夫·威勒：《欧洲宪政》，中国社会科学出版社，2004，第206页。

解释权，把最终决定权留给自己①。但是，"一项欧洲命令完全被一项国内命令取代了。如果人们设想一下 15 种不同解释的可能性，那么国内命令对共同体更具破坏性"②。"当条约确立了有约束力的争端解决程序——特别是司法机构时，自我解释在法律上就受到了限制"③。欧盟各国最终接受了欧盟法院的最终解释权。

所以，法院的解释应该受到全国人大常委会的监督。

（2）法院就中央管理和中央与特别行政区关系的条款提请解释

应该做到两个明确，一个互信。

①要明确特别行政区法院提请解释是义务。欧盟法律解释制度中，各成员国法院的提请既是权利，也是义务。它区分两种情况，如果是初审，是否提请欧盟法院解释属于各成员国法院的权利；如果是终局判决，则是成员国法院的义务，必须提请，是强制性，法院无选择权。基本法解释制度的规定与欧盟法律解释制度有相似之处，也有不同地方。相似方面，终局判决前，涉及中央管理和中央与特别行政区关系的条款，法院必须提请全国人大常委会解释。不同方面，非终局判决的法院无权提请全国人大常委会解释基本法，而且提请的范围仅涉及中央管理和中央与特别行政区关系的条款，不是基本法的全部条款。所以，特别行政区法院有更多的解释基本法的空间。然而，对特别行政区法院而言，提请是义务不是权利。所以，凡涉及对中央管理和中央与特别行政区关系条款的解释，在终局判决的情况下，就必须提请解释，不应该再有其他标准判断，比如，提出什么对基本法产生实质影响或轻微影响，主要涉及或附随涉及的标准，因为建立这些标准，必然模糊了提请解释的义务界线。

②要明确特别行政区法院提请解释，是请求全国人大常委会作出基本法条款的立法解释，不是代替法院进行适法解释。全国人大常委会的解释仅限于基本法条款的原意是什么，不对特别行政区的法律进行解释，即解释基本法，不解释特别行政区法律。这一点与欧盟法院解释共同体法律有相同之处，即不对成员国法律是否与欧盟法一致作出裁决，只解释欧盟法的原意是什么。所以，提请解释不妨碍司法独立，法院也没有放弃审判权。法院只是以全国人大常委会所作出的解释为准，进行法律的适用，并作出

---

① 〔美〕约瑟夫·威勒：《欧洲宪政》，中国社会科学出版社，2004，第 289 页。
② 〔美〕约瑟夫·威勒：《欧洲宪政》，中国社会科学出版社，2004，第 324 页。
③ 〔美〕约瑟夫·威勒：《欧洲宪政》，中国社会科学出版社，2004，第 305 页。

适法的解释。

③要建立特别行政区法院对全国人大常委会解释基本法的信任基础。基本法划定全国人大常委会与特别行政区法院解释基本法的权力和范围是需要的，但不是唯一的。正如欧盟法律解释制度一样，"我们能够信任并对欧洲法院履行管辖权范围最终裁决者的使命抱有信心吗？因此，问题不在于对其任务的正式界定，而在于对其作为的信任"①。一个新制度的建立和运作，必须要有互相信任的基础，这一点，在"一国两制"下更显得重要，更需要加强。

在道理上，应该以平常心对待提请程序，这是制度的安排，就如欧盟法律解释制度一样，从成员国的最初不认同、不习惯或抵触，到现在纷纷提请解释。

在制度上，由于基本法的解释制度与欧盟法律解释制度还有一个不同之处，全国人大常委会设立了一个由内地与港澳人士组成的基本法委员会。基本法明确规定，全国人大常委会在解释基本法前，需要征询基本法委员会的意见，提供了全国人大常委会在解释基本法时与特别行政区沟通、合作的机制。所以，应该好好地发挥全国人大常委会属下的基本法委员会的作用，不仅征询他们的意见，更要发挥他们沟通中央与特别行政区的桥梁作用，化解误会，甚至敌意，建立互信。

第四节　法院解释基本法与司法审查

一　澳门原有法律体系中的"违宪"审查制度

法院在处理法律与基本法的关系时，不能回避的一个问题，就是特别行政区法院有没有对违反基本法的法律进行审查的权力？

基本法第19条第2款规定："澳门特别行政区法院除继续保持澳门原有法律制度和原则对法院审判权所作的限制外，对澳门特别行政区所有的案件均有审判权。"根据基本法的规定，法院审判权受原有法律制度的限制。

---

① 〔美〕约瑟夫·威勒：《欧洲宪政》，中国社会科学出版社，2004，第320页。

原有法律制度对法院审判权有什么限制呢？

澳门的法律体系沿袭于葡萄牙的法律体系，在 1999 年 12 月 20 日特别行政区成立以前，葡国的宪法直接适用于澳门，违宪审查中的"宪"，就是葡国的宪法，违宪审查制度的法律依据也就是葡国的宪法规定。葡国宪法第 223 条规定，"宪法法院为有权限专掌宪法法律性质事宜之司法法院"。第 225 条规定，"宪法法院有权限依据第 277 条及其后条文之规定，审议违宪性及违法性"①。葡国的宪法法院是负责违宪审查的专门机构，其对宪法的解释具有最终的效力。同时，第 207 条规定，"对正在审判之诉讼，法院不得适用违反宪法规定之规范，或违反宪法原则之规范"。此规定说明，普通法院在审理案件时，可以依据宪法的规定，认为某一法律的某一条款不符合宪法的规定，或与宪法抵触，可以不适用该法律条款。由于是法院在行使审判权时所作出的判决，只对案件中的当事人产生效力，既不对案件以外的其他人或机关，也不对其他法官在以后的判决中产生约束力。它与宪法法院不同，无权宣布废除与宪法抵触的法律或法律条款。而且，根据葡国宪法第 280 条的规定，"一、如法院裁判属下列任一情况者，得向宪法法院上诉：A）该裁判以任一规范属违宪为依据而拒绝适用该规范；……"。当事人可以对法院的违宪审查向宪法法院提出上诉，宪法法院认为其裁判错误的话，亦可宣布其无效。

所以，澳门本地立法会制定的法律和总督制定的法令，是否抵触葡国宪法，最终的审查权掌握在葡国的宪法法院。1993 年 12 月 5 日，涉嫌在广东鹤山谋杀女友张某的香港居民杨沃亮潜逃澳门，在中国内地公安部门透过国际刑警知会澳门警方通缉后，杨沃亮被澳门警方拘捕。1994 年 2 月，中国外交部向葡驻华大使馆发出照会，提出引渡杨沃亮，并承诺对杨不判处死刑。同年 3 月 1 日澳门高等法院经两次聆讯后，根据适用澳门的法律作出裁决，批准引渡杨沃亮回中国内地受审。代表杨沃亮的辩护律师随即向葡国宪法法院提出上诉，指同意引渡是违反葡国宪法第 33 条第 3 款："一国要求引渡之罪犯，其罪行如该国法律应判死刑者，不予引渡"。葡国宪法法院在 1995 年 7 月 5 日以 11 票反对、2 票赞成，推翻澳门高等法院同意引渡

---

① 葡国宪法第 277 条规定："一、凡违反宪法之规定或违反宪法中之原则与之规范，则为违宪。二、经合乎规范被批准之国际条约，即便在机关上或形式上违宪，如其规范在对方之法律秩序中适用，则不影响该等规范在葡萄牙法律秩序中之适用，但如违宪系因违反基本规定者，不在此限。"

杨沃亮的裁决，认为死刑犯不引渡是宪法原则，不论他国是否作出对引渡犯不判决死刑的承诺，该案交还高等法院再作审理①。虽然澳门的法院并不认为适用的法律违反葡国的宪法，但葡国的宪法法院行使审查权，宣布澳门高等法院审理上述案件所适用的法律抵触葡国宪法而无效。

从简要的分析中可以看出：第一，当时的澳门作为葡国管制下的地区，由葡国宪法法院行使违宪审查权，以确保葡国宪法在澳门的实施。第二，澳门的法院在审理案件时，可以以是否符合宪法的规定为由，选择适用本地区的法律。澳门法院在违宪审查中也有一定的作为，但最终以宪法法院的决定为准，确立宪法的权威性。

二 澳门特别行政区法律体系中的司法审查②

澳门基本法规定，特别行政区法院可以对基本法解释，在特别行政区没有专门机构审查法律是否符合基本法的情况下，可否在审理案件时，对特别行政区法律进行审查？

为说明这个问题，需要对我国宪法规定与澳门基本法规定作一个比较分析。在我国，宪法规定，宪法和法律的解释权属于全国人大常委会。虽然法院在适用法律时，可以解释宪法，但不能对法律是否符合宪法作出解释，法院无违宪审查权。但是，基本法的规定与宪法的规定有所区别。全国人大常委会授权特别行政区法院可对基本法解释，对自治范围的条款是自行解释。自行解释，就可以按法院的理解解释基本法。法院的解释不仅是适用基本法的解释，而且也包括对基本法中自治范围内的条款的含义解释。因为立法会制定的法律是否符合基本法，按照基本法第 17 条的规定，是区分两种情况处理，立法会制定的法律向全国人民代表大会常务委员会备案，属于中央管理事项和中央与特别行政区关系的事项，由全国人民代表大会常务委员会负责解释，属于特别行政区自治范围的事项，全国人民代表大会常务委员会不主动审查和解释，从另一角度说，交由特别行政区自行解决。特别行政区由谁来解释呢？由于在基本法内没有其他的关于法律与基本法发生矛盾时可由其他方法解决的特

---

① 葡国宪法法院 417/95 号裁决书（载"中国法律下载网"，www.downcase.com）。
② 文中提及澳门的违宪审查，实指违反基本法审查，故在违宪两字上加引号，以示与国家的违宪含义区别。

别规定，而全国人大常委会只授权特别行政区法院解释基本法，所以，可以推定为法院有解释立法会制定的法律是否符合基本法的权力。否则，一旦出现法律与基本法矛盾无法解决时，法律制度就将出现危机，不能正常地运作。

当法院认为特别行政区的立法不符合基本法的规定，仍然可以不适用本地的法律。2004 年 2 月，澳门终审法院就一民事司法上诉作出判决，判决书认为，澳门民法典第 1 条第 3 款中关于赋予国际公约高于法律位阶效力的部分不具效力。因为民法典没有赋予国际协议等其他规范高于法律位阶的权能，只有基本法才有这种权能，应该适用基本法第 138 条中国际公约高于特别行政区内部法律的规定。所以，法院拒绝适用民法典的这一规定①。

但是，法院解释与一般的违宪审查权不同：第一，法院不能主动、抽象地解释立法会的法律，只可在具体审理案件时，就法律的具体条文解释。如果是终审法院作出的解释，对今后法院的判决都应该有约束力，除全国人民代表大会常务委员会因请求作出新的解释外。第二，法院只能就立法会制定的法律中的自治范围的条款解释，不包括立法会制定的法律中涉及中央与特别行政区关系，或为实施全国性法律而立的法律。第三，法院解释的后果，是不适用立法会制定的法律中的某一条款，而不能宣布法律无效。

澳门原有法律基本不变，但不等于完全不变。就"违宪"审查而言，有保留不变的一面，如法院在审理案件时，可以根据本地区最高效力的法律（过去是葡国宪法，现在是澳门基本法），作出不适用与之抵触的法律条款的决定。也有变的一面，如"违宪"审查中，由全国人民代表大会常务委员会取代了葡国宪法法院的做法，对基本法的最终解释由全国人民代表大会常务委员会决定。这种变化是由中国对澳门恢复行使主权而引起的必然变化。但就形式而言，两者都实行由国家主权机构对地方的"违宪"行为进行最终审查。为什么呢？因为存在一个国家对地方的管制问题，过去是葡国管治澳门，现在是中国管治澳门，既然管治是通过法律进行的，保障法律的实施就是唯一的途径，从而，国家必须掌握对法律的监督权，审查权就是其中最重要的手段。

---

① 终审法院案件编号：2/2004，载"澳门特别行政区法院网站"之"终审法院司法裁判"（www. court. gov. mo）。

第五节　解释基本法的基本原则和方法

法院既然可以解释基本法，就要解决以什么原则和方法来解释的问题。关于基本法解释的方法与法律解释方法，应该有许多相似之处，可以互相借鉴。但是，关于基本法解释的原则，由于基本法与其他法律不同，需要探讨，注意处理好一些基本的关系。

一　解释原则

（一）处理好"一国"与"两制"及中央与特别行政区的关系

由于基本法是根据"一国两制"制定，基本法不仅规定特别行政区的事务，也规定了中央的事务及中央与特别行政区的关系，加上特别行政区法院仅是一个地方行政区内的法院，所以，法院的解释一定不能超越自己管辖的范围，在处理自治范围事务时，不能否定"一国"的原则，必须符合特别行政区的地位。如香港高等法院在故意损毁国旗案的审理中，一审法官在判词中宣称，在特别行政区适用的全国性法律国旗法，抵触人权公约有关表达自由的规定，不能作为处罚故意损毁国旗行为的法律依据，就是没能正确理解"一国"原则产生的错误，最后由特别行政区终审法院加以纠正。

（二）处理好基本法解释权与基本法解释的关系

基本法解释权是表示对基本法拥有最终的解释权，没有其他机构的解释可以凌驾或超越其之上。所以，特别行政区法院在对基本法解释时，不能够对全国人民代表大会常务委员会作出的解释再加以审查，只能以全国人民代表大会常务委员会解释为准。法院对基本法的解释，也要受全国人民代表大会常务委员会的监督。否定全国人民代表大会常务委员会的最终解释权，提出对全国人民代表大会常务委员会的立法行为也有司法审查的权力就是不符合这一原则。

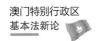

（三）处理好基本法的立法精神、原意与社会实际需要的关系

基本法的最大目的和立法精神，就是要维护特别行政区的稳定、繁荣、发展，它符合特别行政区的根本利益，也是特别行政区的最实际、最根本的需要。所以，解释基本法要受此约束。如对香港永久性居民定义的从严解释，就是为了特别行政区社会的稳定、经济发展，如果不是这样，特别行政区政府一下子接受几十万人，不仅造成教育、就业、住房、医疗、交通等难以承受的压力，还会拖累经济，最后，整个社会受损。所以，基本法的解释，要有利于实现社会的需要。总之，以社会需要为依归解释基本法，才能真正维护基本法的权威。

二 解释方法

澳门基本法实施十余年，各级法院的法官在审理案件时对基本法作出了许多解释，但是不同法官之间的解释有所不同，甚至对立。而行政长官在制定行政法规时，对基本法的解释亦与立法机关、法院存有不同。近年，就行政长官制定的行政法规与立法会制定的法律之间的关系，引起了一系列的司法诉讼，中级法院法官与终审法院法官就相同问题作出不同的理解和裁判，社会和法学界也产生了不少争议，成了澳门社会关注的焦点。这些个案，对研究基本法的解释具有典型意义，尤其是澳门中级法院第280/2005号裁判①和终审法院第28/2006号裁判②中涉及基本法解释的方法问题更值得分析。

在澳门法律制度中，对如何进行法律解释有明文的规定。《澳门民法典》第8条（法律解释）规定："一、法律解释不应仅限于法律之字面含义，尚应尤其考虑有关法制之整体性、制定法律时之情况及适用法律时之特定状况，从有关文本得出立法思想。二、然而，解释者仅得将在法律字面上有最起码文字对应之含义，视为立法思想，即使该等文字表达不尽完善亦然。三、在确定法律之意义及涵盖范围时，解释者须推定立法者所制

---

① http://www.court.gov.mo/c/cdefault.htm，仅有正式葡文本，论文中引用的中文属非正式翻译。

② 《澳门特别行政区法院司法年度年报2006~2007》，澳门特别行政区终审法院院长办公室，2008年6月，第90~163页。或见http://www.court.gov.mo/c/cdefault.htm。

定之解决方案为最正确，且立法者懂得以适当文字表达其思想。"根据《澳门民法典》的规定，在解释法律时，一般注意文字含义、法律整体性和立法原意及立法目的三个方面。对澳门基本法的解释，一般也遵循上述法律的规定。但是，在具体解释条款时虽然运用相同的方法，却往往因理解不同，结果有所差别。如中级法院第 280/2005 号裁判与终审法院第 28/2006 号裁判对基本法的同一条款就有不同见解。因此，实在有必要对准确把握解释方法的要义和运用进行探讨。

案情的裁判简介。澳门中级法院第 280/2005 号裁判中裁定，一家合营公司聘用的劳工例外延长在澳门的工作时间的申请应予支持，撤销拒绝接受申请的行政决定，同时宣告政府所适用的第 17/2004 号行政法规无效。理由是行政法规不合法。对此，政府不服，上诉至终审法院。诉讼请求的核心之一是：要求确认行政长官可以根据基本法赋予的职权制定独立的行政法规，行政法规可以规范对外具约束力的行为规则，第 17/2004 号行政法规应该有效，行政决定应该维持。终审法院第 28/2006 号裁判接受了行政当局的主张，肯定第 17/2004 号行政法规有效，否定了中级法院法官的裁判。两个裁判的不同，就法律解释的方法而言，需要讨论以下问题。

（一）文字解释与立法背景的关系

上述案件中的争议之一，就是澳门基本法中规定的"行政法规"这一法律术语（概念）的真正含义是什么。

解释"行政法规"这一法律术语，可以有几个选项，从一般的法学理论角度理解，或从澳门原有法律体系的角度阐述，或从基本法作为新的澳门宪制性文件中寻找答案。究竟选择哪个角度，对正确理解这个法律术语（概念）是很重要的。一般的法学理论可以参考，但关键要结合特定的法律制度理解。由于澳门原有法律制度中没有行政法规的术语（概念），所以，增加了从字面上解释行政法规的难度，需要结合立法背景来考虑。那么，是放在澳门原有法律框架内理解"行政法规"这一法律术语？还是放在基本法的新的法律框架下理解这个法律术语？澳门基本法中的"行政法规"与过去《澳门组织章程》中的"行政规章"是相同还是有分别？要厘清这些问题，仅仅从字面上分析是不够的，需要对文字背后的立法背景进行探讨。

1. 中级法院法官的裁判书对"行政法规"理解的逻辑

（1）行政法规应放在单轨立法体制的背景中理解

中级法院法官认为，澳门基本法中的立法体制与《澳门组织章程》中的立法体制是不同的，特别行政区立法会享有立法权，行政长官无立法权，这与过去立法会和总督分享立法权是完全不同的。

> 澳门特别行政区立法会的性质和地位与澳门原有的立法会是不同的。根据原《澳门组织章程》的规定，澳门原有立法会与总督分享立法权，即采用双轨立法体制，而澳门特别行政区的立法会则是一个享有完全立法权的机构，行政长官不享有立法权。行政长官制定、颁布行政法规的权力是政府行使行政管理权的表现，不属于立法机关职权的范畴，行政法规不能和基本法相抵触，也不能和立法会制定的法律相抵触。澳门特别行政区立法会作为澳门特别行政区唯一的立法机关，对本地区的立法事务享有排他性的权力。

（2）行政长官制定行政法规的权力就是过去总督制定行政规章的权力。行政法规就是等同于行政规章

行政长官既然没有立法权，行政长官制定行政法规的职能只能是行政管理权，行政权制定规范性文件，在原《澳门组织章程》中就是总督制定行政规章的权力。《澳门组织章程》第16条C项对行政规章制定的前提要件作出明确规定，"为实施在当地生效但欠缺规章的法律及其他法规而制订规章"。需要以法律为基础，有法律的授权。

所以，中级法院法官认为：

> 基本法第50条第5项对行政长官赋予制定行政法规权，是仅旨在行政法规能以补充性法规之名义，充实原已载于澳门特别行政区立法会所通过的法律内的一般原则，以使特区政府能完全卓有成效地执行其行政管理职责，而不得逾越……立法机关在法律内所划定的范围，而这些更正是行政长官为履行基本法第50条第2项所交付的职责，予以执行或命令对之遵守的法律。

从判词中可以看出：中级法院法官对"行政法规"的术语理解是：①澳门由过去的双轨立法变成单轨立法体制，行政长官没有立法权，行政

长官制定行政法规，只能等同于原总督制定的"行政规章"（澳门原有法律中没有"行政法规"的术语）。②行政规章必须是由法律具体授权才能制定，所以，不存在独立行政法规。③独立行政法规不能成立，所以第17/2004号行政法规应该无效。

2. 终审法院裁判书的逻辑

行政法规是澳门基本法中的概念，源于中国的宪法，要理解行政法规，首先要理解中国宪法的规定。

（1）宪法是基本法的立法基础

由于基本法是依据宪法制定，所以，首先应从中国宪法所规定的立法制度，尤其是中国宪法角度来作出分析，这具有重要和根本性的指导意义，因为一方面，澳门基本法是根据中国现行宪法第 31 条的规定，具体地规定和落实"一国两制"、"澳人治澳"和高度自治的澳门特别行政区制度的"宪制性"法律，因此，中国现行宪法是澳门基本法的立法依据；另一方面，澳门基本法是由制定中国宪法的同一立法机关——全国人民代表大会制定的，其在中国法律部门的划分上，属于在全国范围内适用的宪法性法律和基本法律，因此，在许多方面，受中国宪法理论的影响；与澳门基本法中的规定相似，中国宪法在规定全国人民代表大会及其常务委员会行使国家立法权的同时，也赋予中央人民政府制定行政法规的权力。

（2）基本法中的行政法规概念源于宪法

现行的中国宪法（82 宪法）第 89 条第一次明确地规定了国务院有权根据宪法和法律规定行政措施，制定行政法规，发布决定和命令。行政法规是我国最高行政机关，即中央人民政府——国务院根据宪法和法律或者全国人大常委会的授权决定，依照法定权限和程序，制定颁布的有关行政管理的规范性文件。

所以，82 宪法和澳门特区基本法中有关立法机构及职权、制定行政法规之主体等规定是基本一致的。基本法中行政法规这一法规制度来自于中国 82 宪法，不同于原澳门法律制度中的行政规章，前者所规范的事项范围宽广得多，后者似关于 82 宪法第 90 条所指的国务院各部、各委员会制定的规章。

终审法院法官提出了解释"行政法规"术语，要考虑立法背景中的中国宪法的因素，并提出了解释"行政法规"的术语，不能运用葡国的理论

学说，因为它不是基本法规定行政长官制定行政法规的来源。"本上诉（指对中级法院的裁判）针对的合议庭裁判所持的立场是将葡萄牙学说套用于澳门的行政法规上，而不是适用特区基本法的有关规定，该裁判亦未有充分重视基本法第5章及第6章以及其他条文所载的规定。"

从终审法院法官的判词中可看出：法官对"行政法规"的术语理解是放在基本法的框架下进行，所以，①在行政法规与中国宪法的关系上，认为行政法规是中国宪法和立法法的术语，应从中去理解其含义；②在行政法规与澳门原有法律的关系上，认为不能将葡国的法律学说用于基本法，解释行政法规；③基本法中的"行政法规"不等同于《澳门组织章程》中的"行政规章"，行政法规就是行政长官根据基本法的规定制定的规范性文件的一种专门的法律形式。

上述法官在解释基本法时，运用文字解释方法时均注意了立法背景的分析。但是，关于"行政法规"术语的立法背景是什么却有不同看法。中级法院法官的见解，主要是以澳门原有立法制度为背景，并从中寻找理解"行政法规"术语的参照的标准，得出"行政法规"等同"行政规章"的结论。而终审法院法官的见解，主要以中国宪法规定的立法制度为背景，视"行政法规"为澳门立法制度中一个新的法律规范的形式，不同于原有的"行政规章"。那么，两者对立法背景的理解哪一个更合理和正确呢？判断的标准是什么呢？

应以基本法中的"行政法规"这一法律术语来源于宪法，还是来源于原有法律来决定。如果来源于原有法律，体现法律基本不变，则应以原有法律的背景解释。如果是源于原有法律之外的，则应该不受原有法律背景的限制，相反，需要参照其他法律背景解释，这样才能真实地反映立法时的背景，体现制定基本法时的立法者认同的法律理念。

事实上，基本法中既有采用原有法律体制的法律观念，也有采用其他法律体系中的法律观念，包括中国宪法的一些观念。所以，应该根据解释的内容，决定选择法律解释的立法背景，这样更为合理。不能绝对的"一刀切"，只能采取其中的一种方法，而否定另一种方法，或者将两者绝然对立。

有意见质疑，这样选择立法背景解释法律的规定，是否违反了原有法律基本不变的原则呢？由于基本法是一个新的宪制性法律文件，是整个法律体系的基础，并不受原有法律的约束。法律基本不变的原则本身包含了两个意思，一是基本内容不变，另一是部分内容可变。如果基本法引入新的法律概念或观念，而不是原有法律概念或观念的延续，那么，将改变原有法律体系中的规定，是属于法律变化的内容，不属于法律不变的部分。当属于可变的内容，就应该用变化的法律概念或观念进行解释，以符合法律规范的实际发展。

（二）整体解释与立法思想的关系

当行政法规这个新的法律术语（概念）引入澳门法律体系时，如何在一个体系中与其他法规协调呢？在基本法中行政法规有什么样的地位？有什么样的效力？可以规范什么样的范围？均涉及行政法规的两个基本方面：①行政法规的法律形式，是一种还是两种？执行性行政法规（执行法律时制定）与独立行政法规（履行职能时制定）是否并存？②行政法规的内容及效力，内容上应该限于什么范围？规范是否具有对内效力与对外效力？寻找解决争议的答案，对法律制度的整体性理解和立法思想的把握是一个关键。

1. 行政法规是否有执行性规范与独立性规范两种形式？

中级法院法官认为，澳门立法体制，除了行政长官不能继续享有立法权以外，其他都没有变化，行政法规概念取代行政规章的概念仅仅是形式上的变化，行政法规在实质上如同行政规章。所以，行政法规一定要有具体的法律授权，才可以制定。所以，它只能是执行法律的细则，不能有独立的行政法规。理由是葡国宪法理论。正如终审法院法官指出，中级法院法官的理解实际是以葡国宪法为基础，葡萄牙宪法第 115 条第 7 款规定："行政法规应明确指出旨在予以进一步规范的法律或确定制定行政法规主体职权和客体职权的法律。"所以，"基本法第 50 条第 5 项所赋予的行政机关的制定规章的权力只能在法律范畴内行使，但没有任何立法会的法律许可行政机关去制定该法规"①。结论，"被作出之行为所依据的 6 月 14 日第 17/2004 号行政法规是非法的，因为没有任何普通法律许可制定该行政法规。"不存在独立的行政法规。

终审法院法官认为，基本法确立的澳门法律制度与过去相比是有变化的，行政法规在原有的制度中并没有相同的渊源，虽然与过去的法令不同，但也不同于行政规章。行政主导的体制决定了行政法规的独特性。理由是，中国宪法理论和基本法的规定。根据宪法，"国务院制定的行政法规可以根

---

① 应是行政长官而不是行政机关制定，是行政法规不是行政规章。

据其功能分为执行性行政法规和独立性行政法规，前者是行使执行性立法的结果，后者则是行使创制性立法的结果"。"国务院为履行宪法第 89 条所赋予的职权或经全国人大及其常委会特别授权，可以制定设置权利、义务的独立行政法规（创制性）；为执行法律制定执行性或从属性行政法规，该等行政法规不能创设新的权利和义务"。依据基本法，"澳门特别行政区基本法是明文赋予行政长官及政府制定行政法规的权力，基本法未设与《葡萄牙共和国宪法》第 115 条第 7 款相应的规定，换言之，《基本法》无任何规定禁止制定独立的行政法规。按照基本法的规定，行政长官的行政法规不是为了单纯执行一立法机关事先已通过的法律（原则性法律）而制定的，亦无须事先经法律（授权性法律）将主体及客体权限赋予行政长官，他才可制定这些行政法规"。"行政长官这种'制定行政法规权'是指直接源于基本法的原始制规权（它并非是次要的，它非指仅可制定执行性的行政法规）"。"因此，行政法规需要一项预先法律给予授权的要求是没有法律依据的"。独立的行政法规和执行的行政法规可以并存。

2. 行政法规调整的对象范围和效力是怎样呢？仅限于内部，还是可以对外？

中级法院法官认为：

> 行政长官只可以制定独立或自主之行政法规——即不需要立法会制定的预先授权法律或原则性法律——该等法规仅具内部效力，即涉及政府的内部运作。

行政法规不具对外效力。

> 总言之，在基本法所划定的单轨立法体制框架内，举凡来自行政机关的行政法规，除却就本身运作，制定仅具内部效力、且不带有任何可导致民间社会在金钱或人身上有所负担的具概括性和抽象性的法律规范的情况，均绝不是自主或独立的行政法规，因它们在合法角度的存在，永须取决于来自作为澳门特别行政区唯一立法机关的立法会的相应载有具体授权政府首长作细则性或补充性立法命令的法律或原则性法律。这是因为当行政法规带有对民间社会产生外部效力的具概括性和抽象性特征的法律规范时，它的制定仅是为了以更细则的方式，去规范或补充一些事先已框划或规定于出自立法机关的法律中的事宜，

因而不得逾越这些狭义法律所划定的界限或来自这些法律的界限。

终审法院法官对独立行政法规是否可以设定针对个人的义务或限制，认为：

> 不能从基本法的任何规定中可以得出行政法规不能设定针对个人的义务或限制的结论，根据第40条规定，行政法规所不能做的是，不能对基本法第三章所提及的基本权利，以及该第40条所提到的国际公约所规定的权利施加限制，这些事项应以法律予以规定。因此，只要有关事项并非保留了立法会法律，就不能阻止行政法规可以设定针对个人的义务或施加限制。结论是，在基本法规定保留以法律规定的事项以外以及不违反法律优先原则（行政法规定不得违反高位阶的法律规范，尤其是基本法和法律，也不得违反包括行政法一般原则在内的法律一般原则）的情况下，行政长官可仅以基本法为依据核准行政法规。行政法规可以产生对外效力。

从法院对基本法有关制定行政法规的立法思想理解过程中，可以看出：中级法院法官是从原有的《澳门组织章程》中进行法律逻辑的推理看待立法思想，而终审法院法官是从澳门基本法的规定中进行立法思想理解，两者的不同，导致了结论的不同。

事实上，中级法院的理解忽视了基本法关于规定行政长官制定行政法规，是要与政治体制中的行政主导原则相适应，因为它不是原有法律制度中行政规章的延续。正如终审法院法官在裁判中所说，"为可以就法律和行政法规的范围、只以基本法为依据而不是其他法律而可以制定含有创始性规范的行政法规作出结论，必须首先对基本法的政治体制、政治机关的职权及它们的制定规范的职权作出分析，从而得出某些结论"。亦即需要在政治体制中理解立法思想。

所以，终审法院的理解更符合法律体系的完整性原则。完整性离不开立法思想，而基本法的立法思想的核心之一，就是行政主导的原则。立法制度要反映行政主导的要求。理解行政法规的制度，一方面，要理解行政长官在政治体制中的地位和作用。行政长官既是特别行政区的首长，又是政府的首长，既负责基本法和法律的实施，又制定行政法规，发布行政命令。他可以为执行法律制定行政法规，也可以为履行行政管理的职能，在法定权限内制定不属于法律规范的行政法规。另一方面，要理解行政长官与立法会的关系。基本法第 17 条规定，澳门特别行政区享有立法权。第 50 条第 5 项规定，行政长官制定行政法规。第 71 条第 1 项规定，立法会制定法律。所以，两者在行使立法权时是有分工的，有各自调整的社会关系的范围。在基本法的条文中，有的规定需要由法律加以规范，如第 6 条规定，以法律保护私有财产权。有的规定由政府制定规范，如第 128 条第 1 款规定，澳门特别行政区政府自行确定专业制度根据公平合理的原则，制定评审和颁授各种专业和执业资格的办法。所以，特别行政区在立法事务范围内，既存在立法会立法、行政长官执法的关系，也存在行政长官依基本法立法，进行行政管理的空间。只有从以上两个方面分析，才能准确理解行政法规的立法制度。

第六节　基本法的修改

一　基本法的修改权

基本法第 144 条规定，基本法的修改权属于全国人民代表大会。为什么作出这样的规定？

第一，修改权是立法权不可分割的一部分，有制定该法律的权力，才能有修改这个法律的权力。没有立法权就没有修改权。所以，基本法的修改权与解释权还是有一些不同，全国人民代表大会不能将修改权授予特别行政区。基本法是全国人民代表大会制定的，当然只能由全国人民代表大会来修改。我国宪法明确规定，由全国人大修改国家的基本法律。在全国人大闭会期间，全国人大常委会可以对全国人大制定的法律进行部分修改和补充，但不得与法律的基本原则相抵触。全国人大的修改权也不可能与特别行政区一起来行使。那样就把对基本法的修改权变成了中央与特别行政区共同享有的权利，也是不符合宪法规定的。

第二，世界各国没有一个地方立法机关有权修改中央立法机关制定的法律，或者与中央一起行使修改的权力。地方立法机关对中央制定的有关涉及该地方的法律，只能建议中央修改。谁制定法律由谁修改是一条立法制度的原则。同样，基本法规定，全国人大常委会对特别行政区立法机关制定的法律违反基本法也不能直接修改，只能发回。

二　基本法的修改提案权

基本法修改的提案权属于全国人民代表大会常务委员会、国务院和澳门特别行政区。我国宪法规定，全国人民代表大会主席团、全国人民代表大会常务委员会、全国人民代表大会各专门委员会、国务院、中央军事委员会、最高人民法院、最高人民检察院、一个代表团或30名以上的代表联名，可以向全国人大提出属于其职权范围内的方案。

考虑到基本法的特殊性，对修改动议权可作出特殊规定，对修改动议权的主体范围作适当限制。在中央只限于负责基本法实施和监督的全国人民代表大会常务委员会和国务院。特别行政区的提案权，须经特别行政区全国人民代表大会代表三分之二多数、特别行政区立法会全体议员三分之二多数和行政长官同意后，交由特别行政区出席全国人民代表大会的代表团向全国人民代表大会提出。所以，基本法的修改非常严肃认真。

同时，在修改提案权的程序上也作出了明确规定。任何修改提案在列入全国人民代表大会的议程前，都要由基本法委员会研究并提出意见。

三　基本法修改内容的限制

基本法的修改与其他法律的修改，也有一点不同，修改的范围有所限制，均不得同国家对澳门既定的基本方针政策相抵触。对此，我们必须全面理解基本法的限制，是两个不能改变，不是一个不能改变。"一国两制"是由"一国"和"两制"两个方面构成，不能改变"一国两制"的基本方针政策，包括既不能改变"一国"的内容，也不能改变"两制"的内容。如果改变了国家统一，改变了内地的制度，或者改变了特别行政区实行资本主义制度和生活方式五十年不变，特别行政区实行澳人治澳、享有高度自治权的规定，那就改变了基本法的根本原则，也就没有了"一国两制"，基本法的存在也就没有意义。

对基本法修改范围作出一定的限制，充分表明了国家实行"一国两制"的诚意和决心，不是权宜之计，而是长期国策，从而保持澳门特别行政区的稳定和发展。

图书在版编目（CIP）数据

澳门特别行政区基本法新论 / 骆伟建著 . -- 北京：
社会科学文献出版社，2012.5（2022.6 重印）
（澳门特别行政区法律丛书）
ISBN 978 - 7 - 5097 - 2961 - 8

Ⅰ. ①澳…　Ⅱ. ①骆…　Ⅲ. ①特别行政区基本法 -
研究 - 澳门　Ⅳ. ①D921. 94

中国版本图书馆 CIP 数据核字（2011）第 253826 号

· 澳门特别行政区法律丛书 ·
澳门特别行政区基本法新论

著　　者／骆伟建

出 版 人／王利民
项目统筹／祝得彬　王玉敏
责任编辑／王玉敏　冯立君
责任印制／王京美

出　　版／社会科学文献出版社 · 当代世界出版分社（010）59367004
　　　　　　地址：北京市北三环中路甲 29 号院华龙大厦　邮编：100029
　　　　　　网址：www. ssap. com. cn
发　　行／社会科学文献出版社（010）59367028
印　　装／三河市龙林印务有限公司

规　　格／开　本：787mm × 1092mm　1/16
　　　　　　印　张：27.25　字　数：386 千字
版　　次／2012 年 5 月第 1 版　2022 年 6 月第 7 次印刷
书　　号／ISBN 978 - 7 - 5097 - 2961 - 8
定　　价／89. 00 元

读者服务电话：4008918866